Analyse der Wirkung des technischen Wandels auf die Politik am Beispiel der Gen- und Biotechnologie

Klaus-Peter Saalbach

Analyse der Wirkung des technischen Wandels auf die Politik am Beispiel der Gen- und Biotechnologie

Verlag Dirk Koentopp

Saalbach, Klaus-Peter:
Analyse der Wirkung des technischen Wandels auf die Politik
am Beispiel der Gen- und Biotechnologie
Osnabrück: Verlag Dirk Koentopp, 2008
ISBN 978-3-938342-14-5

Titelfoto: aboutpixel.de

ISBN 978-3-938342-14-5

Herstellung: Books on Demand GmbH

Printed in Germany

Inhaltsverzeichnis

Tabellenverzeichnis

Abbildungsverzeichnis

1. Forschungsfrage

1.1 Forschungsstand

Die Europäische Union hat schon vor ihrer Osterweiterung feststellen müssen, dass ihre Wettbewerbsfähigkeit durch die Globalisierung und den raschen gesellschaftlichen und technischen Wandel bedroht ist. Mit ähnlichen Problemen sieht sich auch die Bundesrepublik auf nationaler Ebene konfrontiert, was direkt zu der Frage führt, wie die Politik auf diesen Wandel reagieren und ihn ggf. auch aktiv beeinflussen kann. Für die Wirkungen von Politik auf Technik und Innovation liegen viele Untersuchungen vor, während die Rückwirkung von Technik auf Politik vergleichsweise wenig betrachtet wurde. Selbst die umfassend angelegte Studie des Fraunhofer-Institutes zu Politik und Innovation im Auftrag der EU-Kommission aus dem Jahre 2004 geht auf die Effekte von Politik auf Technik auf über 200 Seiten, auf den umgekehrten Effekt nur in einem einzigen Absatz ein (FSI 2004:1).

Für die Untersuchung, wie der technische Wandel von den politischen Akteuren verarbeitet wird, bietet sich die Gen- und Biotechnologie an, denn es handelt sich um eine rasch wandelnde Technologie, die sich in mehrere Teilgebiete aufgespalten hat, was unmittelbare Auswirkungen auf die Diskurse, die Reaktion der politischen Akteure und die resultierenden Biotechnologieregime hat.

Die Biotechnologie umfaßt alle Methoden, Verfahren und Produkte, welche die Nutzung von lebenden Organismen oder ihren zellulären und subzellulären Bestandteilen beinhalten. Die Gentechnologie (Gentechnik) umfaßt Verfahren zur Veränderung der Erbinformation und ist eng mit der Biotechnologie verzahnt. In der politischen und der naturwissenschaftlichen Literatur wird der Terminus Biotechnologie inzwischen häufig als Dachbegriff für die Gen- und Biotechnologie verwendet, dieser Konvention soll auch hier gefolgt werden.

Die Biotechnologie erfreut sich einer stetig wachsenden Aufmerksamkeit durch die Politik- und Sozialwissenschaften, was mit ihrem großen wissenschaftlichen und wirtschaftlichen Potential einerseits und den großen ökologischen Risiken und den damit verbundenen sozialen und ethischen Problemen andererseits zusammenhängt.

Dabei hat sich die Biotechnologie in drei politisch, ökonomisch und ethisch relevante Stränge aufgeteilt, nämlich die auf den Menschen und Tiere bezogene 'rote' Biotechnologie, die agrarische 'grüne' Biotechnologie und die Stammzelltechnologie.

In dieser Untersuchung soll die Hypothese geprüft werden, dass die unterschiedliche Entwicklung in diesen Teilgebieten zu entsprechend unterschiedlichen Wahrnehmungen, Diskursen und einer unterschiedlichen Reaktionsweise der politischen Akteure geführt hat, obwohl alle Anwendungen im wesentlichen immer noch auf einer einheitlichen Basis fußen, nämlich der Analyse und Veränderung der Erbsubstanz DNA in biologischen Systemen. Die unterschiedliche Reaktionsweise der politischen Akteure schlägt sich wiederum in einer Auseinanderentwicklung des Verbändewesens und der zunächst recht homogenen Biotechnologieregime nieder.

Die folgende Abbildung zeigt ein einfaches Arbeitsmodell, mit dessen Hilfe die Wahrnehmung und die institutionelle Verarbeitung des technischen Wandels bearbeitet werden soll.

Abbildung 1: Ein Arbeitsmodell zur institutionellen Verarbeitung technischen Wandels

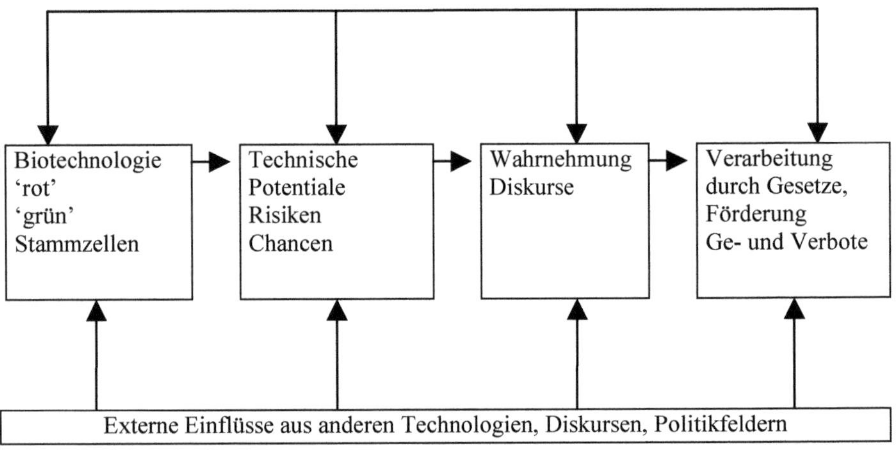

In diesem Arbeitsmodell wird davon ausgegangen, dass die Biotechnologie insbesondere aus drei politisch relevanten Teilsträngen, nämlich der roten und grünen Biotechnologie sowie der Stammzelltechnologie besteht. Andere Zweige wie die weiße und die 'blaue' (marine) Biotechnologie haben zwar bereits ökonomische bzw. naturwissenschaftliche, aber noch keine so große politische Bedeutung.

Wahrnehmung und Diskurse werden nicht nur von der Gegenwart, sondern auch von den *zukünftigen Erwartungen* beeinflußt: Technologien haben Potentiale zur Weiterentwicklung in der Zukunft, aber bereits Chancen und Risiken in der Gegenwart. Die Wahrnehmung der Technik durch die Akteure wirkt sich auf den Diskurs aus. Je nachdem, wie die Akteure auf die Wahrnehmung und den Diskurs reagieren, beeinflußt dies die institutionelle Bearbeitung der Materie, *ohne* dass *ein Schritt den nächsten determiniert.* Dazu treten die Feedback-Schleifen, die die Rückwirkung des technischen Wandels auf wissenschaftliche, ökonomische und politische Faktoren vermitteln (vgl. hierzu auch Mayntz 2001:15). Über die Feedback-Schleifen wirkt die Politik auf die Technik zurück, so dass sich letztenendes eine Wechselwirkung zwischen Politik und Technik entfaltet.

Die Frage, was zuerst wirkt, nämlich Politik oder Technik, ist ein *Huhn oder Ei*-Problem. Natürlich entsteht neue Technik in einem gegebenen politischen Rahmen. Die Sowjetunion war z.B. an einer preiswerten Alternative zu Antibiotika interessiert. Deshalb erforschte sie die medizinische Nutzung von Viren, die nur Bakterien befallen und zerstören (Bakteriophagen), eine Forschungsrichtung, die im Westen trotz ihres medizinischen Sinns lange Zeit nicht verfolgt wurde (Westwater 2002/2003:1301ff.).

In der Literatur wird erwähnt, dass sich die Diskurse zu den unterschiedlichen Strängen der Biotechnologie unterschiedlich entwickeln, jedoch wird dieser Befund zumeist nicht näher analysiert (vgl. Fach 2001:174). Insbesondere wird in vielen Abhandlungen und Presseveröffentlichungen, aber auch in der öffentlichen Wahrnehmung die Arbeit mit genetisch veränderten Organismen (GVOs) mit der grünen Biotechnologie gleichgesetzt, dabei beruhen auch die Medikamente der roten Biotechnologie auf GVOs, wie z.B. auf bakteriellen Plasmiden, der Hefe (Saccharomyces) und Zellen wie den Chinese Hamster Ovary Cells (CHO; vgl. auch Fach 2001:174). Der Unterschied ist, dass die roten GVOs nicht für die Freisetzung bestimmt sind (*contained use*)[1] und anders als die freigesetzten

---

[1] Eine zahlenmäßig bislang unbedeutende Ausnahme bildet die Gentherapie, bei der gentechnisch veränderte Viren an oder im Patienten freigesetzt werden können. Die Gentherapie gehört aber im rechtlichen Sinne ausdrücklich nicht zu den Freisetzungen der Richtlinie 2001/18/EC (Schenkelaars 2004:30).

Pflanzen (*deliberate use*) aus dem Bewußtsein der Öffentlichkeit verschwunden sind.

Dabei hatte sich der Streit z.B. bei Hoechst damals an den *roten* GVOs, nicht etwa an Genfood oder ähnlichem entzündet. GVO- oder englisch GMO- (genetically modified organisms)-Politik ist daher für viele ganz selbstverständlich nur grüne Biotechnologie-Politik (vgl. z.B. den Policy overview von Pollack/Shaffer 2005:330ff.).

Die postulierte Auseinanderentwicklung der Diskurse soll nun kurz skizziert werden: Wie zu zeigen sein wird, war die auf Arzneimittel bezogene 'rote' Biotechnologie zuerst eine hochpolitische Materie, die im Gefolge der Konferenz von Asilomar 1975 von schwerwiegenden Sicherheitsbedenken der Öffentlichkeit und Vorbehalten gegen Veränderung von Genen geprägt war. Diese Phase war der Tendenz nach von einer Eindämmung der Biotechnologie durch Sicherheitsgesetze und einer Distanz gegenüber der Förderung geprägt (vgl. auch Bandelow 1999).

Die zweite Phase ist durch den Übergang der roten Biotechnologie von der 'politischen' zu einer 'technischen' Materie geprägt. Im selben Maße, wie die rote Biotechnologie von der Öffentlichkeit unter ihrem medizinischen Nutzen betrachtet wurde, nahm die Bereitschaft, sie aktiv zu fördern, zu. Selbst die insgesamt gentechnikkritischen Grünen betrachten mittlerweile die rote Biotechnologie nun als „Chance mit Vorbehalt" (Grüne 2002:1/7). Die positive Sichtweise der roten Biotechnologie wird auch von der deutschen Bischofskonferenz geteilt (Bischofskonferenz 2001:11). Die öffentliche Diskussion wandte sich von den Sicherheitsfragen ab und wirtschaftlichen und ethischen Fragen, insbesondere der Biopatentrichtlinie und der Frage nach der Kommerzialisierung von Leben zu. Die Diskussion wandte sich von den Fragen der Sicherheit ab, ohne dass sich an der objektiven Sicherheitslage irgendetwas geändert hatte, im Gegenteil, die wesentlichen Zwischenfälle wie der Fall Gelsinger, der Eprex-Skandal oder der *TeGenero*-Zwischenfall 2006 in London ereigneten sich erst *nach* Abschluß dieser Phase.

Der unerwartet schnelle Fortschritt bei der Aufklärung des menschlichen Genoms in den 90er Jahren hat eine dritte Phase eingeleitet, die von der Furcht, von den USA ökonomisch und wissenschaftlich 'abgehängt' zu werden, dominiert wurde, so dass jetzt Termini wie 'Aufholjagd' und 'Wettlauf' verbunden mit einer zunehmend hektischer werdenden Förderpolitik die Diskussion beherrschten. Die rote Biotechnologie, soweit sie auf Arzneimittel bezogen ist, hat sich also von der primär politischen zur primär technischen Materie gewandelt. Dass die rote Biotechnologie heute eine primär technische Materie ist, die immer stärker in den Sog der Eigendynamik der EMEA geriet, hat weniger etwas mit Änderungen der objektiven Sachlage denn mit einer gewandelten Wahrnehmung durch die Öffentlichkeit und Politik zu tun. Die Sicherheitsbedenken richten sich mittlerweile fast ausschließlich gegen die grüne (agrarische) Biotechnologie, die deshalb unter starkem europapolitischen Druck steht.

Die Teilbereiche der Biotechnologie stimulieren sich gegenseitig, so dass die Politik immer wieder mit 'unerwarteten' Durchbrüchen konfrontiert und häufig von der Entwicklung getrieben wird, statt sie aktiv kontrollieren oder gar zu steuern. Aus diesen Befunden resultiert ein von allen Akteuren als dringend betrachteter politischer Handlungsbedarf. Dies gilt insbesondere für die 1978 etablierte Reproduktionsmedizin mit der künstlichen Befruchtung, die durch die 1999 am Menschen etablierte Stammzelltechnologie mit der Biotechnologie verflochten wurde. Die Nutzung embryonaler Stammzellen hat einen intensiven ethischen und sozialen Diskurs ausgelöst, der die nationalen Gesetzgeber zum raschen Erlaß von Schutzgesetzen motivierte, die im Ländervergleich sehr heterogen ausfielen (vgl. auch DGHP 2002:6). Bei den Stammzellen haben weder in Europa noch in den USA die übergeordneten Ebenen das Heft in der Hand: Das Stammzellenrecht ist *noch* Sache der Nationalstaaten in der EU und Angelegenheit der Bundesstaaten in den USA. Gleichwohl versuchen die übergeordneten Ebenen auf beiden Seiten des Atlantiks den heterogenen Diskurs an sich zu ziehen und *durch Herausbrechen der ethisch unstrittigen Materien* und deren Übergabe an die EMEA und die FDA das Heft in die Hand zu bekommen. In der EU hat die EMEA für die ethisch unstrittigen Teile als sogenannte *„Advanced Therapies"* 2007 die Zuständigkeit erlangt (EU 2007c).

Die Geschichte und Entwicklung insbesondere der deutschen Biotechnologiepolitik sowie die Analyse der sie begleitenden Diskurse wurde bereits von verschiedenen Autoren umfassend untersucht (vgl. Abels 2002, Bandelow 1999, Barben 2001a/b, Fink 2003, Martinsen 1997, 2001, Simonis 2001, Saretzki 2001; die Autoren des Kursbuches Biopolitik 2004 u.v.a.m.).

Im Vergleich zur Situation in Deutschland befassen sich jedoch nur wenige

Untersuchungen mit der internationalen Entwicklung und dem Vergleich der Biotechnologieregime in Deutschland, Europa und den USA (vgl. Barben 2001b/2007, Fink 2003). Fink hat 2003 beobachtet, dass die Bearbeitung des Themas durch das Fehlen einer homogenen europäischen Öffentlichkeit erschwert würde (Fink 2003:4). Barben und Fink weisen darauf hin, dass die Materie bisher nicht gleichmäßig bearbeitet, sondern Schwerpunkte gesetzt würden, zudem gäbe es bisher kaum *vergleichende Studien* zur roten und grünen Biotechnologie (Fink 2003:4).

Bei den Untersuchungen zur Biotechnologiepolitik fällt insbesondere auf, dass die Agenturen, die in Europa für die Zulassung biotechnologischer Produkte zuständig sind, nämlich die Arzneimittelagentur EMEA und die Lebensmittelagentur EFSA, bislang nur sehr wenig beachtet wurden, was insbesondere für die EMEA gilt, deren Existenz bestenfalls mal erwähnt, aber nicht analysiert wurde (vgl. Abels 2002:3). Dies überrascht um so mehr, als dass die EMEA und die EFSA *zentrale Zuständigkeiten* haben, die darüber entscheiden, ob und welches Biotechnologieprodukt tatsächlich auf den Markt kommt. Im Bereich der angewandten roten Biotechnologie hat die EMEA sogar nahezu die *alleinige Zuständigkeit*, denn sie hat alle neu entstehenden Zweige der roten Biotechnologie nach und nach an sich gezogen. Die Gentherapie, Zellen und Gewebezüchtungen wurden 2003 formal der EMEA unterstellt, 2007 wird dies auch inhaltlich geschehen. Anders als bei herkömmlichen Medikamenten haben die Hersteller *keine* rechtliche Möglichkeit, für das Medikament nur eine nationale Zulassung zu beantragen, es gibt also *keine Exit-Option.*

In der grünen Biotechnologiepolitik zeigt sich, dass durch bestimme Verfahrensbesonderheiten in der EFSA gentechnisch veränderte Pflanzen auch gegen den Willen der Mehrzahl der Nationalstaaten auf den Markt gebracht werden können (Deichmann 2006:1-3). Dieser Befund ist unter Demokratie- und Legitimitätsgesichtspunkten nicht unproblematisch und um so mehr sollte die EFSA genauer analysiert werden. Eine Erklärung für die geringe Bearbeitung der Agenturen ist, dass die Biotechnologiepolitik häufig von der Perspektive der Grundlagenforschung her betrachtet wird, während die *angewandte* Forschung nachrangig behandelt wird. So legte z.B. Bandelow eine umfassende Untersuchung zu den politischen Hintergründen der Entwicklung der Gentechnikgesetzgebung in Deutschland und Europa vor, ohne die schon längst gegründete EMEA und die

Übernahme der Zuständigkeit für biotechnologischen Anwendungen auch nur anzuschneiden (Bandelow 1999). Bandelow (1999:85) wies jedoch auch darauf hin, dass bisher keine differenzierten Analysen der [damals] jüngsten Deregulierung auf Bundes- und EU-Ebene vorliegen.

Die Untersuchung der Bearbeitung der angewandten Forschung ist aber um so wichtiger, als die Erlöse der angewandten Forschung die größte Geldquelle der biotechnologischen Forschung bilden. Der Kapitalmangel in der roten Biotechnologie ist ein großes Problem, dem die EU mit Hilfe der EMEA durch *Markteingriffe* gegenzusteuern versucht.

Markteingriffe liefern das Stichwort für ein zweites Problem: Barben und Abels haben darauf verwiesen, dass neoliberale Tendenzen und die Entwicklung der Biotechnologie Parallelen zeigen, die sie für mehr als zufällig erachten (Barben/Abels 2000b:2; Barben 2001b:57, 2007:44ff.).

Nun stand insbesondere in der Frühzeit der EMEA tatsächlich die Schaffung eines einheitlichen europäischen *Marktes* im Vordergrund und einer der Geburtshelfer der EMEA war die International Conference Harmonisation ICH, eine Einrichtung der Triade EU, USA, Japan, in der Behörden und Hersteller in einer Governancestruktur zusammenarbeiteten. Die vereinheitlichte Zulassung sollte den ersten Schritt zu *einer einheitlichen europäischen Vermarktung und Preisgestaltung* bilden.

Die EMEA wandte sich jedoch recht bald *vom Markt zur Medizin* und versucht seitdem immer mehr, den Markt zu korrigieren, um ökonomisch wenig attraktive, aber *medizinisch erwünschte* Produkte auf den Markt zu bringen. Innovationsförderung und Marktschaffung gerieten bei der EMEA auf diese Weise in ein Spannungsverhältnis. Dieser Prozess geht mit einer *massiven Expansion von Steuerung und Kontrolle* einher, durch die die Informationsasymmetrien zwischen Behörden und Anbietern gebrochen werden sollen. Diese Beobachtung stellen in Anlehnung an Bogdandy die vielfach geäußerte These in Frage, ob die multinationalen Akteure sich wirklich der staatlichen Kontrolle entziehen können, *wenn* die staatlichen Akteure größenadäquate Institutionen entwickeln (vgl. Bogdandy 2005:27). Diese Institutionen sind die politische Antwort auf den Umstand, dass die Wirtschaft auf nationaler Ebene immer weniger zielgerecht gesteuert werden kann (Mayntz 2005:1f.). Die erst später gegründete EFSA hat von vornherein keinen marktschaffenden Auftrag gehabt, sondern sollte der Sicherheit dienen, wie der Name *Food Safety* Agency schon sagt.

Die Betrachtung der Agenturen ist auch für den Vergleich der Biotechnologieregime von Europa und den USA unerläßlich, denn der technische Wandel der Biotechnologie wird institutionell von den Agenturen verarbeitet, die die Technikfolgenabschätzung und insbesondere in der EMEA auch das Risikomanagement *in Eigenregie* vornehmen bzw. steuern.

Dies erklärt auch, warum die in Deutschland und Europa betriebene Technikfolgenabschätzung (TA), die gerade in der Bundesrepublik eine facettenreiche institutionelle TA-Landschaft hervorgebracht hat, in der *angewandten* Biotechnologie und der Zulassung keine meßbare Rolle mehr spielt (vgl. Simonis 2001:425ff., Abels 2002:5). Hier gibt es jedoch auch andere Erklärungsmuster, z.B. Vorbehalte gegen die TA seitens der Industrie oder auch Qualitätsmängel oder Probleme der Anschlußfähigkeit der TA an die gesellschaftlichen Teilsysteme (vgl. Simonis 2001, Ludwig 2001, Zweck 2003).

Die amerikanische Agentur Food and Drug Administration FDA ist also mit ihren administrativen Prozeduren und ihre Regulierungsphilosophie für die EMEA und die EFSA die *reflexive Folie*. Die Vorstellung, dass technischer Wandel ergebnisoffen mit Blick auf die institutionelle Verarbeitung ist, ist zumindest für die EMEA unzutreffend. Sie befindet sich seit ihrem Beginn 1995 unter *ständigem Anpassungsdruck* an die Prozeduren der FDA, der zu einem institutionellen Isomorphismus beigetragen hat, bei dem trotz der unterschiedlichen gesetzlichen Grundlagen in der EU und den USA die Verfahren beider Agenturen in der roten Biotechnologie immer ähnlicher wurden.

Dieselbe FDA ist in der grünen Biotechnologie ein Gegenentwurf, gegen den sich die europäische Politik bisher bewußt ausgesprochen hat. Dies liegt nicht nur an einer restriktiveren europäischen Haltung, sondern die FDA agiert in der grünen Biotechnologie liberaler in der roten, so wäre es z.B. in der roten Biotechnologie undenkbar, dass ein Hersteller unter Umständen selbst entscheiden kann, ob er sein Produkt der FDA zum Zulassungsverfahren vorlegt. Den Konflikt unterschiedlicher Regulierungsphilosophien zwischen Europa und den USA gilt es deshalb zu untersuchen.

Woher jedoch kommen diese Differenzen zwischen roter und grüner

Biotechnologie, wenn man bedenkt, dass beide Richtungen eigentlich auf einer gemeinsamen Technologie fußen?

Die Erklärung könnte *in der Technik selbst* liegen. Argumente, die auf technischen und funktionellen Restriktionen beruhen, werden häufig kritisch gesehen, denn sie stehen im Verdacht, versteckt oder offen einem Technikdeterminismus das Wort zu reden. Barben hat sich sehr kritisch gegen den Technikdeterminismus gewandt, der als Argumentationsfigur dienen kann, mit der man soziale und politische Probleme überspielt und Akteursinteressen verschleiert (Koivisto 1998:14-16).

Technik wird letztlich von Menschen gemacht und man kann sowohl den Techniknutzer als auch den Politiker nicht zugunsten eines wie auch immer definierten Sachzwanges von seiner politischen und sozialen Verantwortung entbinden. Aber es gibt *neben* den anderen Rahmenbedingungen *auch* Bedingungen, die sich aus der Technik selbst ergeben. Dies soll sogleich an einem Beispiel deutlich gemacht werden.

Der Aufstieg der industriellen Biotechnologie wurde in den USA durch die Einführung der Patentierung von genetisch veränderten Organismen 1980 und die begleitende Gesetzgebung zur Patentverwertung durch Forschungseinrichtungen, den Bayh-Dole-Act, ermöglicht. Der Vorsprung der USA, der aus diesem Schritt resultierte, erwies sich bis heute als uneinholbar, bei der angewandten roten Biotechnologie betrug der Weltmarktanteil in den neunziger Jahren ca. 90%. Jedoch kam es zu einem ‚Bruch' in der Entwicklung, bei dem nach einer anfänglichen Erfolgsperiode mit ersten Medikamenten (Insulin, Erythropoetin, Interferon, Wachstumshormon) lange Zeit nur noch wenig geschah und nun neben wenigen großen Firmen viele kleine kapitalschwache Firmen die Forschungslandschaft charakterisieren (vgl. auch Murray/Kaplan 2001:2). Dieser Bruch hatte primär *biologisch-technische* Gründe: Der erfolgreiche Start der roten Biotechnologie bezog sich auf den bloßen *Nachbau natürlicher Substanzen* wie dem Insulin, deren chemische Synthese bis dahin zu aufwendig bzw. unmöglich gewesen war. Gleiches galt für die zweite große Erfolgswelle, die Impfstoffe, bei denen ebenfalls Naturstoffe nachgebaut wurden, um das Immunsystem des Geimpften anzuregen.

Sobald jedoch versucht wurde, in die biologischen Abläufe des Menschen mit *Änderungsabsicht* einzugreifen, gab und gibt es Probleme: Das Wegfangen von Immunhormonen oder Immunzellen ist mit vielfältigen Risiken verbunden wie z.B.

erhöhtem Krebsrisiko, dem Vorkommen von schweren schockartigen Immunstörungen wie dem Cytokine Release Syndrome oder dem Aufbrechen von alten Krankheiten wie z.B. der Tuberkulose.

Bei den modernen Antikörperpräparaten, bei denen diese Phänomene beobachtet wurden, bekam man diese Probleme durch Dosisanpassung weitgehend in den Griff, jedoch sind die damit erreichbaren medizinischen Verbesserungen dann unter Umständen nur inkrementaler oder passagerer Natur, abgesehen von den Kosten dieser Medikamente. Die Sozialsysteme drängen die Mediziner deshalb, solche Präparate nach Möglichkeit nur *neben oder nach* den herkömmlichen Medikamenten einzusetzen. Die EMEA befürchtet sogar noch eine Verschlimmerung dieser Situation in den kommenden Jahren (Lönngren 2006:4).

Man stößt häufig auf ein Mißverständnis der Biotechnologie, das am besten im folgendem, von Hohlfeld (2003:91) zitierten Statement von 1988 zum Tragen kommt: „Gene können seitdem beliebig aus ihrem natürlichen Funktions- und Strukturzusammenhang verrückt werden. Wie Lego-Steine können molekulare Funktionseinheiten zum Zwecke der Konstruktion und Rekonstruktion von lebenden Artefakten, die die Natur noch nie vorher gesehen hat, zusammengesetzt werden". Genau dies funktioniert häufig *nicht*, sondern ist in der Mehrzahl der Anwendungen bis heute *eine technische Phantasie*, die nicht nur die Kritiker der Biotechnologie alarmiert hat, sondern auch die Börsenanleger beflügelte.

In den politikwissenschaftlichen Untersuchungen fällt auf, dass die Kritik an den Versprechungen der Biotechnologie fast automatisch bei den Biotechnologiekritikern verortet wird. Regelmäßig wird eine zweite Gruppe, nämlich die der *Anleger und Investoren*, einfach ausgeblendet, deren Kritik die Industrie im übrigen viel mehr trifft, da die Haltung der Investoren direkte Auswirkungen auf die finanziellen Grundlagen hat. So zog kürzlich die *Frankfurter Allgemeine Zeitung* eine „ernüchternde Bilanz" und kommt zu dem Schluß, dass bisher nur 15 von 61 entwickelten Proteinen wirklich neu gewesen wären (FAZ 2005c:N2).

Deutlich zeigt sich dies auch in der Gentherapie, wo Stolze (2006:30) gerade mal 20 Heilungen in über 30 Jahren Biotechnologiegeschichte zählt, denen diverse schwere Zwischenfälle gegenüberstehen, die dadurch entstehen, dass man Gene *eben nicht* beliebig versetzen kann[2]. Sogenannte Insertionsmutagenesen, bei denen falsch eingepflanzte Gene Krebs auslösten, kommen immer wieder vor (vgl. auch Zylka-Melhorn 2006b). Bei den Pflanzen ist hingegen die Zahl der Anwendungen auf wenige, dafür aber sehr umsatzstarke Produkte beschränkt, bei denen das Insektenresistenzvermittelnde *Bacillus thuringensis Bt-Gen* eine herausragende Rolle spielt (Schenkelaars 2004:3).

Bei der noch jungen Stammzellforschung haben sich die meisten Eingriffe als schwer *steuerbar* herausgestellt, in den meisten Versuchen funktionieren die Zellen nicht oder sie neigen zur Tumorbildung (vgl. auch Karberg 2006a:79). Selbst vermeintlich „einfache" Organe wie Zähne ließen sich bis 2006 nicht stabil züchten (Sharpe/Young 2006:54-62). Erfolge wurden vor allem bei der Züchtung aus *herkömmlichen* Spenderzellen erzielt, z.B. bei der Züchtung von Kunsthaut für Verbrannte aus gespendeten Vorhäuten, ebenso für Harnblasen und Knorpel (Braun 2006:20ff.).

Dies alles kann wichtige medizinische Fortschritte wie saubere Impfstoffe, verfügbares menschliches Insulin, saubere Herstellung von Gerinnungsfaktoren für Bluterkranke usw. nicht schmälern (Hohlfeld 2003:86), aber es wird schon nach dieser kurzen Betrachtung deutlich, dass sich gewisse biologisch-technische Grenzen in der Biotechnologie *weder durch Diskurs noch durch Politik verschieben lassen* und genau aus diesem Grunde kommt den Eigenschaften und dem Potential *ein eigener Stellenwert neben* Diskursen, Wahrnehmungen und dem politischen Instrumentarium zu.

Gerade die größten Befürworter der Biotechnologie stellen sogar die Frage, ob das Paradigma der genetischen Veränderung natürlicher Organismen nicht *zu kurz gegriffen ist.* Statt in biologische Systeme einzugreifen, die teilweise noch unverstanden sind, macht sich zunehmend die Auffassung breit, dass man erst mal die grundlegenden Zusammenhänge aufklären muß, um *danach* erneut und dann wirklich ingenieurmäßig an die Materie herangehen zu können.

Die Ergebnisse des Human Genom-Projektes haben diesen Paradigmenwechsel

---

[2] Nikol (2006:1) weist jedoch darauf hin, dass an der Universitätsklinik Münster 2006 die Talisman (Therapeutic angiogenesis leg ischemia study for the management of arteriopathy and non-healing ulcers)-Studie zur Gentherapie von Durchblutungsstörungen der Beine bei 107 Patienten zumindest deutliche Besserungen erbracht hätte. Bei den Patienten wurde hierzu ein Genüberträger (Plasmid) eingeschleust.

begünstigt. Unerwarteterweise hat der Mensch nicht viel mehr Gene wie vermeintlich niedrigere Lebensformen, dafür stellte sich jedoch heraus, dass der Mensch aus seinen Genen durch Nachbearbeitung wesentlich mehr Eiweiße herstellen kann als Tiere, nämlich drei statt ein Eiweiß pro Gen (vgl. Zoll 2003:27). Dies war der Beginn der *Proteomik*, der Erforschung der menschlichen Genprodukte[3].

Hinzu kommen die gänzlich anderen *Nutzungsmuster* der Gene beim Menschen. Dies lässt sich anschaulich mit einem Vergleich zeigen: Mensch und Affe haben fast dieselben Gene. Wenn die Gene Tasten auf einem Klavier wären, so könnte der Affe damit nur einfachste Melodien spielen, während der Mensch auf demselben Klavier komplexe Konzerte veranstalten kann. Diese neue Steuerungswissenschaft nennt sich *Epigenomik*[4]. Die Aufarbeitung der ca. 100.000 Eiweiße des Menschen und ihrer Zusammenhänge benötigt Zeit, so dass Politik und Öffentlichkeit von diesem grundlegenden Prozess insgesamt noch wenig betroffen sind. Viele Materien, zum Beispiel die rasch fortschreitende Aufklärung der Natur von Blutkrebsen, Herzrhythmusstörungen, der Parkinson'schen Schüttellähmung und der Epilepsien sind einfach zu speziell, um ein Interesse über die Fachwelt und die Betroffenen hinaus zu erregen (Hiddemann 1999:1316ff., Lehmann-Horn et al. 2000a:1902ff., Steinlein 1999:1346ff.).

Andere Forscher schließen aus den insgesamt wenig erfolgreichen Eingriffen in natürliche Systeme, dass man sich von den natürlichen Systemen lösen muß und vom genetisch veränderten Organismus (GVO) zur genetisch programmierbaren künstlichen Zelle (*Programmable Artificial Cell PAC*) vorstoßen muß (PACE 2006:1ff.). Dieses *künstliche Leben* wird von vornherein anders konzeptioniert als die GVOs: Es soll wesentlich fitter sein als natürliche Zellen und sich eigenständig vermehren können. Da Zellen normalerweise enorme Energien benötigen, um die genetische Ausstattung bei der Zellteilung zu verdoppeln, sind Zellen, die nur ein Minimalgenom enthalten, viel leistungsfähiger als herkömmliche Zellen, wenn auch

---

[3] Mittlerweile ist die Gesamtheit aller Stoffwechselprodukte, das Metabolom, und die Analyse der menschlichen Flora im Rahmen des Human Microbiom-Project HMP dazugekommen (NIH 2008:1f.)

[4] Die Hinweise auf nachgeburtliche Beinflussung der Genaktivität des Mensnhen durch die Umwelt mehren sich ständig, jedoch müssten für eine Vererbung der Erfahrungen auch die Keimbahnzellen verändert werden, wofür sich noch kein Indiz fand (Flöhl 2007:N1, Blech 2008b:110-112, Bahnsen 2008:33).

vielleicht empfindlicher gegen Umwelteinflüsse und Mutationen (Gibbs 2004, PACE 2006). Dies ist ein fundamentaler Unterschied zu den GVOs, die bisher von den Resistenzen einmal abgesehen bestenfalls ebenso fit wie die natürlichen Vorbilder (Pflanzen) oder durch die Beladung mit Produktionsgenen sogar schwächer als die natürlichen sogenannten „Wildtypen" waren.

Das ökonomische Potential einer vollprogrammierbaren Zelle könnte unermeßlich sein, denn diese Zellen könnten durch ihre Enzyme eine große Zahl chemischer Synthesen mit einem *winzigen Bruchteil der Kosten und des Aufwands* betreiben, den herkömmliche Industrieanlagen benötigen (vgl. Gibbs 2004). Die Vorteile wären durch die möglichen großen Energie- und Rohstoffersparnisse auch *ökologischer* Natur. Andererseits jedoch könnte die Programmierung ähnlich wie bei den Computerviren auch andere Stoßrichtungen haben. Dies gilt um so mehr, dass die neue Technologie sehr einfach konzipiert ist, schon die ersten Prototypen der Synthesesysteme für die Zellen haben kaum die Größe eines Laptops (vgl. PACE 2006; Ailab 2006; Kuhrt 2006:30).

Zudem können diese Zellen, da sie autonom und vermehrungsfähig konzipiert sind, eine eigene Evolution durchlaufen, die im *worst-case*-Szenario das herkömmliche Leben zu guter Letzt verdrängen könnte. Man muß jedoch einschränken, dass man ähnliche Erwartungen und Befürchtungen auch bei den genetisch veränderten Organismen hatte, ohne dass eines dieser Szenarien bisher eintrat (vgl. Martinsen 1997:10-11). Die vielgerühmten und ebenso gefürchteten transgenen Superpflanzen, die alles überwuchern sollten, sind ebenfalls nicht gekommen (Albrecht 1997:184).

Überraschend war jedoch, dass sowohl die Förderung der *Programmable Artificial Cell* durch die EU wie auch die Veröffentlichungen in Publikumsmedien wie in *Spektrum der Wissenschaft* (Gibbs 2004) keine Reaktion der Öffentlichkeit hervorrief, so dass die *Financial Times* ihre Leser dazu aufforderte, doch endlich über die Risiken nachzudenken (Kuhrt 2006:30). Werden potentiell problematische Technologien nicht wahrgenommen und diskutiert, können sich diese ungebremst entwickeln. Nicht nur die Wahrnehmung von Technologien, sondern auch *Wahrnehmungslücken* sind demnach von politischer Relevanz. Dieses Phänomen ist erklärungsbedürftig. Das über Jahre gewachsene Vertrauen in die rote Biotechnologie und in die Fähigkeit, sie zu steuern, könnte die nachgelassene Aufmerksamkeit erklären.

Ein worauf auch immer fußendes Vertrauen scheint ein entscheidender Faktor zu sein, denn nach übereinstimmender Ansicht europäischer und amerikanischer Autoren, dass der Wandel der EU-Politik in der grünen Biotechnologie zumindest *zeitgleich* mit einer durch den Rinderwahn verursachten *Vertrauenskrise* in die Lebensmittelregulierung durch die EU einherging (vgl. Schomberg 2000:117; Patterson/Josling 2001:6, EFSA 2005b:1, Embassy 2005b:9). Diese Zeitgleichheit *begründet noch keine Kausalität*, auch wenn die EU diese Kausalität behauptet (EFSA 2005b:1). Diesem Sachverhalt gilt es in dieser Untersuchung nachzugehen.

Die unterschiedliche Wahrnehmung in der Öffentlichkeit und die Reaktionen der politischen Akteure könnten erklären, warum die rote Agentur EMEA ganz anders aufgestellt ist als die grüne Agentur EFSA, obwohl beide Agenturen gemeinsam der amerikanischen FDA gegenüberstehen. Die EMEA passt sich zunehmend der FDA an, während die EFSA in wichtigen Fragen bewusst anders als die FDA agiert. Bogdandy konstatiert, dass der Wechsel zu einem primär transnationalen Regelungskontext und der damit einhergehende Wettbewerb der Rechtssysteme bisher nur wenig thematisiert wurden. Dies wird jedoch in dieser Arbeit eingehend untersucht werden (vgl. Bogdandy 2005:21-22).

Bei den Stammzellen haben weder in Europa noch in den USA die übergeordneten Ebenen das Heft in der Hand: Das Stammzellenrecht ist *noch* Sache der Nationalstaaten in der EU und Angelegenheit der Bundesstaaten in den USA, wenn auch sehr zum Unwillen des Präsidenten und vieler Abgeordneter (Duffy 2002, Johnson/Williams 2005a/b, Feder 2005). Gleichwohl versuchen die übergeordneten Ebenen auf beiden Seiten des Atlantiks den heterogenen Diskurs an sich zu ziehen und durch Herausbrechen der ethisch unstrittigen Materien und deren Übergabe an die EMEA und die FDA das Heft in die Hand zu bekommen.

Die Akteure, egal ob Befürworter, Gegner, Politiker, Forscher, NGOs usw. haben bislang immer feststellen müssen, dass sich die Biotechnologie so schnell wandelt, dass sich alle Beteiligten regelmäßig „überfahren“ vorkommen, Simonis et al. charakterisieren dies treffend als multiple oder diskontinuierliche Wirkungsmuster der Biotechnologie (vgl. hierzu Simonis/Martinsen/Saretzki 2001:X).

Es soll hier jedoch nicht postuliert werden, dass der technische Wandel typischerweise dynamisch und das politische System statisch sei (vgl. hierzu Simonis/Martinsen/Saretzki 2001:IX). Die Akteure haben z.B. bei der Reform der

EMEA wie auch bei der Embryonengesetzgebung jeweils sehr rasch reagiert. Es wird vielmehr die These vertreten, dass die Beteiligten wegen dieser negativen Erfahrungen alles versuchen, den weiteren technischen Wandel durch *vorgreifendes* Setzen von Rahmenbedingungen in den Griff zu bekommen. Die Nutzung bewährter Regelungsmuster, die beschleunigte Durchdringung von Materien mit Hilfe institutioneller Isomorphismen und ein gezielter Kompentenzaufbau durch *capacity building* scheinen nicht nur in der Biotechnologie gängige Strategien zur Bewältigung solcher Situationen zu sein. Dies gilt auch für NGOs und Patientenorganisationen, die erkannt haben, dass es eine europäische Öffentlichkeit, die die Entwicklung wirksam kritisch begleiten kann, noch nicht gibt (vgl. Seifert 2000:315).

Ist der Diskurs aber überhaupt wirksam, d.h. besteht ein Zusammenhang zwischen öffentlichem Diskurs und politischen Überzeugungen sowie zwischen politischen Überzeugungen und den tatsächlichen regulativen Maßnahmen? Es wäre durchaus denkbar, dass eine Materie bestimmte regulative Arrangements zwangsläufig erfordert und dass die beobachteten Regulationen nur zufällig mit bestimmten Haltungen der Öffentlichkeit und der Politiker korrelieren. Ebenso könnte theoretisch den Politikern die Haltung der Öffentlichkeit gleichgültig sein. Beide Gruppen könnten in einem Politikfeld nur *zufällig* derselben Meinung sein, was dann einen Einfluß der Öffentlichkeit nur vortäuschen würde. Es muß also der *Kontingenzverdacht* ausgeräumt werden. Zudem muß zwischen dem Inhalt der Regeln und dem Zuschnitt der Behörden genau unterschieden werden. Schon auf den ersten Blick fällt in diesem Politikfeld auf, dass in jedem Land die Behörden etwas anders zugeschnitten sind, dies sagt aber noch nichts darüber aus, ob in einem *Land als Ganzes* nicht trotzdem dieselben Aufgaben auf gleichartige Weise erfüllt werden. Man könnte dieses Problem als *Aufgabenkontingenz* charakterisieren und deshalb ist auch eine eingehende Prüfung diese Problems erforderlich.

Dabei soll auch der von amerikanischer Seite vertretenen These nachgegangen werden, dass die Diskurse für die Politiker nur ein Alibi darstellen würden, um US-Produkte vom Markt zu drängen, so wie die EU es auch mit hormonhaltigem Kalbfleisch getan hätte (vgl. Hanrahan 2001:1-3). Die EU hätte eine rein hypothetische krebserregende Eigenschaft (Karzinogenität) eines der Hormone vorgeschoben, um einen Milliardenmarkt zu beherrschen (ebenda). Die Reaktion der EU-Politiker auf die Diskurse wäre demnach eigentlich nur Ausdruck einer kühlen Interessenpolitik, Rhetorik wäre hier nur Fassade (vgl. Genschel 2005:74). Der Rinderwahnsinn wäre demnach nur eine günstige Gelegenheit gewesen, um sich das gentechnisch veränderte US-Getreide als Konkurrenz vom Hals zu schaffen. Dieser Vorwurf ist zum einen theoretisch relevant, denn er stellt den Zusammenhang zwischen Diskurs und Politik in Frage. Darüber hinaus ist er auch von erheblicher politisch-praktischer Bedeutung, da diese Wahrnehmung von vielen US-Akteuren geteilt wird und zu einer schweren Belastung der EU-US-Beziehungen geführt hat, Patterson/Josling sprechen gar von einer *serious disruption of transatlantic relations* (2001:2). Auf jeden Fall muß in Anlehnung an Lütz die Frage geklärt werden, ob es sich wirklich um einen kognitiven Konflikt oder nicht doch um einen Interessen- oder Machtkonflikt handelt (vgl. Lütz 2005:102).

Andere Autoren konstatieren wiederum eine Art Tunnelblick, bei dem die Akteure in der grünen Biotechnologie die Problematik verkennen würden. Zunächst einmal würde europäisches Vieh bereits mit gentechnisch verändertem Futter gefüttert, so dass Gentechnik in Wirklichkeit längst überall wäre (Embassy 2005b:3; vgl. auch Schwägerl 2006c:12). Außerdem würden Pflanzen fälschlicherweise nur als Nahrung betrachtet, sie könnten auch Arzneimittelproduzenten oder als Biodiesel zukünftige Energiestofflieferanten sein (Van der Broek 2002:B2). Wegen der verzerrten Sichtweise der Akteure würde also zwangsläufig auch eine verzerrte politische Verarbeitung der Materie resultieren. Diese These stellt die Fähigkeit von Akteuren, technischen Wandel zu verarbeiten, grundsätzlich in Frage. Aus ihr würde folgen, dass eine expertendominierte, technische Sicht der Materie unabdingbar für eine richtige Politik wäre. Diesem theoretisch wie praktisch relevanten Vorwurf gilt es ebenfalls nachzugehen.

Lernprozesse in politischen Systemen können durch die Grundüberzeugungen der Akteure gehemmt werden (Bandelow 1999; vgl. auch Schneider/Janning 2005:188ff.). Die Frage lautet also, ob statt der Einsicht in die Notwendigkeit, das Vertrauen der Öffentlichkeit in die Nahrungsmittel wieder herzustellen, Machtinteressen das Verhalten der EU in der grünen Biotechnologie erklären (vgl. Abels 2002:8, Schomberg 2000:117, Patterson/Josling 2001:6, EFSA 2005b:1, Embassy 2005b:9). Bandelows Hinweis von 2003, dass der empirische Wert des politischen Lernens umstritten sei (2003:324), unterstreicht den hier bestehenden Analysebedarf.

Bei den bisherigen Untersuchungen zur Biotechnologie fällt auf, dass die Biotechnologiepolitik in aller Regel *isoliert* betrachtet wird. Die politischen Aktivitäten zur Beherrschung des technischen Wandels werden in der EU jedoch häufig in wesentlich *größeren Zusammenhängen gesehen und bearbeitet*, nämlich als Innovationspolitik im Rahmen des sog. Lissabon-Prozesses: Die Staats- und Regierungschefs der Europäischen Union verabschiedeten im Frühjahr 2000 auf einer Tagung in Lissabon ein Programm zur wirtschaftlichen und sozialen Weiterentwicklung der Europäischen Union. Dieser auf zehn Jahre angelegte „Lissabon-Prozess" umfaßt einen Katalog konkreter strategischer Ziele, um die Europäische Union bis zum Jahr 2010 zum wettbewerbsfähigsten und dynamischsten wissensbasierten Wirtschaftsraum der Welt zu machen (BMWA 2005:1). Die intensiven regulativen Aktivitäten der EU betreffen insbesondere die Forschungs- und Technologie (FuT)-Politik wie auch die Politik zum Schutze des geistigen Eigentums Intellectual property rights (IPR)-Politik, die beide im Rahmen einer breit geführten Innovationsdebatte weiterentwickelt worden waren. Im Rahmen des Sechsten Forschungsrahmenprogramms RP6 der EU wurde eine Förderstrategie mit stärkerer Schwerpunktsetzung und dem intensivierten Versuch einer dreifachen Vernetzung von Informationen, von Finanzen und Organisationen implementiert.

Die europäische Innovationspolitik ist in diesem Konzept eine *Querschnittspolitik* insbesondere aus Forschungs-, Bildungs- und Wirtschaftspolitik und zielt ausdrücklich auf die Förderung von Innovationen in Unternehmen ab. Die Biotechnologie gilt als Schlüsseltechnologie und ist sowohl in der EU als auch in der deutschen Politik in die übergeordneten Strategien eingebettet. Insbesondere war die Schaffung der europäischen Arzneimittelagentur EMEA nicht nur ein Schritt zur Schaffung eines gemeinsamen Marktes, sondern sie zielte mit dem neu eingeführten zentralen Verfahren *ausdrücklich auf innovative und biotechnologische Verfahren*, war in diesem Sinne ein erster großer Versuch, *Innovation zu fördern und zu steuern*. Um so mehr bedürfen die Schwierigkeiten und Fehler, die bei dem Versuch unterliefen, einer Analyse. Die folgende Abbildung zeigt den Zusammenhang zwischen den einzelnen Politikfeldern aus der Perspektive der EU:

Abbildung 2: Zusammenhang der Politikfelder

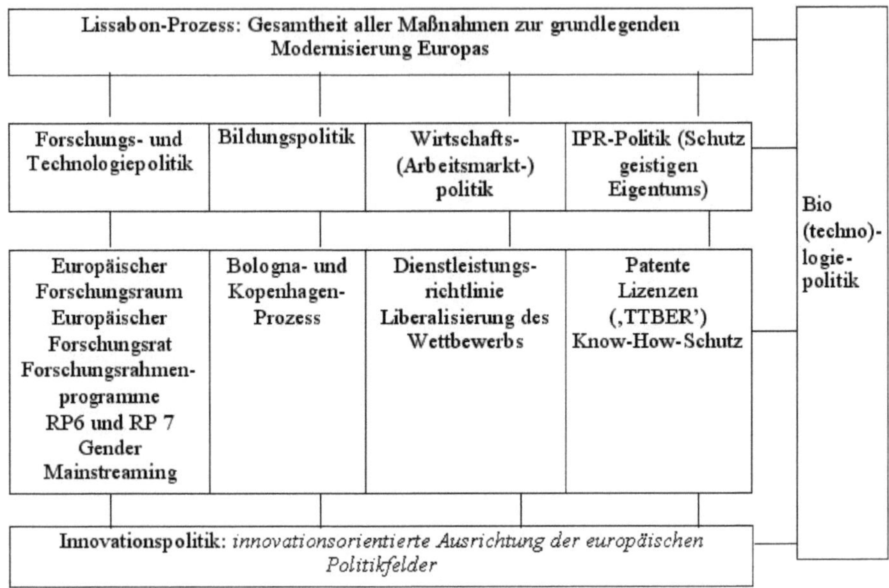

Andere Techniken, Politiken, Diskurse und Staaten können also Einfluss auf die Biotechnologiepolitik haben. Die Forderung von Industrie und Wissenschaft, die Biotechnologie stärker zu fördern, darf nicht nur den Bedenken der Kritiker gegenübergestellt werden, wie es häufig geschieht, sondern muß auch im Kontext einer Konkurrenz mit anderen Wissenschafts- und Industriezweigen um die begrenzten Ressourcen gesehen werden. In der roten Biotechnologie, gegen die es seitens der politischen Akteure nur noch wenig Vorbehalte gibt, löst sich so der scheinbare Widerspruch zwischen der politischen Sichtweise der Biotechnologie als Schlüsseltechnologie und der im Vergleich zu Asien und USA eher gering dimensionierten Förderung.

1.2 Fragestellungen

Die zentrale Fragestellung dieser Untersuchung ist, wie sich der technische Wandel auf das Verhalten der politischen Akteure auswirkt.

Die Arbeitshypothese lautet, dass die unterschiedliche Entwicklung in den Teilgebieten der zunächst homogen erscheinenden Biotechnologie zu entsprechend unterschiedlichen Wahrnehmungen, Diskursen und unterschiedlichen Reaktionsweisen der politischen Akteure geführt hat, obwohl alle Anwendungen im wesentlichen immer noch auf einer einheitlichen Basis fußen, nämlich der Analyse und Veränderung der Erbsubstanz DNA in biologischen Systemen. Die unterschiedliche Reaktionsweise der politischen Akteure schlägt sich wiederum in einer Auseinanderentwicklung des Verbändewesens und der zunächst recht homogenen Biotechnologieregime nieder. Die Reaktion der politischen Akteure erfolgt jedoch nicht ergebnisoffen, sondern steht unter äußeren Einflüssen, insbesondere den USA als reflexive Folie. Zudem ist die Biotechnologie kein autonomes Politikfeld, sondern in größere Politikfelder eingebettet, die in die Biotechnologiepolitik hineinwirken.

Daraus ergeben sich unmittelbar die zentralen Fragestellungen dieser Untersuchung:

- Wie kam die Auseinanderentwicklung der Stränge der Biotechnologie zustande, wie und in welcher Form wirkte sich dies auf die öffentliche Wahrnehmung und Diskurse aus, und welche Auswirkungen hatte dies auf die politischen Akteure?

- Welche Faktoren beeinflussen die Verarbeitung des technischen Wandels durch die politischen Akteure? Hier sollen nicht nur empirische Beispiele für diese Wirkung gezeigt werden, sondern ein allgemeines Modell entwickelt werden, das zumindest in der Lage sein sollte, die empirischen Befunde zu abstrahieren und zu erklären.

- Wie wirkt sich der technische Wandel auf die Wahrnehmung und Diskurse aus, wie kam die unterschiedliche Entwicklung in den Teilgebieten der Biotechnologie zustande und welche Folgen hat diese?

- Welche Einflüsse hatten die Veränderungen auf das Verbändewesen?

- Wie spiegelt sich die institutionelle Verarbeitung technischen Wandels in den

Strukturen und Verfahren der Agenturen EMEA und EFSA wieder?

- Welche Rolle spielen die USA als reflexive Folie, wie sind die Gemeinsamkeiten und Unterschiede der Regulierungsphilosophien der EU und der USA zu erklären?

- Welche Rolle spielen externe Einflüsse (Techniken, andere Politikfelder und Diskurse) für die Biotechnologiepolitik?

- Schließlich ist auch die Frage nach der *Kausalität* zu stellen: Handelt es sich in der grünen Biotechnologie wirklich um einen kognitiven Konflikt oder nicht doch nur um einen Interessen- oder Machtkonflikt, bei dem nur zufällig öffentliche Meinung und politisches Handeln in dieselbe Richtung laufen?

- Obwohl die Zulassungsagenturen EMEA und EFSA die letzte Hürde zwischen biotechnologischen Anwendungen und dem Verbraucher darstellen, wird in der Literatur insbesondere der EMEA nur sehr wenig Aufmerksamkeit geschenkt. Deshalb ist zu fragen, wie die EMEA versucht, Innovation zu fördern und zu steuern, denn daraus lassen sich Einblicke in das Verhältnis von regulativer Politik und Innovation gewinnen.

- Abschließend ist zu fragen, wie die Ergebnisse der Politik auf den technischen Wandel zurückwirken[5].

[5] Die Arbeit wurde im Mai 2007 eingereicht. Im August 2008 wurde die Arbeit vor der Drucklegung auf ihre politische, wissenschaftliche und rechtliche Aktualität überprüft und entsprechend ergänzt, jedoch ergaben sich hieraus *keine* Änderungen der Thesen und Schlussfolgerungen dieser Arbeit.

1.3 Anlage der Untersuchung

Die These, dass es Wechselwirkungen und Rückkopplungen zwischen Teilsystemen gibt, ist bereits ein gesicherter Bestandteil von Untersuchungen zum Verhältnis von Politik und Technik, wie Werle in seiner Übersichtsarbeit zum Stand der Forschung festhält, woran es jedoch durchgängig mangelt, sind *konkrete*, greifbare Beispiele (vgl. Werle 2003:1ff.). Diese Arbeit soll daher *empirisch überprüfbare* Aussagen herausarbeiten. Hierfür bietet sich eine Untersuchung der Biotechnologie an, eines Gebietes, das einem raschen technischen Wandel unterliegt und die Politik sowohl auf europäischer als auch auf nationaler Ebene unter ständigen Handlungs- und Anpassungsdruck setzt.

Der empirische Teil der Untersuchung fußt auf den Erfahrungen, Beobachtungen und Informationen aus der langjährigen Berufstätigkeit in der angewandten Forschung. Dieser Untersuchung liegen insgesamt 17 Jahre empirischer Vorarbeiten zugrunde. Neben der Zusammenarbeit mit verschiedenen Biotechfirmen im Rahmen internationaler Forschungsprojekte zählen hierzu auch praktische Erfahrungen aus der persönlichen Einbindung in Zulassungsverfahren von Biotechmedikamenten bei der europäischen Zulassungsbehörde EMEA und Kontakten mit der amerikanischen Zulassungsbehörde Food and Drug Administration FDA, wobei Vertraulichkeitsvereinbarungen in dieser Arbeit strikt beachtet wurden. Dazu kommen praktische Kenntnisse aus der Grundlagenforschung, unter anderem mit der Züchtung von Zellen und der praktischen Gen- und DNA-Analyse.

Für die Untersuchung wurde eine umfassende Dokumentenanalyse vorgenommen, insbesondere wurden politik- und sozialwissenschaftliche, medizinische und Publikationen aus nationalen und internationalen Fachzeitschriften herangezogen, ebenso Originaldokumente der Agenturen (EMEA, EFSA, FDA, USDA, EPA usw...) und nationaler Zulassungsbehörden, amtliche Verlautbarungen der EU (Verordnungen, Richtlinien, Leitlinien) und der USA sowie Veröffentlichungen und Stellungnahmen von Parteien, Regierungsstellen und Verbänden und Nichtregierungsorganisationen. Die aktuellen Entwicklungen der letzten Jahre wurden, soweit nicht anders möglich, über die Berichterstattung aus Tages- bzw. Wochenzeitschriften erfaßt, um die Aktualität der Analyse zu gewährleisten.

Die Biotechnologie als Musterbeispiel einer sich rasch wandelnden Technologie, die eine große Aufmerksamkeit von Öffentlichkeit und Politik findet, wird nun wie folgt analysiert:

In Übereinstimmung mit Barbens (2001b:43) Forderung, das technische System nicht als *black box* zu behandeln, wird zunächst das technische System erläutert und der rasche Wandel dieses Systems dargestellt, woran sich die Untersuchung der Wahrnehmung dieser Technik und ihres Wandels durch die Öffentlichkeit und die politischen Akteure anschließt. Die Darstellung der Technik und ihres technischen Potentials erfolgt gezielt mit Blick auf die resultierenden Chancen und Risiken und ermöglicht so den Übergang zur Behandlung der Wahrnehmung und der Diskurse (Kapitel 2.1 bis 2.6).

Zu der Darstellung der Technologie gehört auch die Industrie, deren Situation ebenfalls von der unterschiedlichen Entwicklung in den Teilgebieten geprägt wird (Kapitel 2.7). Rote und grüne Biotechnologieindustrie unterscheiden sich in der Struktur ganz erheblich. Während der grüne Markt zu über 98% von nur wenigen großen Anbietern mit wenigen, sehr umsatzstarken Produkten kontrolliert wird, ist der rote Markt *zweigeteilt*. Wenige große 'alte' Firmen mit wenigen umsatzstarken Produkten stehen Hunderten junger Firmen mit einer großen Vielzahl kleiner oder nicht marktreifer Produkte gegenüber (Kapitel 2.7). Dieser Zweiteilung gilt es nachzugehen, Bandelow (1999:79) wies schon 1999 auf einen Analysebedarf hin.

An diese Klärung der Ausgangssituation schließt sich die Analyse der Diskurse an (Kapitel 3). Bei der Analyse der Diskurse wird auch auf Finks Befund, dass weder die Befürworter noch die Gegner homogene Gruppen darstellen, eingegangen (Fink 2003:4). Es sollen die grundlegenden Meinungsverschiedenheiten herausgearbeitet werden, um diese dann den Reaktionen der politischen Akteure zu vergleichen.

Die Risikodebatte und das Für und Wider dieser Debatte wurden bereits von anderen Autoren eingehend untersucht, z.B. in der PVS-Sonderschrift 'Politik und Technik' von Simonis et al. 2001, so dass die Darstellung der Risikodebatte in dieser Untersuchung auf eine gestraffte Zusammenfassung der Entwicklung und Positionen beschränkt wird. Ein besonderes Augenmerk gilt dem Versuch der Technikbefürworter, eine vom Risikodiskurs getrennte *Innovationsdebatte* anzustoßen (Kapitel 3.1 bis 3.3).

Die Untersuchung der ethischen und sozialen Diskurse soll die unterschiedlichen Muster für die rote, grüne und Stammzelltechnologie zeigen. Der ethische Diskurs wird hier nicht unter philosophischer, sondern unter *politischer* Perspektive bearbeitet, d.h. es geht hier nicht um die Entwicklung philosophischer Lösungen, sondern darum, wie die Werthaltungen der Akteure ihre Wahrnehmung und ihre politischen Argumente beeinflussen[6] (Kapitel 3.4).

Die Gegenüberstellung der ethischen Positionen und der zentralen Konflikte ist das Anliegen dieses Arbeitsschrittes. Zudem soll gezeigt werden, dass durch die Veränderungen im Bereich der Reproduktionsmedizin biotechnologische Anwendungen zunehmend in einem neuen Kontext wahrgenommen werden und eine neue gesellschaftliche Debatte anstoßen könnten (Kapitel 3.4). Die Genomaufklärung im Humangenomprojekt war ursprünglich sehr von Verwertungsinteressen geprägt, was in einen Wettlauf zwischen Patentierung und Veröffentlichung zur Blockade von Patenten mündete. Der Patentwettlauf erwies sich rückblickend als stärkste Triebfeder des Projektes, obwohl es zugleich eine der größten Kooperationen war (Abels 2000:85).

Die begleitend entwickelten Gen- bzw. Biochips zielten auf die Erfassung genetischer Eigenschaften, die die Wirksamkeit von Medikamenten beeinflußten. Der Einsatz in dieser Pharmakogenomik genannten Richtung ist *auch heute noch* die wesentliche Triebfeder der Biochiptechnologie, denn die Gentestung hilft bereits heute bei dem gezielteren Einsatz von Medikamenten gegen Krebs. Nun aber dringt allmählich das eugenische Potential dieser Techniken und die möglichen sozialen Folgen in das Bewußtsein der Öffentlichkeit ein. Außerdem wird die Frage nach der genetischen Komponente des Verhaltens gestellt (Nuffield 2002). Es gibt jedoch Autoren, die die Diskussion um den genetischen Determinismus und die Verhaltensgenetik nicht nur als verfehlt, sondern auch bereits als erledigt betrachten. So schreiben Kleeberg/Walter (2003:114): „Die weitreichenden analytischen und therapeutischen Versprechungen, die die Verhaltensgenetik zwischen Mitte der achtziger und neunziger Jahre hinsichtlich der genetischen Bedingtheit von Verbrechen, Intelligenz, homosexuellem Verhalten formuliert hat, sind inzwischen sämtlich widerlegt (ebenda)"....und Wingert (2003:24) fügt hinzu: „Die moderne Wissenschaft legitimierte nicht mehr die Diskriminierung von Rassen, ethnischen Gruppen und sozialen Abweichlern. Wo übereifrige

---

[6] Zur philosophischen, sozialen und historischen Dimension vgl. das instruktive Paper 28 des Bielefelder Graduiertenkollegs „Genese, Strukturen und Folgen von Wissenschaft und Technik" von 2003.

Wissenschaftler dennoch diese Grenze überschreiten, ..[wirkt].. das politische System und das ihm entsprechende Wertesystem gegen eine allzu weitreichende Biologisierung sozialer Kategorien".

Dieser Befund zum Stand der Diskussion mag für Deutschland zutreffen, für das Ausland jedoch nicht, wie u.a. am Beispiel der Debatte um die „aggressiven Embryos" gezeigt werden soll (vgl. auch Rothstein:1999, McInerney 2006:1).

Es soll gezeigt werden, dass diese Debatten konkrete gesellschaftspolitische Wirkungen haben und deshalb kritisch untersucht werden müssen (Kapitel 3.4.6). In dieser Untersuchung soll die Debatte gezielt mit Blick auf ihre gesellschaftspolitischen Folgen skizziert werden. Der Handlungsbedarf ergibt sich daraus, dass bereits 2006 ein Genchipprototyp entwickelt wurde, der nahezu alle dreißigtausend Gene testen kann, die totale Gentestung eines Individuums in einem Zug jetzt bereits technisch machbar ist (Müller-Jung 2006a:N2). Vieth (2003:166) weist daraufhin, dass sich mit der Zunahme der Leistungsfähigkeit von Gentests auch die Indikationen und Gründe für einen Gentest erweitern.

Im übrigen konstatierte der deutsche Soziologenkongress 2006 in Kassel ein Vordringen biologischer Gesichtspunkte in gesellschaftliches Denken und Handeln. Bude (2006:13) stellt in diesem Zusammenhang sogar die (zu?) weitreichende These auf, dass die Attraktivität der Lebenswissenschaften gegenüber der Soziologie daher rühren würde, „dass heute niemand mehr ernsthaft daran glaubt, dass die Probleme, die heute die Art und Weise unseres Zusammenlebens herausfordern, durch gesellschaftliche Maßnahmen gelöst werden könnten". Allein schon aus dieser Herausforderung ergibt sich ein dringender Analysebedarf.

Außerdem greifen weltweit bereits Praktiken zur Geschlechterselektion um sich, in China werden ca. 1 Million Abtreibungen vorgenommen, nur weil das Baby ein Mädchen ist, weltweit schätzt man die Zahl fehlender Frauen auf 90-150 Millionen. Angesichts solcher Dimensionen ist die Annahme, dass die neuen genetischen Möglichkeiten auch für solche Zwecke eingesetzt werden, mehr als wahrscheinlich (vgl. Fach 2001:182; FAZ 2005e:31). Der allumfassende Genchip und das schon laufende *Tausend-Dollar-Genom-Projekt* weisen in die Richtung des gläsernen Menschen, wobei noch völlig offen ist, wie die Menschen wirklich reagieren werden, denn die Gentestung bietet vermutlich auch große Präventionschancen.

Andererseits hat die Öffentlichkeit auch noch andere Einflußmöglichkeiten als die

Äußerung von Kritik, z.B. durch verändertes Kaufverhalten oder gerade in den USA durch Klagen vor Gericht (Behrens 2000:212). Dieses Einflüsse müssen ebenfalls untersucht werden.

Nachdem das technische System, die Wahrnehmung und die Diskurse entwickelt worden sind, kann die Entwicklung der Gesetzgebung untersucht werden (Kapitel 4). Zunächst wird untersucht, warum die Patentgesetzgebung in der Anfangszeit einen großen Einfluss auf die Biotechnologie ausübte und der Vorsprung der USA bei der Regelung von Biopatenten maßgeblich an der Entstehung der ersten großen Biotechfirmen mitgewirkt hat (Kapitel 4.1 bis 4.3). Es werden die Auswirkungen auf den Wissenschaftsbetrieb und der Zerfall der offenen akademischen Kommunikationskultur untersucht. Es wird untersucht, wie die EU versuchte, auf dem Gebiet des Patentwesens gerade in der Biotechnologie die Initiative zu übernehmen und warum dieser Versuch mehr oder minder gescheitert ist. Die Arzneimittelagentur EMEA hat jedoch eine Vielzahl von marktkorrigierenden Regeln implementiert, die man in der Summe als *„kaltes Patent"*, d.h. als patentartige Eingriffe durch die Hintertür bezeichnen könnte.

Das Auseinanderfallen der Diskurse für die Stränge 'rot' = Mensch, 'grün' = Pflanze/Agrar und 'Zellulär' = Stammzellen/Klonen schlägt sich, so die These, als unterschiedliche Verarbeitung durch die politischen Akteure nieder. Es wird deshalb anschließend untersucht, wie und warum die zunächst einheitliche Gesetzgebung im Gentechnikgesetz in eine innovationsorientierte rote Gesetzgebung, eine sicherheitsorientierte grüne Gesetzgebung und eine ethikorientierte Klon- und Stammzellgesetzgebung zerfiel (Kapitel 4.4 bis 4.7).

Daran knüpft sich ein Vergleich der Institutionen der EU und USA, sprich der Agenturen EMEA und EFSA auf der einen Seite und der FDA, USDA und EPA auf der anderen Seite an. Fink verweist darauf, dass in den Analysen der Biotechnologie drei Sichtweisen der Entwicklung miteinander konkurrieren, nämlich eine Globalisierungsthese, eine Europäisierungsthese, und eine National Differences These, bei der die Unterschiede zwischen den einzelnen Nationalstaaten im Vordergrund stehen (Fink 2003:11). Der erste Blick auf Entwicklung und Gestaltung der Agenturen erlaubt keine unmittelbare Antwort, welche These richtig ist, weshalb es notwendig ist, diese Frage nach der Untersuchung der Agenturen nochmals aufzugreifen. Bogdandy (2005:16) verweist auf die Sonderrolle der USA mit ihrer besonderen Machtposition im globalen

System, die bei der Untersuchung dieser Thesen zu berücksichtigen ist. Globalisierung schließt Machtagglomerationen nicht aus, Narr (2000:37) verweist auf insbesondere drei Machtblöcke, nämlich die Triade aus den USA (mit der NAFTA), EU und Japan mit Ostasien. Schließlich wird die Frage angegangen, wie politische Regulierung der Zukunft vorgreifen kann, wozu insbesondere die von der EMEA favorisierte Kontextsteuerung durch institutionellen Isomorphismus untersucht wird.

Diese Veränderungen der Rahmenbedingungen zwangen die industriellen Verbände zu einer Neuformierung, bei der die Verbände sich in 'rot' und 'grün' (rote EBE, grüner EuropaBio) auftrennten und mit der Ökonomisierung der Fokus von einer 'Gemeinnützigkeit' zu einer klar formulierten Interessenpolitik erfolgte (Verband BioDeutschland statt Dechema; Kapitel 4.8).

Wie eingangs erwähnt, beschränkt sich der Umgang der politischen Akteure mit dem technischem Wandel nicht auf spezielle Technologien, die Politik ist auch allgemein an einer fortschrittsorientierten Ausrichtung des regulativen Systems interessiert. Dies erfordert eine Analyse der deutschen und insbesondere der europäischen Innovationspolitik. Es soll untersucht werden, ob und inwieweit die Probleme der Biotechnologiepolitik nicht Teile eines größeren Zusammenhanges sind (Kapitel 5).

Die Förderung der Grundlagenforschung als Quelle der Innovationen ist hiermit eng verknüpft. Demzufolge wird zunächst die Frage nach dem *Wie* der Förderung gestellt, um von dort zur Frage nach den Förderzielen, dem *Warum*, überzugehen. Daran schließt sich wiederum die Frage nach dem Verhältnis von Innovationsförderung im Allgemeinen und den Aktivitäten in der Biotechnologiepolitik an. Die Biotechnologie ist nur ein Teilgebiet unter vielen im Rahmen des europäischen Forschungsprogramms und die Konzepte in der Biotechnologieförderung knüpfen an die deutsche und europäische Forschungs- und Technologiepolitik *als Ganzes* an (vgl. Grande 1994, 1996, 2001). Dennoch läßt sich auch hier ein Trend zur ganz überwiegenden Förderung der *roten* Biotechnologie beobachten und dies scheinbar mit wachsender Akzeptanz der roten Biotechnologie insgesamt. Die US-Regierung hat die biotechnologische Forschungsförderung gerade am Anfang sehr auf die Grundlagenforschung konzentriert, von 511 Millionen Dollar gingen 1983 nur 6,4 Millionen Dollar in die angewandte Forschung (Fransman 2004:1).

Schließlich und endlich kann die institutionelle Verarbeitung des technischen Wandels durch die politischen Akteure im Gesamtzusammenhang erörtert werden (Kapitel 6). Diese Verarbeitung wird auch im Lichte der Analysen und Theorien der institutionalistischen Technikanalyse diskutiert werden.

2. Die technischen Charakteristika der Biotechnologie

2.1 Einführung

Die Biotechnologie ist eine sich rasch wandelnde Technologie, die sich dabei in mehrere Teilgebiete aufgespalten hat, die seit den neunziger Jahren jeweils wissenschaftlich, in der öffentlichen Wahrnehmung und von den politischen Akteuren zunehmend eigenständig bearbeitet werden. Alle Anwendungen basieren jedoch nach wie vor im Wesentlichen auf der Analyse und Veränderung der Erbsubstanz DNA in biologischen Systemen, so dass sich die Teilbereiche immer noch gegenseitig stimulieren, so dass die Politik immer wieder mit 'unerwarteten' Durchbrüchen konfrontiert wird und häufig von der Entwicklung getrieben wird, statt sie aktiv kontrollieren oder gar zu steuern. Aus diesen Befunden resultiert ein von allen Akteuren als dringend betrachteter politischer Handlungsbedarf. Die Darstellung der Technik wird gezielt auf die Gegenstände der öffentlichen Diskussion und die damit verbundenen biopolitischen Probleme hinarbeiten.

2.2 Definition

Biotechnologie umfaßt alle Methoden, Verfahren und Produkte, welche die Nutzung von lebenden Organismen oder ihren zellulären und subzellulären Bestandteilen beinhalten. Die Gentechnik umfaßt Verfahren zur Veränderung der Erbinformation und ist somit eng mit der Biotechnologie verzahnt. Die auf den Menschen und Tiere bezogene Biotechnologie wird auch als 'rote' Biotechnologie bezeichnet, während die 'grüne' Biotechnologie auf Pflanzen und ihre Produkte, also die Landwirtschaft zielt. Man kann schließlich noch die 'graue' bzw. ,weiße', auf Verbesserung industrieller Produktionsverfahren abzielende Biotechnologie abgrenzen (Europabio 2004:1f.)[7]. Die Abbildung gibt einen Überblick über die drei größten Stränge der Biotechnologie (vgl. Dt. Ärzteblatt 2003:609; Sauter/Hüsing:2005:6):

---

[7] Barben verweist darauf, dass die Biotechnologie eigentlich kein neuzeitliches Phänomen ist, sondern die neue Biotechnologie in Abgrenzung zur klassischen Biotechnologie zu sehen ist, die sich bereits Pflanzen und Mikroorganismen im Rahmen von Züchtung, Ackerbau, Forst und Gärung nutzbar machte (Barben 1997:17).

Abbildung 3: Rote, grüne und graue Biotechnologie

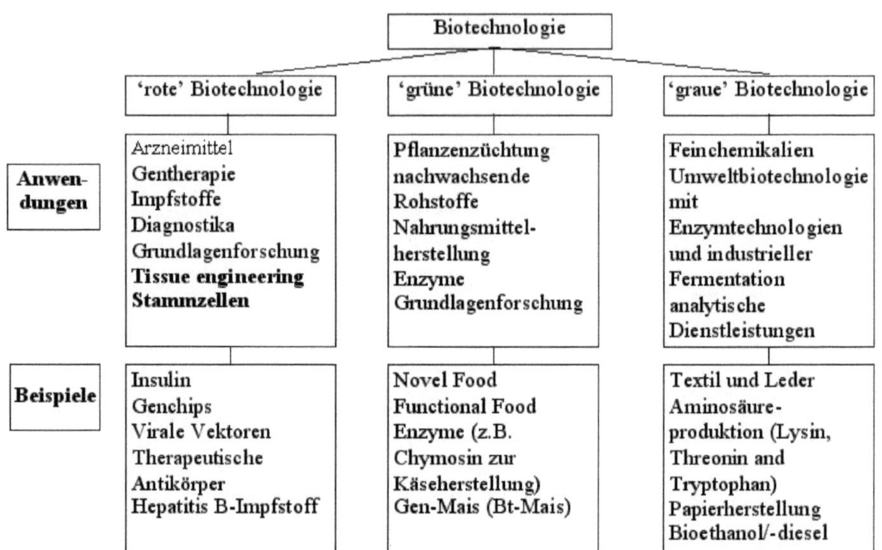

Ein kleiner, aber rasch wachsender Zweig ist die marine 'blaue' Biotechnologie, die sowohl mit der Zielsetzung, Arzneimittel zu finden, wie auch auf der Aufklärung von Meeresorganismen und einer möglichen Nutzung ihrer Produkte, z.B. Nährstoffe, Enzyme, Bioindikatoren befaßt ist (IMAB 2004:1ff.).

Alle Anwendungen basieren nach wie vor im wesentlichen auf der Analyse und Veränderung der Erbsubstanz DNA in biologischen Systemen. Grundbaustein aller Erbinformation ist die Desoxyribonukleinsäure (deutsch DNS, englisch DNA; a für acid; vgl. hier und im folgenden Passarge 1994). Die DNA ist eine Art Druckvorlage, aus der Körper mit Ableseenyzmen, eine Abschrift, die RNA herstellt (Kimball 2004a:1-3). Die DNA kann immer wieder als Druckvorlage verwendet werden, während die RNA-Abschrift für den einmaligen Vorgang gedacht ist. Die RNA-Abschrift dient der Zelle dann als Vorlage für die Herstellung von Eiweißen (Proteinen), wobei bestimmte Buchstabenfolgen in der DNA und RNA angeben, wie das Eiweiß aus den 20 zur Verfügung stehenden Aminosäuren zusammengebaut wird. Diese Buchstabenfolgen bilden den *genetischen Code*. Daraus folgt vereinfacht: Aus DNA wird RNA, aus RNA wird Eiweiß. Jedes Gen steht für die Bauanleitung eines bestimmten Eiweißes (das dann als Glykoprotein dann zum Einsatz kommt).

Eiweiße bilden die Grundlage für viele Substanzen des Körpers, insbesondere für die Enzyme, die die biochemischen Reaktionen im Körper steuern (u.a., erleichtern, ermöglichen, in eine Richtung lenken usw.), ohne sich selber zu verbrauchen. Enzyme ermöglichen zudem die Herstellung von Hormonen, Andockstellen (Rezeptoren) und anderen Stoffen, die die Kommunikation zwischen den Zellen ermöglichen. *Gene steuern also über den Prozess DNA-RNA-Protein den Auf- und Abbau von Zellen, Organen, Strukturen, den Energiestoffwechsel und die Kommunikation zwischen den Zellen eines Organismus.* Die Gesamtheit der Erbinformation eines Organismus wird als *Genom* bezeichnet.

Die DNA liegt jedoch nicht frei in der Zelle vor, sondern ist ähnlich wie ein Buch strukturiert: In der Zelle wird die Gesamtheit aller Gene, die DNA, erst mal auf 46 ‚Bände' aufgeteilt, die Chromosomen, von den es 23 Paare gibt[8]. Ähnlich wie Bücher, die z.B. Deckel und Buchrücken besitzen, besteht ein Chromosom nicht nur aus Buchstaben, sondern auch aus *Zubehörteilen* wie Eiweißen (Histone), Bindungsstellen für die Zellteilung (Zentromere) usw.. Im Unterschied zu einem Buch befinden sich jedoch zwischen den informationshaltigen Buchstabenfolgen, den Genen, auch scheinbar sinnlose Buchstabenfolgen aus ‚junk DNA', die nach *jetzigem Stand* keine sinnvolle Information enthalten[9]. Diese junk DNA macht bei weitem den größten Anteil am Erbgut aus, so dass das genetische Wissen immer noch lückenhaft und das Potential der Biotechnologie noch nicht ausgeschöpft erscheint[10].

---

[8] Im Detail gibt es von den meisten Regeln und Prinzipen geringfügige Ausnahmen: So hat der Mensch neben 46 Chromosomen auch noch ringförmige DNA in den energieproduzierenden Mitochondrien. Da diese Details jedoch politisch nicht relevant sind, werden sie hier nicht weiter fokussiert.

[9] Man vermutet jedoch, dass es sich zum Teil um ‚Abfall' aus der Frühgeschichte des Menschen handelt, zum Teil um dauerhaft abgeschaltete Erbinformation, darunter sogar um Erbreste von Bakterien und Viren, zum Teil könnte es sich um strukturbildende DNA handeln (das wäre etwa so wie eine weiße Seite zwischen zwei Kapiteln oder wie Registerblätter in einer Akte) oder auch um eine Evolutionsreserve, die für spätere Veränderungen zur Verfügung steht, denn bei höheren Organismen steigt der Prozentsatz an junk DNA (Gibbs 2004:71).

[10] So gibt es Tausende von scheinbar funktionslosen Pseudogenen, bei denen sich kürzlich herausstellte, dass sie unter Umständen die Funktionen von richtigen Genen unterstützen können (Elmer 2006:71; Gerstein/Zheng 2007:58-64). Das gilt ebenso für die RNA, die aus scheinbar nutzloser DNA entstehen kann (Reinberger 2007:19-20).

2.3 Methoden und Anwendungen

Die Methoden der Biotechnologie wurden nicht nach einem systematischen Forschungsplan entwickelt. Die Verbesserungen der Methoden und Entdeckungen auf verschiedenen Gebieten ermöglichen zusammen mit einer zunehmenden Systematisierung und Automatisierung immer schnellere Fortschritte. Im wesentlichen lassen sich folgende große methodische Schritte in der Biotechnologie unterscheiden:

1. Die Rekombination von DNA in den 70er Jahren: Hierdurch wurde es erstmals möglich, Gene in Bakterien zu verändern und aufgrund der Besonderheit, dass DNA-Schneideenzyme nur bestimmte DNA-Folgen schneiden können, gab es auch Fortschritte bei der Aufklärung und Lokalisierung erster Gene. Dies war die Geburtsstunde der roten und der grünen Biotechnologie, denn seither war die Herstellung gentechnisch veränderter Organismen (GVOs) möglich. Die GVOs der roten Biotechnologie ermöglichten die Herstellung seltener oder schwer zu synthetisierender Naturstoffe, so zum Beispiel dem Insulin für Zuckerkranke, dass man vorher aus den Drüsen von Rindern oder Schweinen extrahieren mußte. Am Anfang gab es große Bedenken, dass die GVOs der Umwelt gefährlich werden könnten, so dass sich die Genehmigung der ersten deutschen gentechnischen Insulinherstellung bei Hoechst über Jahre hinzog (Bandelow 1999:112; Dettmer et al. 2006:99).

Im Unterschied zu den genetisch veränderten Organismen der grünen Biotechnologie ist in der roten Biotechnologie jedoch *nicht* an die Freisetzung in die Umwelt gedacht gewesen, zudem schwächt die Herstellung eines ‘überflüssigen’ Gens den Mikroorganismus gegenüber dem natürlichen Wildtyp und der GVO wäre seinem natürlichen Konkurrenten demzufolge bei versehentlicher Freisetzung unterlegen, was sich in den letzten zwanzig Jahren auch voll und ganz bestätigte. Die ausbleibenden Probleme zusammen mit dem medizinischen Nutzen führten zu einem bis heute anhaltenden Stimmungsumschwung zugunsten der roten Biotechnologie. Nachteilig ist, dass die GVOs die von ihnen gefertigten Eiweiße anders nachbearbeiten (glykosylieren) als der Mensch. Manchmal führt das zu Abwehrreaktionen des Immunsystems, da der Körper diesen Unterschied bemerkt und das Medikament als Fremdstoff bekämpft.

Das Problem ist bislang nicht lösbar, so dass die europäische Zulassungsbehörde inzwischen hierzu besondere Richtlinien erließ.

Bei der grünen Biotechnologie geht es hingegen darum, 'fittere' pestizid- oder schädlingsresistente Organismen zur Nahrungsmittelproduktion *planmäßig freizusetzen*, also genau der umgekehrte Ansatz wie in der roten Biotechnologie, in der ein isolierter, geschwächter Organismus nützliche Arbeiten verrichten soll (Regal 2000:7f.). Die Debatte zu den Risiken hat sich daher in den 90er Jahren von der 'roten' zur 'grünen' Biotechnologie wegbewegt (GM 2001). Um zu erkennen, ob ein Organismus erfolgreich das Fremdgen angenommen hat, werden oft Markergene, d.h. ein zweites Gen mit übertragen, dessen Einpflanzung sich leicht überprüfen läßt. Bei Pflanzen werden hierfür gerne Gene, die den Genträger gegen Antibiotika (z.B. Kanamycin) unempfindlich machen, eingepflanzt, da sich so etwas leicht testen läßt. Bedenken, dass Antibiotikaresistenzen auf diesem Wege verbreitet werden, haben großen Anteil an der Kritik gegen gentechnisch veränderte Organismen in der grünen Biotechnologie, weshalb diese Anwendung in Zukunft verboten sein soll.

An der Grenze zwischen roter und grüner Biotechnologie stehen die *transgenen Organismen*, bei denen es um die Gewinnung von Versuchstieren und um landwirtschaftliche Nutzungen geht. Verändert man statt einer normalen Zelle eine Einzelle, so erhält man statt einer einzigen genetisch veränderten Zelle einen *in jeder Zelle* veränderten transgenen Organismus[11]. Tiere, die das übertragene Gen (Transgen) fest integriert haben, vererben es an ihre Nachkommen (Biozentrum 2004a:1-9). Dieser Schritt förderte die intensive biopolitische Debatte um die Patentierbarkeit von Lebewesen im Rahmen der 1998 erlassenden EU-Biopatentrichtlinie.

Die Erfolgsquote des Gentransfers ist aber nach wie vor niedrig und beträgt bei landwirtschaftlichen Nutztieren ein bis zwei Prozent der transfizierten Eizellen und zwischen 10 bis 15 Prozent der geborenen Jungtiere (DÄ 1999:1922,

[11] Genetisch veränderte (transgene) Tiere lassen sich durch verschiedene Verfahren herzustellen, wobei bisher fast ausschließlich die Mikroinjektionstechnik erfolgreich verwendet worden ist. Eine DNA-Lösung, die mehrere 100 Kopien des vervielfältigten Gens enthält, wird in den Kern eines befruchteten Eis injiziert; dieses Ei wird dann in ein scheinschwangeres Tier implantiert, d.h. ein Tier, das künstlich in einen hormonellen Zustand versetzt wurde, der sich in einer Schwangerschaft einstellt. Auf diese Weise kann das Ei ausgetragen werden.

Schwarz:2005:2). Auf diese Weise können z.B. Kälber medizinisch hochwertige Proteine herstellen. Diese Verfahren wird auch als *gene farming* bezeichnet[12]. Ein Spezialfall sind sogenannte Knockout-Mäuse, bei denen Gene gezielt ausgeschaltet werden, um bestimmte menschliche Krankheiten simulieren zu können, da sich Mäuse wegen ihrer relativ nahen Verwandtschaft zum Menschen, insbesondere zum Immunsystem, als Modellsystem für menschliche Stoffwechselvorgänge und Krankheiten eignen (ISB 2003:1). Die wichtigste Maus ist die *Harvard Oncomouse*, die im Zentrum des Biopatentstreits stand. Während transgene Mäuse in der Grundlagenforschung etabliert sind, haben die US-Behörden bisher noch kein transgenes Tier im Bezug auf „Marktreife" überprüfen müssen, jedoch hat die EU das erste Produkt aus transgenen Ziegen zugelassen (vgl. auch Vogt/Paarish 2001:14, EMEA 2006b:1)[13].

2. Die Entwicklung monoklonaler Antikörper, besonderen Eiweißen, die gezielt bestimmte Strukturen erkennen, markieren, ggf. auch binden und abfangen können, hat die Aufklärung von Zelloberflächen und die Unterscheidung von Zellen erheblich erleichtert. Die Aufklärung der Aminosäuresequenzen, sprich der Reihenfolge von Bausteinen in Eiweißen, war jedoch immer noch äußerst kompliziert und langwierig. Hormone gewann man am ehesten noch durch mühevolle Aufreinigung und elektrochemische Trennung. Die ungelösten Probleme der Identifikation der Eiweiße trugen in den Achtzigern zu äußerst verwirrenden und zeitraubenden Mehrfachentdeckungen und -beschreibungen derselben Stoffe bei, insbesondere bei den Interleukinen 1 bis 8.

3. Die Polymerase Chain Reaction PCR war ab 1985 ein großer Fortschritt, da bei dieser Methode kleinste DNA-Mengen durch ein Ableseenzym (Polymerase) in einer Art Kettenreaktion (Chain Reaction) millionenfach vervielfältigt werden konnten, was die Analyse von Genen und Mutationen wie auch den Nachweis von

---

[12] Das erste auf diesem Wege produzierte Protein war alpha1-Antitrypsin aus der Milch von Schafen. Inzwischen werden weitere Proteine der Blutgerinnung vor allem aus der Milch von Schafen, Kühen und Ziegen gewonnen. Mit der heute möglichen Klonierung von Säugetieren verspricht man sich eine kontinuierliche Produktion dieser Proteine in ausreichender Menge und gleichbleibender Qualität über viele Generationen hinweg (Biologielexikon 2004b:1). Das erste von transgenen Ziegen produzierte Protein Antithrombin (ATRYN) von Genzyme wurde Juni 2006 zugelassen (EMEA 2006b:1).

[13] In den USA sind 2007 u.a. folgende transgene Tiere in Entwicklung: der schnellwachsende Lachs, das mehr Milch produzierende Schwein, infektionsresistente Kühe und Ziegen mit antibakterieller Milch (Pollack 2007:1).

Erregern erheblich erleichterte (Passarge 1994:72). Zugleich wurden auch die Methoden, um isolierte Gene in Bakterien/Zellen einzubringen und zu Analysezwecken zu vermehren (Klonierung) deutlich verbessert (Passarge 1994:56). Die PCR selbst war politisch nie umstritten, jedoch ihre spätere Verwendung für Vaterschaftsnachweise und kriminaltechnische Spurensicherung („genetischer Fingerabdruck").

4. Das Humangenomprojekt bündelte im vierten Schritt die bisherigen Methoden und führte durch Automatisierung der Aufklärung von DNA-Buchstabenfolgen (Sequenzierung) zu dem heute erreichten Zwischenstand der Analysetechnik. Das Projekt begann in einer Phase wachsender Akzeptanz für die rote Biotechnologie und artete in einen Wettlauf privater und öffentlicher Konsortien um (evtl. patentierbare) Ergebnisse aus, so dass es bereits 2003 statt 2010 abgeschlossen wurde[14]. Das Humangenomprojekt, dass von der Human Genom Organisation HUGO gesteuert wurde, stelle eine bis dahin unbekannte Dimension der Großforschung dar, die durch ein hohes Maß an Vernetzung und Informatisierung gekennzeichnet war (vgl. Abels 2003:32-33). Der Patentierungswettlauf am Ende des Projektes zeigte, dass bis heute das Spannungsverhältnis zwischen wissenschaftlichem Fortschritt, dessen privater Verwertung und einer öffentlichen Kontrolle ungelöst ist (Abels 2003:48).

5. Die verbesserten Kenntnisse um Wachstum und Spezialisierung von Zellen ermöglichten es in den neunziger Jahren, tierische und später auch menschliche Stammzellen zu charakterisieren, stabil in Kultur zu halten und schließlich auch ihr Wachstum und ihre Spezialisierung zu steuern.

Die Klonierung, d.h. die Herstellung genetisch identischer Nachkommen eines Organismus, war in den neunziger Jahren bei einzelnen Bakterien oder Zellen schon ein *altes Verfahren*, als politisch relevant hat sich dann der Schritt zu Mehrzellern, sprich Tieren oder Pflanzen erwiesen. Mit dem Klonschaf Dolly im Juli 1996 wurde erstmals ein höheres Tier geklont. Das Klonen ganzer Organismen als letzter Schritt wurde erst in den 90er Jahren möglich, nachdem sich zeigte, dass sich Erbmaterial aus normalen Körperzellen in Keimzellen einfügen und dort für die Vermehrung reaktivieren läßt. Bei der Methode wird das Erbgut aus einer Körperzelle entnommen und in eine Eizelle gegeben, der zuvor der Zellkern entfernt wurde.

---

[14] Dennoch wurde mindestens ein Fünftel des Genoms patentiert mit immer noch steigender Tendenz (Büschemeyer 2005:72).

Die Eizelle wird schließlich in die Gebärmutter eines anderen Tieres eingepflanzt und dann mit Hilfe eines chemischen Zusatzes wird ein Teilungssignal simuliert. Das so entstehende Tier ist daher genetisch identisch mit dem Erbgut-Spender. Diese Reaktivierung aus erwachsenen Körperzellen ist jedoch nicht vollständig, so dass der klonierte Organismus bisher nur eine Art 'schmutzige', d.h. mit vielen kleinen Defekten versehene, leistungsgeminderte und vorzeitig gealterte Kopie des Ursprungsorganismus darstellt. In den allermeisten Fällen sterben die geklonten Tiere vor oder kurz nach der Geburt (Vcell 2004:1). Das Klonschaf Dolly bekam frühzeitig Arthritis und starb 2003[15] (Müller-Jung 2004a:40). In der grünen Biotechnologie hat die Größe der veränderten Organismen gleichfalls erheblich zugenommen, die Forschung widmet sich nicht mehr kleinen Pflanzen, sondern dem *genetisch veränderten Wald.*

6. Als besonders geeignet für Klonforschung und Zellzüchtung erwiesen sich zunehmend embryonale Stammzellen, wozu man auf bei künstlichen Befruchtungen übriggebliebene Embryonen zurückgriff, was eine Diskussion über die Nutzung von Embryonen hervorrief.

7. Zudem hat sich auch die genetische Diagnostik durch die in den neunziger Jahren Genchiptechnologie rapide gewandelt, 2006 wurden bereits die ersten Genchips entwickelt, die *sämtliche* Gene eines Individuums auf einmal testen können.

Die folgende Abbildung und Tabelle fassen die wichtigsten Methoden kurz zusammen:

[15] Als Hauptproblem gilt die Tatsache, dass das Erbgut in erwachsenen Körperzellen im Gegensatz zu embryonalen Zellen verändert ist, denn weite Bereiche der DNA sind methyliert und inaktiviert. Bislang kann diese Markierung nicht wieder rückgängig gemacht werden. Hinzu kommt, dass sich die Chromosomenendstücke, die Telomere, mit zunehmender Alterung des Organismus verkürzen. Dollys Telomere wiesen schon bei der Geburt nur 80% der Normallänge auf (vgl. Kimball 2004I:4). Das ist jedoch umstritten, denn die Telomerlängen von Dolly waren noch im normalen Schwankungsbreite und das Schaf starb an einer in Schottland gängigen Lungeninfektion, der Adenomatose (Schuh 2004:36). Das Klonen von Menschen ist, von den ethischen Problemen mal ganz abgesehen, daher vorläufig nicht ohne unvertretbare Risiken möglich.

Abbildung 4: Die Methoden der Biotechnologie

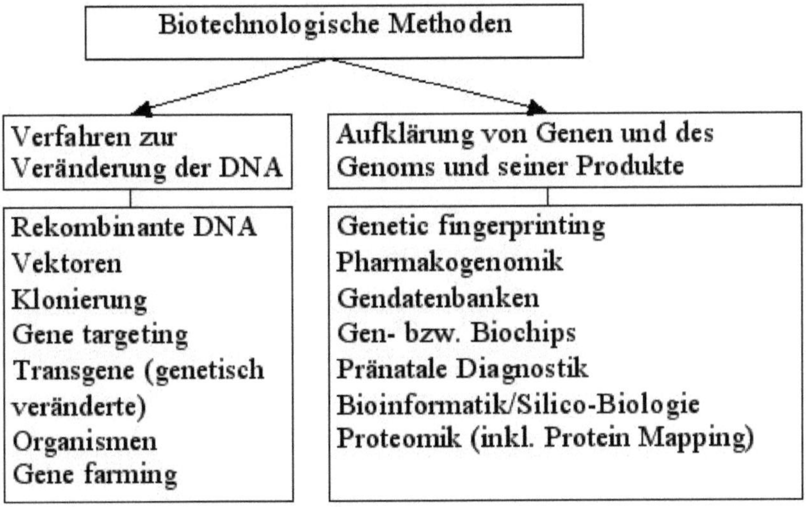

Biotechnologische Methoden

Verfahren zur Veränderung der DNA

Rekombinante DNA
Vektoren
Klonierung
Gene targeting
Transgene (genetisch veränderte) Organismen
Gene farming

Aufklärung von Genen und des Genoms und seiner Produkte

Genetic fingerprinting
Pharmakogenomik
Gendatenbanken
Gen- bzw. Biochips
Pränatale Diagnostik
Bioinformatik/Silico-Biologie
Proteomik (inkl. Protein Mapping)

Tabelle 1: Wichtige Methoden der Gen- und Biotechnologie

Methode	Funktionsweise	Zweck	Anmerkungen
Rekombinante DNA	Enzyme können DNA ausschneiden und in andere Organismen einsetzen	Erzeugung gentechnisch veränderter Organismen	Beginn der modernen Biotechnologie 1971 (Kimball 2004c:1-6)
Polymerase Chain Reaction PCR	Enzymatische Vermehrung kleinster Mengen von DNA	Genbestimmung Erregerdiagnostik (vgl. Kimball 2004b:1)	Entscheidender Durchbruch in den Achtzigern
Genetischer Fingerabdruck zur Identifikation von DNA-Spuren	beruht auf der PCR (DNA-Nachweis in Blut-, Speichel-, Spermaspuren, Hautreste, Haarwurzeln, Abstriche aus der Wangenschleimhaut)	Diese Untersuchung ist für kriminologische Untersuchungen geeignet, aber auch für Vaterschaftsnachweise, die Identifikation von Opfern usw.	In der Kriminologie etabliert, in vieler Hinsicht umstritten (z.B. zur Entdeckung von sog. Kuckuckskindern)
Pharmako-genomik	Genetisch bedingte Reaktionsunterschiede auf Medikamente	Wirksamkeit von Arzneimitteln Schwab et al. 2002:A503	förderte die Entwicklung von Genchips EMEA 2001g:1

Tabelle 1: Wichtige Methoden der Gen- und Biotechnologie (Fortsetzung)

Methode	**Funktionsweise**	**Zweck**	**Anmerkungen**
Gen- oder Biochips	Diagnosesysteme zur Ermittlung von Genvarianten	Genetische Diagnostik Pharmakogenomik, z.B. Vergleich der Aktivitätsmuster bestimmter Gene mit dem Ansprechen auf Krebstherapien (Transcript Imaging)	Ezzel 2004:38 Junker 2004:163-164 ISB 2004d:1 Müller-Jung 2006a:N2 vgl. auch Müller-Jung 2006b:N1
Genbiblio-theken	Lagerung von Genen und Molekülen in Organismen	Wirkstoffsuche, Archivierung von Befunden	rapide Expansion in den Neunzigern (Bergstedt 2003:59; MIPS 2004:1)
Genomdaten-banken	Computerbasiert e Speicherung menschlicher Genvarianten	Aufklärung des Genoms ganzer Bevölkerungen z.B. Island (Ziegler 2002:A2342-A2346; DeCode 2004:1)	umfassende Aufklärung von Krankheitsursachen und Risiken z.B. Krebs, Krankheiten des Zentralen Nervensystems (ZNS), Stoffwechsel
Vektoren (Gen-überträger)	Einschleusung von DNA in den Zellen z.B. mit Viren oder Plasmiden	Gentherapie (Hengge 2000:A3066)	Keimbahntherapie (Einschleusen in Ei- oder Samenzelle) ist weltweit verboten KSG 1995; 2003
Monoklonale Anti-körper (MAK, englisch monoclonal antibodies (Mabs)	Dazu stellt man möglichst viele Kopien (Klone) einer Zelle her, die den gewünschten Antikörper produziert	MAKs sind Eiweiße, die sich ganz gezielt an bestimmte Strukturen binden können (u.a. Infektnachweis, Bekämpfung von Krebszellen)	Eine der ökonomisch wichtigsten und erfolgreichsten Anwendungen der roten Biotechnologie
Proteomik	Systematische Aufarbeitung der aus den Genen resultierenden Eiweißprodukte	Katalogisierung, Funktionsaufklärung und Analyse der Wechselwirkungen ISB 2004e:2	Gilt als Milliardenmarkt der Zukunft. Der Mensch stellt aus 30.000 Genen durch Nachbearbeitung 100.000 Proteine her.
Epigenomie	Disziplin, die sich mit der Steuerung der Gene befaßt	Gezieltes An- und Abschalten von Genen (Karberg/Stollorz 2004:72-73)	ermöglicht Einblicke in das Zusammenspiel der Gene
RNA-Interferenz (RNAi)	Natürlich vorkommende Genschalter, die auch künstlich erzeugt werden können	Grundlage der Epigenomik (Albrecht 2004c:39)	Nobelpreis für Medizin 2006 (Karberg 2006c:38-39; Berndt 2006c:18)

2.4 Anwendungen der Gen- und Biotechnologie am Menschen

2.4.1 Etablierte und marktreife Anwendungen

Es gibt eine große Menge an Ansätzen, um Menschen mit biotechnologischen Verfahren zu behandeln. Man darf jedoch nicht übersehen, dass viele dieser Anwendungen noch im frühen Entwicklungsstadium sind und nur wenige oder noch gar keine alltagsüblichen Medikamente hervorgebracht haben. Die etablierten Anwendungen konzentrieren sich (noch) auf von gentechnisch veränderten Bakterien und Zellen hergestellte *(rekombinante)* Medikamente und auf monoklonale Antikörper.

Die gentechnische Herstellung hat folgende Vorteile: Es können Stoffe hergestellt werden, die man nicht chemisch synthetisieren konnte, weil sie einfach zu groß waren, wie das für Diabetiker lebenswichtige Insulin, oder chemische Strukturen enthielten, die sich mit konventioneller Chemie nicht synthetisieren ließen. Solche Stoffe mußten bis dahin aus Tieren gewonnen werden (z.B. als Rinder- oder Schweineinsulin), was beim Menschen Abwehrreaktionen wie Allergien oder die Bildung von Autoantikörpern auslösen konnte. Oder sie mußten mühevoll aus Geweben gereinigt werden, so wie die Krebs- und virushemmenden Interferone, die in den Achtziger Jahren ein unbezahlbarer Luxus waren. Diese Reinigung war im übrigen nicht ungefährlich, es kam wiederholt zur Übertragung von Hirnkrankheiten mit unzureichend gereinigtem Wachstumshormon. Auch Blutgerinnungsmedikamente mußten aus menschlichen Blutspenden herausgefiltert werden, was in den Achtzigern Tausende von AIDS-Infektionen bei Bluterkranken verursachte. Bei Impfstoffen war früher gar die Züchtung und Gabe von abgeschwächten Erregern nötig, was ebenfalls zu Pannen führte (z.B. Infektionen mit Hepatitis B- oder Polio-Impfviren).

Fünf große Gruppen führen seither medizinisch und ökonomisch den Markt an:

- Gentechnische (rekombinante) Insuline, durch die menschliches statt tierisches Insulin zur Standardtherapie für Diabetiker wurde

- Rekombinante Immunhormone (Zytokine) wie Interferon und das blutbildende Erythropoetin (EPO), das bei Blutarmut erfolgreich ist, aber auch als Dopingmittel[16] beliebt ist

- Rekombinante Impfstoffe, insbesondere gegen Hepatitis A, B und C und den für Kinder besonders gefährlichen Keim *Haemophilus influenzae b (Hib)*

- Rekombinante Blutgerinnungsfaktorpräparate, durch die u.a. endlich eine saubere Therapie von Bluterkranken möglich wurde

- Verschiedene monoklonale Antikörper für diagnostische oder therapeutische Zwecke.

Alle anderen Anwendungen traten bisher dahinter zurück, die folgende Tabelle zeigt die wichtigsten praktischen Anwendungen der roten Biotechnologie am Menschen[17]:

Tabelle 2: Anwendung der Gen- und Biotechnologie am Menschen

Therapie	**Auf Glykoproteinen basierende Therapeutika**	Hormone/Zytokine/Wachstumsfaktoren und ihre Blockade Antikörper (monoklonal, chimär, bispezifisch), Nanobodies Enzyme und ihre Blockade Modulatoren der Blutgerinnung Rekombinante Impfstoffe
	Auf Nukleinsäuren (DNA/RNA) basierende Therapeutika	Retro-/adenovirale Vektoren Antisense-Oligonukleotide Ribozyme Gen-Impfungen Spiegelmere
	Auf Zellen basierende Therapeutika	Tissue Engineering Transplantationen Zelluläre Krebs- Impfstoffe Stammzelltherapien
Diagnostik	**Förderung der Reproduktions-medizin**	pränatale Diagnostik, IvF, ISCI, PID Genetischer Fingerabdruck Gentests Genchips

[16] Inzwischen wird auch die Möglichkeit eines muskelaufbauenden Gendopings diskutiert (Glogger 2008:28).

[17] Nanobodies sind voll funktionsfähige, aber wesentlich kleinere Antikörper vom Kamel oder Lama (Gibbs 2006:62-69), die sich wesentlich leichter herstellen lassen.

Ein besonderes Problem ist, dass entdeckungsbedingt der Stoff oft *eher da* ist als seine Anwendung. Dies wird sich durch die Stoffflut aus der Proteomik noch erheblich verschärfen. Man hat gewaltige Mengen an Substanzen und muß erst mal schauen, *ob* und ggf. wofür sie medizinisch genutzt werden können (Glover 2004:62). Eines der allerersten bekannten Immunhormone war das Interferon alpha, das für über 200 (!) medizinische Anwendungen untersucht wurde, aber nur in 15 von diesen Ergebnisse lieferte (Glover 2004:63). Immerhin kam es dadurch zu erheblichen Verbesserungen u.a. in der Therapie der Hepatitis C und von bestimmten Blutkrebsen. Die Grenzen zwischen Biotechnologie und klassischer Pharmaforschung sind fließend, weil die Aufklärungs- und Forschungsmethoden, eng ineinander greifen. So hat z.B. die Pegylierung, d.h. die Anhängung von Polyethylenglykol (PEG)-Resten an Interferone ihre Lebergängigkeit und Wirksamkeit bei Hepatitis deutlich steigern können.

Die ursprünglich mit den größten Hoffnungen verbundene Methode war die Gentherapie. Insgesamt laufen weltweit ca. 600 Studien zur Gentherapie. In Deutschland wurden von 1994-2002 55 Studien angemeldet, davon allein 38 gegen Krebs, überwiegend in der frühen Forschungsphase (Förstermann 2003:A314/A317; PEI 2004:1ff.). Insgesamt sind die Ergebnisse noch ernüchternd, weil entweder das neue Gen nicht überall dahin gelangt, wo es soll, oder nicht stabil bleibt oder Nebeneffekte auslöst.

Ein Todesfall bei einem Patienten, bei dem das Immunsystem vermutlich das Virus angriff, das das Gen in den Patienten bringen sollte, der ‘Fall Jesse Gelsinger’, führte zum zeitweiligen Stop von gentherapeutischen Studien (Burger 2001:44; Weber et al. 2000:A1232, Will 2004:9). Erhebungen nach dem Fall Jesse Gelsinger förderten in 93 amerikanischen Gentherapiestudien 691 Zwischenfälle zutage, von denen bis dahin nur 5% gemeldet worden waren (Tröhler 2000:A2300). In Europa gab es Insertionsmutagenesen, d.h. Gene pflanzten sich an falschen Stellen ein und lösten dadurch Krebs aus[18]. Jedoch kam es Ende 2003 in China zur ersten Zulassung eines Gentherapie-Präparates. Bei Gendicine® wird ein Adenovirus das

[18] In einer anderen Studie traten zwei Leukämiefälle durch Insertionsmutagenese mit Beschädigung des LMO-2-Gens auf, d.h. das neue Gen pflanzte sich in ein anderes Gen ein, was krebsauslösend wirkte (Hengge 2004:A51).

Gen für das krebshemmende Eiweiß p53 in die Zellen des Hals-Nasen-Ohren-Krebses eingepflanzt (NZZ 2003:1; Peng 2003:1-2)[19].

2.4.2 Die Reproduktionsmedizin

Die Reproduktionsmedizin wurde lange Zeit neben der Biotechnologie betrieben, jedoch hat sich eine immer stärkere Verflechtung herausgebildet (Bioethics 2004:1ff.). Der Weg des Spermiums zur Eizelle ist beschwerlich und kann aus vielerlei Gründen (z.B. Vaginalschleim, Abwehrreaktionen, aber auch Spermienschaden) blockiert sein und ggf. scheitern, was zum unerfüllten Kinderwunsch führt. Es gibt eine Vielzahl von zum Teil schlecht oder gar nicht behandelbaren physischen oder auch psychischen Störungen bei Mann und Frau, so dass häufigeres 'Versuchen' allein nicht immer ausreicht. Dies führte zur Entwicklung der künstlichen Befruchtung (In vitro-Fertilisation IVF), die erstmals 1978 durchgeführt wurde. Dabei werden Eizellen und Samenzellen abgesaugt und auf einem Nährboden zusammengeführt, die erfolgreiche Befruchtung abgewartet und der noch winzige Embryo in die Gebärmutter zurückinjiziert, wo er sich von alleine festsetzt. Manchmal ist ein Spermium auch zu schwach, um die Hülle der Eizelle, der größten Zelle des Menschen überhaupt, zu durchdringen. Dem Spermium kann ‚geholfen' werden, indem man dieses mit einer dünnen Nadel in die Eizelle injiziert (Intrazytoplasmatische Spermieninjektion ISCI).

Um den Erfolg der IVF zur fördern, kann man zur Gewinnung mehrerer Eizellen eine vorbereitende Hormontherapie machen, so dass *mehrere Eizellen gleichzeitig* gewonnen und befruchtet werden können, weil auch nicht jeder zurückinjizierte Embryo ‚angeht'.

Das hatte zwei medizinisch wie ethisch unerwünschte Nebeneffekte: Zum einen hat die Zahl der Mehrlingsschwangerschaften erheblich zugenommen. Die Zahl der Frühgeburten, die nur mit Mühe und mit bleibenden Behinderungen wie z.B. Blindheit am Leben erhalten werden können, hat durch das Verfahren

---

[19] Ein anderer Ansatz zielt darauf ab, DNA-Abschriften zu blockieren, so dass das Produkt des Gens nicht hergestellt werden kann (Antisense-Oligonukleotide; vgl. auch Förstermann 2003:A318; Kimball 2004g:2). Das Fomivirsen gegen Cytomegalieviren wurde als erstes Präparat dieses Typs bereits zugelassen.

zugenommen, so dass man ggf. das selektive Abtöten von einzelnen Mehrlingen („Mehrlingsreduktion“ durch Fetozid) während der Schwangerschaft anwenden muß (Lensen-Schulte 2003:40). Das wiederum hat dazu geführt, nicht mehr alle befruchteten Eizellen wieder einzupflanzen, sondern einige als sogenannte *‚überzählige Embryonen‘* einzufrieren, um ggf. spätere weitere Befruchtungsversuche durchführen zu können. Häufig werden diese Embryonen jedoch nicht mehr benötigt und haben z.B. durch Einpflanzung in Leihmütter oder bei Streitigkeiten (wem gehört der Embryo nach der Scheidung oder im Todesfall, was mit Blick auf Unterhalts- und Erbfragen auch ökonomisch relevant ist?) recht bald zu ethischen und rechtlichen Problemen geführt.

Verschärft wurde die Diskussion durch die Option, die Zellen vor der Wiedereinpflanzung (Implantation) genetisch testen zu lassen, die Präimplantationsdiagnostik (PID). Die häufigste Indikation der PID ist weltweit das Screening auf Aneuploidie, d.h. Abweichungen vom regulären Chromosomensatz (Ethikrat 2003:26). Die genetische Diagnostik von Embryonen vor ihrer Einpflanzung in den Mutterleib im Rahmen der PID könnte auf lange Sicht die Tür zur Selektion von Wunschkindern und ‘Designerbabys’ öffnen, sofern es gelingt, die Erkenntnisse aus der Genomik und Proteomik in effiziente Fehlersuchverfahren (z.B. mit Genchips) umzusetzen. Die Bedeutung der PID liegt weniger in ihrer gegenwärtigen zahlenmäßigen Relevanz als in ihrem Potential zur genetischen Selektion (vgl. Braun 2006:C284ff.). Sie wird z.B. bereits in Belgien, Frankreich und Großbritannien angeboten, es gibt auch schon einen „Baby-Tourismus“ in diese Länder (Nippert 2006:1ff.; Hecking 2006:33). Und schließlich können die Embryos noch zum Gegenstand von Stammzell- und Klontechnologien werden.

Die Verflechtung der Reproduktionsmedizin mit der Biotechnologie beruhte insbesondere auf folgender Entwicklung: Die Charakterisierung von Wachstumsfaktoren in den Achtzigern und Neunzigern hat zunächst vor allem im Bereich der Blutzellen durch Forscher wie Metcalf zu erheblichen Fortschritten bei der Aufklärung von Stammzellen geführt. Auch die Erkenntnisse über die hormonelle Steuerung von Differenzierung und Wachstum solcher Zellen nahmen erheblich zu. Dies alles machte überhaupt erst die Kultivierung und Stabilisierung von hochentwickelten Zellen möglich, denn solche Zellen tendierten bis dahin dazu, in Kultur ihre Eigenschaften rasch zu verlieren (Entdifferenzierung). So verloren lange Zeit kultivierte Knorpelzellen schnell die Eigenschaft, den wichtigen

Faserstoff Kollagen herzustellen, so dass sie keinen haltbaren Knorpel mehr erzeugen konnten (Sesin 2004:5). Stammzelltechnologie im heutigen Sinne war ohne diese verbesserte Kultivierung gar nicht denkbar, was die sehr große Lücke zwischen dem Vorhandensein gefrorener Embryos seit Ende der Siebziger Jahre und die Frage ihrer Verwendung ab 1999, also mehr als zwanzig Jahren später erklärt[20].

Die Verbesserung der genetischen Diagnostik verschob den Fokus weg von der Erfüllung des Kinderwunsches hin zu einer genetischen Überprüfung des Embryos vor der Einpflanzung. Die Befruchtungstechnologie wurde demnach in einen *neuen*, den genetisch-diagnostischen Kontext gestellt, man spricht nun von der pränatalen *Diagnostik* PND, während es früher um die *Befruchtung* als solche ging.

Die pränatale Diagnostik PND hat sich ständig weiterentwickelt; Ziele der PND sind die Erkennung von Störungen der embryonalen und fetalen Entwicklung, die Früherkennung von Fehlentwicklungen sowie die optimale Beratung der Schwangeren und Behandlung des ungeborenen Kindes (BÄK 2002:A-875). Zur Gendiagnostik werden nun die Chromosomenanalyse durch Fruchtwasseruntersuchung (Amniozentese), die Placentauntersuchung (Chorionzottenbiopsie) bei erhöhtem Alter der Schwangeren, konkretem Verdacht auf Erkrankung oder Defekten durchgeführt. 2001 wurden in Deutschland 1431 PNDs durchgeführt, am häufigsten mit 1022 Fällen bei erhöhtem mütterlichen Alter (71,4%) sowie bei auffälligen Serumbefunden der Mutter in 166 Fällen (11,6%; Ethikrat 2003:51). Die hier vorgestellten Verfahren werden von verbesserten Methoden z.B. der Spermieninjektion und -zentrifugation zur künstlichen Besamung (Insemination), Diagnostik und Hormontherapie begleitet. Andere Staaten betreiben die PND bereits in größerem Umfang, z.B. Israel hat die Pränataldiagnostik bereits in die klinische Routine integriert (Keller 2007:17-21)[21].

---

[20] Die Stammzelleigenschaft von Zellen läßt sich durch Injektion von Zellproben in Tiergewebe testen, wobei sich im reifen Tier ein vielgewebiger Tumor (Teratom) bildet, im tierischen Embryo werden solche Zellen einfach mit eingebaut. Macht man dies mit menschlichen Stammzellen, hätte man ein *Mensch-Tier-Mischwesen*, eine Chimäre, geschaffen, weshalb dieser Test verboten ist (Lanza/Rosenthal 2004:35). Dies hält Forscher nicht davon ab, Chimären mit menschlichen Hirnanteilen zu züchten (Traufetter 2005b:148).

[21] Ähnlich wie die Fruchtwasserbiopsie evtl. zu Fehlgeburten führen kann, so wurden auch bei der PID schon Embryonenschädigungen berichtet, d.h. das Verfahren hat gewissen Risiken (Spiegel 2007a:136).

2.4.3 Auf Zellen basierende Therapeutika

Die moderne Biotechnologie setzt an der gründlichen Charakterisierung der einzelnen Zellarten an, um insbesondere folgende Therapien zu entwickeln:

Xenotransplantation, bei der tierisches Gewebe auf den Menschen übertragen wird, was bereits mit Schweineherzklappen funktioniert hat (vgl. auch Kimball 2004l:8[22]).

Züchtung von Geweben: Erfolge wurden vor allem bei der Züchtung aus *herkömmlichen* Spenderzellen erzielt, z.B. für Harnblasen und Knorpel (Braun 2006:20ff.). In den USA wurden 2002 ca.2-3000 Knieknorpelersetzungen u.a. mit dem Knorpelersatz Carticel® durchgeführt (IPTS 2003:12).

Als erfolgreich erwies sich auch die semisynthetische Haut Apligraf®, die aus Vorhäuten von Neugeborenen mit einer Matrix aus Rinderkollagen gezüchtet wird[23] (HealthandAge 2003:1-4, IPTS 2003). Ebenso wird an Knorpelersatz in der Orthopädie für die Behandlung geschädigter Knochen gearbeitet (vgl. Europabio 2004g:2; auch Werner 2003:551). Meistens besteht ein Organ aus verschiedenen Geweben, was selbst die Züchtung von vermeintlich 'einfachen' Organen wie Zähnen bisher extrem schwierig macht (Sharpe/Young 2006:54-62)[24]. Demzufolge hat die Erforschung von Organstützstrukturen, der sog. Matrix, einen erheblichen Aufschwung genommen, durch die die Ergebnisse z.B. bei der Erzeugung von Herzen, rasch verbessert werden konnten (Blech 2008a:146ff.)

Stammzellen: Stammzellen vom frühen Embryo sind noch maximal teilungsfähig und in jede Richtung spezialisierungsfähig, weshalb sie das Interesse der Forscher geweckt haben (EC 2003:5).

---

[22] Autologe Transplantation: vom Patienten selbst stammend, allogen von anderen Menschen stammend; xenogen vom Tier stammend. Auch bei der Gabe von Rinder- und Schweineinsulin wurden früher nicht-humane Hormone gegeben. Hormonpräparate z.B. enthalten zum Teil noch heute Hormone von Pferden (equine Hormone). Die Verpflanzung z.B. von Schweinelebern ist jedoch umstritten, sie könnten u.a. Tierviren wie die Porcinen Endogenen Retroviren (PERV) übertragen, aber auch banale Erreger, zudem sind nicht alle Organe biokompatibel (DÄ 1999:1920 und 1922).

[23] Weitere Produkte dieser Art sind Dermagraft, CellActiveSkin, Epidex, BioSeed (IPTS 2003:10).

[24] Umgekehrt versucht man aber gleichzeitig auch, nicht-natürliche Materialien den natürlichen Vorbildern anzupassen (Hardy 2008:N1).

Hier zeigt sich ein politisch wichtiger *Perspektivenwechsel*: Die Forscher forcieren die Embryonenforschung primär wegen der Entwicklung von Medikamenten, während die Kritiker neben der Nutzung von Embryos als Material insbesondere die Eugenik im Auge haben. Diese unterschiedliche Sichtweise ist einer der Gründe, warum die Akteure weitgehend *aneinander vorbei* debattieren.

Man kann Stammzellen auch als adulte Stammzellen vom Erwachsenen gewinnen, z.B. die blutzellbildenden Zellen im Knochenmark (EC 2003:17; Döhmen/Reis 2002:2684). Inzwischen betreiben weltweit mehr als 350 Unternehmen die Stammzellforschung und -anwendung (davon 80 börsennotiert; Döhmen/Reis 2002:2681). Drei Therapieansätze mit Stammzellen werden vorrangig diskutiert:

- Transplantate aus (gezüchteten) Stammzellen, z.B. die Einpflanzung solcher Zellen in das Gehirn, um den Dopaminmangel bei der Parkinson-Krankheit (Schüttellähmung) zu beheben oder auch den Einsatz am geschädigten Herzen (EC 2003:22). Insgesamt befindet sich die Forschung noch im Frühstadium, vor allem ist das Risiko gegeben, dass sich die Stammzellen nicht oder nur unzureichend entwickeln, u.a. zu Tumoren aus vielerlei Geweben (Teratomen) oder gar zu Krebs (EC 2003:6 und 23; Koch 2003:A3293, Berndt 2005:13, Berndt 2006a:18[25]).

- Gabe von Stammzellen, die sich nach Verabreichung selbsttätig den Weg an die richtige Stelle suchen (‚Homing'), so wie es bei der Knochenmarktransplantation geschieht (EC 2003:24f.). Es werden auch Archive von Nabelschnurblutstammzellen angelegt, so dass man für alle Fälle seine eigenen Stammzellen archiviert hat (vgl. Döhmen/Reis 2002:2680). Eine ganze Reihe von Studien befasst sich mit der Injektion bzw. Infusion von Stammzellen zur Stärkung des Herzens nach Infarkten oder anderen Herzleiden (Tögel 2007:B1472).

- Die Stimulation der körpereigenen Stammzellen ist ein weiterer diskutierter Ansatz, z.B. um Krebszellen zu bekämpfen (Kimball 2004k:1-2). Da diese Verfahren *für jeden Patienten einzeln* durchgeführt werden müssen, sind die Verfahren bisher nicht über die experimentelle Anwendung hinausgekommen.

- Mittlerweile hat sich gezeigt, dass auch Krebs selbst von eigenen Tumorstammzellen abhängt, deren Vernichtung dem gesamten Tumor die

[25] Verschärft wird die Problematik durch Firmen, die Patienten ohne klinische Studien Wunderheilungen anbieten (Berndt 2006:18).

Lebensgrundlage nehmen würde, weshalb deren gezielte Vernichtung nun auf der Forschungsagenda steht (Müller-Jung 2008b:N1).

Die Zellzüchtungen haben jedoch dermaßen zugenommen, dass die Europäische Union seit 2005 daran gearbeitet hat, die ethisch unstrittigen Teile als sogenannte Advanced Therapies zusammenzufassen, und hat sie 2007 der Arzneimittelbehörde EMEA unterstellt (EU:2007c). In Deutschland ist das Paul-Ehrlich-Institut PEI für Zelltherapien zuständig.

2.5 Die Entstehung neuer Zweige der Biotechnologie

In der Biotechnologie entstehen ständig neue Methoden und bereits bekannte Methoden werden durch neue Entwicklungen grundlegend verändert. Die wichtigsten Entwicklungen werden in diesem Kapitel kurz skizziert.

2.5.1 Genchips

Genchips oder Biochips enthalten kleine Bindungsstellen für DNA, die so gestaltet sind, dass sich nur eine bestimmte Gensequenz anlagern kann. Eine erfolgreiche Bindung kann man mit Hilfe von Markierungen erkennen, z.B. als Leuchten unter UV-Licht, und Rechner können alle Bindungen auswerten. Je nach Gestaltung des Chips können auch bestimmte Genvarianten erkannt werden. Die Chip-Technologie, die diese Ergebnisse auch statistischen Auswertungen zugänglich machen kann, wird auch Biochip bzw. cDNA-Microarray genannt (Victor/Klug/Blettner 2005:A355ff.). Analog zur sozialwissenschaftlichen Clusteranalyse versucht man, die Faktoren mit der höchsten Erklärungskraft zusammenzubringen, bei der Gendatenanalyse nennt man dies Multiplexing (Rögener 2004:12; Godard/TenKate/Evers-Kiebooms/Aymé 2003:67). Man kann immer mehr Gene immer einfacher analysieren, bald könnten schon einfache Blutproben ohne aufwendige Extraktions- und Präparationsschritte ausreichend sein. Ein technisches Gebot, die Chips wegen der Rechnergeschwindigkeit extrem winzig zu machen, gibt es anders als in der Informatik nicht. Nun weiß man, dass es beim Menschen im Prinzip ‘nur’ ca. 30.000 Gene gibt und 100.000 Proteine. Ein Chip, der sie alle erfassen könnte, wäre die allumfassende Testung. 2006 wurde bereits ein Genchipprototyp entwickelt, der nahezu alle dreißigtausend Gene testen kann, die totale Gentestung eines Individuums in einem Zug ist bereits jetzt technisch machbar (Müller-Jung 2006a:N2). Hinzu kommt, dass nur wenige Störungen häufig vorkommen, so dass sich durch Beschränkung auf häufige Befunde/Gendefekte schon eine erhebliche Reichweite erzielen läßt, egal mit welcher Zielsetzung. Die Chiptechnologie ist daher ein wichtiger Faktor der technischen Entwicklung, der selbst bei einem Stillstand auf den anderen Gebieten weitere Fortschritte ermöglichen würde. Das deutsche Fraunhofer-Institut gehört zu den führenden Einrichtungen in diesem Zweig, gerade was die verbesserte Ablesetechnik von Biochips betrifft (Innovationsreport 2003:1-3; IBMT 2001:1,

IBMT 2004:1). Man darf auch nicht übersehen, dass Biochips auch die Labordiagnostik von herkömmlichen Blutwerten erheblich erleichtern können, so dass das ökonomische Potential auch auf anderen Gebieten liegt, was sich investitionsfördernd auswirkt.

2.5.2 Entwicklungssprünge durch die Bioinformatik

Die Bioinformatik *(In silico-Biologie)* ist die erst jetzt voll entfaltete Teildisziplin der Anwendung von Informatik in der Biotechnologie. In den neunziger Jahren stand das Sammeln der Informationen im Mittelpunkt, so dass dieses Gebiet zunächst sehr datenbanklastig organisiert war. Nun werden jedoch verstärkt Fragestellungen zur räumlichen Anordnung (*topologische Proteomik*) und der funktionellen Verknüpfung von Proteinen und Genen bearbeitet, so dass die Modellierung und Simulation am Computer *anstelle von Experimenten* schon wegen der Menge und Komplexität der Informationen stark zunimmt. Der Fortschritt in der Biotechnologie wird deshalb zunehmend von der Leistungskraft der verfügbaren Hard- und Software abhängig werden.

Im Herbst 1990 wurde das weltweite "Human Genome Project" mit über 1000 Wissenschaftlern in 40 Ländern mit dem Ziel der kompletten Entschlüsselung der genetischen Information des Menschen begonnen, die 2003 weitgehend abgeschlossen wurde. Deutschland stieß 1995 hinzu, nachdem 1993 das Gentechnikgesetz (GenTG) überarbeitet und der administrative Aufwand für Genehmigungen deutlich heruntergesetzt wurde (DHGP 2004a; DHGP 2004b:12). Das Human-Genom-Projekt stellte auch wegen des bis dahin unbekannten Ausmaßes an Systematisierung, Informatisierung, Globalisierung und Industrialisierung (vollautomatisierte DNA-Analyse ab 1997) des Forschungsprozesses einen Sprung in der technischen Entwicklung dar. Im Jahre 2001 legte das öffentliche Human Genome Project eine erste Rohsequenz der gesamten genetischen Information des Menschen vor und 2003 die Endversion mit 99,99% Genauigkeit (Walter 2001:14ff.). Nun hat die *Verwertungsphase* begonnen, denn die Lokalisierung von Genen auf den Chromosomen erleichtert die Diagnostik und Aufklärung von Krankheiten im Rahmen der molekularen Medizin. Hier zeigt sich eine Eigendynamik, da die Informatisierung als computergestützte systematische Sammlung und Auswertung von Informationen *ein sich selbst beschleunigender Prozess ist*, denn wie im einem Puzzlespiel fällt mit jedem erfolgreich eingesetzten Stück das Zuordnen des nächsten Stückes schon etwas leichter. Die Suche nach Anwendungen erfolgt natürlich ebenfalls nicht unsystematisch, sondern anknüpfend an das Vorwissen über jeweils ähnliche Funktionen und Strukturen (Suche nach sogenannten Protein-*Superfamilies*). Wenn zwei Eiweiße eine Stelle mit 6 identischen Aminosäurebausteinen gemeinsam haben, ist eine ähnliche Funktion schon sehr wahrscheinlich, so dass Hohlfeld (2003:87) nicht ganz recht hat, wenn er schreibt, dass sich Ergebnisse nicht aus der Software deduzieren ließen. Mit jedem gesicherten Befund stellt sich die Frage nach möglichen Anwendungen in der Medizin, z.B. kann die Gabe eines Wachstumsfaktors in der Wundheilung nützlich sein, seine Blockade könnte aber ebenso Krebs bekämpfen helfen. Genomanalyse und Bioinformatik unterstützen und beschleunigen sich also gegenseitig. Großprojekte wie z.B. die Erfassung der gesamten isländischen Bevölkerung durch die Firma DeCode Genetics erregen zwar die Aufmerksamkeit der Öffentlichkeit[26], aber der eigentliche Fortschritt resultiert aus der *kontinuierlichen Datensammlung, in den USA wurden allein b*is 1999 bereits 282 Millionen DNA-Proben gesammelt (Nuffield 2002)[27]. China zieht nun mit einem 5 Millionen Menschen umfassenden Projekt nach (Spiegel 2007c:168).

Eine weitere Analyserichtung nennt sich plakativ das *Tausend-Dollar-Genom-Projekt*, dahinter steckt der Plan, das Genom eines Individuums für tausend Dollar analysieren zu können (Church 2006:30). Dieses Ziel soll durch eine weitere Automatisierung und Informatisierung der Analytik erreicht werden. Der Plan der amerikanischen Gesundheitsinstitute sieht folgenden Projektfortschritt vor: 2009 soll die Analyse eines Individualgenoms für 100.000 Dollar möglich sein, 2014 dann bereits für 1.000 Dollar. Durch massiv-parallele Reagenzglasanalysen, sog. Polonien, und durch Nanoporen könnte eine solche Analyse aber bereits im Jahre 2010 nur noch 20.000 Dollar kosten (Shendure 2004:335-341; Church 2006:32-36;

---

[26] Sigurdsson (2003:75-83) berichtet, dass diese Großprojekt möglich wurde, weil DeCode, die Regierung, die Verwaltung und Medien lange Zeit eng zusammengearbeitet hätten.

[27] Um das Verhältnis von Genen und Umwelt besser zu verstehen und nicht mehr der Spekulation zu überlassen, wurde die ALSPAC (Avon longitudinal study of pregnancy and childhood) Studie gestartet. In Bristol werden 14000 Familien langzeitbeobachtet, um Gen-Umweltverhältnisse zu analysieren, bei 10000 Kindern wurde schon DNA gesammelt (Godard/Schmidtke/Cassiman/Aymé 2003:99).

Bahnsen 2006b:33[28], Hobom 2007b:N1). Die Harvard-University hat ein begleitendes *Personal Genome Project PGP* ins Leben gerufen, bei denen Testperson ihr Genom freiwillig veröffentlichen, damit erforscht werden kann, welche Risiken der gläserne Patient ausgesetzt sein könnte (Church 2005:1ff.; Church 2006:38-39).

Bereits jetzt kann man bei Firmen wie *deCodeME* und *23andMe* für unter 1000 US-$ (deCodeMe 895$) über 1 Million Genvarianten testen lassen und so persönliche Genprofile erhalten, von Informationen über Krankheitsrisiken bis hin zu solchen Informationen wie der, ob das Ohrfett bröckelig-trocken oder schmalzig ist (deCodeME 2007; Macpherson 2007, Mountain 2007, Nixon 2007:1-4, Hsu 2007, Ackfeld 2008[29]).

Die Verbindung von Genchips und Informatik ermöglicht ferner die Erstellung von Krebsatlanten im Rahmen des *Cancer Genome Atlas*-Projects, so fanden sich beim Brust- und Darmkrebs ca. 1500 Mutationen, von denen 200 Veränderungen den Zellstoffwechsel relevant beeinflussten (Meyer 2006:C2034). Die Tumorentstehung ist demnach viel komplizierter als angenommen, jedoch bieten sich dadurch unter Umständen neue Angriffspunkte für die Krebstherapie. Die Universitätsklinik Hamburg-Eppendorf hat 2006 aus Proben 12 Gene herausgefiltert, deren Aktivitätsveränderungen auch in scheinbar gesundem Gewebe eine sichere Krebsdiagnose erlauben könnten (Müller-Jung 2006b:N1).

2.5.3 Systembiologie und Synthetische Biologie

Ziel der Systembiologie ist die systematische Aufklärung des Bauplans der Natur, und zwar bezogen auf Struktur, Dynamik, Kontrolle und Konstruktionsprinzipien von Zellen, um zu einem Gesamtverständnis des Systems Zelle vorzudringen (BMBF 2002:9; BMBF 2003a:18). Bislang beschränkte sich nämlich die Veränderung von Organismen auf den Einbau neuer Gene in eine funktionsfähige Zelle in der Hoffnung, dass das biologische System danach noch (besser) funktioniert. Bildlich gesprochen versucht die Systembiologie den Apparat „Zelle“

[28] Die Abtastung durch Rasterkraftmikroskope könnte die Analyse in Zukunft noch weiter beschleunigen (Braun 2008:16).

[29] Im März 2008 verloste die Universitätszeitschrift UNICUM unter dem Titel „Google Deine Gene“ einen solchen Test.

in seine Einzelbausteine zu zerlegen und dann die Schaltpläne zwischen den Einzelteilen zu ermitteln. Im MIT-Verzeichnis biologischer Standardteile befanden sich Anfang 2006 bereits 2109 Gensequenzen (Boeing 2006:35).

Im Endeffekt hofft man, die Zellen in Funktionseinheiten, die 'Biobricks' (wörtlich: Biobausteine) zerlegen zu können, um sie dann nach ingenieurwissenschaftlichen Prinzipen *neu zusammenschalten* zu können, denn auch elektrische Geräte sind letztlich auch nur Aneinanderschaltungen von Bausteinen und einfachen Prinzipen wie Transistoren, Widerständen etc. (Gibbs 2004:70f.)[30]. Diesen Ansatz, vom kleinen Modul zur Zelle vorzustoßen, nennt man Bottom-up-Verfahren.

Erklärtes Ziel ist die *künstliche Lebensform*, die an die Stelle gentechnisch veränderter natürlicher Lebensformen treten soll (Gibbs 2004:70f.; ECLT 2006).

Das Ziel dieses *Programmable Artificial Cell Evolution* (PACE) genannten Projekts versucht aus chemischen Substanzen programmierbare künstliche Zellen zusammensetzen.

Die EU und die Schweiz fördern PACE mit 8,1 Millionen Euro, auch Amerika beteiligt sich an dem Projekt, unter anderem wirkt das National Laboratory in Los Alamos mit. Erste Prototypen von Zellsynthesegeräten sind fertig, die bereits jetzt schon kleiner als ein Laptop sind (PACE 2006:1f.). Zunächst fing man mit Bakteriophagen (Viren, die nur Bakterien befallen können) an, die vollsynthetische Herstellung des Bakteriophagen X174 gelang z.B. schon 2003, vgl. Smith 2003:15440ff.

Ein anderer Ansatz, der die Forschung beschleunigen soll, ist der Top-Down-Ansatz, bei dem man versucht, ein Minimalgenom zu finden, d.h. eine Ausstattung, mit der eine Zelle noch gerade funktioniert. Sinn dieser Maßnahme ist es, eine besonders einfache Zelle zu entwickeln. Da die Nutzung von Genen und ihre Verdoppelung bei der Vermehrung enorme Energien in Form des Triphosphats ATP verbraucht, sind Zellen, die wenig Gene haben, klar im Vorteil.

Dann konzentrierte sich die Arbeit jedoch schon auf eine höhere Lebensform, den Einzeller *Mycoplasma genitalium*, bei dem man es mit 517 Genen zu tun hat (PACE 2006; Ailab 2006, Kuhrt 2006:30). Anfang 2008 gelang schließlich die

---

[30] Hier könnte man auch in Analogie an die Portprogrammierung auch feste Gensätze variabel einsetzen, die Methylierung würde die Gen-Ports jeweils aktiv oder inaktiv schalten.

Beladung dieses Organismus mit einem vollständig künstlichen Genom, bestehend aus 582.970 Basenpaaren (*Mycoplasma genitalium JCV-1.0*; Venter 2008:22).

Ein 'Leben, Ausgabe 2' wirft natürlich neue, noch nicht analysierte Sicherheitsfragen auf, denn *im Gegensatz* zum genetisch veränderten Organismus, der durch das zusätzliche Gen belastet wird, könnte eine sparsam ausgelegte künstliche Zelle effizienter und 'fitter' als natürliche Zellen sein, auch wenn Gibbs meint, dass man das in einer Zeit, wo sich jeder Milzbrand-DNA-Codes aus dem Internet laden könne, nicht überbewerten sollte (Gibbs 2004:69ff, Boeing 2007:18). Das Europäische Zentrum für Lebenstechnologie ECLT, das in Venedig errichtet wurde, plant bereits einen Kodex für den Umgang mit solchen Zellen (ECLT 2006).

Das BMBF hat die Systembiologie in der rot-grünen Ära intensiv gefördert, die synthetische Biologie wiederum ist ein von der EU gefördertes Projekt. Dies erscheint vor dem Hintergrund der gleichzeitig geführten Diskussion um hypothetische Risiken der grünen Biotechnologie und der resultierenden restriktiven Handhabung widersprüchlich. Es scheint sich jedoch um eine Frage der *Wahrnehmung* zu handeln, denn Deutschland hat bisher praktisch keine Rezeption des PACE-Projektes stattgefunden, selbst der Artikel von Boeing in der ZEIT im Februar 2006 lief praktisch ins Leere[31], weshalb dann die *Financial Times Deutschland* an ihre Leser appellierte, über die Risiken nachzudenken, aus unerfindlichen Gründen waren die Reaktionen des Publikums in den USA bisher ähnlich (Kuhrt 2006:30; Schwägerl 2006a:43). Möglicherweise liegt es daran, dass die Öffentlichkeit sich das nicht wirklich vorstellen kann, wenn Blech die synthetische Biologie letztlich als Umbau von *schon lebenden* Organismen beschreibt, ist dies in den Augen der Forscher ja eigentlich nur als erster Schritt gedacht (Blech 2006:126ff.). Der Nutzen und Sinn dieses Projektes bestünde im

[31] Andere Ansätze, die schon seit den späten achtziger Jahren verfolgt werden, beziehen sich darauf, neue Aminosäuren einzuführen oder den genetischen Code um weitere Buchstaben zu erweitern, was im Erfolgsfalle ganz neuartige Eiweiße und Genprodukte möglich machen könnte (Gibbs 2004:69ff.). Künstliche DNA mutiert jedoch rasch und genetische Konstrukte werden häufig schnell instabil oder deaktiviert (Gibbs 2004:73). Wobei ein Organismus auf Basis künstlicher DNA oder Aminosäuren das Problem hätte, diese bei versehentlicher Freisetzung in der Natur nicht vorzufinden. *Solange* man ihm nicht die Fähigkeit einbaut, diese künstlichen Stoffe aus natürlichen Vorläufern herzustellen, sondern nur aus Nährböden zuführt, wäre es deshalb mit einem solchen Organismus 'draußen' ziemlich schnell vorbei. Es gibt in der Natur neben den 20 Einheitsaminosäuren äußerst selten zwei weitere, nämlich das Pyrrolysin und das Selenocystein (FAZ 2004k:N2).

Erfolgsfalle darin, chemische Synthesen enzymatisch in der gewünschten Reihenfolge steuern zu können, ohne auf mehrere Zellen und Bioreaktorsysteme zurückgreifen zu müssen. Industrielle Produktion könnte einfacher, billiger, kostensparender und umweltfreundlicher sein. Gibbs wies schon 2004 darauf hin, dass solche Organismen bei passender Konfiguration auch Metalle hochrein einlagern könnten und daraus ggf. auch Nanoröhrchen herstellen könnten (Gibbs 2004). Das MIT in Cambridge hat im Mai 2006 einen Akkumulator präsentiert, den gentechnisch veränderte X13 Phagen aus Kobalt- und Goldatomen hergestellt haben[32]. Dieser Akku ist dreimal leistungsfähiger als herkömmliche Lithiumionen-Akkumulatoren (Huhndorf/Hügler 2006:14).

[32] Zur Zeit werden auch Enzymreaktoren zur Gewinnung von Wasserstoff entwickelt (Dworschak 2007:126-127).

2.5.4 Pharmazeutische Pflanzen

Die grüne Biotechnologie, insbesondere gentechnische Nahrung, mag auf dem EU-Markt auf Ablehnung stoßen. Jedoch könnte die Produktion von Arzneimitteln und wertvollen Stoffen wie Vitaminen diesen Trend wieder umkehren (Pletter/Rabatta 2002:A605, Bergstedt 2004:69; Sauter/Hüsing 2005:6ff.; Schell-Frederick/Schell 2000:1972; Löwer 2006:17):

Tabelle 3: Pflanzenbiotechnologie

Ziel	Methode	Erläuterung
Eßbare Vakzine	Impfstoff-produktion durch Pflanzen	Pflanzen könnten Choleratoxin herstellen, woraus sich ein Impfstoff gegen Cholera gewinnen läßt, ebenso Versuche mit Hepatitis Impfstoffen
Antikörper produktion	Produktion von Antikörpern in Pflanzen	Antikörper können z.B. in Tabak/Mais produziert werden („Planti-bodies"), Versuche mit Wirkstoffen gegen Herpes simplex (Lippenherpes) in Sojabohnen
Gesteigerter Nährwert	Einschleusung von Genen für Provitamin A ('Golden rice')	erhöht Nährwert von geschältem Reis, kann so Erblindung vorbeugen. =>**Vorzeigepflanze der Agrarindustrie in Argumentationspapieren,** da sie sich auf natürlichem Weg schlecht züchten läßt (vgl. Embassy 2005b; Becker/Cowan:2006:5)

Wenn Pflanzen erst einmal in der Lage sind, Pharmazeutika und Antikörper in marktfähigen Mengen zu produzieren, könnte nur eine Firma, die ‚rotes' und ‚grünes' Know-How verknüpfen kann, die Entwicklung zielgerichtet zur Marktreife bringen. Diese Diskussion um Plant Made Industrials (PMI) darf nicht jener über verbesserte *functional food* verwechselt werden, bei der z.B. Joghurts mit Bakterien zur Unterstützung der Verdauung versehen werden (Trautmann 2004:N1; Sauter/Hüsing 2005:6ff.).

2.5.5 Nanobiotechnologie

Ein relativ junger Forschungszweig ist die Nanobiotechnologie, bei der die Nutzung der mechanischen, optischen, magnetischen, elektrischen und chemischen Eigenschaften von ein bis einhundert Nanometern (10^{-9} Meter) großen Materialien im Mittelpunkt steht (Leinmüller 2004:C2154-C2155). Bisher sind vor allem die pharmazeutischen Anwendungen ausgereift, wie die folgenden Beispiele zeigen:

- Mikrocontainer: zur kontrollierten Freisetzung von Materialien im Körper
- Magnetisierbare Eisenpartikel, die von Tumorgewebe 8-10 mal stärker aufgenommen werden und sich so als Zielscheibe für Hyperthermie, Thermoablation oder Magnetwechselfelder eignen (MFH®-Verfahren; Magforce® Nanotechnologie)
- ein feiner Polysorbatüberzug erleichtert die Überwindung der schützenden Bluthirnschranke durch Medikamente, so dass sich das Antikrebsmittel Doxorubicin im Gehirn von Tieren mit bis zu 60 fach höherer Konzentration in Tumoren sammeln kann
- Naturanaloger Nanoapatit (Mikro-Zahnschmelz) zur Versiegelung überempfindlicher Zähne

Gleichwohl gibt es auch einige bekannte Risiken (ebenda):

- Inhalation von Nanopartikeln kann Lungenkarzinome auslösen (über eine Vernarbung mit lokaler Wachstumsstörung, vgl. auch Schmidt 2004:48)
- Zudem kann es zur Ver- oder Ablagerung inhalierter Nanopartikel im Gehirn und der Leber kommen, die man nicht mehr herausbekommt (was Fremdkörperreaktionen in den betroffenen Organen mit Entzündung und Narbenbildung hervorrufen würde)
- Reizung des Immunsystems durch Nanopartikel (oxidativer Ausbruch, vgl. Rüschemeyer 2006:68)
- Thrombosegefahr (ein Problem, das man schon von künstlichen Herzklappen kennt)
- Formänderungen von Proteinen durch Einwirkung von Nanopartikeln, die dadurch nutzlos werden oder Allergien auslösen (analog zum Chromatekzem des Maurers oder der Nickelallergie).

Die schlechte Nachverfolgbarkeit und *Rückholbarkeit* von freigesetzten Nanopartikeln nicht nur in der Medizin trägt in den letzten Jahren zu wachsenden Bedenken gegen diese Technologie bei. Andererseits haben sich Siliziumpartikel als sehr geeignet erwiesen, um Gentherapeutika einzuschleusen, ohne die anderen Gene zu beschädigen (Hobom 2005:N1).

Eine weitere Entwicklung sind *Molecularly imprinted polymers* (Mips), d.h. Plastik-Abgüsse natürlicher Eiweiße, die sich u.a. als Filterstoffe zur Reinigung von Gewässern, zur Detektion von Biomelekülen, ggf. auch als Ersatzantikörper (‘Plastibodies’) eignen, evtl. auch eines Tages als ‘Plastizyme’ zum Nachbau der Reaktionszonen von Enzymen, die die natürlichen Vorbilder in Syntehseprozessen entbehrlich machen könnten (Mosbach 2007:87). Erste kommerzielle Anwendungen sind bereits in der Entwicklung.

2.6 Das technische Potential der Biotechnologie

Das technische Potential der neuesten Zweige der Biotechnologie läßt sich naturgemäß nur schwer prognostizieren, so dass hier nur die wesentlichen diskutierten Trends aufgezeigt werden sollen, um nicht in Spekulationen abzugleiten. Zum einen wird die Aufklärung des Erbgutes des Menschen und die Möglichkeit, dies auch beim Individuum zu testen, dazu beitragen, die Risiken für bestimmte Krankheiten besser abschätzen zu können. Die genetischen Grundlagen von Lymphdrüsenkrebsen sind zum Beispiel bereits im Grundsatz für alle gängigen Unterarten geklärt worden (Hiddemann 1999). Zudem kann im Rahmen der Pharmakogenomik anders als bisher breiter getestet werden, ob Patienten z.B. auf bestimmte Krebsmedikamente ansprechen, denn meistens profitiert nur ein Teil der Patienten von einer bestimmten Chemotherapie. 2006 wurde bereits ein Genchipprototyp entwickelt, der nahezu alle dreißigtausend Gene testen kann, die totale Gentestung eines Individuums in einem Zug ist bereits jetzt technisch machbar (Müller-Jung 2006a:N2). Damit können diejenigen 25-30% der Patienten identifiziert werden, die sensibel für den Einsatz des Krebsmittels Docetaxel sind, in der Charité laufen weitere Untersuchungen zu dem Thema.

In Deutschland spielt die genetische Diagnostik jedoch vor allem bei der Embryonendebatte wegen der Angst vor einen neuen Eugenik eine Rolle (ders.:18; Reich 2004:109). Die Diskussion wird in diesem Bereich weniger von dem bestimmt, was bereits ist, sondern was eines Tages *sein könnte. Außerhalb* von Deutschland ist die Diskussion über die genetischen Grundlagen sozialer Devianz in Gang, die aufgrund der Vielzahl der neuen Befunde rasch ausufert und für die Sozialwissenschaften eine große Herausforderung darstellt. Man spricht hier von *Verhaltensgenetik* (behavioural genetics). Der Nuffield Council hat 2002 eine umfassende Bestandsaufnahme des Forschungsstandes vorgenommen, deren wichtigste Ergebnisse im Rahmen der Diskursanalyse präsentiert werden. In Deutschland steht wie gesagt jedoch die Diskussion um die Selektion bei genetischen Defekten im Vordergrund. Der von Kritikern befürchtete 'gläserne Patient' soll, *wenn auch auf freiwilliger Basis*, bis 2014 im Rahmen des Tausend-Dollar-Genom-Projektes Realität werden (Church 2006:30 ff.)

Die folgende Abbildung fasst diesen ersten großen Trend zusammen:

Abbildung 5: Das technische Potential (I)

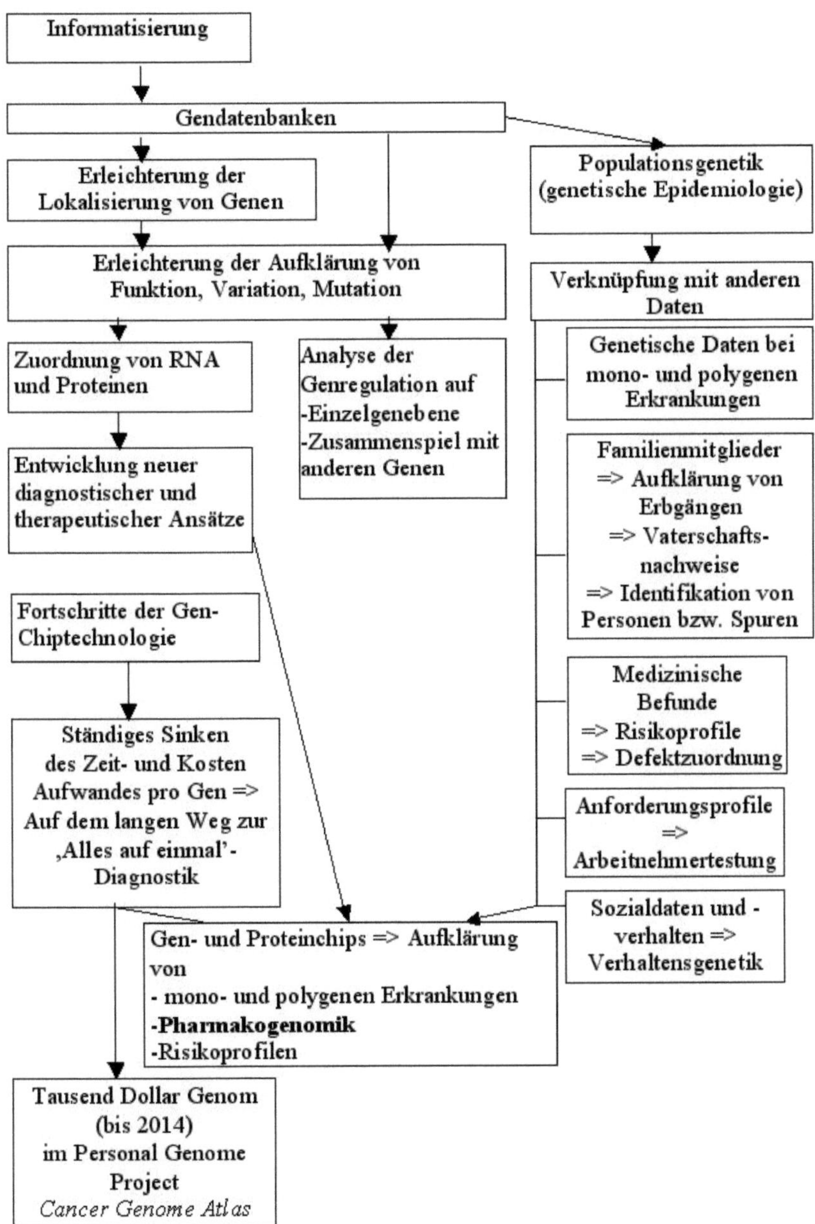

Der zweite große Trend basiert auf der zunehmenden Automatisierung und Informatisierung der Biotechnologie, durch die die Informationsfluten überhaupt noch sinnvoll verarbeitet und gesteuert werden können. Computer und Datenbanken machen so komplexe Projekte wie die Systembiologie erst möglich[33].

Abbildung 6: Das technische Potential (II)

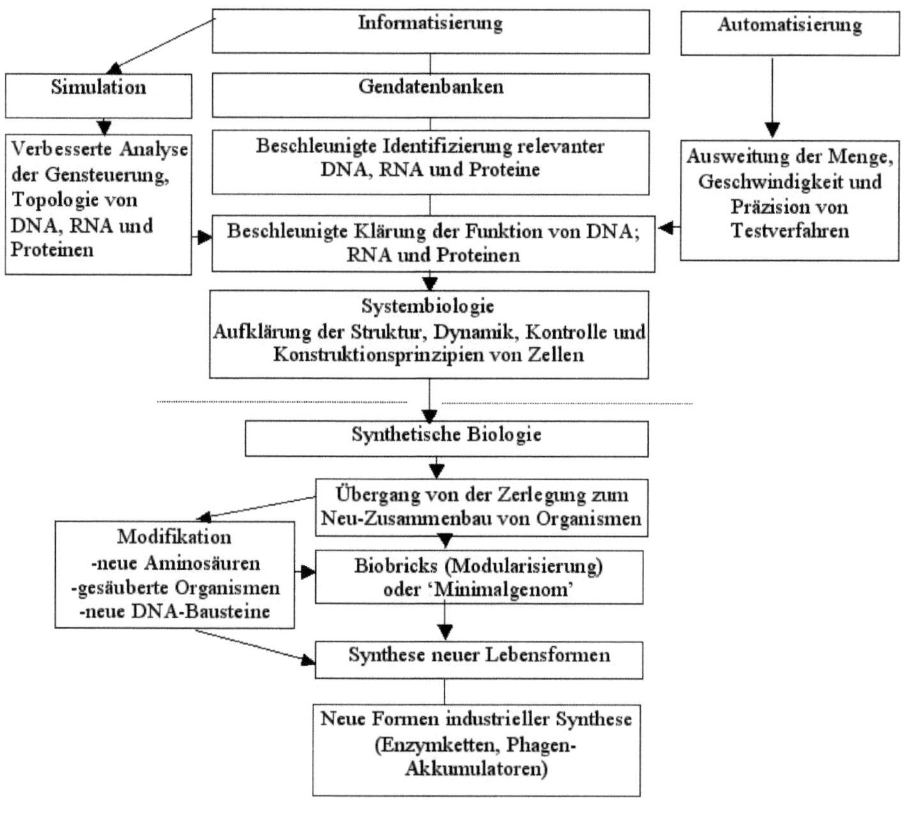

[33] Die Geschwindigkeit der Entwicklung zeigt sich u.a. daran, dass ein Forscher nun versucht, die komplette Gliederung und Benennung (Taxonomie) sämtlicher irdischen Lebewesen mit Hilfe einer automatisierten Analyse der Cytochrom-Oxidase I zu bewerkstelligen (Evers 2007:166f.).

Ein *dritter* technologischer Strang ist die Arbeit an Zellen, die sich immer präziser züchten und steuern lassen. Die Bemühungen gehen dahin, sich von den embryonalen Stammzellen zu lösen, um die ethischen Probleme auszuschalten.

Abbildung 7: Das technische Potential (III)

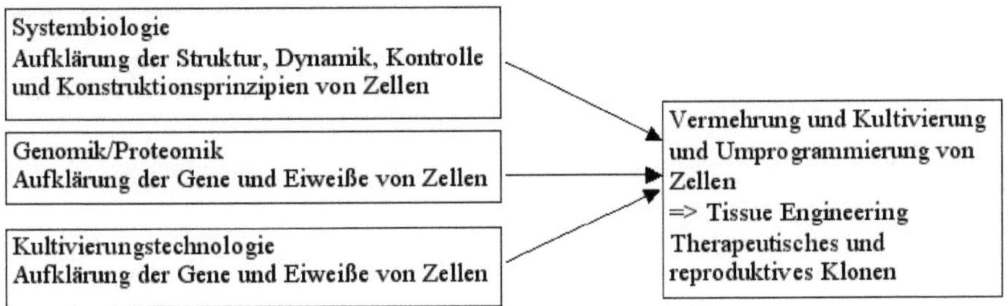

Wachsende Erfolge wurden vor allem bei der Züchtung aus *herkömmlichen* Spenderzellen erzielt, z.B. für Harnblasen und Knorpel (Braun 2006:20ff.).

In der grünen Biotechnologie hat sich die Entwicklung von gängigen und breit anwendbaren Pflanzen als ökonomische Erfolgsstrategie herausgestellt. Die inzwischen auch von den US-Behörden in Betracht gezogene Möglichkeit der mittelfristigen Resistenzentwicklung gegen das *Bt-Gen* könnte jedoch die ökonomisch erfolgreichste Pflanze auf Dauer in Frage stellen[34]. Die Nutzung von Pflanzen als Arzneimittelproduzent könnten die rote und grüne Biotechnologie an einer wichtigen Stelle wieder miteinander verschmelzen. Die andere Stoßrichtung ist der *genetisch veränderte Wald*, d.h. der Übergang zu größeren Organismen wie den Bäumen. Dies könnte den Weg von der Land- in die Forstwirtschaft öffnen. Von Designerbäumen, z.B. Pappeln, Eukalyptus und Eßkastanien verspricht man sich bessere Forst- und Bodensanierungsmöglichkeiten, aber auch eine bessere Papierproduktion. 40 genetisch veränderte Baumarten werden in China und Hawaii bereits kommerziell angebaut.

Seit 2004 ist eine immer intensivere Diskussion um die Nutzung von Pflanzen als Energieträger ('Biodiesel', Bioethanol) im Gange, nachwachsende Rohstoffe

---

[34] Umgekehrt nimmt auch die Glyphosat-Resistenz unter Schädlingen langsam zu, was den Erfolg von Pflanzen wie RoundUp Ready in Frage stellen könnte, die extra für die Zucht unter Glyphosateinsatz erezugt wurden (Hobom 2007a:N1).

(NaWaRos) könnten eine wichtige und nachhaltige Alternative zu Öl und Atomstrom darstellen (vgl. auch Sauter/Hüsing 2005:1ff.; Häusling 2005:3f.; Schmitz 2006:22ff.). Jedoch ist in der noch jungen Diskussion vieles kontrovers, z.B. die Kosten, negative Effekte durch Flächen- und extremen Wasserverbrauch, unter dem dann die Entwicklungsländer besonders zu leiden hätten usw. (Auer 2005:1-2; Schmitz 2006:30; Burghardt 2007:4; Brabeck-Letmathe 2007:25). Hier könnte sich ein neues Anwendungsfeld für die Grüne Biotechnologie ergeben, wobei aber außer dem Einsatz von Enzymen aus *Trichoderma reesei* noch keine speziellen biotechnologischen Verfahren zur Anwendungsreife gebracht wurden. Gleichwohl rückt der Einsatz gentechnischer Methoden ins Blickfeld und *auch mit Hinblick hierauf* möchte Minister Seehofer die Haftungsregeln zumindest für die Forscher, wenn auch nicht unbedingt für die Bauern lockern, trotz aller Vorbehalte der Öffentlichkeit (Busch 2006:26; Gartner 2006a:39, Schwägerl 2006d:1 und 2006e:12, Vorholz 2006:25, Bruhns:2007:34; FAZ 2007a-c, Germund 2007:17, Der Spiegel 2007:168, von dem Bussche 2008:44, Wüst 2007:104ff.).

Eine Verflechtung der grünen und der grauen Biotechnologie wird angesichts der noch zu geringen Effizienz der Bioethanol/-dieselproduktion zunehmend diskutiert (Schwägerl 2007:10).

2.7 Die Biotechnologie-Industrie

2.7.1 Der Beginn der Biotech-Industrie 1980

Der Aufstieg der industriellen Biotechnologie wurde in den USA durch die Einführung der Patentierung von genetisch veränderten Organismen 1980 und die begleitende Gesetzgebung zur Patentverwertung durch Forschungseinrichtungen, den Bayh-Dole-Act, ermöglicht. In der Biotechnologie hat die USA alle wesentlichen Patentregeln *zuerst eingeführt*. 1981 hat Ananda Chakrabarty das U.S. Pat. No. 4,259,444 für ein gentechnisch verändertes Bakterium erhalten, das Öl abbauen konnte. In einer knappen 5 zu 4 Richterstimmen-Entscheidung stellte das oberste Gericht der USA 1980 zuvor fest, dass "*anything under the sun that is made by the hand of man*" patentfähig ist (Bio 2004g; Biojudiciary 2004). Damit begann auch eine über zwei Jahrzehnte zunehmende Ablösung von klar definierten industriellen Anwendungen als Patentgrundlage (Heins 2000:136). Bis 1980 herrschte ein forschungspolitisches Klima vor, bei dem das primäre Ziel des Forschers die wissenschaftliche Reputation durch herausragende Entdeckungen mit nachfolgender Publikation war (Open Science-Model; MacDonald et al. 2004:1ff.). Dieses Verhalten wurden durch die Regierung gefördert, die bei Förderung von öffentlichen Forschungseinrichtungen (Public Research Organisations, kurz: PROs) die non-exclusivity der Forschungsergebnisse voraussetzte. Aber 1981 trat der Bayh-Dole-Act in Kraft, durch den Universitäten und öffentliche Einrichtungen Patente erwerben durften, der für die PROs den Übergang vom *Open Science* zum *Licensing Model* bedeutete (Nuffield 2002:4). Vereinfacht regelt das Gesetz folgendes: Die PRO darf demnach die Erkenntnisse aus ihrer Forschung mit Lizenzen verwerten, wofür der Regierung ein gewisser Gewinnanteil abzuführen ist. Die PRO darf nicht nur, sondern *muß* sich auch um eine sinnvolle Verwertung der Erkenntnisse kümmern, d.h. sie hat nun den Auftrag zum Technologietransfer, schlimmstenfalls konnte die Lizenz an die Regierung als Geldgeber zurückfallen (MacDonald et al. 2004:7f.). Dies war die Geburtsstunde der Biotech-Industrie und bewirkte zugleich den Zerfall der offenen Universitätskultur (ders.:5). Der Vorsprung der USA, der aus diesem Schritt resultierte, erwies sich bis heute als uneinholbar, bei der angewandten roten Biotechnologie betrug der Weltmarktanteil in den neunziger Jahren ca. 90% (Radin 1995:1-2; Rothe 2000:B4)[35]. Jedoch kam es zu einem ‚Bruch' in der Entwicklung, bei dem nach einer anfänglichen Erfolgsperiode mit ersten Medikamenten (Insulin, Erythropoetin, Interferon, Wachstumshormon) lange Zeit nur noch wenig geschah und nun neben wenigen großen Firmen viele kleine kapitalschwache Firmen die Forschungslandschaft charakterisieren (vgl. auch Murray/Kaplan 2001:2). Dieser Bruch hatte primär *biologisch-technische* Gründe: Der erfolgreiche Start der roten Biotechnologie bezog sich auf den bloßen *Nachbau natürlicher Substanzen* wie dem Insulin, deren chemische Synthese bis dahin zu aufwendig bzw. unmöglich gewesen war. Gleiches galt für die zweite große Erfolgswelle, die Impfstoffe, bei denen ebenfalls Naturstoffe nachgebaut wurden, um das Immunsystem des Geimpften anzuregen.

Sobald jedoch versucht wurde, in die biologischen Abläufe des Menschen mit

---

[35] Dolata kam in der Studie von 1995 zu dem Schluss, dass die deutsche Regulierungspraxis keinen Einfluß auf das Standortverhalten hätte (Bandelow 1999:77). Alle großen ökonomischen Entscheidungen waren jedoch schon in den Achtzigern gefallen, also *vor* dem Gesetz von 1990. Relevant war das Gesetz jedoch für die Teilnahme am Human-Genom-Projekt.

Änderungsabsicht einzugreifen, gab und gibt es Probleme: Das Wegfangen von Immunhormonen oder Immunzellen ist mit vielfältigen Risiken verbunden wie z.B. erhöhtem Krebsrisiko, dem Vorkommen von schweren schockartigen Immunstörungen wie dem Cytokine Release Syndrome oder dem Aufbrechen von alten Krankheiten wie z.B. der Tuberkulose.

Beim sog. *TeGenero*-Zwischenfall wurden 2006 in London 6 Freiwilligen ein monoklonaler Antikörper TGN1412 gegen das T-Lymphozytenoberflächenprotein CD 28 gepritzt. Das darauf folgende Cytokine Release Syndrom führte bei allen 6 Probanden zu schockartigen Zuständen mit Organversagen, einige Finger und Zehen mußten amputiert werden. Auch wenn nicht alle Einzelheiten des Vorfalls klar sind, so können Tierversuche nicht alle Risiken ausschließen, weil die tierischen Immunsysteme dem menschlichen nicht völlig gleichen (Müller-Jung 2008a:N1). Die EMEA hat auf den Zwischenfall mit einem neuen, am 22. März 2007 veröffentlichten Richtlinien-Entwurf reagiert, die Testungen in Minimaldosen an nicht mehr als einem Menschen gleichzeitig festschreibt (CHMP 2007:1-11; Müller-Jung 2007:N1). Dennoch macht die Erforschung monoklonaler Antikörper in der Bekämpfung von Krebs und Immunkrankheiten Fortschritte und nimmt einen stetig wachsenden Umsatzanteil ein.

2.7.2 Weltmarkt

Das Weltmarktvolumen der Biotechnologie betrug bereits im Jahre 2000 105 Mrd. Euro, von denen 69% auf die rote, 28% auf die grüne und 3% auf die graue (weiße) Biotechnologie entfielen (vgl. Dt. Ärzteblatt 2003:609; Isenegger 2001:3). Die folgende Tabelle zeigt die zentralen ökonomischen Daten (DIB 2004; Hofmann 2003:B1; BPI 2003:29/Ernst&Young Biotechnology Report[36]). Die Tabelle zeigt, dass der Umsatz der Biotech-Industrie in den USA vielfach größer hat als der EU und Deutschlands. Der Anteil der USA am Weltmarkt wächst im Moment sogar noch (Evers 2004:92).

---

[36] Die Angaben zu den Werten in dieser Tabelle wie z.B. zur Zahl der Firmen, zu den Umsatzvolumina etc. schwanken selbst zwischen seriösen Quellen (vgl. z.B. Ernst & Young "Beyond Borders", the Global Biotechnology Report 2002 und Ernst & Young Global Biotechnology Reports 1998-2002), was sich in der rasch wandelnden Branche nicht vermeiden lässt. Man kann anders als bei ‚klassischen' Pharmaindustrie solche Zahlen -noch- nicht aufs Komma genau als verbindlich ansehen.

Tabelle 4: Ökonomische Grunddaten der Biotechnologie

	Deutschland			Europa			USA		
Jahr	2001	2002	2003*	2001	2002	2003	2001	2002	2003
Zahl der Unternehmen	365	360	350	1879	1878	1861	1457	1466	1473
Börsennotierungen	21	12	11	104	102	96	342	318	314
Beschäftigte	14408	13400	11535	87200	82100	77907	193000	195000	146000
Umsatz (Mio. Euro)	1045	1014	960	3130	12861	11277	31800	32000	31370
FuE-Ausgaben (Mio. Euro)	1228	1090	966	7166	7675	6354	17500	19500	12010
Betriebsverluste (Net loss) Mio. Euro	551	661	549	1476	4033	1917	7700	11000	2870

Quelle: DIB 2004:6 *2005 375 Unternehmen mit 9345 Beschäftigten (BMBF 2006b:1), 2007 496 Unternehmen mit 14.360 Mitarbeitern, 2 Mrd Eruo Umsatz und ca. 1 Mrd Euro FuE-Ausgaben (BMBF:2008:6-12).

Nach Angaben des BMBF (2008:10) waren 2007 44% der deutschen Biotech-Firmen in der roten Biotechnologie tätig, 8% sind in der grünen und 5% in der grauen (weißen) Biotechnologie aktiv, immerhin ca. 40% im Bereich der Dienstleistungen für andere Biotechfirmen. Drei wichtige 'rote' Geschäftsfelder sind die Therapeutika, Diagnostika und Plattformtechnologien, die grüne und weiße Biotechnologie spielen in Deutschland ökonomisch (noch) keine nennenswerte Rolle (vgl. Champenois/Engel/Heneric 2004:24, BMBF 2008). In den USA hat sich die Branche bereits konsolidiert, sie ist, wie man sagt, 'reif' (mature; Bio 2004).

Auch in Deutschland ist eine Konsolidierung im Gange: Es gab 45 Insolvenzen im Jahre 2003, wobei sich Neugründungen und Insolvenzen auch in den Jahren danach die Waage hielten (Der Spiegel 2004:78; Stadler 2004:4). Die Zahl der Mitarbeiter in Biotechfirmen ist in Deutschland von 14.400 im Jahre 2001 auf 10.100 im Jahre 2004 gefallen, um 2007 fast wieder auf dem Stand von 2001 zu sein (Ernst&Young in FAZ 2005d:15, BMBF 2008:6).

2.7.3 Die rote Biotechnologie

Dabei hat sich in der roten Biotechnologie ein großes Gefälle zwischen ‚alten Großen' und ‚jungen Kleinen' etabliert, die zehn größten Firmen waren *jede für sich* genommen umsatzmäßig 10 mal so groß wie die weltweite Nr.25. Insgesamt liegen die Umsätze noch weit unter denen der klassischen Pharmaindustrie, in der manche Cholesterinsenker mehr Jahresumsatz machen als Amgen insgesamt. Gewinne werden, wenn überhaupt, nur im vergleichsweise geringen Umfang erwirtschaftet. Die Tabelle auf der folgenden Seite zeigt die weltgrößten Biotechfirmen der 'roten' Biotechnologie (Amgen 2004:1, BioCentury 2005:1, Rosen 2006).

Tabelle 5: Die weltgrößten roten Biotechnologiefirmen

	Unternehmen	Jahres-umsatz Mrd. US-$	Gewinn/ Verlust Mrd. US-$	Land	Tätigkeitsbereiche
01.	Amgen 1)	10,5	+2,36	USA	Erythropoetin
02.	Genentech 2)	4,6	+0,79	USA	Antikörper, u.a. Herceptin, Gefäßtherapeutika
03.	Serono 5)	2,5	+0,49	CH	Reproduktionsmedizin, Neurologie, Stoffwechsel, Psoriasis
04.	Biogen-Idec	2,2	+0,03	USA	November 2003: Fusion von Biogen mit IDEC Antikörper, Vakzine
05.	Genzyme	2,2	+0,09	USA	Enzymtherapeutika
06.	Chiron 3)	1,7	+0,08	USA	Biopharmaceuticals, Vakzine, Diagnostika
07.	Gilead Sciences	1,3	+0,45	USA	Virustherapeutika, Liposomen
08.	CSL	1,3	+0,15	USA	
09.	MedImmune 4)	1,1	0,0	USA	Immuntherapeutika, Virus-Vakzinen, Antikörper gegen Viren
10.	Cephalon	1,0	-0,07	USA	Neurologie, Schlafmedizin, Onkologie
Top 1-10		**28,5**	**+4,3**		
11.	Millennium	0,4	-0,24	USA	Antikörper
Top 11-25		**3,7**	**-0,29**		
Top 1-25		**32,3**	**+4,0**		

Quelle: nach Firmenangaben (Med AdNews, July 2005; Rosen 2006:1-5); 1) Abschreibungen wegen des Kaufs von Immunex; 2) Roche hält mehr als 60% Anteile und hat sich 2004 für das neue Krebsmittel dieser Firma Vertriebsrechte für außerhalb US gesichert (Smolka

2004:8; Financial Times Deutschland, 8.10.2004. 2008 kauft Roche Genentech endgültig auf. S.8). 3) Novartis hält mehr als 40% Anteile; 4) Erwerb von Aviron kostete ca. 1,6 Mrd. US-$ 5)Übernahme durch die deutsche Merck KgaA im September 2006

Die Tabelle zeigt das steile Gefälle auf dem Weltmarkt. Roche hielt schon länger die Mehrheit an Nummer 2 dieser Tabelle, Genentech, während die Nummer 3, Serono, es nicht geschafft hat, sich von ihrem 80er Jahre-Produkt Interferon zu lösen und 2006 von der Eigentümerfamilie an die deutsche Merck verkauft wurden mußte. Die Nummer 5, Chiron, wurde 2006 von Novartis übernommen. Schon diese wenigen Daten zeigen, wie tiefgreifend der Bruch nach den Starterfolgen in den frühen 80er Jahren war, bis heute sind die Nachwirkungen zu spüren. Deutschland ist unter den Großen noch nicht vertreten, hat aber gegenüber den anderen Ländern aufgeholt (Hofmann 2003:B1; BPI 2003:29; Platz 2003:19). Aber nur drei Firmen in Deutschland wiesen 2003 mehr als 300 Mitarbeiter auf, die Mehrzahl der Firmen hatte zum Teil deutlich weniger als 50 Mitarbeiter, also Größen, wie sie für die Start-up Phase üblich sind. Nach der Firmenumfrage von 2007 gibt es 496 Biotechfirmen in Deutschland (BMBF 2008:5). In der roten Biotechnologie wird der Markt immer noch von wenigen, umsatzstarken Produkten aus den 1980er Jahren und deren späteren geringfügigen Modifikationen sowie einer zweiten Welle von Antikörperpräparaten dominiert (Tiedemann 2002:11, BioCentury 2005:2, Hoffmann 2006:49).

Tabelle 6: Die umsatzstärksten roten Biopharmazeutika im Jahr 2005

Präparat	**Firma**	**Jahresumsatz 2005 in Mrd. US-$**
Präparate der 1980er und deren Modifikationen		
Epoetin alfa (Procrit ®, Epogen ®, Eprex ®)	Johnson & Johnson/Amgen	5,8
Langzeit Epoetin (Aranesp ®)	Johnson & Johnson/Amgen	3,3
Granulocyte colony stimulating factor (G-CSF) (Pegfilgrastim; Neulasta ®)	Amgen	2,3
Epoetin beta (Neorecormon ®)	Roche	1,7
Interferon beta-1a (Avonex ®)	Biogen	1,5
Interferon beta-1a (Rebif ®)	Serono	1,2
G-CSF (Filgrastim; Neupogen ®)	Amgen	1,2
		Fortsetzung nächste Seite

Antikörperpräparate		
Etanercept (Enbrel ®)	Wyeth	3,7
Rituximab/Anti-CD-20 (Rituxan ®)	Roche	3,2
Trastuzumab (Herceptin ®)	Roche	1,6

Summe:25,5 Mrd. US-Dollar=46% des Weltmarktes für Biopharmazeutika

Die Tabelle zeigt, dass der große Vorsprung von Amgen vor allem auf zwei 'alten' Produkten beruhte, so dass Amgen seine Position nun durch ähnlich wirkende Nachfolgeprodukte (das Langzeit-Epoetin Darbepoetin und pegyliertes Filgrastim) und durch Zukäufe zu stärken versucht. Die Anzahl gentechnisch hergestellter Wirkstoffe, die Patienten derzeit zur Verfügung stehen, erhöht sich nur langsam. Es besteht nach wie vor eine Lücke zwischen Tierexperiment und der Therapie für den Menschen (Tiedemannn 2002:33). Die Produktpipeline europäischer Biotechs war 2003 überwiegend noch in der Präklinik, d.h. noch nicht am Menschen erforscht (BPI 2001:59; DIB 2004:9). Die Zahl der Patentanmeldungen für gentechnische Arzneimittel stieg jedoch von 432 Patenten im Jahre 1990 auf 1779 Patente im Jahre 2002 (VFA 2004g:1). Ein Problem, mit dem die überwiegend kapitalschwache Biotechbranche besonders zu kämpfen hat, ist der große Zeitabstand ('lag') vom Beginn der Entwicklung bis zum Beginn der Vermarktung. Für Biotechnologiefirmen bestehen zwar in den USA schon seit längerem und seit 2006 auch in der EU vereinfachte bzw. beschleunigte Zulassungsverfahren (accelerated oder conditional approval), diese setzen jedoch einiges voraus: Das Produkt muß *aus Behördensicht* einen substantiellen Vorteil für die Behandlungen von Krankheiten oder eine neue Behandlungsmöglichkeit darstellen (CHMP:2005b:5). Zudem muß die Krankheit aber noch häufig genug sein, dass sich die Entwicklung immer noch für die Firma irgendwie rentiert. Für die Biotechfirmen bedeutet das, dass sie zunächst jahrelang Kapital benötigt bei ungewissen Chancen, die Investition durch die Erlöse eines erfolgreichen Medikamentes zu amortisieren (vgl. auch Lehne 1997:105). Für die Biotechfirmen ist es daher häufig unabdingbar, Kooperationen mit den kapitalstarken Pharmafirmen einzugehen, wobei sie daran interessiert sind, Produkte so früh wie möglich in Kooperationen/Lizenzen einbringen zu können, während die Pharmafirmen aus demselben Grunde ein Produkt je lieber nehmen, je reifer es ist (vgl. auch Holland/Reiß 1997:193; dpa 2003:1). Die folgende Abbildung zeigt die Kooperationsangebote der VFA-Partneringbörse, die besonders gefragten Leistungen sind im Fettdruck dargestellt (VFA 2004a:1-12):

Abbildung 8: Kooperation Pharma-Biotech in Deutschland

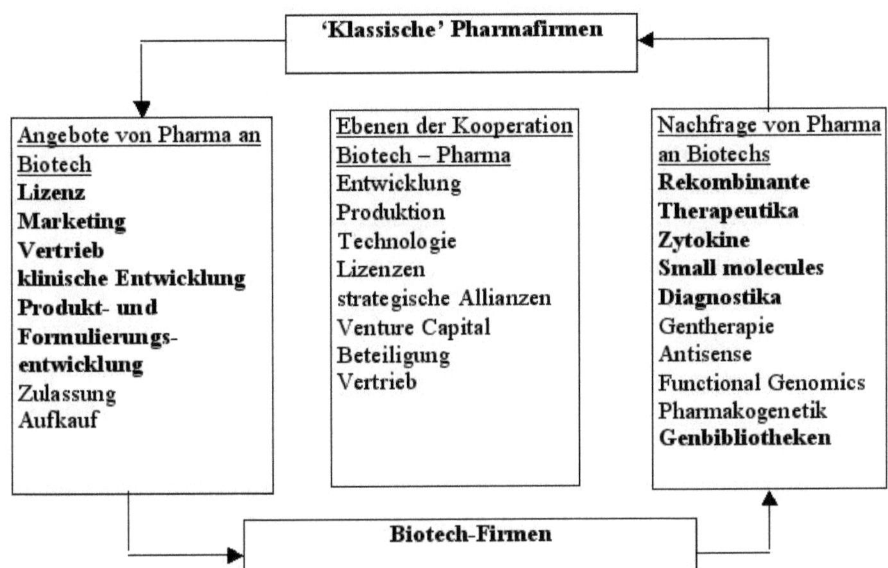

Etablierte Pharmafirmen versuchen durch Allianzen mit Biotechnologiefirmen deren Know-how zu nutzen und so die Basis der Grundlagenforschung und Entwicklung zu verbreitern, über Plattformtechnologien auch die Rationalisierung und Beschleunigung der bisherigen Prozesse zu fördern. Biotechnologiefirmen erhalten so wiederum Zugang zu Kapital, Erfahrung und Vertriebssystemen. Die Biotechfirmen treten deshalb eher selten selbst in der Vertrieb ein (vgl. auch Hove 2003:B2). Allianzen sind in praxi weitverbreitet[37], es gibt natürlich auch andere Möglichkeiten der Zusammenarbeit wie den Aufkauf von vielversprechenden Biotechfirmen, z.B. Kauf der Biotechfirma (z.B. Antisoma durch Roche), Mehrheits- oder Minderheitsbeteiligungen (Roche-Genentech, Novartis-Chiron), die Gründung eigener Biotechzweige, z.B. in Deutschland auch durch die Generika-Anbieter Stada und Hexal (vgl. auch Platz 2003:11). Dolata weist auf die Machtassymmetrien zwischen großen Firmen und kleinen Biotechs hin und stellt fest, dass die Beziehungen um so marktförmiger werden, je näher ein Forschungsprojekt der Marktreife kommt (Dolata 2000:186/198).

---

[37] Celgene z.B. arbeitet mit Lilly, Aventis, GSK, Kissei, Novartis, Schering und Serono zusammen (Celgene 2004:1).

Pharmafirmen lösen also ihr Dilemma aus dem Bedarf nach innovativen Präparaten und dem Streben nach risikoarmer Forschung dadurch, dass sie ihr Risiko gewissermaßen auf die Biotechfirmen *verlagern*, die dafür bei einer wirklich guten Entdeckung die Chance auf große Gewinne z.B. aus Patent und Lizenz haben. Aber um erfolgreich forschen zu können, ist eine Mindestmenge an Geld, Kapazität und Know-How erforderlich, diese Mindestmenge wird von den Beteiligten die *kritische Masse* genannt. => *Das Problem der kritischen Masse ist das zentrale Problem der Biotech-Industrie.* Biotechfirmen sind mit dem Problem der kritischen Masse in mehrfacher Hinsicht konfrontiert.

- Personal

Für die klinische Forschung, aber auch für die Zulassungsprozedur benötigt man *erfahrenes Personal*, um den Erfolg nicht durch unvollständige Daten zu gefährden, wie im Erbitux/Imclone-Fall geschehen (vgl. Hofmann 2003:B1). Der Zulassungsantrag für den Antikörper wurde bei der amerikanischen FDA voreilig vorgelegt, die Daten waren 2001 noch nicht ausreichend. Die FDA verlangte (erwartungsgemäß) weitere Daten, was den Aktienkurs der Herstellerfirma Imclone von 75 auf 8 US-$ abstürzen ließ[38]. Der Antikörper wurde jedoch mit besserer Dokumentation später in der Schweiz und 2004 in den USA zugelassen. Hier sind große Firmen gegenüber den in Deutschland noch vorherrschenden Kleinfirmen potentiell im Vorteil.

- Produktpipeline

Wie in der klassischen Pharmaindustrie schafft nur ein kleiner Teil der in die Erprobung am Menschen eintretenden Produkte die Zulassung. Das bedeutet jedoch für ein Ein- oder Zweiproduktunternehmen, dass jederzeit ihre *Existenzgrundlage* im Forschungsprozess entfallen kann (Bialojan/Schuler 2003:B1). Kleine Firmen können aber nur schwer mehrere erfolgversprechende Produkte entdecken und entwickeln.

- Economies of scale and scope

Forschung, Entwicklung und Vertrieb von Arzneimitteln ist ein Geschäft mit großen Skalen- und Verbundvorteilen (scale and scope). Da biotechnologische

---

[38] Da das Management vor dem Kurssturz noch schnell Aktien verkaufte, mußte sich auch das FBI mit dem Vorgang befassen.

Medikamente nicht nur in einem Land, sondern ausschließlich europaweit über das zentrale Verfahren (Liste A) der EMEA zugelassen werden dürfen, werden international agierende Firmen strukturell begünstigt. Dies erfordert ebenfalls eine gewisse Mindestgröße oder die Kooperation kleiner Firmen mit den 'Großen'.

- Kapitaldecke

Für die Entwicklung von Arzneimitteln werden industrieseits oft Kosten von bis zu 800 Millionen Dollar für die Entwicklung eines Arzneimittels genannt. Nach der neuen Studie von DiMasi betrugen in den USA 2001 die Kosten bereits 802 Mio. US-$, wobei er die steigenden Kosten für die Entdeckung neuer Substanzen, die Schwierigkeiten, Patienten für die Studien zu finden und die Zahl gescheiterter Projekte als Hauptfaktoren für den Kostenauftrieb ansieht (Pharmabusiness 2002:3). An diesen Zahlen wurden erhebliche Zweifel geäußert, u.a., weil DiMasi für die Investitionen in die Forschungen einen Opportunitätskosten-Zinssatz von 11% ansetzte, ohne den die Kalkulation erheblich geringer ausgefallen wäre. Jedoch können nur einem kleinen Teil der resultierenden Medikamentenpreise verursachungsgerecht Forschungskosten in Höhe von ca. 20-30% zugeordnet werden, der Großteil der Kosten sind 'sunk costs' (versunkene Kosten), d.h., solche Investitionen, die nicht mehr rückgängig gemacht werden können (vgl. Egler/Geursen 1998a:373; Egler/Geursen 1998b:478). Die Kapitalbeschaffung für Biotechs leidet an der Ausrichtung der Investoren am kurzfristigen Erfolg, der angesichts der Struktur und Komplexität des Forschungsprozesses häufig nicht möglich ist[39]. Die folgende Tabelle zeigt den großen Abstand der EU und Deutschlands zu den USA (FAS 2004:46).

Tabelle 7: Gesamtkapitalzufuhr in der roten Biotechnologie

Gesamtkapitalzufuhr in Mrd. Euro				
	2000	2001	2002	2003
USA	35,4	8,9	8,3	12,7
Europa	6,7	2,2	1,2	2,3
Deutschland	1,4	0,5	0,2	0,2
davon: Venture Capital	0,565	0,525	0,207	0,216
Börse	0,808	0,023	0,001 (!)	0,003

39 Insofern ist es kein Wunder, wenn 30-50% der privaten Biotechs in Deutschland keinen Umsatz aufweisen (Weber 2003:4).

Es handelt sich also nicht nur um eine Finanzierungskrise, sondern auch um eine *Verteilungskrise*. Von 11 Mrd. $ Kapitalzufluß 2002 entfielen ¼ auf Amgen, auf die ebenfalls großen Firmen Idec and Genzyme je 0,5 Mrd. $ (Hoffmann 2003:B1; FAS 2004; dpa 2003:1). Die Kapitalanleger und etablierte Pharmafirmen bevorzugen daher Biotechfirmen, die den Pharmafirmen von Größe und Struktur her schon am ähnlichsten sind und denen man das *nötige Stehvermögen* zutraut. Das erklärt auch den empirischen Befund des Zentrums für Wirtschaftsforschung ZEW, warum innovative Firmen für Kreditgeber attraktiv sind, aber rein innovative Firmen, die nichts anderes als ihre neuen Produkte in der Hinterhand haben, wiederum weniger Kredite erhalten (Czarnitzki/Kraft 2002:6).

In Deutschland gibt es erhebliche Schwankungen, betrug die Kapitalzufuhr 2006 über 625 Mio. Euro, lag sie 2007 wieder bei 500 Mio. Euro, von denen 297 Mio. Euro aus Venture Capital stammten, von dem jedoch allein 130 Mio. Euro nur von den Hexal-Gründern Gebrüder Strüngmann und dem SAP-Gründer Dietmar Hopp stammten (BMBF 2008:13).

Größe und Zahlen sagen aber noch nicht alles über den Trend aus. Symptomatisch für die deutsche Gesamtsituation ist die Situation des deutschen Spitzenreiters GCP Biotech. Als von der Kapitalausstattung führendes deutsches Biotechunternehmen wies GPC Biotech für 2002 folgende Struktur auf (GPC 2003:18)[40]:

- 117,9 Mio. Euro Barmittel
- 21,5 Mio. Euro Umsatz
- 25,2 Mio. Euro Kapitalverbrauch (burnrate) im Jahr 2002
- 32,0 Mio. Euro geplante burnrate im Jahr 2003

Ironischerweise konzentrierte sich GCP Biotech auf die Entwicklung von Satraplatin, eines aus der klassischen Pharmaindustrie kommendes Stoffes, der sich in den Varianten Cisplatin und Carboplatin bereits bei einer Vielzahl von Tumoren bewährt hat, d.h. die führende deutsche Biotechfirma widmete sich einer

---

[40] Zum Vergleich: Auf Platz 2 im Jahre 2002 lag Lion Biosciences mit 76,6 Mio. Euro, auf Platz 3 Medigene mit 45,1 Mio. Euro, der Rest unter 20 Mio. Euro, d.h. nur Bruchteile dessen, was ein einziger Blockbuster in der klassischen Pharmaindustrie erwirtschaftet. Im Jahr 2004/2005 hat Lion Bioscience weniger als 10 Millionen Euro Umsatz (FAZ 2004t:22). Mittlerweile hat Lion Bioscience das operative Geschäft aufgegeben. GPC Biotech beschäftigte 2002 übrigens 108 seiner 206 Mitarbeiter in den USA, der Begriff 'deutsch' ist also relativ.

inkrementellen Verbesserung eines konventionellen Medikaments (FAZ 2004l:23), was zu einem weiteren Kapitalverbrauch und Umsatzrückgang führte, der sich nach dem Scheitern der klinischen Erprobung an Prostatakarzinompatienten noch verschärft hatte (Lembke 2006:21, FAZ 2007c:17). Dieser Fall zeigt das Dilemma der Branche: Die Biotech-Medikamente sind schwer zu entwickeln, die klassischen Medikamente lassen sich oft breiter einsetzen und sind deshalb häufig profitabler, so dass es wenig innovativ ist, aber ökonomisch sinnvoller sein kann, auf konventionelle Medikamente zu setzen. Der Bundesverband der pharmazeutischen Industrie BPI hält fest, dass in Deutschland trotz Subventionen bisher noch keine wirkliche biotechnologische Arznei an den Markt gekommen sei (FAZ 2004m:12).

Ob die Orientierung an den profitableren, aber schwerer zu entwickelnden Therapeutika, oder an den risikoärmeren, aber nicht so gewinnträchtigen Plattformtechnologien richtiger ist, darüber sind die Meinungen geteilt (Leinmüller 2003:A1717; Platz 2003:20). Die Anzahl profitabler Biotechfirmen ist weltweit immer noch gering, 1999 waren 15, 2002 45 Firmen profitabel (Platz 2003:18). Die intensive staatliche Förderpolitik birgt die Gefahr, einen *künstlichen Boom* zu fördern, in Deutschland könnten viele Firmen bei einem Stop der Förderung zusammenbrechen (Champenois/Engel/Heneric 2004). Knop sah die Situation der deutschen Biotechnologie 2005 als dramatisch an: Zahlreiche Unternehmen standen vor den Insolvenz oder vor der Abwanderung in die USA, viele kleine Unternehmen wären überfordert und bei Übernahmen würden im Schnitt 45 von 50 Mitarbeitern entlassen (Knop 2005:15). In Deutschland größtem Biotechschwerpunkt Martinsried machte 2005 nur ein einziges Unternehmen Gewinn (Kirchgessner 2005:93). 2008 entschloss sich die Max-Planck-Gesellschaft, die Biotech-Medikamentenentwicklung selbst in der Hand zu nehmen (Hofmann 2008:1).

- Patienten

Die kritische Masse bezieht sich auch auf die Menge der potentiellen Konsumenten, die auch noch über eine hinreichende Kaufkraft verfügen müssen. Die im Moment etablierte Therapie von pegyliertem Interferon in Kombination mit Ribavirin kann Kosten von 20.000 Euro verursachen (Steimann/Bode 2000:1). So kommt es, dass sich auch die Biotechnologie vorrangig an den Bedürfnissen *westlicher Länder* orientiert.

Die rote Biotechnologie hat, gemessen an Faktoren wie Patentaufkommen, Produktpipeline und neuen Märkten wie der Pharmakogenomik und Proteomik, die im Rahmen der Aufklärung des Genoms eine große Zahl therapeutisch nutzbare Hormone und Enzyme zutage fördern dürfte, im kommenden Jahrzehnt ein großes Wachstumspotential. Um dieses Potential ausschöpfen zu können, ist eine Erhöhung der kritischen Masse durch verstärkte Kooperationen, Fusionen und Marktbereinigungen nötig, denn nur dann kann die lange Dauer von der Entwicklung bis zur Marktreife finanziell überbrückt werden, wobei eine Bündelung der Kräfte auch für potentielle Investoren günstiger ist. Die Flexibilität und Innovationskraft kleiner Biotechfirmen wird zwar immer wieder hervorgehoben, aber wie bei den Internetfirmen bringt die gute Idee allein wenig, wenn es nicht gelingt, sie in ein profitables Produkt umzusetzen. Die Angleichung an die formaler strukturierten und hierarchisierten klassischen Pharmafirmen ist ein unumgänglicher Nebeneffekt, den die Großen der Branche wie z.B. Amgen, Serono, Chiron bereits vollzogen haben (Platz 2003:22, Knop 2006:18). Insgesamt ist aber von einer weiteren Expansion der Biotechnologie auszugehen, denn nun drängen ostasiatische Länder wie Singapur, Korea und China mit Macht in den Wettbewerb und versuchen den „brain drain“ durch das Angebot eines günstigen Forschungsumfeldes in ihre Richtung umzulenken (Sentker 2004:33). Singapur hat im Rahmen des Biopolis-Projekts gleich 2000 Wissenschaftler zusammengefaßt, die größtenteils aus dem Westen rekrutiert wurden (Traufetter 2005:148-150).

2.7.4 Die grüne Biotechnologie

Gering profitable, aber risikostreuende Konglomerate aus verschiedenen Branchen wie Pharma, Chemie, Kosmetika usw. wurden in den 90er Jahren zunehmend kritisch beurteilt, so dass sich Pharmafirmen zunehmend auf die Gesundheitssparte konzentrierten (vgl. Hoffritz 2002:20). Die Synergieeffekte zwischen roter und grüner Gentechnik im Sinne von 'Life Science' waren trotz des ähnlichen technologischen Ansatzes geringer als erwartet, so dass die Agrarsparten in den späten 90er Jahren zunehmend abgetrennt wurden (Bläske 2001:22; Hofman 2001:19). Hierfür war auch der wachsende politische Druck auf die grüne Biotechnologie mit verantwortlich.

AventisCropScience entstand 1999 aus dem Hoechst-Schering Verbund AgrEvo (seit 1994), welcher mit Rhone-Poulenc-Rorer zu AventisCropScience verbunden wurde, die wiederum 2001 von Bayer übernommen wurde. AHP (heute: Wyeth) verkaufte die Agrartochter Cyanamid an BASF, ebenso verkaufte Abbott seine Agrartochter an Sumimoto Chemicals. Seither hat sich der Markt stabilisiert. Die wenigen großen Firmen haben nahezu 100% Marktanteil bei dem genetisch veränderten Saatgut, 80% der gesamten Agrochemie und kontrollieren ca. 25% aller Saatgutverkäufe weltweit (Polarisinstitute 2003:1-2; LeMonde 2006:32-33).

Tabelle 8: Die führenden Firmen der grünen Biotechnologie

Agro Biotech-Firma	Erlöse 2002 im Bereich der Argochemie (Mrd. US-$)	Erlöse 2002 durch Saatgut
Syngenta	5,3	0,937
Bayer	3,8	0,294
Monsanto	3,1	1,6
BASF	2,5	--
Dow	1,8	0,190
DuPont (mit Pioneer Hi-Bred)	1,8	2,0
Gesamt	19,3	5,02

Kurzgefaßt wird die grüne Biotechnologie durch die Größe der Firmen und der Produkte charakterisiert (Nabu 2004:1; Grefe 2004:11-14; FAZ 2006d:23). Die folgende Tabelle zeigt das rasche Wachstum der Branche, sowohl in als auch außerhalb der USA (vgl. auch Sankula et al. 2005):

Tabelle 9: Weltweiter Anbau gentechnisch veränderter Pflanzen 2000 und 2005

	Anbau 2005 (Millionen Hektar)	**Anbau 2000 (Millionen Hektar)**
Staat		
Vereinigte Staaten	49,8	30,3
Argentinien	17,1	10,0
Brasilien	9,4	1,4
Kanada	5,8	3,0
China	3,3	0,5
Spanien	0,1	---*
Rumänien	0,1	---*
Deutschland	0,0003 (=300 Hektar)	---*
Pflanze		
Sojabohne	54,4	25,6
Mais	21,1	10,3
Baumwolle	9,8	5,3
Raps	4,6	2,8

*kein nennenswerter Anbau

Die folgende Tabelle zeigt die wichtigsten Beispiele, das Bt-Gen und die Herbizidresistenz sind die beiden dominanten Anwendungen.

Tabelle 10: Wichtige Beispiele gentechnisch veränderter Pflanzen

Pflanze	Eigenschaften	Produktnamen	Hersteller
Raps	Herbizidresistenz	LibertyLink Roundup Ready[41]	Bayer, Monsanto
Raps	Steriler männlicher Raps	SeedLink	Bayer
Mais	*Bazillus thuringensis* Gen vermittelt Schädlingsresistenz manchmal auch kombiniert mit Herbizidresistenz	SeedLink, LibertyLink StarLink, NatureGard Herculex I, Bt-Xtra, YieldGard, Roundup Ready, Bt11, Knock Out	Bayer Dow Monsanto DuPont
Baumwolle	Bazillus thuringensis Gen vermittelt Schädlingsresistenz manchmal auch kombiniert mit Herbizidresistenz	BXN Cotton Bollgard Roundup Ready	Bayer Monsanto
Kartoffel	Bazillus thuringensis Gen vermittelt Schädlingsresistenz gegen Colorado-Käfer Herbizidresistenz	NewLeaf, NewLeaf Y, NewLeaf Plus	Bayer Dow Monsanto DuPont
Sojabohne	Herbizidresistenz	Roundup Ready 1995	Bayer, DuPont Monsanto
Tomate	Matschfestigkeit	Endless Summer1995 FlavrSavr1994	DNA Plant Technology Monsanto/Calgene Zeneca/PetoSeed
Reis*	Resistenz gegen Glufosinat	LLRice601	Bayer

*2006 Zulassung in den USA beantragt, nachdem zunächst nicht auf dem Markt (Rögener 2006:30)

In der grünen Biotechnologie entfalten sich auf ganzer Linie Größen- und Verbundvorteile, die eine oligopolistische Firmenstruktur hervorgebracht haben, die auf lange Sicht stabil sein könnte.

---

[41] Diese Sorte macht inzwischen 99% der argentinischen Sojaproduktion aus, die wiederum 19% Weltmarktanteil hat (Thiele 2007:32)

2.8 Zwischenergebnis

Für den raschen Aufstieg der amerikanischen Biotech-Industrie in den frühen Achtzigern war der Vorsprung bei der Gesetzgebung für Biopatente und die Patentverwertung durch Forschungseinrichtungen entscheidend. Der Bruch zwischen den wenigen großen alten Biotechs mit den großen alten Medikamenten und den vielen kleinen neuen Biotechs, die mit dem Problem der kritischen Masse zu kämpfen, hat biologisch-technische Gründe. Investoren und Forschungsförderung können zwar versuchen, den neuen Biotechfirmen zu helfen, die Machbarkeitsgrenzen bei technischen Eingriffen in biologische Systeme lassen sich dadurch, wenn überhaupt, nur sehr langsam verschieben. Wegen der Kosten und der Nebenwirkungen sind viele Biotechmedikamente aus Sicht der Gesundheitssysteme und der Anwender nur *second line*-Therapie hinter den herkömmlichen Medikamenten. Dem Human-Genom-Projekt und der begleitenden Informatisierung kommt deshalb eine große ökonomische Bedeutung zu, denn die dadurch gewonnenen Erkenntnisse werden ein fundamental verbessertes Verständnis der biologischen Systeme ermöglichen, die man verändern möchte. Es werden viele neue nützliche Naturstoffe entdeckt werden, z.B. bei den Immunhormonen[42], den Interleukinen, hat man bereits in den letzten Jahren allein mehr als zehn neue Hormone entdeckt, man zählt nun über 30 statt 20 Interleukine. Die rote Biotechnologie erhält so langfristig *eine zweite Chance*.

Technische Pfade laufen aber nicht linear und so könnte z.B. die Pharmakogenomik, von der man sich eine maßgeschneiderte Medizin verspricht, die therapeutische rote Biotechnologie begraben. Durch genetische Analyse des individuellen Ansprechens auf Medikamente könnte das Potential herkömmlicher Medikamente erheblich gesteigert werden, so dass die biotechnologischen Präparate keinen Vorteil mehr aufweisen, den sie vom Preis bisher ohnehin nicht haben. Dies könnte auch nicht mehr patentgeschützte Generika betreffen, z.B. die Rheumatherapie könnte durch die Pharmakogenomik auch in schweren Fällen effizient und dennoch spottbillig sein.

Der Zweiteilung der roten Biotechnologie in alt-groß-profitabel und neu-klein-kapitalschwach in der roten Biotechnologie steht in der grünen Biotechnologie eine

---

[42] In der Literatur wird auch von Zytokinen bzw. biologic response modifiers BRM gesprochen.

oligopolistische Firmen- und Produktstruktur gegenüber, die durch Größen- und Verbundvorteile auf lange Sicht stabil sein könnte. Die Abwehrhaltung der Europäer gegen die grüne Biotechnologie ändert letztlich nichts an dem großdimensionierten und ständig wachsenden Anbau in einigen der größten Flächenstaaten der Erde, nämlich neben den USA in Kanada, China, Argentinien und Brasilien. Die EU kann deshalb letztlich die Ausbreitung der grünen Biotechnologie nur bremsen, aber nicht aufhalten, da die EU nicht die ökonomische Grundlage dieser Firmen ist. Auch hier ist der technische Pfad nicht linear: In der grünen Biotechnologie hat sich die Entwicklung von gängigen und breit anwendbaren Pflanzen als ökonomische Erfolgsstrategie herausgestellt. Die inzwischen auch von den US-Behörden in Betracht gezogene Möglichkeit der mittelfristigen Resistenzentwicklung gegen das *Bt-Gen* könnte jedoch die erfolgreichste Pflanze in Frage stellen. Mittlerweile hat sich in China gezeigt, dass Bt-Gen-Baumwolle den Weg für neue Schädlinge öffnet, nämlich Wanzen, die bis dahin vom alten Schädling verdrängt wurden (Baier 2006:22). Die Nutzung von Pflanzen als Arzneimittelproduzent könnte aber die rote und grüne Biotechnologie an einer wichtigen Stelle wieder miteinander verschmelzen.

Die andere Stoßrichtung ist der genetisch veränderte Wald, d.h. der Übergang zu größeren Organismen wie den Bäumen. Dies könnte den Weg von der Land- in die Forstwirtschaft öffnen. Diskutiert wird auch ein möglicher Einsatz bei der Gewinnung nachwachsender Rohstoffe.

3. Die öffentliche Wahrnehmung und Verarbeitung der Biotechnologie

3.1 Einführung

Marcinkowski (2001:152) hat konstatiert, dass politisch relevante Risiken von Technik nicht technisch erzeugt würden, sondern kommunikativ. Somit kommt den Diskursen zur Biotechnologie eine konkrete Relevanz für die politische Gestaltung zu. Die Risikodebatte in der Biotechnologie ist in die allgemeine Risikodebatte eingebettet, insbesondere was die Argumentationsmuster aus Risiko- und Rückstandsargument betrifft. Ebenso wie die allgemeine Debatte hat auch dieser Diskurs erheblichen Einfluß auf die Politik und die resultierenden Gesetze gehabt. Saretzki (1997:44) hat beobachtet, dass viele biotechnologische Optionen über das kulturelle Selbst- und Weltverständnisses politische Wirkungen entfalten, *lange bevor* sie als Realtechnik eine materialisierte Gestalt angenommen haben. Mögliche Anwendungen haben daher im Diskurs oft eine ebenso große Rolle wie reale Anwendungen gespielt.

Die Untersuchung der ethischen und sozialen Diskurse soll die unterschiedlichen Muster für die rote, grüne und Stammzelltechnologie zeigen. Der ethische Diskurs wird hier nicht unter philosophischer, sondern unter politischer Perspektive bearbeitet, d.h. es geht hier nicht um die Entwicklung philosophischer Lösungen, sondern darum, wie die Werthaltungen der Akteure ihre Wahrnehmung und ihre Argumente beeinflussen. Die Gegenüberstellung der ethischen Positionen und der zentralen Konflikte ist das Anliegen dieses Arbeitsschritts. Zudem werden durch die Veränderungen im Bereich der Reproduktionsmedizin biotechnologische Anwendungen zunehmend in einem neuen Kontext wahrgenommen.

3.2 Das Auseinanderfallen der roten und grünen Biotechnologie

Ein wesentliches Charakteristikum des Diskurses ist das diskursive Auseinanderfallen von roter und grüner Biotechnologie, nachdem zunächst die generelle Fähigkeit der Biotechnologie, Mikroorganismen genetisch verändern zu können, im Zentrum der Debatte stand. Die auf Arzneimittel bezogene 'rote' Biotechnologie war zuerst eine hochpolitische Materie, die im Gefolge der Konferenz von Asilomar 1975 von Sicherheitsbedenken der Öffentlichkeit und

Vorbehalten gegen Veränderung von Genen geprägt war (Gottweis/Melchior 1998:3f.). Diese Phase war der Tendenz nach von einer Eindämmung der Biotechnologie durch Sicherheitsgesetze und einer Distanz gegenüber der Förderung geprägt (vgl. Bandelow 1999; Bergstedt 2003:7).

Die zweite Phase ist durch den Übergang der roten Biotechnologie von der 'politischen' zu einer 'technischen' Materie geprägt. Im selben Maße, wie die rote Biotechnologie entpolitisiert wurde, nahm die Bereitschaft, sie aktiv zu fördern, zu. Die öffentliche Diskussion wandte sich von den Sicherheitsfragen ab und wirtschaftlichen und ethischen Fragen, insbesondere der Biopatentrichtlinie und der Frage nach der Kommerzialisierung von Leben zu (vgl. Altmeyer 2001:5f., Kiper 2001:11f.). Die Diskussion wandte sich von den Fragen der Sicherheit ab, ohne dass sich an der objektiven Sicherheitslage irgendetwas geändert hatte, die wesentlichen Zwischenfälle wie der Fall Gelsinger, bei dem die Risiken der Gentherapie unterschätzt wurden oder der Eprex-Skandal, bei dem ein modifiziertes biotechnologisches Produktionsverfahren Gesundheitsschäden bei Patienten hervorrief, ereigneten sich erst nach Abschluß dieser Phase. Der unerwartet schnelle Fortschritt bei der Aufklärung des menschlichen Genoms Ende der 90er Jahre hat eine dritte Phase eingeleitet, die endgültig von der Furcht, von den USA ökonomisch und wissenschaftlich 'abgehängt' zu werden, dominiert wurde, so dass jetzt Termini wie 'Aufholjagd' und 'Wettlauf' verbunden mit einer zunehmend hektischer werdenden Förderpolitik die Diskussion beherrschten. Hinzu kam die Zuordnung biotechnologischer Medikamente zur europäischen Arzneimittelagentur im Annex 2003/63/EC, die 2004 nochmals in den Richtlinien für sämtliche biotechnologische Therapeutika festgeschrieben wurde, also auch für solche Entwicklungen, die kaum noch Ähnlichkeit mit herkömmlichen Arzneimitteln haben (z.B. gentherapeutische Viren). Die rote Biotechnologie, soweit sie auf Arzneimittel bezogen ist, hat sich also *von der primär politischen zur primär technischen* Materie gewandelt. Dass die rote Biotechnologie heute eine primär technische Materie ist, die immer stärker in den Sog der Eigendynamik der europäischen Arzneimittelagentur EMEA geriet, hat weniger etwas mit Änderungen der objektiven Sachlage denn mit einer *gewandelten Wahrnehmung* durch die Öffentlichkeit und Politik zu tun. Die Sicherheitsbedenken richten sich mittlerweile fast ausschließlich gegen die grüne (agrarische) Biotechnologie, die deshalb unter starkem europapolitischen Druck steht.

Man konnte beobachten, wie sich mit den Erfolgen der ersten biotechnologischen Medikamente, allen voran das Insulin und saubere Hepatitis-Impfstoffe die öffentliche Meinung zu ändern begann und das Rückstandsargument nach und nach die Oberhand gewann, während in es in der agrarischen grünen Biotechnologie durch Vertrauenskrisen genau umgekehrt lief, so dass sich heute die öffentliche Meinung, die Politik und die Vorschriften für rote und grüne Biotechnologie in *gegensätzliche Richtungen entwickeln*, obwohl beide Technologien eine gemeinsame wissenschaftliche Grundlage haben und zunächst ähnlich ausgerichtete EU-Richtlinien bekamen (Gottweis/Melchior 1998:3f.). Nach Hoffritz (2000) sprechen sich in Umfragen regelmäßig rund 60 Prozent gegen die grüne Biotechnologie aus, während ebenso viele die rote Biotechnologie in der Arzneimittelforschung befürworten (vgl. auch CDU 2002).

Die Unterschiede in der Wahrnehmung von roter und grüner Biotechnologie lassen sich wie folgt zusammenfassen.

- *Freisetzung:* Im Unterschied zu den genetisch veränderten Organismen der grünen Biotechnologie ist in der roten Biotechnologie jedoch nicht an die Freisetzung in die Umwelt gedacht gewesen, zudem schwächt die Herstellung eines 'überflüssigen' Gens den Mikroorganismus gegenüber dem Wildtyp und wäre ihm demzufolge bei versehentlicher Freisetzung unterlegen. Bei der grünen Biotechnologie geht es jedoch gerade darum, *'fittere'* Organismen zur Nahrungsmittelproduktion planmäßig freizusetzen, also genau der umgekehrte Ansatz (Regal 2000:7f.). Die Debatte hat sich daher in den 90er Jahren von der 'roten' zur 'grünen' Biotechnologie wegbewegt (GM 2001).

- *Akzeptanzproblem:* Die rote Biotechnologie ermöglichte die Einführung bis dahin nicht verfügbarer, aber *notwendiger* Medikamente wie das Humaninsulin. Die grüne Gentechnologie erfüllt in den Augen der Kritiker die Kriterien der *Notwendigkeit* und der *Wahrnehmbarkeit* nicht. Zum einen gibt es ausreichend hochwertige Nahrung ohne Biotechnologie, oder wie Agrarkritiker meinen, sogar schon zu viel davon ('Butterberge'), wozu also gentechnisch modifizierte Nahrung? Der andere Punkt ist die *Wahrnehmbarkeit*: Die veränderten Gene könnten rein theoretisch überall sein, ohne das man ihnen ausweichen könnte, also genau so, wie es Beck in der Risikogesellschaft für Großtechnologien beschrieb. Daher mündete die Debatte nicht nur in Deutschland, sondern auch in der EU und den USA schnell in Forderungen nach Kennzeichnungspflicht sowohl für den Anbau als auch für die fertigen Produkte.

- *Vertrauen:* Dem wachsenden Vertrauen in die rote Biotechnologie steht der Vertrauensschwund in die Regulierung von Lebensmitteln gegenüber. *Dies ist der politisch wirksamste Diskurs-Unterschied zwischen roter und grüner Biotechnologie.* Als Auslöser dieser Vertrauenskrise wird einhellig der Rinderwahnsinn (BSE, mad cow disease) genannt (vgl. Schomberg 2000:117; Hanrahan 2001:4, Patterson/Josling 2001:6, EFSA 2005b:1, Embassy 2005b:9). Die Lebensmittelagentur EFSA wurde als Reaktion auf das durch Lebensmittelskandale erschütterte Vertrauen der europäischen Öffentlichkeit gegründet (vgl. Abels 2002:8). Die Sicherheit und nicht die Marktschaffung steht dort konsequenterweise an erster Stelle (EFSA 2005b).

- Die Debatte wird auch von der Vermutung, dass die grüne Biotechnologie anderen Zielen als nur dem besseren Ackerbau dient, beeinflußt. In der Biopiraterie-Debatte wurde auf die *Terminatortechnologie* hingewiesen. Terminatoren (Stopschalter) sind natürliche Genbestandteile, die von den Konsumenten unschädlich sind, jedoch werden sie bei gentechnisch veränderten Pflanzen so eingestellt, dass sich das aus der Ernte gewonnene Saatgut nicht mehr wiederverwenden läßt. Statt dessen muß der Bauer neues Saatgut vom Anbieter ordern, was die Patent- und Lizenzrechte des Produzenten wirksam sichert, denn sonst könnte der Bauer nach dem ersten Kauf durch Wiedereinsaat die verbesserte Pflanze immer wieder nutzen, wie es bei den normalen Pflanzen auch üblich ist. Die Firmen benutzen die Terminatortechnologie zum Erhalt ihrer Geschäftsgrundlage, die Kritiker sehen hierin aber einen Versuch, die Bauern dauerhaft abhängig zu machen, am Ende vielleicht sogar ganze Entwicklungsländer. Als Beweis führen die Kritiker an, dass gerade die Grundnahrungsmittel der breiten Massen ins Visier genommen werden, während die Firmen dies nur als logisch ansehen, weil es sich bei diesen um den größten Markt handelt. Die Biopiraterie besteht in den Augen der Kritiker darin, dass sie das Genom der Entwicklungsländer benutzen, um dann für die resultierenden Produkte Patent- und Lizenzgebühren zu verlangen, der Genpool eines Landes gilt somit als nationale Ressource (vgl. Heins 2000:144, Lütz 2005:92/105, Riekeberg et al. 2005)[43]. Die Industrie argumentiert, dass sie dafür

[43] Der zugehörige Forschungsansatz ist die Phytopharmakologie, d.h., die Analyse heimischer wie exotischer pflanzlicher Substanzen (wobei im weiteren Sinne auch Produkte

verbesserte Produkte liefern, die z.B. resistenter gegen Schädlinge sind und somit Ernteausfällen vorbeugen und/oder einen verbesserten Nährwert liefern wie durch Vitamin A im Reis, das häufig unzureichend vorhanden ist, so dass es bei ausschließlichem Reiskonsum, wie in ärmeren Ländern üblich, zu zahlreichen Erblindungsfällen kommt (Heins 2000:144f., CDU 2002)[44].

- Aber auch die Biotechnologiebefürworter werfen ihren Gegnern *Profitinteressen* vor. Einige amerikanische Quellen sehen hinter den Bedenken der EU in Wahrheit die Agrarlobby am Werk, die die Risikodebatte nur vorschöbe, um sich ähnlich wie in der Frage der Hormone im Kalbfleisch auf elegante Weise die lästige Konkurrenz aus den USA vom Hals zu schaffen (Hanrahan 2001:6). Das Öko-Bauerntum, das vor der grünen Biotechnologie geschützt werden will, wird von ihren Kritikern als geschickte Marketingstrategie gesehen, mit dem man Verbrauchen für weniger Output höhere Preise abnehmen kann (vgl. Müller 2005:11).

Die jüngsten Entwicklungen im Bereich der Gendiagnostik und der Klon- und Stammzelltechnologie haben jedoch eine neue ins Grundsätzliche gehende soziale und ethische Debatte angestoßen, die in der EU auf der nationalen Ebene eine große Vielfalt von zum Teil sehr kurzfristig implementierten Einzelregelungen hervorgebracht hat. Die EU bemüht sich, die Diskussion und nach Möglichkeit auch die regulative Kontrolle an sich zu ziehen[45].

---

exotischer Tiere, z.B. von Haien, untersucht werden) und die Ethnopharmakologie/Ethnobotanik, d.h. die Untersuchung bereits als 'Hausmittel' angewandter Therapien von Naturvölkern und die Nutzung traditioneller Heilpflanzen (vgl. Lozoya 1997:10ff., Cox/Balick 1995:20f). Ein wichtiger Erfolg der Phytopharmakologie war z.B. die Entdeckung der gegen Krebs wirksamen und marktfähigen Substanz Camptotheca (VFA 1998b:15).

[44] Da Vitamin A jedoch fettlöslich ist und am besten mit Fett aufgenommen wird, spielt Unterernährung auch hier eine Rolle.

[45] So will die EU ein Stammzellregister errichten, 2007 zählte die Kommission 81 Zelllinien (Scrip 2007c:4).

3.3 Von der Risiko- zur Innovationsdebatte

3.3.1 Geschichte und Hintergründe

In fast allen biopolitischen Diskursen findet sich ein Diskursmuster, bei dem sich ein Rückstands- und ein Risikoargument gegenüberstehen. Forscher und Industrie verweisen regelmäßig auf den Rückstand der EU gegenüber den USA, dem dann Forderungen nach besserer Förderung und gelockerten Vorschriften folgen. Der bereits eingetretene Rückstand erscheint in wirtschaftlichen Krisenzeiten als die stärkere Argumentationsfigur gegenüber einem Verweis auf einen ergebnisoffenen Fortschritt, den die Forschung bringen könnte. Regelmäßig werfen die Vertreter des Rückstandsarguments ihren Gegnern vor, sie seien zu ängstlich und/oder irrational und sie würden zusammen mit den an Auflagen orientierten Medien die Risiken übertreiben, woraufhin ebenso regelmäßig erwidert wird, dass Industrie und Forscher aus Eigeninteresse die Risiken und Probleme ihres Tuns bagatellisieren würden. Das Risikoargument wird von Biotechnologiekritikern und Behörden ins Feld geführt, die argumentieren, dass Rentabilitäts- und Fortschrittsargumente keine Abstriche am Schutz des Verbrauchers rechtfertigen würden.

Die Risikodebatte hat sich unter der stärkeren Betonung der Chancen gewandelt, knüpft aber in vieler Hinsicht an die Debatte der achtziger Jahre an. Strenggenommen wird mittlerweile eine gewendete Risikodebatte geführt, bei der die Innovationsbefürworter versuchen, die alten Risikoargumente allgemein zu entkräften und gleichzeitig eine davon *getrennte Innovationsdebatte*, die sich mit den möglichen Inhalten der Innovation auseinandersetzt. Zunächst soll die Risikodebatte aufgearbeitet werden, um von dort die Verbindungen zur Innovationsdebatte aufzuzeigen. Die Innovationsdebatte wird später im Rahmen des Kapitels 5 zur Innovationspolitik noch mal vertieft werden.

Der Diskurs in der Risikodebatte, die auf vielen technischen Gebieten geführt wird, richtet sich dabei nicht wirklich an den jeweiligen Gegner, der sich erfahrungsgemäß ohnehin nicht überzeugen lässt, sondern an die beobachtende Öffentlichkeit und Politik, ähnlich wie bei den Rededuellen der US-Präsidentenwahl.

Einen Einschnitt in der Risikodebatte stellte der Reaktorunfall von Tschernobyl dar, dem das Buch ‘Risikogesellschaft’ von Ulrich Beck 1986 folgte. Für Atomkraft, chemische Industrie und Gentechnik stellte er u.a. fest, dass die fehlende Kalkulierbarkeit des Schadensausmaßes, ggf. auch die fehlende Zurechenbarkeit der Schäden die herkömmlichen Risikokalküle, die häufig geldliche Kompensation beinhalten würden, in Frage stellen würde. Diese Großtechnologien stellten neuartige Gefahren dar, die mit den herkömmlichen Mitteln von Technik, Politik und Recht nicht zu bewältigen seien (Beck 1986, insbes. Kapitel V). Das Konzept der Risiken für die Gesellschaft erwies sich in praxi anschlussfähig für einen erweiterten Risikobegriff, bei dem auch *soziale Risiken*, wie Arbeitslosigkeit einbezogen wurden. In diesem Sinne ist der Beschluss der Grünen zu sehen, die 1986 technische Innovationen zur Hauptursache von Massenarbeitslosigkeit erklärt hatten (Alemann 1987:92). Dies hing auch mit der damaligen industriesoziologischen Diskussion zusammen, die die Problematik des technischen Fortschritts in Gestalt des Industrieroboters erörterte, der die Arbeitnehmer nach und nach verdrängen könnte. Im Umkehrschluss flossen in die Debatte um neuen Technologien nicht nur Forderungen nach technischer Kontrolle (Risikomanagement), sondern auch noch zum Teil kapitalismuskritisch gefärbte Forderungen nach sozialer bzw. demokratischer Kontrolle ein, d.h. die Technologien sollten nicht auf der technischen Ebenen im Expertendiskurs verbleiben, sondern auf die politische Ebene gehoben werden.

Anders als in der heutigen Debatte, wo die Innovation oft als Ausweg aus der Arbeitslosigkeit diskutiert wird, war die soziale Kontrolle der Technik das Primärziel, wie das Konzept von Kubiczek 1989 zeigt: Die von ihm vorgeschlagene *Technikbegrenzungsoption* trug „auch solchen Risiken Rechnung, für die erst langsam das Bewußtsein wächst und die im vollen Umfang auch nach einer breiteren und intensiveren Nutzung erfahrbar sein werden". und schlägt vor: „Daher sind nur solche Alternativen verantwortbar, die noch in 20 oder 30 Jahren (!) rückgängig gemacht oder modifiziert werden können." Stillschweigend ging er jedoch wie das technikfreundlich argumentierende Forschungsministerium im Forschungsbericht von 1987 von einer Perspektive aus, in der der Nationalstaat seine Angelegenheiten *unabhängig* von den anderen Akteuren regeln kann.

Obwohl sich seit damals das politische, ökonomische, rechtliche und technische Umfeld grundlegend gewandelt hat, knüpft der gegenwärtige Diskurs immer noch an die alten Argumentationsmuster an, wobei die Technikbefürworter verstärkt versuchen, die Risikoargumente zurückzudrängen. Insbesondere wird mit der Figur einer deutschen Ängstlichkeit argumentiert, zu der noch die unzureichende Fähigkeit der Laien, Risiken einzuschätzen, angeführt wird (Henkel 2004:39-41; Lau 2004:21; Müller 2002:1f.).

Demnach werden Risiken, die man nicht kontrollieren kann, denen man sich aber unfreiwillig ausgesetzt sieht, tendenziell überschätzt, durch gesellschaftliches Unbehagen könnte dies in der Kreation von *Phantomrisiken* münden (Müller 2002:1f., Schwägerl 2006c:12). Verschärft würde das Problem durch viele Profiteure, die gar kein Interesse hätten, eine sachliche Klärung zuzulassen, „zum Beispiel Wissenschaftler, die dicke Gutachten darüber schreiben; oder Juristen, die Streitparteien beraten; Politiker und nichtstaatliche Organisationen, welche die Bevölkerung davor schützen und nicht zuletzt Medienleute, die hoffen, dass lange Artikel über das Thema auf Interesse stoßen“ (Lau 2004:21). Insofern kommt auch die Kritik über viele methodisch unzulängliche Studien, die in Einzelfällen selbst vor Manipulation nicht halt machten, nicht überraschend (Schär 2004:2, Imhalsy 2004:2, BfS 2004:a/b).

Fasst man diese Argumente zusammen, so ergibt sich folgendes Bild (Simonis/Martinsen/Saretzki 2001:XIV): In der Wahrnehmung der *technological communities*, die an der Forschung, Entwicklung, Anwendung und Vermarktung neuer Technologien interessiert sind, gibt es in der Regel drei den technischen Fortschritt und seine staatliche Förderung behindernde und insofern konfliktgenerierende Größen: die Medien, die Bürger und die Politik. Die Medien erzeugen mit ihren oft „unsachlichen“, negativen und mögliche Risiken dramatisierenden Berichterstattung über neue wissenschaftliche-technische Entwicklungen Unsicherheit. Die Bürgerinnen reagieren wegen ihrer meist unzureichenden naturwissenschaftlichen-technischen Kenntnisse primär emotional auf solche Berichte und reagieren überwiegend ablehnend auf neue Technologien. Vertreter von Bürgerinitiativen und sozialen Bewegungen instrumentalisieren die Akzeptanzprobleme der verunsicherten Bürger, um sie für ihre partikularen Anliegen zu mobilisieren. Repräsentanten der politischen Parteien greifen solche Anliegen aus opportunistischen wahlstrategischen Entscheidungen heraus auf und in das politische Entscheidungssystem, wo sie zu einem praktisch relevanten Hindernis für die weitere Verbreitung der Technik werden.

Man muß jedoch die Ängste der Bevölkerung ernst nehmen und darf sie nicht einfach übergehen, will man nicht einen Vertrauensverlust der Bevölkerung in das politische System riskieren (vgl. Fach 2001:173). Das TAB hat beobachtet, dass die Medienberichterstattung sich nicht an quantitativen Expertenkriterien (Schadensausmaß und -wahrscheinlichkeit), sondern an qualitativen Laienkriterien orientiert (Freiwilligkeit/Eintrittswahrscheinlichkeit; TAB 1994:1ff.). Die Medien verstehen sich als *Arena* der politischen Debatten und nicht als Übersetzer wissenschaftlicher Informationen (TAB 1994:2).

Die Schärfe des Risikodiskurses kann zumindest nicht aus fehlenden Analysen der Technik erklärt werden: Für alle diskutierten Großtechnologien liegen internationale Langzeitevaluationen vor, hinzu tritt der ständig ausgebaute institutionelle Rahmen, sei es in Deutschland durch das Institut für Risikobewertung (BfR), aber auch durch zahlreiche Studien und Schriften der EU (vgl. u.a. Rohrmann 1997, Douglas/Wildavsky 1982, Slovic 1992; Hüfner 1989; Renn/Rohrmann 2000 etc.).

Bisher haben sich jedoch nicht die Risikoforschungsstudien, sondern die Wahrnehmung in der Öffentlichkeit als maßgeblich erwiesen, wie sich am Beispiel der grünen Biotechnologie gezeigt hat. In der Risikodebatte kann die Wahrnehmung darüber entscheiden, ob Politiker als fürsorgliche Verbraucherschützer oder technikfeindliche Arbeitsplatzkiller dastehen, für Forscher stehen Reputation und Fördergelder auf dem Spiel, für die Industrie geht es um Image und Gewinnmöglichkeiten und Journalisten und die Medien, für die sie arbeiten, laufen je nach Debattenstand Gefahr, als „Handlanger" für das Interesse x oder y dazustehen.

Der verfahrene Zustand der Risikodebatte erklärt, warum Innovationsbefürworter zunehmend versuchen, eine getrennte Innovationsdebatte zu führen.

Diese 'neue' Innovationsdebatte setzt die Erfordernis von Innovation als *selbstverständlich voraus* und fragt danach, wie Innovationen gefördert werden können, sie versteht sich als bewußt als konstruktive Debatte. Eine 'Kontamination' mit der alten Risikodebatte könnte die Innovationsdebatte in das Fahrwasser der Auseinandersetzungen der Risikodebatte hineinziehen, *bevor* man sich über konkrete Innovationen einig ist.

Diese 'Kontamination' ist jederzeit möglich, denn natürlich war die in den 80er Jahren dominierende Vorstellung, dass technischer Fortschritt auch Arbeitsplätze vernichten kann, nicht nur Schwarzmalerei, wie man z.B. im Bankgewerbe durch

Bankomaten und Online-Banking gesehen hat, obwohl die IT-Branche einer der großen Wachstumsindustrien der 80er und 90er Jahre war.

3.3.2 Verarbeitung der Diskurse durch Technikfolgenabschätzung

In Deutschland versuchte das Forschungsministerium BMBF schon vor der Innovationsoffensive der Bundesregierung im Jahre 2004 die Technikfolgenabschätzung (TA) zur Innovations- und Technikanalyse ITA weiterzuentwickeln (Astor/Bovenschulte 2001). Die ITA wurde ausdrücklich mit Hinblick auf die Biotechnologiedebatte entwickelt, in der alle Diskursteilnehmer moralisch-ethische Verpflichtungen für sich in Anspruch nehmen, insbesondere die Menschlichkeit, die dadurch selber Diskursgegenstand wird (Astor/Bovenschulte 2001:6).

Technikfolgenabschätzung ist der deutsche Begriff für *Technology Assessment*, das ein mehrschrittiger, planvoller Prozess aus Problemdefinition, Forschung, Abschätzung und Bewertung ist (Ludwig 2001:6): Es geht generell um die systematische und objektive Analyse des Standes einer Technik, die Abschätzung der aus der Technik und ihren Möglichkeiten resultierenden technischen, wirtschaftlichen, gesundheitlichen, rechtlichen, ökologischen und sozialen Folgen und die Bewertung dieser Folgen im Licht von Werten und Zielen und die Ableitung entsprechender Maßnahmenkataloge.

Daraus läßt sich ableiten, dass die Grundlage und zugleich wesentliche Aufgabe der Technikfolgenabschätzung die Beschaffung und Bereitstellung von möglichst objektiven Informationen über die Technologie und ihre Möglichkeiten darstellt. Sowohl die Objektivität von Informationen wie auch die Exaktheit der Prognosen über zukünftige Entwicklungen sind natürlich nur Idealvorstellungen, denen man sich durch sauberes methodisches Vorgehen nähern kann, aber die Richtigkeit von Prognosen kann natürlich nie völlig garantiert werden. Technikfolgenabschätzung ist nicht nur problem-, sondern auch lösungsorientiert, denn zu ihr gehört auch das Vorschlagen konkreter Maßnahmen. Je nach Ansatz und Reifegrad der Technik kann zwischen probleminduzierter und technikinduzierter TA unterschieden werden: Bei der probleminduzierten TA geht es primär um die technische Lösung von vorgegebenen Problemstellungen, während die technikinduzierte TA die Einsatzmöglichkeiten und Folgen der Anwendung einer bestimmten Technik überprüft. Drei Aspekte sind bei der Technikfolgenabschätzung besonders hervorzuheben, nämlich das Wertedilemma, das Prognosedilemma und die Frage nach der Objektivität.

- *Wertedilemma*: Wendet man heutige Wertvorstellungen auf Zukunftstechnologien an, hat dies einen latent konservativen Charakter, die Zukunft wird gewissermaßen in heutige Rahmenvorstellungen gegossen. Andererseits jedoch betont Ludwig (2001:25), dass sich Wertvorstellungen in der Regel langsamer als Technologien wandeln, so dass man zukünftige Technologien nach heutigen Maßstäben bewerten kann. Im übrigen kennt man die Werte zukünftiger Generationen gar nicht und kann sie daher nicht im Rahmen der Bewertung antizipieren.

- *Prognosedilemma*: Die tatsächliche Relevanz einer neuen Technologie ist anfangs noch unbekannt, was die Prognose erschwert, je länger man mit der TA wartet, desto komplexer wird die Lage auch durch Rückkopplungen und desto schwerer prognostizierbar und steuerbar wird die Technologie für die Politik (derselbe 16).

- Frage nach der *Objektivität*: Die Befürworter einer Technologie haben selten Anlaß, die Technikfolgen kritisch zu analysieren. Sind die TA-Institutionen wie das Büro für Technikfolgenabschätzung beim Deutschen Bundestag TAB aber deshalb Bedenkenträger und die TA ein Blockadeinstrument? (derselbe 36). Richtig verstanden, so Ludwig, sei die TA nämlich eine systematische und konstruktive Technikkritik, die nach zusammenfassender Bewertung der Kriterien Wirtschaftlichkeit, Machbarkeit, Wohlstand einerseits und den Risiken (Betriebs, Versagens- und Mißbrauchsrisiko) die Anwendung von Techniken sicherer und berechenbarer machen kann (derselbe 5).

Die nun entwickelte ITA knüpfte an die TA an, war jedoch betont innovationsorientiert, betont handlungsorientiert und zukunftsorientiert konzipiert (BMBF 2002:7). Die beim TAB angesiedelte ITA war auch die politische Reaktion auf den Umstand, dass die TA große Diskurse mit irrelevanten Ergebnissen produziert hätte (Ludwig 2001:21). Die ITA sollte nach Erwartung ihrer Entwickler aus den Anwendungen der Biotechnologie jene herausfiltern, die Arbeitsplätze bringen und Akzeptanz besitzen[46] (Astor/Bovenschulte 2001:16).

Man sah die ITA auch als Versuch, eine sachliche und methodische Brücke zwischen der Risikodebatte und der neuen Innovationsdebatte zu schlagen und als Möglichkeit, die TA anschlussfähig für die Diskurse in den gesellschaftlichen Teilsystemen zu machen (Zweck et al. 2003:159). Die Technikfolgenabschätzung und das Risikomanagement werden jedoch bei den europäischen Agenturen EMEA und EFSA sowie den amerikanischen Agenturen FDA, USDA und EPA für die biotechnologischen Produkte rechtlich und faktisch *in Eigenregie* betrieben, was eine Erklärung dafür bietet, warum die vielfältigen Aktivitäten insbesondere der deutschen TA-Landschaft keinen messbaren Einfluß auf diese Institutionen haben (vgl. auch Simonis 2001:425ff., Abels 2002:5). Für die fehlende Wirkung der TA gibt es jedoch auch andere Erklärungsmuster, z.B. Vorbehalte gegen die TA seitens der Industrie oder auch Qualitätsmängel oder Probleme der Anschlußfähigkeit der TA an die gesellschaftlichen Teilsysteme (vgl. Simonis 2001, Ludwig 2001, Zweck 2003).

3.3.3 Exkurs: Risiken im Bereich des Bioterrorismus

Der Bioterrorismus wird in der EU nach wie vor unter der Vorstellung eines Angriffes mit konventionellen Erregern behandelt (vgl. EMEA 2002). Andererseits hätte ein wirklich wirksamer Biowaffenangriff aus Sicht des Angreifers den Nachteil, dass man nicht weiß, ob der Angriff rechtzeitig eingedämmt werden könnte, bevor er die 'eigenen' Leute erreicht bzw. ob dies nicht eine entsprechende Gegenreaktion provozieren könnte. Insofern stößt man hier auf dieselben Probleme aus Angriff und Angriffsfolgen, die man schon von Atomwaffen kennt.

Das durch den Anschlag des 11. September 2001 gewachsene Bewußtsein für diese Probleme hat die EU dazu veranlaßt, über die europäische Zulassungsbehörde Leitlinien für den Fall terroristischer Angriffe mit biologischen oder chemischen Waffen herauszugeben (EMEA 2002 und EMEA 2003c)[47]. Die Möglichkeit eines

---

[46] Wenn man jedoch die damaligen BMBF-Dokumente zur Biotechförderung und die TAB-Publikationen liest, schienen diese Fragen schon beantwortet, so dass offen bleibt, was die ITA hier Neues zeigen sollte.

[47] Die EMEA sieht z.B. Risiken durch Anthrax (Milzbrand) Pest, Pocken, Botulismus, Chlamydien, das sind kleine in den Zellen lebende Bakterien, die Krankheiten wie das Q-

Angriffes mit gentechnisch veränderten Organismen wird zumindest offiziell nicht in Betracht gezogen (EMEA 2002). Es gäbe auch hier für den Produzenten verschiedene biotechnologische Probleme zu lösen, u.a. das folgende: Die Beladung von Mikroorganismen mit zusätzlichen Genen ist für die Organismen material- und energieaufwendig, ihre Vermehrungs- und Ansteckungsfähigkeit wie auch die Stabilität der Veränderung in der freien Umwelt sind dadurch beeinträchtigt (vgl. auch Gibbs 2004:68-75).

Der Erreger muß zudem auch noch einen Ort im Körper aufsuchen können, wo er Schaden anrichten kann: Normale Milzbranderreger bleiben oft schon in den oberen Atemwegen hängen, richtigen Schaden produzieren sie erst tief in der Lunge. Die erforderliche Feinzerstäubung und Oberflächenbehandlung ist jedoch hochkompliziert und kann demnach nicht im 'Küchenlabor' durchgeführt werden. Am Milzbrand wurden die Hindernisse des Bioterrors deutlich: Bei den Anschlägen in den USA konnten 'nur' Einzelpersonen mit milzbrandhaltigen Briefen angegriffen werden, welche Mengen würde man also für einen Großangriff brauchen? Die Analyse der Erreger ermöglichte rasch die Identifikation des Erregerstamms und somit der Produktionsstätte (der sog. Ames-Stamm)[48], so dass sich normalerweise Täter oder Beschaffungswege klären lassen müßten (Ulfkotte 2001:3; Bernd 2003:13). Kuhn (2004:155) weist daraufhin, dass der ganze Ansatz vielleicht verkehrt ist. Die Biotechnologie ermöglicht es nämlich, bei 'Bedarf' menschliche Hormone in bisher unbekannten Größenordnungen herzustellen, z.B. die nervenaktivierende natürliche Substanz P, die als Aerosol außerordentlich toxisch ist, nämlich 100 fach stärker als das Kampfgas Sarin. Den Behörden ist dies natürlich nicht entgangen und so wird der Informationsfluss in der biotechnologischen Forschung durch den *US Bioterrorism Act* in den USA allmählich beschränkt. In Deutschland sind im Rahmen des Sicherheitsüberprüfungsgesetzes SÜG Überprüfungen an sicherheitsempfindlichen Stellen in Einrichtungen wie dem für Infektionskrankheiten zuständigen Robert-Koch-Institut (RKI) angelaufen (SÜG 1994, van Akne/Johannsen/Kollek 2004:C2429-C2430).

Fieber verursachen und durch hämorrhagische Fieber, bei denen Viren wie z.B. Ebola oder das Marburg-Virus, die Blutgefäße zerfressen, wodurch es dann zu zahlreichen 'Rohrbrüchen' im Körper kommt.

48 Am Rande: Deshalb sind z.B. auch nur bestimmte Asbestnadellängen lungengängig und besonders krebserregend.

Die herausragende Bedeutung der Austausches von Wissen und wissenschaftlicher Kommunikation, auf die schon Luhmann hingewiesen hatte, haben in den USA seitens der CIA und des Nationalen Forschungsrates zur Besorgnis geführt, da auch Fachzeitschriften begannen, die Daten potentiell terrorgeeigneter Mikroorganismen zu unterdrücken. Beide Institutionen forderten Offenlegung solcher Daten, da der wissenschaftliche Fortschritt und die Konkurrenzfähigkeit der heimischen Labors nicht durch Verschlußsachen gefährdet werden dürfe (FAZ 2004s:N1).

Die USA haben für potentiell gefährliche Organismen die an den US Patriot Act und den Public Health Security and Bioterrorism Preparedness and Response Act 2002 anknüpfenden *Select Agent Rules* erlassen, die eine Kontrolle über die Nutzung solcher Organismen ermöglichen sollen. Das National Science Advisory Board for Biosecurity stellte 2006 fest, dass es gar kein Problem mehr ist, DNA-Stücke von 120 Bausteinen Länge herzustellen bzw. zu beziehen. Bei einer Stichprobe überprüften aber nur 5 von 12 Synthesefirmen die Kunden auf mögliche terroristische Hintergründe (Relman:2006).

3.4 Soziale und ethische Fragen der Biotechnologie

3.4.1 Begriffsklärung

Zunächst geht es um eine formale Klärung des Ethikbegriffes (Grunwald 1996:103). Ethik ist die Reflexionstheorie über die richtige Moral, wobei unter Moral die faktisch handlungsleitenden Maximen und Regeln eines Individuums, einer Gruppe oder der Gesellschaft im Unterschied zu mit Mitteln der Ethik universell gerechtfertigten Handlungsregeln anzusehen sind, die Geltung über die Reichweite der bloß partikularen Moralen hinaus beanspruchen können. Demzufolge gibt es viele Moralen, aber nur eine Ethik. Moralen haben faktische Geltungen, erst die ethische Reflexion kann Legitimation erzeugen. Diese Definition der Ethik verweist bereits darauf, dass genau unterschieden werden muß, ob etwas 'nur' politisch oder sozial unerwünscht ist oder wirklich unethisch, d.h. normativ problematisch ist (Gethmann-Siefert 1996:IV). Daraus folgt wiederum, dass beim Diktum des Unethischen auch die Norm benannt werden muß, auf die Bezug genommen wird. Und hier liegt bereits das Kernproblem der bioethischen Debatte vor, das im folgenden eingehend analysiert wird: Eine Norm, die von allen Beteiligten noch als allgemein gültig anerkannt wird, existiert nicht mehr, selbst der Begriff der Menschenwürde ist Gegenstand der Diskussion statt Voraussetzung derselben (Astor/Boevenschulte 2001; EKD 2002). Dies führt wiederum dazu, dass in praktisch allen Fragen der ethischen Debatte Dissens herrscht, der nicht mit einer Beliebigkeit der Positionen verwechselt werden darf (Jachertz 2000:9; Klinikhammer 2003:A554f.). Fraglich ist jedoch, ob in einer pluralistischen Gesellschaft ein Konsens überhaupt erwartet werden kann (Berndt 2006b:11). Unter dem Druck des biotechnologischen Fortschritts ist der Diskurs zudem ständig im Fluß und die Kompromißbildung zwischen den verschiedenen Gruppen wird hierdurch erschwert. Mittlerweile haben sich drei ethische Positionen herausgebildet, die man nach ihrem eigenen Verständnis wie folgt bezeichnen könnte:

- Ethik des Heilens: Die biotechnologische Forschung hilft Krankheiten verstehen, Leiden vermindern und heilen. In der Güterabwägung überwiegen diese Gesichtspunkte gegenüber den Problemen, die sich z.B. aus der Nutzung von Embryonen ergeben. Diese Position wird insbesondere von den Forschern vertreten (vgl. Benda 2004:9). Die formale Ethik wäre, dass all solche Handlungen moralisch sind, die menschliches Leid vermindern helfen.

- Ethik der Menschenwürde: Menschliches Leben ist ein unbedingt schützenswertes Gut. Die Biotechnologie unterminiert in dieser Position zunehmend die Menschenwürde, u.a. indem sie Embryonen primär als Nutzobjekt versteht, aber auch, indem sie Kranke und Behinderte zunehmend in die Ecke des Überflüssigen und Kostenfaktors drängt, menschliches Leben droht in Nutzenkategorien eingeteilt zu werden (vgl. Grüne 2003; Benda 2004:10). Diese Position wird insbesondere von christlichen Kirchen und Behindertenverbänden vertreten. Die formale Ethik wäre, dass alle Handlungen moralisch sind, die die Menschenwürde schützen bzw. sie nicht beeinträchtigen. In der ökologischen Variante wird die Unterordnung des Lebens insgesamt unter Nützlichkeits- und Kommerzialisierungsaspekte kritisiert. Diese Position wird insbesondere von grünen Gruppen vertreten. Aus diesen Gründen arbeiten christliche bzw. christdemokratische und grüne Abgeordnete in diesen Fragen im Europaparlament ungeachtet aller sonstigen politischen Differenzen regelmäßig zusammen (ESHG 2001b; Grüne 2003). Analog setzten sich CDU und Grüne auf deutscher Ebene gemeinsam für ein UN-Klonverbot ein (FAZ 2004l:N1).

- Verteilungsethik: Schirmer kritisierte den obigen Diskurs mit folgendem provokanten Statement. „Die Bioethik mit dem Schwerpunkt Reproduktionsmedizin beschäftigt sich bisher mit den exzentrischen Problemen einer winzigen privilegierten Gruppe“ (Schirmer 2004:113). Seine Frage nach Verteilungsgerechtigkeit ist von großer praktischer Relevanz, wie der Eflornithin-Fall zeigte: Das einzige Medikament gegen die tropische Schlafkrankheit kam 1990 auf den Markt, wurde jedoch 1992 vom Markt genommen, weil die Afrikaner es nicht bezahlen konnten. 1999 wurde die Substanz als Teil einer kosmetischen Gesichtscreme stillschweigend wieder eingeführt. Als das herauskam, willigte der Hersteller unter öffentlichem Druck ein, das Medikament von 2001-2006 kostenfrei zur Verfügung zustellen (Schirmer 2004:111-112). Diese Position wird insbesondere von Globalisierungskritikern vertreten, die häufig auch Patentkritiker sind, aber nicht unbedingt wegen der Kommerzialisierung des Lebens, sondern wegen der fehlenden Teilhabe der Entwicklungsländer (Grüne 2003:1f.). Die formale Ethik wäre, dass alle Handlungen moralisch sind, die dem Kriterium der Gerechtigkeit (konkreter der Verteilungsgerechtigkeit) genügen.

Die ethischen Diskurse sind regelmäßig mit juristischen und politischen Argumenten eng verknüpft. Dies ist neben dem Fehlen eines Minimalkonsenses über grundlegende Normen das zweite große Problem der bioethischen Debatte: Politik, Recht und Ethik verweisen häufig *aufeinander* statt auf irgendein wie auch immer übergeordnetes oder gemeinsames Kriterium. Die Argumentation gerät häufig *in Zirkelschlüsse*, bei der z.B. ethische Positionen mit Gesetzen bzw. Gerichtsurteilen begründet werden, die auf jener Ethik beruhen, die man eigentlich begründen möchte. Die Probleme des Versuches, Politik auf Ethik zu fundieren, können am Schicksal bundesdeutscher Ethikräte deutlich gemacht werden:

In Deutschland hat es in den 90er Jahren eine Tendenz gegeben, konträre Fragen, die der politische Apparat nicht mehr allein bewältigen kann, zunehmend an externe Institutionen auszulagern, damit diese losgelöst vom politischen Alltagsgeschäft eine sachgerechte Handlungsempfehlung erarbeiten können und der politischen Entscheidung zugleich eine erhöhte expertenfundierte Legitimität verleihen (Klinkhammer 2003b:A304-A306).

In der Biotechnologie griff man hierzu auf die Einrichtung von Ethikräten zurück. Es gibt zahlreiche Ethikräte, -kommissionen und -beiräte auf lokaler und nationaler Ebene, wobei für die klinische Forschung die an Ärztekammern und Kliniken angesiedelten Ethikkommissionen von besonderer praktischer Relevanz sind, da diese die Studien vor Beginn beurteilen. Politisch sind jedoch die *nationalen Gremien* bedeutsam, wobei die Politik durch geeignete Wahl der Mitglieder die Beurteilung von Sachverhalten zu beeinflussen suchte. Das darf keinesfalls mit einer Willfährigkeit der Enquete-Kommission bzw. des nationalen Ethikrates verwechselt werden: Die Dokumente zeigen eine sorgfältige und gewissenhafte Abwägung von Argumenten und auch die Differenzen, die in den Gremien zu Einzelfragen herrschten. Wenn jedoch vorher bekannt ist, welche Grundhaltungen und Wertvorstellungen die einzelnen Mitglieder zu bestimmten Fragen haben, kann eine gezielte Mitgliederwahl auch das Ergebnis einer gründlichen Abwägung vom vornherein sicherstellen. Die Abfolge der Gremien und ihrer Ergebnisse zeigt, wie die Befürworter gegenüber den Kritikern ihre Position in der Regierungspolitik allmählich stärken konnten (vgl. Klinkhammer 2003b:304ff., Berndt 2006b:11):

Tabelle 11: Ethikräte in Deutschland

Gremium	Politisch relevanter Zeitraum	Durch wen gefördert?	Mehrheitsposition
Ethikbeirat beim Bundesministerium für Gesundheit	1996-2001	Bundesgesundheitsministerin Andrea Fischer	Verbot des Klonens und der PID
Enquete-Kommission des Deutschen Bundestages „Recht und Ethik der modernen Medizin“	2000-2002	Bundesgesundheitsministerin Ulla Schmidt	Ablehnung der PID, keine embryonenverbrauchende Gewinnung von Stammzellen, auch kein Import
Nationaler Ethikrat per Kabinettsbeschluss	2001-2006	Bundeskanzler Gerhard Schröder	zeitlich befristete und mit Auflagen versehene Genehmigung des Imports von embryonalen Stammzellen; PID bei begründeten Ausnahmen
Deutscher Ethikrat	Ab 01.07.2007	Bundeskanzlerin Angela Merkel	in Planung, neue Themen: Gentests

Biller-Andorno (2003b:63/66) charakterisiert dieses Phänomen als ethisches *window dressing* für die Politik und konstatiert eine latente Gefahr, sich an die Interessen der Auftraggeber binden zu lassen. Die Betonung auf *Ethik*räte statt *Experten*kommission unterstreicht den grundsätzlichen Charakter der behandelten Fragen. Kissler beschreibt das Dilemma dahingehend, dass der Nationale Ethikrat für das Forschungsklonen materialreiche Konvolute produziert, die für jeden etwas bereithalten und dadurch letztlich eine Konsensmaschine sei (Kissler 2004:13).

Schließlich jedoch gibt es noch ein drittes grundlegendes Problem, nämlich, ob Stichtagregelungen wie beim Embryonenschutzgesetz oder Moratorien eine Lösung darstellen. Dies verweist auf die Frage, ob und inwieweit *Normen wandelbar* sind. Ausgehend von Thomas von Aquino, der im Mittelalter die Frage stellte, ob es ein ewig gültiges Gesetz (*Lex aeterna*) gäbe, ist immer wieder die Frage erörtert worden, ob der normative Überbau nicht auch nur vereinbartes positives Recht ist, das sich oft nur zu langsam wandelt, um als eine Vereinbarung wahrgenommen zu werden. Hier prallen die bioethischen Positionen hart aufeinander: Die einen argumentieren, dass der Tabubruch ein immer wieder zu beobachtender Effekt freier Forschung und des Fortschritts ist, die anderen fürchten, dass die Gewöhnung an Embryonen und Klonen letztenendes jede ethische Position unterspülen würden, so dass der Dammbruch unvermeidlich wäre, wenn man diese Aktivitäten auch nur im geringen Umfange akzeptieren würde (vgl. Ganten 2004:77). Die Technik wird somit möglicherweise eher die Ethik wandeln als umgekehrt (Schönherr-Mann 2000:382).

Im angloamerikanischen Raum hat sich dazu eine Debatte um die genetische Diagnostik entwickelt, die die Frage nach der Rolle der Gene für das Denken und Handeln von Menschen neu entfacht hat. 2006 hat sie als Debatte um „aggressive Embryos“ auch auf Frankreich übergegriffen (Hanimann 2006:35). Wegen der enormen Bedeutung, die diese Debatte für die Sozialwissenschaften und für den politischen-praktischen Umgang mit sozialer Devianz haben könnte, wird sie später als mögliche Zukunftsdebatte in ihren Grundzügen dargestellt.

Die sozialen und ethischen Fragen resultieren nur zum Teil aus dem Stand der Technik grundsätzlichen Teile der Debatte ist mehr das zukünftige Potential bedeutsam. Alle Beteiligten gehen von einem *raschen Fortschritt* der technischen Möglichkeiten aus, so dass eine frühzeitige Klärung der Fragen geboten erscheint. Die ethische Debatte ist von vornherein mit der rechtlichen und politischen Diskussion eng verknüpft, was häufig zu einer *Vermischung der Argumentationsebenen* führt, aber auch eine Anbindung des Diskurses an die regulative Politik ermöglicht. Anders, als Grunwald (1996:6) befürchtet, führt der Ruf nach Ethik zu weitaus mehr als nur einem „kommunikativem Rauschen“. Die EU unternimmt große Anstrengungen, den bioethischen Diskurs an sich zu ziehen, wobei dies nur ein Teilprozess des Versuches ist, einen normativen Überbau für die EU zu schaffen. Die EU stößt über die drei Achsen Ethik, Recht und Kultur zielstrebig in die *normative Ebene* vor.

3.4.2 Die wirtschaftsethische Dimension der Gene

Die ethische und soziale Diskussion um die Genetik hatte ihren ersten Schwerpunkt in der Frage der Biopatente. Fragen nach der Kommerzialisierung des Lebens und den Folgen für die Gesellschaft standen im Zentrum der Debatte. Die Biopatentdebatte dreht sich zum einen um die ökonomische Seite von Patenten, zum anderen um die bioethische Dimension.

Die Biopatent-Befürworter tragen insbesondere folgende Punkte vor (Fiori 2001):

- Forschung und Innovation werden belohnt, die Forschungseinrichtung erhält so ihren Einsatz zurück und kann ihn für weitergehende Forschung nutzen. Dies ist überhaupt die Grundvoraussetzung, damit sich die immer kapitalintensivere biotechnologische Forschung rentiert. Patente machen Forschung zum Teil also überhaupt erst möglich.

- Mit Patenterteilung ist das Risiko eines Plagiats beseitigt, die Innovation kann veröffentlicht werden, die früher häufige Doppelarbeit (oder die z.B. bei Immunhormonen in den achtziger Jahren vorgekommenen Doppelentdeckungen) entfallen.

- Die früher notwendige Erfordernis der Geheimhaltung wichtiger Forschungserkenntnisse war zudem ein erhebliches Forschungshemmnis, das jetzt wegfällt. Auch so fördern Patente Innovation. Patente haben also Anreizfunktion und tragen zu einer sinnvollen Steuerung von Forschungsressourcen bei.

Die Kritiker wiederum zerfallen in zwei Gruppen, eine ökonomisch und eine ethisch motivierte Kritik. Die ökonomisch motivierte Kritikergruppe sieht in den Patenten ein kostentreibendes Forschungshemmnis, das sich weniger als Innovation denn in Form von Lizenzgebühren und gebührenpflichtigen Datenbanken bemerkbar machen wird (Wodarg 2000:1954f., BÄK 2003:1, Gowers 2007:9). Hierfür wird auch auf die schon bekannten kostentreibenden Effekte von Arzneipatenten und uninnovativen Praktiken in den USA verwiesen: Durch geschickte Formulierung und Aufsplittung lassen sich um neue Medikamente 'Patentkränze' aus 30-40 Einzelpatenten schmieden, um Nachahmer abzuhalten oder um sie in Rechtsstreitigkeiten zu verstricken[49]. In eine ähnliche Stoßrichtung geht die Strategie des Brückenbaus: Dabei 'überführt' die Firma die Ärzte/Patienten rechtzeitig vor dem Patentablauf marketingmäßig auf ein Nachfolgeprodukt, für das es dann keine Generika gibt (vgl. AT 2001:30; Bodderas 2001:32). Wegen der potentiellen Forschungsbehinderung wurde die in den USA praktizierte Patentierung von bloßen Genabschnitten (expressed sequence tags ESTs) ohne

[49] In Deutschland 2004 hat eine Firma medizinisches Narkosegas (NO-Gas) als patentiertes Präparat angemeldet, obwohl es schon seit Jahren als technisches Gas verwendet wird und will durchsetzen, dass die Kliniken nur noch das 50 mal teurere patentgeschützte Präparat verwenden. Die Begründung lautet, man müsse die Forschungskosten wieder reinholen (Linde 2004:89).

Kenntnis des kompletten Gens geschweige denn der Funktion sehr kritisch gesehen, weil diese die Gefahr barg, dass Genomforscher einfach ESTs sammeln und damit die spätere Forschung behindern könnten. Seit dem 01.01.2001 müssen aber auch in den USA Funktion und Nutzen von Genen genau erklärt werden, um patentfähig zu sein (Knop 2001:32; Jaenichen 2000:B8). Gleichwohl forderten die deutsche Biotech- und Pharmaindustrie vom Gesetzgeber, auch unbekannte Genfunktionen patentieren zu dürfen, was dieser dann jedoch nicht tat (FAZ 2004q:4).

Die Industrie- und Forschungsverbände BPI, DIB, DFG, MPG, VCI und VFA befürworten Bio- und Genpatente auch deshalb, da in den USA zum einen keine spekulativen Patente auf Gene mehr möglich sind, dass ein Verzicht auf Patente mehr Geheimniskrämerei bedeuten würde und dass im Falle, dass ein Patent von einer anderen patentgeschützten Methode abhängig ist, Kreuzlizenzierungen zwischen beiden Patentinhabern möglich und üblich sind (VCI 2003:1-2). Zudem würden inzwischen mehr Patente für künstliche als für natürliche Gensequenzen vergeben. Kritiker halten jedoch die gesamte Konzeption, Gene, biologische Substanzen oder gar Organismen zu patentieren, für eine komplette Verirrung, die nur durch spitzfindige Verdrehungen des Begriffs der Erfindung möglich wurde, die Ärzteverbände lehnen deshalb sowohl auf deutscher als auch auf europäischer Ebene die Biopatente ab (Bartmann 2001:1923ff., Richter 2002:819-820; BÄK 2003:1-6; CP 2000). Vielmehr handele es sich um Entdeckungen oder bestenfalls Formen von Wissen, keinesfalls um Erfindungen (Ho 2001:1f.). Es wird auch argumentiert, dass die Biopatente erst nachträglich auf Druck der US-Industrie zustande gekommen wären, die Industrie hält dem jedoch entgegen, dass dies jedoch erst als Reaktion auf bis dahin unbekannte Möglichkeiten zustande kam (vgl. auch Kloiber 2003:1). Lösch (2003:101) weist daraufhin, dass die Patentierung auf einer künstlichen Unterscheidung zwischen Labor und Naturgenom beruhen würde.

Dies leitet über zur bioethischen Kritik, die die Patentierung von Leben als unethische oder auch unrechtmäßige Verfügung über das Leben durch Kommerzialisierung ansieht. Sogar menschliche Körpersubstanzen würden patentiert, so versuchte Biocyte ein Patent zu erlangen, das Biocyte das vorrangige Nutzungsrecht an Nabelschnurblut sichert (Fiori 2001). In diesem Zusammenhang wurde auch der Begriff der *Biopiraterie (biopiracy)* eingeführt, der darauf abhebt, dass die Gelder aus allen bei der Erforschung von Flora und Fauna (‘bioprospecting’) gewonnenen Erkenntnissen, insbesondere den Biopatenten, in die Industrieländer fließt statt in die Länder, aus denen das Naturprodukt stammt (Stallmann 2001; Burrows 2004:3). Der Diskurs mündete in das Biodiversity- und das daran anknüpfende Biosafety-Protokoll der UNO, in denen Erhalt und Nutzung der biologischen Vielfalt erörtert werden. Obwohl die Debatte um die Patentierung nie wirklich verstummt ist, hat sich nach der Einführung der Stammzelltechnologie der Debattenschwerpunkt verlagert, denn die Frage nach der (Be-)Nutzung menschlichen Lebens stellte sich bei der Verwendung von Embryonen für alle Akteure wesentlich prägnanter und wird in diesem Zusammenhang weitergeführt.

3.4.3 Der Diskurs in der Reproduktionsmedizin

Die Reproduktionsmedizin ermöglicht zunehmend eine Steuerung des früher schicksalhaften Prozesses der Zeugung und des Gebärens von Kindern:

Die in vitro-Fertilisation (IvF) ermöglicht auch Familien, die früher kinderlos blieben, Kinder zu bekommen. In dieselbe Richtung gehen auch die künstliche Besamung (Insemination) und die Spermieninjektion in Eizellen (ISCI), wobei die Spermien je nachdem aus dem Samenerguss (Ejakulat) oder aus dem Hoden selbst bei Hodengangverschluss gewonnen werden. Die ethisch bedeutsame Besonderheit der IvF ist, dass Embryonen auf Vorrat gezeugt werden, die nachher wieder eingepflanzt werden, es entstehen hierdurch überzählige „Embryonen“. Die Präimplantationsdiagnostik (PID) untersucht Embryonen vor der Wiedereinpflanzung auf genetische Defekte. Das Argument der Befürworter der PID ist, dass schwere Schäden durch die Prüfung der Embryonen vermieden werden können. Die Behindertenverbände jedoch fürchten, dass der Kampf gegen Behinderungen zu einem Kampf gegen Behinderte werden könnte (Jachertz 2000:9; Meissner 2000:16-17, Bundestag 2002:82). Befürchtungen werden laut, dass die Entwicklung in Richtung des „Designerbabys“ oder des in einigen Ländern wie Indien und China schon praktizierten „family balancing“, vulgo: der Geschlechterwahl geht (Astonia 2003; Leube 2000:21f., Ethikrat 2003:46, Kochte-Clemens 2003:9). Umgekehrt könnte die Früherkennung auch Prävention und Therapie für die Betroffenen selbst ermöglichen.

Das Büro für Technikfolgenabschätzung TAB weist darauf hin, dass die praktische Anwendung der PID international weiter fortgeschritten ist, als in der Diskussion oft angenommen wird und geht davon aus, dass bei Einführung der PID ohne starke rechtliche oder sonstige regulatorische Barrieren nach einer kurzen Etablierungsphase mit einer recht schnellen Ausweitung der Praxis zu rechnen ist, wobei diese Beschränkungen aber langfristig gar nichts bringen werden, denn sie stellen gleich danach fest, dass *„unabhängig von der bestehenden rechtlichen Regulierung* mit jeder neuen (medizinischen) Option zum Einsatz der PID die Frage der Sinnhaftigkeit und Legitimität einer (rechtlich vorgeschriebenen oder nur de facto bestehenden) Einschränkung der Nutzung der PID erneut gestellt werden kann und möglicherweise auch erneut entschieden werden muss", so dass „auch eine sukzessive Ausweitung ("Rutschbahneffekt") nicht auszuschließen" ist (TAB 2003; Arbeitsbericht Nr.94; Klinkhammer:2006:A270). Die technische Entwicklung wird den Entscheidungsdruck auf die Politik noch vergrößern, denn mittlerweile wurde die Polymerase Chain Reaction so verfeinert, dass bald eine einfache Blutentnahme bei einer Schwangeren zur Geschlechtsbestimmung und zur begrenzten Entdeckung von Erbkrankheiten genügen könnte, hierzu wird sogenannte ff DNA (freie fötale DA) im Blut aufgespürt (Karberg 2006b:75).

Ein Schlaglicht auf die praktischen Schwierigkeiten im Umgang mit dem Problem wirft eine Untersuchung der University of Pennsylvania in den USA, die sich empirisch mit der Frage befaßte, was aus Embryonen wird, die bei künstlicher Befruchtung übrig bleiben (Friebe 2004:59). 217 von 341 reproduktionsmedizinischen Kliniken antworteten in anonymer Form, und es fand sich die *ganze Bandbreite* der Möglichkeiten, d.h. Zerstören der Embryos, Spende an die Forschung, Einfrieren ohne konkrete Pläne oder Austragen, d.h. Embryos werden so weit möglich, ggf. auch *anderen Frauen* eingepflanzt (Schäfer 2007:9-12). Manche Kliniken unterbinden auch die Schaffung überzähliger Embryonen, um die ethischen Probleme zu vermeiden, was jedoch beim Mißerfolg der ersten Einpflanzung eine für die Frau belastende Wiederholung der Eizellenspende erfordert. Kliniken, die Embryonen vernichten, haben wiederum völlig unterschiedliche Prozeduren: Manche Klinken verlangen, das Eltern bei Verbrennung des Embryos anwesend sind oder die Eltern zusehen *müssen*, wie die Embryos auf den Labortischen absterben. Andere Kliniken dulden dies nur, andere verbieten es. Die zugehörigen Motive und Konzepte sind nur schlecht aufgeklärt.

Die katholische und evangelische Kirche haben hierzu eine in allen wesentlichen Punkten gemeinsame Position entwickelt (Huber 2004:168-174; EKD 1997). Der

Wunsch nach einem Kind rechtfertige keine Interventionen, selbst von der einfachen künstlichen Befruchtung (ohne Gentest) wird daher abgeraten. Beide Kirchen sind sich einig, dass individuelles menschliches Leben mit der Verschmelzung von Ei- und Samenzelle beginnt, und das menschliches Leben, sei es als Embryo oder auch mit Gendefekten, heilig und unter allen Umständen zu schützen ist (EKD 1997), weshalb jede Absonderung oder Instrumentalisierung von Embryonen abzulehnen sei, die im übrigen eine eugenische Selektion sei (Freiburg 2004:1f., Lehmann 2000:8-12).

Kritiker dieser Position fragen, ob eine restriktive Haltung zur Embryonenforschung nicht für das große Ganze das Leiden Einzelner, wenn auch ungewollt, in Kauf nehmen würde (Lanza/Rosenthal 2004:38). Im Bereich der Hirnforschung wird z.B. aus Furcht vor einer vermuteten Reparaturmentalität gegen Elektroden gekämpft, die Querschnittsgelähmten das Gehen und Tauben das Hören (Cochlea-Implantate) ermöglichen sollen (Nickolaus 2005:A728). Hirnimplanate werden mittlerweile als Therapie gegen psychiatrische Erkrankungen wie die Depression eingesetzt (mit Wirkung druch eine Stimulation des Vagus-Nerven, kurz VNS-Therapie) und könnten die Vorstufe einer umfassenderen Gehirnsteuerung darstellen (Krämer 2007:43ff., Cyberonics 2007a und b).

Es gibt außerdem Positionen, die hinter der ethischen Debatte mehr die Angst vor dem Fortschritt sehen und verweisen darauf, dass solche Debatten den Fortschritt letztenendes sowieso nicht aufhalten werden (Kehler 2000:17). Die Enquete-Kommission des Deutschen Bundestages „Recht und Ethik der modernen Medizin" ist jedoch zu dem Schluß gekommen, dass der Gesetzgeber nicht die Pflicht hat, Methoden wie die PID zuzulassen, um Eltern den Wunsch nach einem gesunden Kind zu erfüllen (Bundestag 2002:106). Insgesamt zeigt sich die *Ausweglosigkeit* des Versuches, Ethikprobleme mit rechtlichen Mitteln zu lösen: Recht fußt auf Werten und Normen. Wenn im ethischen Diskurs nach dem Gesetzgeber gerufen wird, kann dieser allenfalls eine *praktische* Lösung anbieten, jedoch nicht die damit verbundenen ethischen Probleme lösen.

3.4.4 Die Embryonen- und Klondebatte

Es stellen sich grundlegende, aufeinander aufbauende Fragen:

1. Sollten Embryonen überhaupt für andere Zwecke wie die Fortpflanzung verwendet werden dürfen?

2. Wenn ja, welche Embryonen: Nur die überzähligen Embryonen, die bei der künstlichen Befruchtung überbleiben oder dürfen extra welche für Forschungszwecke erzeugt werden?

3. Welche Forschungszwecke sind zulässig? Therapeutisches Klonen (Nutzung von Stammzellen für die Gewebezüchtung) und/oder reproduktives Klonen (Kopien von Lebewesen)?

In der EU hat sich in den Nationalstaaten eine Tendenz durchgesetzt, Forschung nur an überzähligen Embryonen zu erlauben, wobei einige Länder die Grundlagenforschung an Stammzellen und das therapeutische Klonen zulassen, während das reproduktive Klonen praktisch durchgängig abgelehnt wird (Gratton 2002:78; EC 2003:10)[50].

Man könnte dies als Mittelweg zwischen der Ethik der Menschenwürde und des Heilens deuten, bei der Forschung zulässig ist, wenn es um die Linderung menschlichen Leidens geht, aber nicht, wenn menschliches Leben durch gesonderte Erzeugung von Forschungsembryonen oder Klone relativiert erscheint. Man kann jedoch nicht übersehen, dass dies nur die Summe aus vielen nationalen Einzelregeln ist und dass das Europaparlament eine restriktivere Regelung durchzusetzen versuchte (EC 2003:27). Außerhalb der EU wird in den USA (Kalifornien), Israel, Korea, China, Singapur und Australien intensive Stammzellforschung betrieben (EC 2003:32).

Das ethische Kernproblem, ob die Nutzungserlaubnis für Embryonen, egal für welche Zwecke, nicht der Anfang der Einführung *verschiedener Kategorien des menschlichen Lebens* und somit einer abgestuften Menschenwürde ist, wurde bisher nicht direkt angegangen. Huber (2004:179) sieht schon in der PID eine Teilung zwischen lebenswert und lebensunwert. Die theoretische Möglichkeit

---

[50] Die Frage, ob und inwieweit Stammzellen patentierbar sind, wird 2008 vor der Beschwerdekammer des Europäischen Patentamtes verhandelt (Richter-Kuhlmann 2008:A1475).

unterschiedlicher Kategorien menschlichen Lebens erklärt die große Härte der Debatte, auch als noch so gut wie keine verwertbaren oder diskutierbaren Ergebnisse des therapeutischen oder reproduktiven Klonens vorlagen (vgl. Gründe 2003:3f.). Ein Teil der Grundsatzdebatte konzentriert sich dann darauf, ob der Embryo schon ein Mensch im rechtlichen, ethischen oder biologischen Sinne ist, kurzum, ob die Frage der Menschenwürde hier überhaupt im Raum steht (Richter-Kuhlmann/Klinkhammer/Stüwe 2004:A2655-2658). Andere halten die Frage, ob der Embryo schon ein Mensch sei, gar nicht für entscheidend, denn die Embryonennutzung könnte auch nur der *Anlaß* sein, Abstufungen einzuführen, die Überzähligkeit von Embryonen wäre hier der erste Schritt. Für die Gleichsetzung von Menschen und Embryonen werden drei Argumente vorgebracht, das Identitätsargument, nachdem Mensch und Embryo eigentlich dasselbe sind, das Kontinuitätsargument, nachdem aus dem Embryo ein Mensch wird bzw. werden könnte, wie im Potentialitätsargument (Drieschner 2004:40-42, ZEKO 2006:1-16).

Abstufungen, wie geringfügig auch immer, könnten sich ausweiten, zum einen kontinuierlich auf die schon Geborenen wie in der Ethik Peter Singers oder es könnte durch Abstufungen auch die aktive Sterbehilfe durchgesetzt werden, der Kostendruck in einer immer älter werdenden Gesellschaft kann hier zum Türöffner für eine Ausweitung solcher Maßnahmen sein (Beckmann 2004:56ff.).

Peter Singers Konzept der 'praktischen Ethik' ist eine utilitaristische Ethik, bei der der Gesamtnutzen der von einer Entscheidung Betroffenen maximiert werden soll (vgl. Sohmen 1992:21f., Meran 1993:II-116). Sie ist zudem anthropozentrisch, denn der Mensch wird wegen seiner Fähigkeit zu empfinden und seinem Bewußtsein anderen Lebensformen übergeordnet. Singer weitet den Hierarchiegedanken dann jedoch auf den Menschen selbst aus, so dass er Mehrfachbehinderte aufgrund ihrer Behinderung als untergeordnete Lebensform betrachtet. Daraus folgert Singer, dass Behinderte eine Verschwendung knapper Ressourcen wären (DPI 2003). In den USA gibt es bereits Versicherungen, die bei Nichtinanspruchnahme der PID nicht mehr für Behinderungen der Kinder aufkommen, was bei den Pflegekosten den Ruin bedeuten kann und so im Umkehrschluss einen PID-Zwang herbeiführt (Kochte-Clemens 2003:7).

Der Dachverband Disabled People International (DPI) macht deutlich, dass viele Menschen ihre Behinderung erst im Laufe des Lebens erwerben, eine solche Ethik wie die von Singer könnte sich eigentlich sich nur jemand ausdenken, der gesund ist und sich deshalb anmaßt, sich über behinderte Menschen zu erheben. Der Sozialphilosoph Rawls wies darauf hin, dass Menschen Ungerechtigkeit vernünftigerweise nie befürworten würden, wenn sie unter einem Schleier des Nicht-Wissens um ihre eigene Position leben würden (Rawls 1994:336).

Im übrigen weisen Behindertenverbände darauf hin, dass Behinderte sehr wohl ein menschenwürdiges Leben führen können, das man ihnen nicht 'ersparen' müßte (IF 2001; BCODP 2003; Wunder 2004:2). Dies gälte z.B. für die relativ häufig vorkommenden und als Abtreibungsgrund anerkannten Neuralrohrdefekte wie der 'offene Rücken' und das Wasserkopfleiden (Hydrocephalus). Die Menschenwürdedebatte mag zugespitzt wirken, aber Böckenförde (2004:33) hat konstatiert, dass der nicht rechtsverbindliche, aber in praxi gewichtige Kommentar von Maunz-Dürig zum Grundgesetz den normativen Kern im Menschenwürde-Artikel 1 in den historischen Nachkriegszusammenhang schiebt und darin definitiv *kein vorpositives sittliches Recht mehr sieht*. Dies wird dann auch noch näher ausgeführt: „Trotz des kategorialen Würdeanspruchs aller Menschen sind Art und Maß des Würdeschutzes für *Differenzierungen* durchaus offen, die den *konkreten Umständen* Rechnung tragen".[51]

In Großbritannien wird jedoch die Auffassung vertreten, dass normative Beschränkungen der Reproduktionsmedizin nicht mit einer freien Gesellschaft vereinbar seien (Dahl 2006:116ff.). In einer freien Gesellschaft sollte der Staat sich nur einmischen, um den Bürger vor Schaden durch andere zu bewahren. Durch Verfahren zur Erlangung von Wunschkindern wie Geschlechtswahl, Leihmutterschaft und Eizellenspende würde letztlich niemand geschädigt, und deshalb schlug das Select Committee on Science and Technology des britischen Unterhauses kürzlich vor, die Geschlechtswahl zu erlauben und reproduktionsmedizinische Verfahren auch alleinstehenden und homosexuellen Frauen zugänglich zu machen (derselbe:120). Die ethischen und moralischen Probleme werden durchaus gesehen, aber in einer freien und pluralen Gesellschaft müsse man damit leben, dass Menschen Dinge täten, die man selber mißbilligen würde.

---

[51] Eine hypothetische Debatte wird bereits um den Umgang mit menschlichen Klonen geführt. Man fragt sich, ob eine Kopie eines Menschen dieselbe Würde oder Rechte haben wird wie das Original. Brock argumentiert, dass auch ein Klon frei geboren wäre und das Recht und die Möglichkeit auf ein eigenes Leben hätte (2004:9).

Einen *gänzlich anderen* Entwurf der gesamten Debatte stellt der Transhumanismus dar, eine kleine, aber langsam wachsende Gruppe, die in den technischen Möglichkeiten überhaupt erst die Chance sieht, den Menschen zu dem zu machen, was er sein kann. Der Transhumanismus definiert sich selber als die Summe aller Denk- und Aktionsschemata, die menschliche Grenzen zu überwinden sucht, durch Verlängerung der menschlichen Lebenserwartung, Erhöhung des Intelligenz sowie psychische und physische Verbesserung des Menschen (DeTrans 2000:1-5). Die Sonderstellung des Menschen wird nach Ansicht des Transhumanisten durch die Biotechnologie nicht relativiert, sondern noch bestärkt. Der technische Eingriff in die Natur wäre die Ablösung vom blinden Spiel der Natur, das Genom könnte von Fehlern gesäubert werden, was auch genetische Eingriffe in die Keimbahn, die von allen EU-Staaten bisher abgelehnt werden, notwendig und sinnvoll macht (‘Reprogenetik’). Der Transhumanismus will nichts Positives an Altern, Tod und Sterben erkennen und ob dies wirklich ‘natürlich’ ist, würde voraussetzen, das man wüßte, was die Natur ‘will’ (ders.:3). Der Transhumanismus begreift Ethik und Moral als geschichtlich gewachsene Komplexe von Überzeugungen und Lebensregeln, die für bestimmte äußere und innere Umstände Geltung beanspruchen können, was jedoch bedeutet, dass sich bei Änderung der Umstände früher oder später auch die Anschauungen der Allgemeinheit ändern, was eine Chance für den Transhumanismus darstellt (ders.:4). Der Transhumanismus spielt zwar im Diskurs nur eine geringe Rolle, zeigt aber die große Heterogenität der Debatte macht auch deutlich, dass die Diskurse noch völlig *ergebnisoffen* sind. In eine ähnliche Richtung zielt die Konzeption des Neur-enhancements, d.h. der planmäßigen Optimierung der geistigen Fähigkeiten des Menschen durch biomedizinische Intervention (vgl. Breyer 2007:80).

3.4.5 Auf dem Weg zu einer europäischen Ethik?

Die EU hat sich rasch auf die Herausforderung durch Stammzellen, Embryonen und Klone eingestellt und unternimmt große Anstrengungen, die Diskussion an sich zu ziehen. Insbesondere bemüht sie sich, durch einen ‘*ethics clause*’ bei den Vergabekriterien für das Forschungsrahmenprogramm Fakten zu schaffen und so eine europäische Ethik zu etablieren (EU 2002f, ERC 2007:10/51-53). Die Ethikdebatte scheint zunächst rein auf die Biotechnologie bezogen, kann jedoch auch als Teil der verstärkten Bemühungen der EU *um einen normativen Überbau* angesehen werden. Die Frage, was europäisch ist, hat sich nicht nur an der Entwicklung der EU-Verfassung, sondern auch an der Frage eines EU-Beitritts der Türkei entzündet. Längst geht es nicht mehr nur um die wirtschaftliche Fitness oder die Erfüllung von Stichtagskatalogen, sondern auch um Fragen wie Menschenrechte, Gleichstellung, aber auch um die heikle Frage, ob die EU 'christlich' ist, sei es im theologischen Sinne des religiösen Bekennens, historisch im Sinne der christlichen Geschichte oder auch kulturell als christlich geprägtem Kulturraum. Nach dem EU-Beitritt forderten die 25 Justizminister der EU von Einwanderern die Anerkennung 'europäischer Grundwerte', was die Frage aufwirft, was darunter zu verstehen ist (Bolesch 2004:6). Die Entwicklung eines europäischen normativen Überbaus kann der europäischen Integration und für die Bildung einer europäischen Öffentlichkeit nützlich sein, könnte aber auch den Nationalstaaten die Wertedebatten nach und nach aus der Hand winden, was der politischen Bedeutung der Nationalstaaten eher abträglich sein dürfte.

Als Grundregeln der Forschung hat die European Group on Ethics in Sciences and New Technologies (EGE) die folgenden Prinzipien formuliert: Beachtung der Menschenwürde, individuelle Autonomie (Patient muß in Forschung einwilligen), Rechtmäßigkeit, Forschungsfreiheit und Verhältnismäßigkeit (Mittel-Zweck-Relation, EC 2003:7). Die EGE hat sich rasch in die Diskussion eingeschaltet und die Stammzellforschung nicht generell abgelehnt, aber am 14. November 2000 doch empfohlen, nach anderen Quellen als embryonalen Stammzellen zu suchen. In Übereinstimmung mit der Auffassung des EGE hat noch im selben Jahr auf dem Europäischen Gipfel von Nizza die EU das Klonen in der Grundrechtecharta verboten. Das Europäische Parlament zog danach die Initiative durch Gründung des „Temporary Committee on human genetics and other new technologies in modern medicine“ an sich und ließ den sog. Fiori-Report erstellen (EP 2001a).

Der erste Reportentwurf war sehr umstritten, aus dem Parlament kamen knapp 500 Änderungsanträge, wobei sich eine Koalition aus christlichen Gruppen, Christdemokraten und Grünen durchgängig für restriktivere Regeln einsetzte (ESHG 2001b). Im Ergebnis sprach sich das Parlament mehrheitlich gegen alle Formen des Klonens, der Embryonenforschung und der Präimplantationsdiagnostik aus (ESHG 2001a/b, Fiori 2001). Darüber hinaus verlangte das Parlament, dass sein Beschluss *allen nationalen Regeln übergeordnet* werden sollte. Als es dann jedoch um die Festlegung der konkreten Regeln für die EU-Forschung im 6. Forschungsrahmenprogramm ging, wurde die Forschung an überzähligen Embryonen erlaubt, wobei die Details offengelassen bzw. auf die Nationalstaaten verwiesen wurde (EU 2002f)[52]. Um sich wirklich alle Möglichkeiten offen zu halten, behält sich die Kommission bei embryonaler Stammzellkulturen das Recht einer ethischen Einzelfallprüfung, ggf. auch wiederholt *während* des Projektes ausdrücklich vor (ebenda). Die eingangs erwähnte Forderung der EU-Justizminister nach Achtung vor den „europäischen Grund*werten*" sowie die explizite Forderung der Parlamentarier, *ihre ethischen Überzeugungen denen der Nationalstaaten überzuordnen*, zeigt das Bestreben der EU, auch über das positive Recht hinaus in normativen Fragen die Initiative zu ergreifen[53].

Die EU versucht den normativen Überbau auf drei Wegen zu errichten:

1. Recht: Grundrechte und Verfassung enthalten auch normative Vorstellungen von dem, was Europa sein soll: „Europa ist auch eine Wertegemeinschaft. Das Zusammenwachsen Europas, das auf den Prinzipien der Menschenrechte, der Rechtsstaatlichkeit und der Demokratie aufbaut, ist das Ergebnis geschichtlicher Erfahrungen, die heute unser gemeinsames Erbe bilden." (EU 1999b:1).

2. Kultur: In der Kulturpolitik wird das Konzept *der Einheit in der Vielfalt* propagiert, das Europa auch von der als uniforme Massenkultur hingestellten 'amerikanischen Kultur' unterschieden soll (EP 2001b). Die „Einheit" bezieht sich auf eine gemeinsame, länderübergreifende Sichtweise und die EU als gemeinsamer Ort kultureller Interaktion, die Vielfalt auf die vorhandene Pluralität nationalen bzw. lokalen kulturellen Lebens, die nicht in einem Schmelztiegelprozess aufgehen soll, wobei aber fraglich ist, ob die USA diese Schmelztiegelfunktion z.B. für die hispanische Bevölkerung überhaupt noch ausüben.

3. Ethik: Die Biotechnologie fungiert hier als Katalysator, der den Prozess der Formulierung ethischer Grundsätze beschleunigt und auf diese Weise auch mit der

---

[52] Tatsächlich jedoch förderte die EU-Kommission dann mit 52 Millionen Euro diverse Projekte mit embryonalen Stammzellen, auch solche, die nach deutschem Recht unzulässig waren (Schwägerl 2006b:4). Auch im 7. FRP wird es nach dem Willen des EU-Forschungsministerrates ähnlich weitergehen (30. Mai 2006). Nur die Tötung neuer Embryonen ist verboten, an existierenden Linien kann geforscht werden (BMBF:2007 a/b).

[53] Die von europäischen Wissenschaftlern gegründete European Society of Human Reproduction & Embryology ESHRE konnte den Diskurs bisher nicht bündeln (ESHRE 2006:1).

eigenständigen normativen Aufladung von Wissenschaften und Technik beginnt. Die Diskussion, ob und in wieweit Wissenschaft und Technik wertfrei ist, braucht an dieser Stelle nicht aufgegriffen werden, es geht lediglich darum, dass die EU dies mit dem Ziel der Überordnung über die Nationalstaaten betreibt. Die EU hat bereits die Frage nach der europäischen Identität aufgeworfen (EP 2001:1f.). Richard Schröder hat den Versuch unternommen, das ‘spezifisch Europäische’ zusammenzufassen: Nach Schröder sind die kritische Rationalität, das Fachmenschentum und die wissenschaftliche Orientierung typische Merkmale moderner westlicher Gesellschaften, die er in Gegensatz zu asiatischen und orientalisch-islamischen Kulturen setzt. All diese Überlegungen mögen zunächst wenig alltagsrelevant wirken, dahinter verbergen sich jedoch auch handfeste materielle und politische Interessen:

- Die normative Aufladung soll die europäische Integration und das europäische Bewußtsein stärken, die sich aus vielerlei Gründen noch unzureichend entwickelt hat. Zu diesen Gründen gehören das Fehlen einer europäischen Öffentlichkeit, die primär ökonomische Geschichte und Politik der EU und das immer noch vorhandene Demokratiedefizit der EU-Politik und die unzureichende Einbindung der Normalbevölkerung in den europäischen Integrationsprozess.

- Das durch die Wertegemeinschaft normativ aufgeladene Konzept der Einheit in der Vielfalt ist ein Kriterium, dem der, wer ‘wirklich’ zu Europa gehören will, genügen muss. In der Medienpolitik sieht sich die EU deshalb berechtigt und verpflichtet, gegen die Marktdominanz amerikanischer Unterhaltungsmedien z.B. mit Förderprogrammen zu kämpfen (EU 2003i:1). Ebenso wurde der Türkei-Beitritt unter diesen Gesichtspunkten diskutiert.

- Die EU hat deshalb eine zunächst als ‘Inhalterichtlinie’ bezeichnete Novelle der Fernsehrichtlinie, die ihr erlauben soll, Einfluß auf die *Inhalte* sämtlicher elektronischer Medien zu nehmen, geplant und 2007 umgesetzt (EVP 2002:16, EU 2007b:L332/27ff., mit dem vagen Terminus der ‘schädklichen Inhalte’ auf S.L332/32).

Hier gewinnt die Formulierung europäischer Ethik und die Forderung ihrer Überordnung an Brisanz, es besteht die zur Zeit noch geringe, auf Dauer aber zunehmende Möglichkeit, dass eine europäische Ethik zu einem *normativem* Steuerungsinstrument der EU werden könnte. In einem Rechtsgutachten des CEP von 2001 wurde schon festgestellt, dass Humangenetik und Fortpflanzungsmedizin wegen ihrer wirtschaftlichen Bedeutung zum Wirtschaftsleben im Sinne des Art. 2 EG-Vertrags zählen und die EU dadurch quasi einen Fuß in der Tür hat (CEP 2001:78). Andererseits leistet die europäische Diskussion zur Ethik in der Biotechnologie auch einen positiven Beitrag zur Bildung einer europäischen Öffentlichkeit.

3.4.6 Die soziale Dimension der Gene

Die Genomaufklärung im Humangenomprojekt war ursprünglich sehr von Verwertungsinteressen der Pharmaindustrie geprägt, was in einen Wettlauf zwischen Patentierung und Veröffentlichung zur Blockade von Patenten mündete. Der Patentwettlauf erwies sich rückblickend als stärkste Triebfeder des Projektes, obwohl es zugleich eine der größten Kooperationen ist (Abels 2000:85). Die begleitend entwickelten Gen- bzw. Biochips zielten auf die Erfassung genetischer Eigenschaften, die die Wirksamkeit von Medikamenten beeinflußten. Der Einsatz in dieser Pharmakogenomik genannten Richtung ist auch heute noch die wesentliche Triebfeder der Biochiptechnologie, denn die Gentestung hilft bereits heute bei dem gezielteren Einsatz von Medikamenten gegen Krebs[54].

Die Debatte um mögliche soziale Auswirkungen der Biotechnologie ist in Deutschland nur schwach entwickelt, dabei stellt sie für die Sozialwissenschaften eine große Herausforderung dar, indem, wie Stollorz (2004d:69) feststellt, immer häufiger behauptet wird: „Die Gene setzen Dir enge Grenzen für das, was Du werden kannst“.

Die Verhaltensgenetik nimmt insbesondere in den USA und Großbritannien einen Aufschwung, der früher oder auch später auch die deutsche Debatte wieder erreichen wird. Genetische Diagnosen könnten also nicht nur zum medizinischen, sondern auch zum sozialen Schicksal werden, weshalb eine Bestandsaufnahme der dahinter stehenden Konzepte nötig ist, (vgl. Schnabel 2005:31). Es gibt jedoch

---

[54] Dies kann inzwischen nicht nur durch Ermittlung von Genen stattfinden, die Medikamentenempfindlichkeit anzeigen, sondern auch durch Ermittlung von Krebs mit hoher Eigenaktivität, der entsprechend aggressiver therapiert werden muß (SZ 2006:16). Dies soll in Kürze u.a. an 6000 Brustkrebspatientinnen untersucht werden (Siegmund-Schultze 2006:18).

Autoren, die die Diskussion um den genetischen Determinismus und die Verhaltensgenetik nicht nur als verfehlt, sondern auch bereits als erledigt betrachten. So schreiben Kleeberg/Walter (2003:114):

„Die weitreichenden analytischen und therapeutischen Versprechungen, die die Verhaltensgenetik zwischen Mitte der achtziger und neunziger Jahre hinsichtlich der genetischen Bedingtheit von Verbrechen, Intelligenz, homosexuellem Verhalten formuliert hat, sind inzwischen sämtlich widerlegt (ebenda)....und Wingert (2003:24) fügt hinzu: „Die moderne Wissenschaft legitimierte nicht mehr die Diskriminierung von Rassen, ethnischen Gruppen und sozialen Abweichlern. Wo übereifrige Wissenschaftler dennoch diese Grenze überschreiten, ..[wirkt].. das politische System und das ihm entsprechende Wertesystem gegen eine allzu weitreichende Biologisierung sozialer Kategorien".

Dieser Befund zum Stand der Diskussion mag für Deutschland zutreffen, für das Ausland jedoch nicht[55] und es wird nun gezeigt, dass diese Debatten konkrete gesellschaftspolitische Wirkungen haben und deshalb kritisch untersucht werden müssen[56]. Kettner (2003:148) weist auch daraufhin, dass die Triebfedern solcher Entwicklungen nicht nur aus der Wissenschaft, sondern auch dem sozialen System selbst kommen, nämlich aus dem Wunsch nach einem gesunden Kind resultierten und dass man mit dem Blick aufs Ausland festhalten müßte, dass man dort mit Bioethik, wie man sie in Deutschland betriebe, nicht besonders weit käme (ebenda:164). Der Handlungsbedarf ergibt sich daraus, dass bereits 2006 ein Genchipprototyp entwickelt wurde, der nahezu alle dreißigtausend Gene testen kann, die totale Gentestung eines Individuums in einem Zug bereits jetzt technisch machbar ist (Müller-Jung 2006a:N2). Vieth (2003:166) weist daraufhin, dass sich

[55] Der Schweizer Genetiker Schinzel (2007:44) weist z.B. darauf hin, dass in den USA und Schottland Studien gezeigt haben, dass in Hochsicherheitsgefängnissen Männer mit der Chromsomenabweichung XXY 10 mal häufiger vorkommen als in der Normalbevölkerung.

[56] Im übrigen hört man in Deutschland öfters die Argumentation, dass es bei genauer Betrachtung so etwas wie Rassen im Grunde gar nicht geben würde, dies wäre das Resultat oberflächlicher Unterscheidungen anhand der Hautfarbe. Dem ist aber nicht so, so reagieren Afrikaner und Asiaten z.B. anders auf bestimmte Medikamente wie ACE-Hemmer und Thrombolytika, auch die Alkoholtoleranz der Rassen variiert erheblich, und die Zulassungsbehörden EMEA und FDA schreiben sogar die Angabe der Rasse bei Prüfungen zwingend vor, wobei als Konvention 'Caucasian' als Sammelbegriff für Weiße benutzt wird. In den USA wurde ein Herzkreislaufmedikament zugelassen, das nur bei Schwarzen wirksam ist (Müller-Jung 2004:N1, RÄ:2006:9). Aus naturwissenschaftlicher Sicht stellen Rassen verschiedenartige, aber gleichwertige Varianten des Menschen dar.

mit der Zunahme der Leistungsfähigkeit von Gentests auch die Indikationen und Gründe für einen Gentest erweitern.

Außerdem greifen weltweit bereits Praktiken zur Geschlechterselektion um sich, in China werden ca. 1 Million Abtreibungen vorgenommen, nur weil das Baby ein Mädchen ist, weltweit schätzt man die Zahl fehlender Frauen auf 90-150 Millionen. Angesichts solcher Dimensionen ist die Annahme, dass die neuen genetischen Möglichkeiten auch für solche Zwecke eingesetzt werden, mehr als wahrscheinlich (vgl. Fach 2001:182; FAZ 2005e:31).

Mittlerweile wurde die Polymerase Chain Reaction so verfeinert, dass bald eine einfache Blutentnahme bei einer Schwangeren zur Geschlechtsbestimmung und zur Entdeckung von Erbkrankheiten genügen könnte (Karberg 2006b:75). Der allumfassende Genchip und das Tausend-Dollar-Genom weisen in die Richtung des gläsernen Menschen, wobei noch völlig offen ist, wie die Menschen wirklich reagieren werden, denn die Gentestung bietet vermutlich auch große Präventionschancen.

Im übrigen konstatierte der deutsche Soziologenkongress 2006 in Kassel ein Vordringen biologischer Gesichtspunkte in gesellschaftliches Denken und Handeln. Bude (2006:13) stellt in diesem Zusammenhang sogar die (zu?) weitreichende These auf, dass die Attraktivität der Lebenswissenschaften gegenüber der Soziologie daher rühren würde, „dass heute niemand mehr ernsthaft daran glaubt, dass die Probleme, die heute die Art und Weise unseres Zusammenlebens herausfordern, durch gesellschaftliche Maßnahmen gelöst werden könnten“. Allein hieraus ergibt sich ein dringender Analysebedarf.

Die zentrale Überlegung im Diskurs des genetischen Determinismus ist die Frage, ob und in wieweit Gene einen *Möglichkeitenraum für menschliches Denken und Handeln* definieren. Zunächst einmal ist festzuhalten, dass mehrere Möglichkeitenräume denkbar (physikalisch, biologisch, sozial), die *im genetischen Diskurs* häufig als schalenartig ineinanderliegend begriffen werden.

In den Genen manifestieren sich zunächst *physikalische Grenzen.* Restriktionen wie die Schwerkraft und die Sauerstoffdiffusion setzen der möglichen Vielfalt von Lebewesen Grenzen, so können bestimmte Größen-Volumenverhältnisse nicht verlassen werden. Seit ca. 600 Millionen Jahren sind die grundlegenden Strukturmerkmale von höheren Organismen (z.B. Insekten, Wirbeltieren) in sog.

Homöobox-Genen konserviert, Mutationen können sich hier wegen der verheerenden Folgen, z.B. Totgeburt ohne Kopf, nicht mehr etablieren (Pöppe 1997:25-27; Barrow 1993:410-412).

In dem physikalischen Möglichkeitenraum, an dessen Grenzen Menschen normalerweise gar nicht kommen[57], befinden sich biologische Grenzen, die selbst durch intensivste Förderung und Training nicht überwunden werden können. Dies betrifft zum Beispiel die Muskelmasse, die dann ab einem genetisch fixierten individuellen Maximum nur mit Doping durch anabole Steroide noch erweitert werden kann. Aber auch diese Grenzen werden im Alltag in aller Regel nicht erreicht.

Förderung und Rehabilitation kann hingegen helfen, das nicht genutzte individuelle biologische Potential voll auszuschöpfen. Dass Gene die biologischen Möglichkeiten eines Menschen bestimmen, steht also *nicht* im Widerspruch zu der Annahme, dass sich Menschen durch Förderung und Training weiterentwickeln können. Die Gene definieren nur die äußersten Grenzen, beim Auto würde man sagen, die maximale Drehzahl. Die nächste 'Schale' wäre in diesem Modell ein soziologischer Möglichkeitenraum, der beschreibt, was Menschen in der Interaktion mit anderen Menschen tun bzw. erreichen können. Bourdieu hat das Konzept des sozialen Möglichkeitenraums entwickelt. Das Individuum bewegt sich in Feldern, bei denen es sich um objektivierte dingliche und strukturelle Bedingungen handelt, um Spielräume mit durch Spielregeln definierten Bereichen (Fuchs-Henritz/König 2003:133/136). Es verfügt über einen Habitus, das sind in der Sozialisation erworbenes Bündel von Dispositionen, der Regelmäßigkeit, interaktives Funktionieren und die kollektive Geltung der sozialen Praxis ermöglichen (ders.:115-117). Der Habitus ermöglicht den praktischen Sinn, um sich im sozialen Leben bewegen zu können, ist jedoch ein System von Grenzen, insbesondere *Grenzen des Gehirns* (ders.:117, 125)[58].

---

[57] Menschen können durchaus 400 kg schwer oder 2,50 Meter groß sein; aber jenseits von 2,10 Metern nehmen u.a. Rücken- und Gelenkschmerzen mit jedem Zentimeter stark zu, biologischen Guiness-Buch-Rekordhaltern geht es also oft nicht gut. Solche 'Rekorde' sind oft durch genetische Defekte verursacht.

[58] Neben dem Habitus spielen auch die Ressourcen eine Rolle, über die das Individuum verfügt, Bourdieu gliedert diese Ressourcen in ökonomisches, kulturelles, soziales und symbolisches Kapital (Titel, Zertifikate etc.), Kapital und Habitus dehnen den sozialen Raum des Einzelnen auf.

Bourdieus Theorie wurde wegen ihres deterministischen Zugs natürlich kritisiert, der Mensch erscheint hier als weniger als selbstbestimmter Akteur denn als eingeengt durch die Vorgaben seiner Sozialisation (ders.:125). An dieser Stelle ist jedoch das Konzept des Habitus von besonderem Interesse, weil es sich mit den Theorien der Neurowissenschaften in vieler Hinsicht deckt (vgl. auch Schockenhoff/Roth 2004:116ff.). Diesen Theorien zufolge entscheidet das Gehirn eines Menschen aufgrund der vorgegebenen Hirnstruktur und der Summe der vorhandenen Informationen und Erfahrungen. Dies steht noch nicht im Widerspruch zur Sozialisation, die einen Lernprozeß des Individuums in der Gesellschaft darstellt und man könnte argumentieren, dass die Sozialisation eben jede Informationen und Erfahrungen vermittelt, auf deren Grundlage das Gehirn entscheidet (vgl. Schnabel 2005:31).

Ein wichtiger Unterschied zwischen den Theoriesträngen liegt jedoch darin, dass die aus neurowissenschaftlicher Sicht das Gehirn quasi *automatisch* entscheidet und diese Entscheidung dann erst in das Bewußtsein bringt, sie wird sozusagen nachträglich repräsentiert. Der freie Wille wäre dann anders in der Soziologie *nur eine Illusion* (Schockenhoff/Roth 2004:116ff., Nuffield 2002:121-123; Schnabel 2005:31; Stollorz 2005:70-71, kritisch dazu Geyer:2005:40)[59].

Noch ist der Diskurs offen, aber die Überlegung, dass Gene möglicherweise Verhalten *direkt festlegen* können, mündete in die im angloamerikanischen Raum mit Hochdruck betriebene Verhaltensgenetik (*behavioural genetics*). Die Analysen versuchen den Zusammenhang zwischen Genotyp (vorliegendem Gen), der konkreten Ausprägung (Phänotyp) und der Umwelt bzw. der Interaktion zwischen Genen und Umwelt herauszuarbeiten (Nuffield 2002:43). Der *bottom-up*-Ansatz geht von einem funktionell wichtigen Gen aus, sucht dann nach dessen Defekten und Varianten mit den Folgen für Betroffene. Der *top-down*-Ansatz geht vom Verhalten der Individuen aus und versucht dann genetische Gemeinsamkeiten aufzuspüren (Nuffield 2002:50). Tierversuche erweisen sich wegen der anderen

[59] Wäre diese These zutreffend, hätte dies weitreichende Folgen z.B. für die Justiz, denn wenn ein Mensch im Augenblick der Tat nicht frei entscheidet, ist er dann noch schuldig? (Nuffield 2002:122). Ein Mensch, der bei einem schweren Verbrechen keine Kontrolle über sich selbst hat, wäre zwangsläufig ein Sicherheitsrisiko für sich und andere, so dass anstelle eine Strafe (keine Schuld) die Sicherheitsverwahrung treten würde, die ohnehin seit den neunziger Jahren an Häufigkeit langsam, aber stetig zunimmt. Es wird auch von amerikanischen Forschern diskutiert, ob der Wille von manchen Menschen auch von Hirnparasiten gelenkt wird (Anhäuser 2007:22).

Nutzungsmuster und -dauern von Genen als wenig aussagekräftig (ders.:60). Bei den häufig hohen Verhaltenskorrelationen zwischen Zwillingen und Verwandten ist zu berücksichtigen, dass sich zusammenlebende Fremde auch aufeinander einstellen (ders.:72). Gesichert werden konnte bisher nur eine Korrelation von r = 0.4 zwischen Gehirngröße und Intelligenz. Es gibt viele genetische Defekte, die zu geistigen Behinderungen führen, jedoch sind diese Gene in der Regel nicht in die normale IQ-Funktion involviert (ders.:72-75). Bei Heimkindern mit Hyperaktivität, Lernbehinderung und autistischen Tendenzen fanden sich gehäuft genetische Defekte (Godard/Ten Kate/Evers-Kiebooms/Aymé 2003:57).

Bei Neurosen, Intra- und Extraversion und antisozialem Verhalten im Sinne gängiger psychologischer Skalen (z.B. Aggression) zeigte sich trotz aller Probleme der Konstruktvalidität durchgängig ein genetischer Einfluß von r =0.3-0.5 und zwar je näher an 0.5, je gründlicher die Studien designt waren (ders.:83-89). Zusammenfassend liegt also *keine* vollständige genetische Determinierung menschlichen Verhaltens vor. 50% Wahrscheinlichkeit für aggressives Verhalten bedeuten umgekehrt auch, dass 50% durch Umwelteinflüsse bedingt sind. Ob das Glas dann halb voll oder halb leer ist, ist freilich Sache der Vermittlung und Wahrnehmung[60]. Selbst wenn ein verbessertes Verständnis menschlichen Verhaltens bessere und gezieltere Hilfs- und Fördermöglichkeiten bringen könnte, besteht die Gefahr, soziale Verhaltensabweichungen zu medikalisieren, die Toleranz für deviantes Verhalten zu reduzieren und neue Abtreibungsgründe zu kreieren (Nuffield 2002:XXII-XXXI).

In Frankreich hat eine Studie des Insant-Institutes für das französische Innenministerium eine Debatte über „aggressive Embryos" ausgelöst. In der Studie wird die Frage der Erblichkeit von Gewaltneigung diskutiert und konkret gefordert, Kinder aus schwierigen Milieus schon während der Schwangerschaft in Beobachtungsprogramme einzubinden, um so früh wie möglich ggf. psychotherapeutisch und -pharmakologisch eingreifen zu können (Hanimann 2006:35). Kritiker sprechen von einer Formierungsideologie (ebenda). Der französische Präsident Sarkozy hat 2008 geäußert, dass bestimmte Menschen

---

[60] Lenk fragt sich, ob die Erkenntnisse der Epigenomik, die Wissenschaft des komplexen Zusammenspiels dem Determinismus widersprechen. Jedoch kann ein defektes Gen völlig ausreichen, um die ganze Richtung zu verändern, wie z.B. bei Blutkrebsen die Defekte des *Cyclins* oder des *bcl*-Gens (Lenk 2003:181). Die Genetiker pflegen zu sagen, dass ein falscher Ton im Orchester schon das ganze Stück beeinträchtigt.

genetisch vorbestimmt seien und Versuche der Wiedereingliederung in die Gesellschaft scheitern müssten (FAZ 2008:7).

Genetische Befunde können das Individuum einerseits entlasten, denn es 'kann nichts dafür', andererseits kann ihm im gleichen Schritt die Besserungsfähigkeit abgesprochen werden (ders:162-165). Nach einer 1996 von der Universität Georgetown durchgeführten Umfrage bei Familienmitgliedern mit erhöhten Genrisiken wurden 13% aufgrund dieses erhöhten Risikos in den USA aus ihrem Arbeitsverhältnis entlassen. Aus einer 1998 von der American Management Association durchgeführten Untersuchung geht hervor, dass 10% aller Arbeitgeber ihre Arbeitnehmer routinemäßig auf eine genetische Veranlagung für Erkrankungen testen, und dass diese Zahl weiter zunimmt (EGE 2003:11). Wenn die Genetik jedoch statt dessen genutzt würde, Vielfalt zu verstehen und gezielt zu fördern, könnte sie z.B. zu einer wesentlich gezielteren pädagogischen Förderung beitragen. Ein Beispiel hierfür ist die Legasthenie, bei der genetische Faktoren eine starke Rolle spielen und eine Aufklärung könnte dazu beitragen, solche Kinder frühzeitig zu erkennen und zu betreuen statt sie wie bisher erst durch schlechte Noten mit allen Folgen für Kind und Eltern auszusondern (Kaulen 2005:N1 Gartner 2006b:51). Die Studien des Massachuessets Institute of Technology MIT lieferten umstrittene Hinweise, dass die Unterschiede in den Genen *über die Art des Denkens* bestimmen könnten und zwar auch zwischen Jungen und Mädchen für Leistungen wie Sprachen, Lesen und Rechnen (Brink 2005:33). In den USA wurden in Gehirnscans signifikante geschlechtsspezifische Unterschiede zwischen Hirnregionen gefunden, die sich auf Gedächtnisleistung und Stressbewältigung auswirkten und postuliert, dass dies evtl. auch den geringeren Frauenanteil in den Naturwissenschaften erklären könnte (Cahill 2006:29-35). Dies wird jedoch von der feministischen Forschung bestritten, derartige Argumentationen dienten einem Biologismus, der gesellschaftliche Ungleichbehandlung von Männern und Frauen naturwissenschaftlich zu rechtfertigen versuche (Schmitz 2006:51; von Bredow 2007:142)[61].

---

[61] Die auf gesellschaftliche Ursachen abstellende These der Soziologin Koppetsch, dass Frauen in Fächer wie Germanistik strömten, weil sie wüßten, dass sie keine Familie, höchstens sich selbst ernähren müßten, ist jedoch nicht minder umstritten (Brandt et al. 2006:37). Gehirnscans werden nun auch für Lügendetektion verwendet (Binder:2006:33, Stix 2008).

Es gibt darüber hinaus schon lange eine *soziobiologische* Richtung, die Verhalten mit dahinterliegenden biologischen Zwecken zu erklären versucht. Die Gene fungieren hier jedoch nur als plausible Erklärungsfigur, bei der z.B. der Mensch die Handlung x vollführt, um seine Fortpflanzungschancen direkt oder indirekt zu erhöhen, während die Verhaltensgenetik versucht, *vom Konstrukt zum empirischen, schließlich molekularen Befund* durchzudringen. Dies ist zwar auch erst in Ansätzen gelungen, aber könnte möglicherweise angesichts der laufenden Auswertung der Ergebnisse des Humangenomprojektes, bei der sich z.B. allmählich ein Zusammenhang zwischen Alkoholismus und der biologischen inneren Uhr (einem Glutamat-Neurotransmittersystem) herausschält, bald weitere Fortschritte machen (Lenzen-Schulte 2004:N2). Zum gegenwärtigen Zeitpunkt ist es *noch nicht möglich*, eine dieser Theorien schlüssig zu beweisen oder zu widerlegen, jedoch zeigt dieser Diskurs ebenso wie der Risikodiskurs wie bei den „aggressiven Embryos" *Wirkung auf die politische Agenda.* Deshalb ist eine kritische Begleitung dieser Debatten durch die Politik- und Sozialwissenschaften erforderlich[62].

3.4.7 Genetischer Fingerabdruck

Obwohl die verhaltensgenetische Debatte in Deutschland nicht bzw. nicht offen geführt wird, gibt es eine weitverbreitete Furcht, die Gene könnten doch etwas über das Verhalten aussagen, nämlich im Rahmen der Anwendung des genetischen Fingerabdrucks. Ein Teil des Widerstandes gegen den genetischen Fingerabdruck als kriminologisches Instrument rührt von der Angst her, dass dieser zusätzliche Rückschlüsse auf die Persönlichkeit erlauben könnte. Dies ist jedoch ein *Mißverständnis*, denn der genetische Fingerabdruck analysiert nicht die Gene des Menschen, sondern die 'junk DNA', also jene Teile des menschlichen Erbgutes, die außerhalb der Gene liegen.

Die Einzelheiten sind im DNA-Identitätsfeststellungsgesetz geregelt (DNA 2000), das zunächst im wesentlichen einen Richtervorbehalt für genetische Testung und die Beschränkung auf 41 schwere Straftaten mit Löschung nach einigen Jahren

---

62 Eine andere sich entwickelnde Diskussion fragt nach der Biologie menschlicher Bindungen, wobei das vertrauenfördernde Hormon Oxytocin im Zentrum der Debatte steht (Heier 2006:71). Die Fähigkeit, menschliches Verhalten interpretieren zu können, scheint von sog. Spiegelneuronen abzuhängen, deren Funktion z.B. bei Autismus beeinträchtigt ist (Ramachadran/Oberman 2007:43ff.).

vorsah (Graupner 2005:6). Die Beschränkung auf schwere Straftaten wie auch der Richtervorbehalt war in den Augen der Kritiker der Regelung unlogisch, da dieses Verfahren nicht nur geeignet ist, Straftäter zu finden, sondern auch eine hohe *Präventivwirkung* auf Wiederholungstäter hat, die dadurch entsteht, dass ein einmal erfaßter Straftäter immer damit rechnen muß, sich bei neuen Straftaten durch winzigste DNA-Spuren zu verraten (vgl. auch Feldenkirchen et al. 2005:48-50). Die Gegner einer erweiterten Regelung fürchten jedoch einen *Türöffnereffekt* in Richtung weitergehender Erfassung genetischer Daten, weshalb eine Bundesratsinitiative im März 2005 erfolglos blieb, während in Großbritannien, Schweden und den Niederlanden die Schwellen bereits deutlich niedriger liegen (Carstens 2005:10; Rost 2005:6).

Der Übergang von der junk-DNA zur Analyse 'richtiger Gene' würde die Durchschlagskraft des Fingerabdrucks noch weiter erhöhen, z.B. für die Hautfarbe des Täters, die über das OCA-Gen ermittelbare Augenfarbe, die Analyse des Y-Chromosoms erlaubt schon eine hohe Wahrscheinlichkeit festzustellen, ob ein Opfer oder Täter z.B. Italiener oder Pole ist (Baier 2005a:6; Zinkant 2005:63). Gelinsky (2005:8) verweist darauf, dass der DNA-Beweis in Amerika zahlreiche Fehlurteile korrigiert hat, weshalb US-Präsident George Bush diese Maßnahmen fördert. Dieser Befürworter-Argumentation hat sich die CDU/SPD-Koalition dann angeschlossen, indem sie die Schwellen im November 2005 deutlich gesenkt hat, Schwerverbrecher und Sexualverbrecher können nun bereits *vorsorglich* zum genetischen Fingerabdruck gezwungen werden (FAZ 2006a:2). Aber die diskutierte Forderung, Hooligans schon *vor* der Fußballweltmeisterschaft 2006 genetisch fingerzuprinten, zeigt, dass auch die Kritik eines Türöffnereffekts nicht ganz unberechtigt war (ebenda)[63]. Inzwischen hat sich bereits soviel DNA-Material angesammelt, dass die Kriminalpolizei nicht mehr mit der Aufarbeitung nachkommt (Truscheit 2007:9).

Eine praktische Konsequenz der Debatte ist das Gendiagnostikgesetz (GenDG), das seit dem 01.07.2008 als Regierungsentwurf vorliegt und das neben dem Recht auf Aufklärung und Beratung (informed consent) auch das Recht auf Nicht-Wissen

[63] Die Anwedungen von DNA-Tests reichen immer mehr in die Industrie hinein, so z.B. zur Identifzierung von Wolle in Pullovern, der Zuordnung von Hundehäufchen zu den jeweiligen Hunden oder der Einfügung künstlicher DNA in Produkte zur eindeutigen Kennzeichnung (Hagen 2007:A3, Spiegel 2007b:137).

ausdrücklich festschreibt. Die Verwendung gendiagnostischer Ergebnisse im Arbeitsrecht und im Versicherungswesen soll eng begrenzt werden, zumindest bis zu einem Versicherungswert von 250.000 Euro (BMG 2008a, BMG 2008b:6-7, BMG 2008c:18). Um die sicher unvermeidlichen Auslegungs- und Umsetzungsprobleme in den Griff zu bekommen, soll eine ständige Gendiagnostik-Kommission errichtet werden.

3.4.8 Alternativen zum Diskurs?

Es gibt auch drei Alternativen, mit denen man den Weg über den Diskurs und die Überzeugungsarbeit im politischen System übergehen kann, nämlich die Klage vor Gericht, um eine Entscheidung zu erzwingen, den Konsumentenboykott, um die Industrie auch ohne Gesetz zum Nachgeben zu zwingen und die Verkleinerung der Diskursthemen durch Regelung unstrittiger Teile einer Materie.

Die Diskussion in der USA wird auf andere Weise geführt als in Europa, denn das amerikanische Recht eröffnet die Möglichkeit zu Musterklagen, deren Ergebnis vom Gesetzgeber faktisch nicht übergangen werden kann. Auf diese Weise werden die Akteure auf formalisiertem Wege gezwungen, die Argumente miteinander auszutauschen, es ist in dem Falle nicht mehr möglich, unerwünschte Argumente oder Kritik einfach zu überhören. In solchen Situationen nicht auf die Kritiker zu reagieren, wäre fatal, weil man dadurch seine Position vor Gericht nur schwächt. Umgekehrt führt das Gerichtsurteil zu einer öffentlichen *und verbindlichen* Abwägung und Klärung der Argumente, die nicht ohne Rückwirkung auf den Diskurs bleibt. In Europa und speziell in Deutschland besteht diese Möglichkeit nicht, so dass sich die Diskussion je nach Thema theoretisch jahrelang ergebnislos im Kreis drehen könnte. Die Möglichkeit der Klage verbaut dem Gesetzgeber auch die Möglichkeit zur *Non-decision.* Klagen wurden unter anderem wegen der Kennzeichnungspflicht genetisch veränderter Lebensmittel, und gegen Getreide mit dem Bt-Gen wegen der Gefahr von Resistenzbildungen geführt (Vogt/Paarish 2001:20).

Die Furcht vor einem Konsumentenboykott hat einige Handelsunternehmen dazu bewogen, keine gentechnisch veränderte Nahrung anzubieten oder zu verwenden, z.B. *McDonalds* oder *Heinz*. Die psychologische Wirkung solcher Maßnahmen ist nicht zu unterschätzen, denn sie macht auch Bürger, die der Materie neutral oder desinteressiert gegenüberstehen, auf das politische Problem aufmerksam. Zudem verkleinert jeder erfolgreiche Produktboykott den Markt für die neuen Produkte und sichert zugleich den Fortbestand der alten Produkte. Verbraucherschutz-organisationen können so zu politisch relevanten Akteuren werden.

Bei den Stammzellen haben weder in Europa noch in den USA die übergeordneten Ebenen das Heft in der Hand: Das Stammzellenrecht ist *noch* Sache der Nationalstaaten in der EU und Angelegenheit der Bundesstaaten in den USA. Dennoch versuchen die übergeordneten Ebenen auf beiden Seiten des Atlantiks den heterogenen Diskurs an sich zu ziehen und *durch Herausbrechen der ethisch unstrittigen Materien* und deren Übergabe an die EMEA und die FDA das Heft in die Hand zu bekommen. Auch die US-Behörden haben an der einen oder anderen Stelle auf den Diskurs reagiert. Obwohl der sogenannten Star-Link-Vorfall, bei dem gentechnisch verändertes Material außerplanmäßig in andere Lebensmittel geriet, keine medizinische Folgen hatte, nahmen die Behörden von weiteren Zulassungen dieses Produkttypus Abstand. Auf die Kritik von *Greenpeace*, dass Insekten widerstandsfähig gegen das insektentötende *Bt-Gen* werden könnten, reagierten die Behörden mit der Einführung von Insektenresistenz-Management-Plänen. Die Vorstellung, dass nur Europa Diskurse führt und darauf reagiert, während die US-Behörden vor allem die Industrieinteressen vertreten, ist nicht haltbar.

3.5 Zwischenergebnis

Die Verflechtung der ethischen, politischen und rechtlichen Diskussion ist wie gezeigt nicht unproblematisch, hat jedoch den Vorteil, dass ethische Bedenken zumindest in diesem Politikfeld nicht auf appellativem Niveau verbleiben, sondern auch konkrete Auswirkungen auf die rechtliche und politische Gestaltung haben. Ethischer Diskurs und gesellschaftliche Mitwirkung sind also von praktischer Bedeutung, die EU agiert hier nicht auf wirtschaftlich-technische Interessen begrenzt. Der Dissens in vielen ethischen Fragen darf einen Gesetzgeber nicht daran hindern, Sachverhalte gesetzlich zu regeln, auch wenn dies in praxi zu einer Ansammlung unterschiedlichster nationaler Regeln in der EU geführt hat (vgl. Geisler 2004:51). Die EU versucht die Debatte mit wachsendem Erfolg an sich zu ziehen, verfolgt damit aber Ziele, die weit über die Biotechnologie hinaus reichen.

Der Versuch der EU, über die Felder Recht, Ethik und Kultur einen normativen Überbau zu errichten, bedürfte dringend einer weitergehenden politikwissenschaftlichen Analyse, die Debatte über die europäische Ethik steckt jedoch noch in den Anfängen.

Die möglichen sozialen Auswirkungen der Biotechnologie stellen eine große Herausforderung für die Sozialwissenschaften dar, da insbesondere die wachsenden gendiagnostischen Möglichkeiten Einfluss auf die Sozialsystem insgesamt wie auch auf die soziale Stellung des Einzelnen haben könnten. Der allumfassende Genchip und das Tausend-Dollar-Genom weisen in die Richtung des gläsernen Menschen, wobei noch völlig offen ist, wie die Menschen reagieren, denn die Gentestung bietet vermutlich auch große Präventionschancen. *Ähnlich wie die Technologie ist auch der Diskurs nicht linear, so dass auch er letztendlich ergebnisoffen ist.*

Die Debatte auf diesem Gebiet ist im Vergleich z.B. zu der ethischen Debatte, aber auch im Vergleich zu der Risiko- und Innovationsdebatte in Deutschland noch schwach entwickelt. Eine *aktive* und kritische Begleitung der Entwicklung erscheint daher notwendig. Es wurde abschließend gezeigt, dass der Diskurs nicht alles ist, es gibt auch andere Möglichkeiten, wie Gerichtsklagen, Konsumentenboykotts oder eben das Herausbrechen unstrittiger Materien aus einem Themenkomplex, um den Diskurs auf diese Weise zu ‘verkleinern’.

4. Der Wandel der Gesetzgebung in der Biotechnologie

4.1 Einführung

Die europäische Regulierungsphilosophie wird vom Vorsorgeprinzip (*precautionary principle*) dominiert, d.h., die Markteintrittshürden für die Zulassung neuer Produkte sind vergleichsweise hoch. Dafür halten sich die haftungsrechtlichen Auswirkungen in Grenzen, wenn jemand durch ein zugelassenes Produkt einen Schaden erleidet (vgl. EU 2000b, FSI 2004:IXf.). In der EU wird das *Precautionary Principle* so gehandhabt, dass es *bewußt* auch über die wissenschaftliche Evidenzlage *hinausgeht* und auch *potentielle* Gefahren in Betracht zieht, was in den USA ebenso bewußt ausgeschlossen wird (EG 2004g:10).

Die amerikanische Regulierungsphilosophie ist, wie es die Amerikaner selber sehen, mehr '*scientific-based*', d.h. wenn nach dem Stand der Wissenschaft zum Zeitpunkt der beantragten Zulassung keine relevanten Risiken erkennbar sind, ist die Zulassung zu bejahen. Der oberste Gerichtshof der USA hat 1980 in der 'Benzine decision' festgestellt, dass ein signifikantes Risiko gezeigt werden muß, *bevor* ein regulativer Eingriff erfolgt. Die Nationale Akademie der Wissenschaften hat 1983 dieses in einem Handbuch weiter präzisiert (EU 2004j). Andererseits sind die haftungsrechtlichen Folgen, wenn jemand durch ein zugelassenes Produkt einen Schaden erleidet, in den USA erheblich größer. Dies ist auch durch das Prinzip der *punitive damage* bestimmt, nach der nicht nur der entstandene Schaden zu ersetzen ist, sondern eine für den Schädiger 'spürbare' Geldsumme zu bezahlen ist.

Die USA ist sich der Relevanz der Risikodebatte in der EU vollauf bewußt und führt diese als wichtiges Argument gegen die europäische Linie an (USEU 2004): „The U.S., which defends a science-based approach to risk management, does not recognize an overriding precautionary principle, fearing that it could be subject to political pressure or, if taken to extremes, harm technological innovation." Die Einbindung des soziopolitischen Kontexts in das Precautionary Principle wird also von den USA als zu umgehendes Hindernis begriffen, weil es Raum für politischen Druck öffnet (Renn/Dreyer/Klinke/Losert 2002:1-19). Bandelow (2001:302) konstatiert die Quadratur des Kreises, der auch die Innovationspolitik unterliegt: Sicherheitsbehörden sollen gleichzeitig rechtsstaatlich sein, aber günstige Rahmenbedingungen setzen, Technikakzeptanz fördern und doch Risiken minimieren, evtl. sogar politisch steuern.

4.2 Grundlagen

4.2.1 Mehrebenensystem der Gesetzgebung

Die rechtlichen und organisatorischen Rahmenbedingungen der Biotechnologie lassen sich nach Ebenen und Sachgebieten gliedern. Nach Ebenen lassen sich internationale Verträge, europäisches Recht und nationales Recht unterscheiden.

Internationale Verträge und Organisationen: Dabei handelt es sich um bilateral oder multilateral geschlossene Verträge, die nach Ratifizierung durch das nationale Parlament bindenden Charakter tragen. Hierzu gehören u.a. das Patentabkommen *Trips*, der Welthandelsorganisation WTO und die Konvention von Oviedo des Europarates.

Europäisches Recht: Hierunter wird im engeren Sinne das Gemeinschaftsrecht der Europäischen Union verstanden, es können aber auch im Rahmen des Europarates bindende Vereinbarungen getroffen werden. Formal wird in der EU primäres und sekundäres Gemeinschaftsrecht unterschieden. Als primäres Gemeinschaftsrecht wird das von den Mitgliedsstaaten selbst geschaffene Recht, d.h. die Inhalte der Gründungsverträge, einschließlich ihrer Anhänge, Protokolle sowie deren Ergänzungen und Änderungen bezeichnet. Dieses Recht bildet die Grundlage und den Rahmen für die Arbeit der EU.

Nationales Recht: Als weitere Rechtsebene gibt es das nationale Recht mit Gesetzen und Verordnungen, Beispiele hierfür wären z.B. das deutsche Arzneimittelgesetz (AMG) (AMG 2005). Zusammenfassend kann man von einem nicht-hierarchischen Mehrebenensystem mit den Ebenen der internationalen Regime, der EU, der Nationalstaaten und der Regionen sprechen, wobei auf diesen Ebenen jeweils auch politische Parteien, Verbände, Unternehmen und ganz allgemein Nicht-Regierungsorganisationen (NGOs) agieren. Die Ebenen sind zwar miteinander rechtlich, personell und materiell miteinander verflochten, aber die Ressourcenkontrolle der jeweils nachgeordneten Ebene ist unvollständig. Interessenkonflikte bestehen dabei nicht nur zwischen diesen horizontalen Ebenen, also z.B. Nationalstaat versus EU, sondern auch vertikal (sektoral) zwischen den Politikfeldern, man denke zum Beispiel an die ständigen Spannungen zwischen wirtschafts- und sozialpolitischen Zielsetzungen, die sich durch alle Ebenen hindurchziehen.

4.2.2 Die Europäische Union

Die EU wird durch das Zusammenspiel von Europäischem Rat, EU-Ministerrat, Europaparlament (EP) und der EU-Kommission gesteuert, wobei die EU-Kommission einem zur Zeit in 20 Generaldirektionen (Directorate Generale DG) gegliederten Beamtenapparat mit ca. 21.000 Beamten vorsteht (vgl. Kohler-Koch/Conzelmann/Knodt 2002:95-112). Formal kann im ersten Schritt primäres und sekundäres Gemeinschaftsrecht unterschieden werden. Als primäres Gemeinschaftsrecht wird das von den Mitgliedsstaaten selbst geschaffene Recht, d.h. die Inhalte der Gründungsverträge, einschließlich ihrer Anhänge, Protokolle sowie deren Ergänzungen und Änderungen bezeichnet (vgl. Münk 2002:91). Dieses Recht bildet die Grundlage und den Rahmen für die Arbeit der EU. Sekundäres Gemeinschaftsrecht entsteht durch die Rechtsetzung der leitenden EU-Organe und dient der Angleichung nationaler Vorschriften zur Realisierung des Gemeinsamen Marktes, wobei es verbindliches europäisches Recht in Gestalt von Verordnungen, Richtlinien und Entscheidungen und unverbindliche Entschließungen, Erklärungen und Aktionsprogramme gibt.

Tabelle 12: Europäische Rechtsakte

Verbindliches europäisches Recht			
	Verordnungen (Regulationen)	**Direktiven (Richtlinien)**	**Entscheidungen (Decisions)**
Rechts-wirkung	Unmittelbares, supranationales Recht	Müssen in nationales Recht umgesetzt werden	Verbindliche Einzelfallregelung
Formal unverbindliche europäische Maßnahmen			
	Entschließungen	**Erklärungen**	**Aktions-programme**
Urheber	Europäischer Rat, Rat der EU, EP	1. Erklärungen des Rates 2. Erklärungen von Teilen des Rates	Rat oder Kommission
Inhalt	Gemeinsame Auffassungen und Auffassungen zu politischen Fragen bzw. Fragen der Integration	Grundsatzfragen (z.B. Grundrechte) Auslegung von Ratsbeschlüssen	Konkretisierung politischer Vorhaben

Die EU-Kommission überwacht die Durchführung des EU-Rechts durch die Nationalstaaten; die Generaldirektionen wiederum sorgen für die Durchführung von EU-Programmen im politischen Alltag. Im Bereich der Biotechnologie fanden sich 2004 die folgenden Zuständigkeiten:

Tabelle 13: Zuständigkeiten in der EU für Biotechnologie

Generaldirektion	Zuständigkeit
Directorate-General XI: Environment, Nuclear Safety and Civil Protection	Allgemeine Gesetzgebung
Directorate-General III: Industry Directorate-General VI: Agriculture	Spezielle, produktbezogene Gesetzgebung
Directorate-General VII: Transport	Sicherer Transport gentechnischer Organismen
Directorate-General XII: Science, Research and Development	Forschung und Entwicklung
Directorate-General XXIV:Consumer Policy and Consumer Health Protection - Scientific Committee on Plants	Pflanzen für menschliche oder tierische Ernährung und Begleitprobleme (z.B. Pestizide)

In der Generaldirektion „Industrie und Unternehmen", wie sie inzwischen heißt, sind in der Abteilung Konsumgüter die beiden Referate „Arzneimittel" und „Wettbewerbsfähigkeit in der Pharmazeutischen Industrie und Biotechnologie" errichtet worden, letzteres befaßt sich unter anderem auch mit den Kosten innovativer Arzneien (Atzor 2007:42ff.).
Die EU hat von der Möglichkeit, auf dem Verordnungswege nachgeordnete Agenturen zu errichten, in der roten und grünen Biotechnologie Gebrauch gemacht, nämlich durch die Arzneimittelbehörde EMEA, die explizit auch für biotechnologische Medikamente zuständig ist und die European Food Safety Agency EFSA für die grüne Biotechnologie.

4.2.3 Der Europarat

Der Europarat ist eine von der EU unabhängige Arbeitsgemeinschaft der europäischen Staaten, die von vornherein für alle europäischen Staaten gedacht war. Im Rahmen der Sitzungen der Mitgliedsstaaten werden europarelevante Themen aus verschiedensten Politikbereichen behandelt und gemeinsam Vereinbarungen getroffen, die dann für beteiligten Staaten bindend sind. In der Reichweite der Beschlüsse zwischen Europäischer Union und Europarat gibt es erhebliche Unterschiede: Während der Europarat zwischenstaatliche Zusammenarbeit von Regierungen betreibt, ohne nationales Recht durch eigene Entscheidungen ersetzen zu können, kann die Europäische Union in den Bereichen, die im EU-Vertrag aufgenommen wurden, eigenes Recht an die Stelle von nationalem Recht setzen.

Der Europarat hat ein wesentlich geringeres Budget als die EU, er verfügt jedoch wie die EU über einen institutionellen Unterbau, der zur Zeit etwa 1300 Beamte umfaßt (COE 2003). Bei der Themenwahl und den Konzepten zeigen Europarat und EU Parallelen, durch ein Kooperationsabkommen sowie ständige formalisierte Abstimmungen mit der Europäischen Union werden Synergieeffekte erreicht und Doppelarbeit vermieden. Der Europarat ist gegenüber der EU die politisch ältere und von der Zahl der Beteiligten weitreichendere Institution, wegen der Überlappungen mit dem verbindlichen EU-Recht und dem deutlich geringeren Budget hat er für die EU-Staaten für die hier untersuchten Fragen nur eine nachrangige politische Bedeutung. In der Biopolitik ist der Europaratsbeschluss zur Konvention von Oviedo bedeutsam, der weiter unten näher vorgestellt wird.

4.3 Das Patentrecht als umfassender Rechtsrahmen

4.3.1 Einführung

Die Politik zum geistigen Eigentum, dem Intellectual Property Rights (IPR), umfaßt Patente, Copyright, Design und den Marken-/Gebrauchsmusterschutz, wobei biopolitisch die Patente von besonderer Relevanz sind und deshalb im Zentrum der Betrachtung stehen werden. Am Anfang der industriellen Biotechnologie stand die Patentrechtsreform der USA von 1980. Das Patentrecht spielt hier in vieler Hinsicht eine maßgebliche Rolle, historisch, wissenschaftlich, politisch, ökonomisch und ethisch. Es ist das Paradebeispiel dafür, dass in der Biotechnologie auf mehreren, nicht hierarchisch verbundenen Ebenen regulative Politik betrieben wird, die EU somit nicht die vollständige Kontrolle hat und dies zum Teil zu überlappenden und/oder konkurrierenden Regimes führt (vgl. Bogdandy 2005:16). Wie zu zeigen sein wird, hat die EU versucht, das biotechnologische Patentwesen in den Griff zu bekommen, ist aber im wesentlichen *gescheitert*. Die Arzneimittelagentur EMEA hat jedoch Marktexklusivitätsregeln geschaffen, die in der Summe einem Patent durch die Hintertür gleichkommen. Die folgende Tabelle zeigt die politischen Ebenen und die wichtigsten Regularien, die nachfolgend besprochen werden.

Tabelle 14: Mehrebenensystem des Patentrechts

Akteur	Gesetz/Regime	Besonderheiten
UNO (World Intellectual Property Organisation WIPO)	Internationales Patentschutzübereinkommen (Patent Cooperation Treaty PCT)	Ältestes Übereinkommen
WTO (Welthandelsorganisation World Trade Organisation)	TRIPS-Abkommen	Anerkennung von Pharmapatenten durch Entwicklungsländer bei Möglichkeit zur Zwangslizenz
USA (US Patent Office USPTO)	US-Patentrecht	Kennt Neuheitsschonfrist (grace period) und vorläufigen Antrag (provisional application)
Europäisches Patentamt (EPA) = European Patent Office EPO	Europäisches Patentübereinkommen (EPÜ) = European Patent Convention	Zentralisiertes Verfahren
EU (Europäische Union)	Euro-Patent (gemeinschaftsweites Patent; bisher nicht realisiert) Lizenzregelungen (Technology Transfer Block Exemption TTBER) Biopatentrichtlinie	Biopatentrichtlinie wurde national heterogen umgesetzt
EMEA (Europäische Arzneimittelagentur)	Markteintrittssperren: Orphan Drug Regulation Schutzzertifikat Bolar Provision (8+2+1 Regel) ab 2007 ‚PUMA' (*Paediatric use Market Authorization,* Schutz für Kinderarzneien)	Schaffung von Schutzmechanismen für innovative Medikamente, die denselben Effekt haben wie Patente
Nationalstaaten	Nationale Regeln	Zersplitterung durch unterschiedliche Patentgesetze, unterschiedliche Erteilung von Patenten und zögerliche Umsetzungen von EU-Richtlinien (z.B. Biopatentrichtlinie, Copyright-Richtlinie)

Im Patentrecht wie auch der Forschungspolitik ist die Biotechnologie nur ein *Teilproblem*, so dass viele Änderungen und Wandlungen aus Gebieten *außerhalb* der Biotechnologie stammen.

4.3.2 Das internationale Patentrecht

Das internationale Patentschutzübereinkommen (Patent Cooperation Treaty PCT), dem heute 110 Staaten angehören, ist das Kernstück weltweiten Patentrechts mit der gegenseitigen Anerkennung der Patente. Betreut wird das PCT von der World Intellectual Property Organisation WIPO, die seit 1974 eine UNO-Agentur ist und Nachfolgerin der Sekretariate ist, die die ersten Patente, Marken und Urheberrechtskonvention von 1883 (Paris) bzw. 1886 (Bern) betreuten.

Die Welthandelsorganisation WTO bzw. ihr Vorläufer GATT (General Agreement on Tariffs on Trade) hat das TRIPS-Abkommen (Agreement on the Trade related aspects of intellectual property rights; vgl. WTO 2001:1f.) erarbeitet, dessen Herzstück die allgemeine Verlängerung der Patenlaufzeit von 12 auf 20 Jahre ist (PHA 2001). TRIPS Artikel 27.3 läßt Patente auf gentechnisch veränderte Organismen zu. Eine Besonderheit für den Pharmabereich ist, dass Staaten im Falle einer echten Notlage Zwangslizenzen für die Herstellung patentgeschützter Präparate vergeben können, wenngleich der Staat ein Agreement mit dem Patentinhaber anstreben soll (vgl. SZ 2002).

4.3.3 Das Europäische Patentübereinkommen EPÜ

Das Europäische Patentübereinkommen EPÜ (European Patent Convention EPC), das 1977 in Kraft trat, ist die Grundlage der Arbeit des Europäischen Patentamtes, das 1978 seine Arbeit aufnahm (EPA 2003a). Das EPO ermöglicht internationale Patentanmeldungen im Rahmen des internationalen Patentschutzabkommens PCT mit einem einheitlichen, vereinfachten Verfahren. Für Europa gibt es ein zentralisiertes Verfahren, bei dem für bis zu 27 Ländern gleichzeitig ein Patent angemeldet und erteilt werden kann. Nach der Prüfung der Patentanmeldung folgt die Erteilung oder Zurückweisung mit Beschwerdemöglichkeit für den Antragsteller und Anfechtungsmöglichkeit für Betroffene. Patente können im Zuge dieses Verfahrens ggf. modifiziert oder gar widerrufen werden.

Wichtige Vereinbarungen zum EPO erfolgen über Diplomatenkonferenzen, bei der Konferenz 2000 waren 20 Mitgliedsstaaten, 12 Beobachterstaaten, die WIPO und 11 Nichtregierungsorganisationen zugegen (EPO 2000). Die Zahl der Mitgliedsstaaten wächst ständig, es ist jedoch *keine* EU-Organisation. Im Kern gilt im allgemeinen europäischen Patentrecht, dass Erfindungen (*nicht* Entdeckungen), die nicht naheliegend, also 'neu' sind, und gewerblich anwendbar sind, patentierbar sind, wobei sich Erfindungen auf Erzeugnisse, Verfahren oder Anwendungen beziehen können (vgl. auch Vossius/Grund 1996:A2384). Man kann daher Erzeugungspatente, bei denen die Substanz (oder Komponenten) geschützt ist, von Verfahrenspatenten, bei denen das Herstellungsverfahren (oder eine spezielle Galenik) geschützt ist und Verwendungspatenten, bei denen die Anwendung der Substanz geschützt ist, unterscheiden (VFA 1998:13). Eine heftige Debatte löste die Patentierung der sogenannten *Harvard Oncomouse*, einer gentechnisch veränderten Maus für Krebsstudien aus. Dieses Patent wurde nach Anfechtung in modifizierter Form aufrechterhalten, bei dieser Gelegenheit wies das EPO darauf hin, dass das EPÜ die Patentierbarkeit solcher Organismen nicht verbietet (Siehoff 2007a: 56-57). Das EPO kann also ungeachtet der EU eine Schrittmacherfunktion in Richtung Patentierung von gentechnisch veränderten Organismen wahrnehmen. Die Verabschiedung der Biopatentrichtlinie durch die EU berührt das EPO zwar indirekt über die Mitgliedsstaaten, hat aber *keine Bindungswirkung* oder Änderung des EPÜ zur Folge, es heißt in Regel 23b der Ausführungsverordnung EPÜ-AO seit 1999 lediglich: „Die Richtlinie 98/44/EG vom 6. Juli 1998 über den rechtlichen Schutz biotechnologischer Erfindungen ist hierfür *ergänzend* heranzuziehen". Das EPO hat auch auf dem Gebiet der in der EU so umstrittenen Softwarepatente schon in großem Maßstab Tatsachen geschaffen, mehr als 30.000 softwarebezogene Patente wurden bereits erteilt (Kafsack 2005:15; Siehoff 2007b:66-67). Das EPO bemüht sich in Zusammenarbeit mit den USA und Japan um ein trilateral vereinheitlichtes Patentverfahren (EPO 2001), zudem soll eine Vereinbarung über Gerichtsstandsvereinbarungen, das European Patent Ligitation Agreement EPLA, Prozesse vereinfachen und verbilligen (FAZ 2006h:17). Die Einnahmen und das Know-How des EPO haben jedoch Begehrlichkeiten geweckt, Finnland, Österreich, Schweden und Spanien wollten dem EPO 2006 in einer Initiative Kompetenzen entziehen, wogegen sich die Industrie und Forschung heftig zur Wehr setzten (Balser 2006:23). Zur Zeit ist das eigentlich schon 2000 beschlossene Londoner Protokoll, nach dem nur noch die Sprachen Englisch, Deutsch und Französisch für ein Patent ausreichen sollen, um so die Übersetzungskosten zu sparen, wieder in der Diskussion, wobei die EU überlegt, diesem Protokoll einfach beizutreten, um die gemeinschaftsinternen Regelungsprobleme zu umgehen (FAZ 2006h:17).

Die EU verfügt nicht über die notwendigen Instrumente, um die IPR-Politik in ihrem Sinne steuern zu können, was jedoch nötig wäre, um eine effektive Innovationspolitik zu betreiben. Verschärft werden die Probleme durch eine in Augen der Kritiker intransparente administrative Praxis bei der Patenterteilung des EPO, durch die an der EU vorbei vollendete Tatsachen geschaffen würden (Nuffield 2002:12).

4.3.4 Das US-Patentrecht

Die USA sind patentrechtlich weltweit die Schrittmachernation: Die generelle 20 jährige Schutzfrist für Neuerungen wurde von den USA gefordert und im TRIPS-Abkommen durchgedrückt, in der WTO hat die USA insbesondere auf China massiv Druck ausgeübt, die Bindungswirkungen von Patenten zu akzeptieren. Auch in der Biotechnologie hat die USA alle wesentlichen Patentregeln eingeführt. 1981 hat Ananda Chakrabarty das U.S. Pat. No. 4,259,444 für ein gentechnisch verändertes Bakterium erhalten, das Öl abbauen konnte. In einer knappen 5 zu 4 Richterstimmen-Entscheidung stellte das oberste Gericht der USA 1980 zuvor fest, dass "anything under the sun that is made by the hand of man" patentfähig ist (Bio 2004g; Biojudiciary 2004). Im selben Jahr trat der Bayh-Dole-Act in Kraft, durch den Universitäten und öffentliche Einrichtungen Patente erwerben durften (Nuffield 2002:4). Dies war die Geburtsstunde der Biotech-Industrie und bewirkte zugleich den Zerfall der offenen Universitätskultur (ders.:5). Ähnlich wie im Europäischen Recht sind auch Naturprodukte patentfähig, wenn dies aufgereinigt und funktionell eindeutig charakterisiert wurden. Schon 1988 wurde die Harvard Oncomouse patentiert, eine gentechnisch veränderte Maus für Krebsstudien (Patent 4,736,866).

Das Europäische Technologiebewertungsnetz (ETAN 1999) hat sich mit der Quadratur des Kreises aus notwendigem Wissenstransfer und Bedrohung durch Know-How-Diffusion befaßt und kam zu dem heute in der EU und den USA mehrheitlich anerkannten Ergebnis, dass man den Wissenstransfer benötigt, aber durch eine geeignete Politik zum Schutz geistigen Eigentums (Intellectual Property Rights IPR) die ökonomischen Vorteile aus einem Innovationsvorsprung zunächst erst mal demjenigen sichern kann, der dieses Wissen in die Kommunikation einspeist. Ungeachtet aller politischen Konflikte ist zwischen den Akteuren unstrittig, dass Wissen die Schlüsselressource einer zukunftsorientierten Politik darstellt. Daraus folgt jedoch im Umkehrschluss, dass die Aufrechterhaltung des Wissensvorsprunges bzw. seine ökonomische Nutzung unverzichtbar ist. Neben den grundsätzlichen Konflikten zwischen der EU und den USA auf diesem Gebiet kommen noch schwierige Abwägungsprobleme, z.B. wie weit und wie lange ein Schutz ausgerichtet sein soll.

Das US-Patentrecht ist dem Grundprinzip nach dem europäischen Patentrecht sehr ähnlich, d.h. es können Erfindungen patentiert werden, die neu sind (*inventive*, was meint, dass es sich nicht ohnehin offensichtliche Sachverhalte handelt) und die eine praktische Anwendung, die *utility*, besitzen. Bei der utility ist das US Patent Office (USPTO) jedoch in praxi nicht restriktiv, d.h. es werden auch Patente für *theoretisch denkbare* Anwendungen zugelassen. Überdies können anders als in Europa auch diagnostische Verfahren patentiert werden (Nobbe:2005:31).

Zwei Verfahrensbesonderheiten, die mittlerweile auch als Reformansatz für das europäische Patentrecht erörtert werden, sind zum einen seit 1995 die *provisional application*, d.h. die Möglichkeit, formlos einen Antrag einzureichen und den vollständigen, formgerechten Antrag binnen eines Jahres nachzureichen. Dies ermöglicht auch juristisch schwächer ausgerüsteten Firmen, ihr Patent rasch geltend zu machen (VDI 2001:27).

Die zweite Besonderheit ist die Neuheitsschonfrist (*grace period*), bei der bis ein Jahr nach Veröffentlichung ein Patentantrag nachgereicht werden kann, z.B. weil sich die praktische Anwendung eines Sachverhaltes erst nach der Veröffentlichung zeigt. Bis 1978 hatte es eine solche Regelung in Deutschland schon gegeben, sie wurde aber wieder gestrichen (VDI 2001:15). Deutschland und Europa haben immer noch den absoluten Neuheitsbegriff, es darf in strikten Ausnahmefällen vorher publiziert worden sein (VDI 2001:25).

Eine dritte US-Besonderheit wurde inzwischen durch eine Reform beseitigt, das sog *U-Boot-Patent*: Dabei konnte ein Patent durch ständig nachgeschobene Informationen noch modifiziert werden, ohne dass eine Veröffentlichungspflicht bestand. Ergebnis war, dass Patente jahrelang verborgen blieben und Firmen plötzlich im Nachhinein von solchen Patenten überrascht wurden. Nun gilt in den USA seit März 2001 wie in Europa eine Veröffentlichungspflicht und zwar nach spätestens 18 Monaten (VDI 2001:31).

Die USA haben ihr Patentwesen einigen wichtigen Reformen unterzogen, z.B. durch Klarstellungen bei der Veröffentlichungspflicht oder auch strengeren Anforderungen an die Klärung der Funktion von Genen, die zum Patent eingereicht werden (Im Jahre 2001). Diese Reformen zeigen an, dass auch die USA selber nicht an einer Überbelohnung von Patentinhabern interessiert ist. Die USA verweisen auch auf den empirischen Befund, dass erst die Patentgesetzgebung im Biotechnologiebereich seit 1980 die Entstehung der heutigen Biotechindustrie möglich gemacht hat, unmittelbar nach den Gesetzesänderungen lagen die Anfänge der heutigen großen Biotechfirmen. Demzufolge haben Patente hier ihren wissenschaftsfördernden und anreizbildenden Effekt unter Beweis gestellt. Kaube verweist jedoch auf ein Nachlassen der Innovationskraft in der US-Softwareindustrie mit zunehmender Patentierung (Kaube 2005:76). Schließlich jedoch gelten die Neuheitsschonfrist und die bereits beschriebene vorläufige Einreichung, bei der Firmen später den vollen Antrag nachreichen können, in der europäischen Diskussion als vorbildliche Regelungen, die gerade auch 'kleine' Erfinder stützt, die ohne eine starke Rechtsabteilung auskommen müssen (SEC 2002:4f. und 22). Patente erfüllen also nützliche Schutz- und Anreizfunktionen, solange sie nicht mit überlangen Fristen oder Aufweichungen des Neuheits- und Erfindungsbegriffes einhergehen. Gerade die Biopatentdebatte zeigt, dass an den Neuheits- und Erfindungsbegriffes aus wissenschaftlichen und wirtschaftlichen Gründen strengste Anforderungen gestellt werden sollten.

4.3.5 Das Patentrecht der Europäischen Union

Im Bereich der Patente hat die EU im Gegensatz zum Urheberrecht und zur Lizenzierung vergleichsweise geringe Fortschritte erzielt. Bei den Patenten selbst bemüht sich die EU seit 1989 um ein gemeinschaftsweit gültiges Patent, das sogenannte *Gemeinschafts- oder Europatent.* Dieses scheiterte bisher regelmäßig, z.B. der Richtlinienentwurf COM(2000)0412, u.a. an der Frage der Übersetzung in die Gemeinschaftssprachen, die Gültigkeit der Übersetzungen und den damit verbundenen Haftungsfragen (EPO 2001). Der Versuch, ein EU-Patentberufungsbericht, das COPAC, zu schaffen, scheiterte schon in den Achtziger Jahren (Straus/Schneider 2004:233ff.).

Für die Biotechnologie wurde eine *Teillösung* entwickelt, die Biopatentrichtlinie.

In der europäischen Patentrichtlinie 98/44/EG hat sich nach langer Diskussion die Auffassung durchgesetzt, dass die komplette Beschreibung eines Gens Grundlage der Produktentwicklung ist und eine patentierbare intellektuelle Leistung darstellt (vgl. Pompidou 1995:69f.); es war bezweifelt worden, ob Gene (DNA/RNA) als Naturprodukte überhaupt patentierbar seien. Der Antragsteller muß in der EU eine technische Lehre vorlegen, d.h. eine von Fachleuten nachvollziehbare Gewinnungsmethode und eine gewerbliche Anwendung erklären können (Straus 2000:32). Wenn die Anwendung nachgewiesen werden kann, kann das patentierte Objekt auch mit der natürlichen Vorlage identisch sein. Die Biopatentrichtlinie wurde nach mehrjähriger heftiger Diskussion 2004 auch in deutsches Recht umgesetzt. Dabei zeigte sich, wie Gesetze durch fortschreitende Erkenntnisse zum Problem werden können: Mittlerweile ist klar, dass ein Gen bei höheren Organismen nicht nur für ein, sondern für mehrere Proteine kodieren kann, so dass die Patentierung der Gensequenz nicht nur die beschriebenen, sondern ungewollt auch alle zukünftigen, noch unbekannten Funktionen mitpatentiert. In der deutschen Fassung wurde klargestellt, dass nicht das Gen, sondern nur die jeweils beschriebene Funktion durch das Patent abgedeckt sind (Dt. Ärzteblatt 2004:A3377). Gleichwohl hat die rechtskräftige Biopatentrichtlinie *keine Bindewirkung* für das Europäische Patentamt. Das Problem 'weicher' Richtlinien hat sich bei der Biopatentrichtlinie in deutlicher Form gezeigt: Die EU-Biopatentrichtlinie wurde auf nationaler Ebene in höchst unterschiedliches Recht gegossen, die nationale Vielfalt, die hier beseitigt werden sollte, ist also wieder da (Schwägerl 2004e:12)[64].

---

[64] Eine weitere Sonderregel für Arzneimittel ist das Schutzzertifikat, das aber für die Biotechnologie bisher keine besondere Bedeutung hat. Am 02.01.1993 trat die Verordnung 1768/92/EWG des Rates über die Schaffung eines ergänzenden Schutzzertifikates für Arzneimittel in Kraft. Dadurch können Hersteller für in der EU zugelassene patentgeschützte Arzneimittel auf Antrag einen um bis zu 5 Jahren gegenüber der Patentlaufzeit verlängerten Schutz erhalten, wobei aber der Gesamtschutz durch Patent und Schutzzertifikat 15 Jahre nach der ersten Zulassung in einem EU-Land nicht überschreiten darf (vgl. Hocks 1992:74). Als Reaktion auf die ständig sinkende effektive Nutzungsdauer der Patente (durch die Forschungs- und Zulassungsdauer) hatten die USA bereits 1984 im Drug Price Competition and Patent Term Restoration Act eine Patentverlängerung ermöglicht, Japan zog 1988 nach (ebd.:75).

4.3.6 Zwischenergebnis

Das Patentrecht der Biotechnologie wurde im Rahmen des allgemeinen Patentrechts weiterentwickelt. Die USA sind seit Jahrzehnten Vorreiter im Patentwesen, mit dem sie in den Augen der Kritiker ihren technologischen Vorsprung zu konservieren versucht.

Die Bestrebungen der EU, die Situation mit der EU-Biopatentrichtlinie unter Kontrolle zu bekommen, werden gleich von zwei Seiten unterminiert, zum einen durch das Europäische Patentamt, das sich nach dem Patentübereinkommen EPÜ richtet und zum anderen die Nationalstaaten, die ihre Patentphilosophien durch nationale Auslegungen der EU-Richtlinie wieder durchsetzen konnten. Wie noch zu zeigen sein wird, versucht die EMEA durch Regelungen, die man als '*kaltes Patent*' bezeichnen könnte, zumindest für die rote Biotechnologie eine eigene informelle Patentpolitik durchzusetzen, die eigentlich nicht zu ihren Zuständigkeiten gehört.

4.4 Die Anfänge und Entwicklung der Biotechnologie-Gesetzgebung

4.4.1 Die Konferenz von Asilomar

Nach den ersten erfolgreichen Gentechnikexperimenten in den USA setzte zunächst die Diskussion über die Gentechnik innerhalb des Wissenschaftssystems ein und erfaßte erst später die breitere Öffentlichkeit. Auslösend war die 1971 gefundene Möglichkeit, Gene auszuschneiden, das Einsetzen von Genen (Rekombination) war dann 1972 soweit entwickelt, dass eine Diskussion begann, die bis 1974 immer mehr zunahm (Regal 2000:3f.) Das Schlüsselereignis dieser Phase war die Konferenz von Asilomar im Februar 1975, bei der Strategien des sicherheitstechnischen Umgangs mit der Gentechnik diskutiert wurden und deren Ergebnisse in den USA, Japan und in Europa in erste Gentechnikrichtlinien einflossen. Die Entwicklung auf dem Gebiet der Gentechnologie veranlaßte 1975 US-Biochemiker und Molekularbiologen, darunter Paul Berg und James Watson, in einem Moratorium den vorläufigen Verzicht auf bestimmte gentechnologische Versuche zu fordern, bis man mehr Erfahrungen mit dieser neuen Methodik und ihren Ergebnissen gemacht hätte (Murray/Kaplan 2001:1; Okhovat/Öller 2000:1f.). Darüber diskutierten im Februar 1975 im kalifornischen Asilomar über hundert

Wissenschaftler mit folgendem Ergebnis: Gentechnologische Experimente mit menschlichen Krebsgenen wurden verboten; Experimente mit potentiellen Krankheitserregern durften nur mit Sicherheitsstämmen, d.h. Mikroorganismen, die besonders von den Laborbedingungen abhängig und daher außerhalb nicht überlebensfähig sind, in besonders eingerichteten Laboratorien durchgeführt werden (Okhovat/Öller 2000:1f.). Die Konferenz von Asilomar trug zu einer ersten Beruhigung der Debatte bei. Obwohl sie nur freiwillige Selbstbeschränkungen enthielt, stießen die Ergebnisse auf positive Resonanz, was Tröhler (2000:1585) auch damit erklärt, dass es damals noch keine nennenswerte Verflechtung der Forschung mit der Industrie gab. Gleichwohl erließ in Amerika das National Institute of Health NIH schon 1976 Richtlinien für die Arbeit mit rekombinanter DNA, die Vorbild für entsprechende BMBF-Leitlinien in Deutschland und andere europäische Staaten waren (vgl. Banelow 1999:91). Die Forderungen von Asilomar fanden sich im wesentlichen auch in der Gentechnikgesetzgebung der Bundesrepublik ab 1990 verwirklicht.

4.4.2 Gentechnikgesetzgebung in den neunziger Jahren

Die auf die rote Biotechnologie zielende Richtlinie 90/219/EWG enthält Regelungen über die Anwendung genetisch veränderter Mikroorganismen in geschlossenen Systemen, die auf die grüne Biotechnologie zielende Richtlinie 90/220/EWG regelt die absichtliche Freisetzung genetisch veränderter Organismen in die Umwelt und über das Inverkehrbringen von Produkten. In der Bundesrepublik Deutschland wurden die Vorschriften der Richtlinien 90/219/EWG und 90/220/EWG durch das Gentechnikgesetz und seine Verordnungen umgesetzt. Die Richtlinie 90/220/EWG wurde inzwischen durch die Richtlinie 2001/18/EG über die absichtliche Freisetzung genetisch veränderter Organismen in die Umwelt ersetzt (Freisetzungsrichtlinie, vgl. auch EU 2001b/c).

Das Gentechnikgesetz (GenTG) trat am 1. Juli 1990 in Kraft und wurde 1993 novelliert. Das GenTG enthält Regelungen für Sicherheitsmaßnahmen bei Arbeiten mit gentechnisch veränderten Organismen im geschlossenen System (Labor- und Produktionsbereiche) sowie für Freilandversuche mit gentechnisch veränderten Organismen und für das Inverkehrbringen von Produkten, die solche Organismen enthalten. Ausgenommen vom Anwendungsbereich des GenTG sind Fragen der

Fortpflanzungsmedizin und der Anwendung somatisch-genetischer Therapieverfahren am Menschen (vgl. Bergstedt 2003:73)[65]. Entscheidend für gentechnische Arbeiten sind die Laborsicherheit L und die biologische Sicherheit S, nämlich S1 kein Risiko für die menschliche Gesundheit und die Umwelt, S2 Geringes Risiko, S3 Mäßiges Risiko, S4 Hohes Risiko oder der begründete Verdacht darauf. Laborsicherheitsmaßnahmen bei der Durchführung gentechnischer Arbeiten werden in L1-4 gegliedert[66].

---

[65] Auf Grundlage des GenTG wurden eine Reihe von Verordnungen mit Vorgaben für Verfahren und Sicherheitsmaßnahmen erlassen. Die wichtigsten Verordnungen sind die Verordnung über die Sicherheitsstufen und Sicherheitsmaßnahmen bei gentechnischen Arbeiten in gentechnischen Anlagen (GenTSV), die Verordnung über die Zentrale Kommission für die Biologische Sicherheit (ZKBSV), die Verordnung über Aufzeichnungen bei gentechnischen Arbeiten (GenTAufzV), die Verordnung über Anhörungsverfahren (GenTAnhV) und die Verordnung über Antrags- und Anmeldeunterlagen (GenTVfV).

[66] Im L1-Labor, der niedrigsten Gefahrenstufe, müssen lediglich die Regeln beachtet werden, die in jedem beliebigen medizinischen Laboratorium üblich sind, Im L2-Labor, dem gängigen Gen-Labor-Typ an vielen Hochschulen und Industrieforschungseinrichtungen, muss zusätzlich zu den L1-Bedingungen noch eine spezielle Arbeitsbank verfügbar sein mit gesteuertem und gereinigten Luftstrom, jeder Abfall muß bei über 100°C sterilisiert werden. Während der Arbeit müssen die Labortüren geschlossen sein, ein außen aufgebrachtes Schild "Biohazard" (biologische Gefahr) muss vor dem Zutritt warnen. Nur die Experimentierenden und der eigens dazu ernannte Sicherheitsbeauftragte haben Zutritt. L4 schließlich steht für abgeschlossenes Gebäude ohne Fenster; sämtliche Abluft dekontaminiert; Duschräume thermisch desinfiziert; gasdichte Arbeitsbänke (vgl. Bergstedt 2003:74ff.).

Tabelle 15: Stufen der biologischen Sicherheit

Sicherhei ts- stufe	**Risikoeinschätzung Nach dem Stand der Wissenschaft**	**Organismus dieser Risikogruppe (Beispiele)**
S1	ist nicht von einem Risiko für die menschliche Gesundheit und die Umwelt auszugehen.	Lactobacillus bulgaris (Joghurt) E. coli K12 (Labor-Sicherheitsstamm)
S2	ist von einem geringen Risiko für die menschliche Gesundheit oder die Umwelt auszugehen	Streptococcus mutans (Karies) Herpes Simplex Viren Salmonella Enteritidis
S3	ist von einem mäßigen Risiko für die menschliche Gesundheit oder die Umwelt auszugehen	HIV (AIDS) Bacillus anthracis (Milzbrand)
S4	ist von einem hohen Risiko oder dem begründeten Verdacht eines solchen Risikos für die menschliche Gesundheit oder die Umwelt auszugehen	Ebola Virus (Hämolyse) Marburg Virus

Das Gentechnikgesetz sah ab 1990 eine strenge Genehmigungspflicht für die Arbeit an einer Vielzahl von gentechnisch genutzten Labororganismen vor. Der weitreichende Übergang von einer *Genehmigungs*- zu einer reinen *Melde*pflicht für Standardorganismen in der Gentechniknovelle führte ab 1993 zu einem Aufschwung der Gentechnologie in Deutschland (Hoffritz 2000:1-3). Andererseits signalisierte diese Gesetzesänderung auch einen Wandel des politischen Klimas, so dass Deutschland dann ab 1995 aktiv am Humangenomprojekt teilnahm (vgl. auch Bandelow 1999).

Parallel hierzu wurden auch die Bedingungen für die Gentherapie gesetzlich geregelt. Die Herstellung von Gentherapeutika im Genlabor wird auf der Basis des Gentechnikgesetzes durch die zuständigen Landesbehörden kontrolliert. Gentherapie ist rechtlich eine Arzneimitteltherapie mit anderen Mitteln (PEI 2003:1). Hersteller von Gentherapeutika (als Fertig-Arzneimittel) bedürfen einer Herstellungserlaubnis und einer Genehmigung der gentechnischen Anlagen und Arbeiten, die von den zuständigen Landesbehörden vergeben werden. Die klinische Prüfung von Gentherapeutika ist der zuständigen Landesbehörde anzuzeigen. Für diese Prüfung empfiehlt die Bundesärztekammer die Beratung der nach Landesrecht gebildeten, lokalen Ethikkommission durch eine zentrale Kommission für

'Somatische Gentherapie" (KSG 2003). In die zentrale Gentherapie-Kommission wurden Experten aus den Bio-Wissenschaften, Ethikwissenschaftler, Juristen, ein Mitglied der ZKBS (Zentrale Kommission für Biologische Sicherheit) und Vertreter des öffentlichen Lebens berufen. In anderen Mitgliedsstaaten der Europäischen Union sind ebenfalls 'zentrale' Kommissionen für die Beurteilung der klinischen Prüfungen von Gentherapeutika mit Prüfungs- und Begutachtungspflicht geschaffen worden. Nach der klinischen Prüfung erfolgt die Zulassung eines Gentherapeutikums als Arzneimittel über die Europäische Arzneimittelbehörde EMEA im zentralen Verfahren. Ab dem 30.12.2008 will die EMEA ein eigenes *Advanced Therapy Committee* für diese Therapeutika errichten (EU 2007c:L324-/131).

4.4.3 Die Praxisberichte der ZBKS

Die Zentrale Kommission für die Biologische Sicherheit (ZKBS) wurde bereits 1978 mit der Schaffung von Richtlinien zum Schutz vor Gefahren durch rekombinante DNA eingerichtet. Sie hat seither als Sachverständigen-Kommission die Aufgabe, Sicherheitsbewertungen gentechnischer Arbeiten vorzunehmen, den Bund, die Länder und mit gentechnischen Arbeiten befaßte Institutionen in Fragen der Sicherheit in der Gentechnik zu beraten und Empfehlungen auszusprechen (ZBKS 2004:1). Aus den Berichten der ZBKS wird deutlich, wie die Gentechnikgesetznovelle von 1993 die Hürden für die rote Biotechnologie so absenkte, dass diese einen anhaltenden Aufschwung nahm. Parallel nehmen auch die Freisetzungsversuche gentechnisch veränderter Pflanzen zu (ZBKS 1990-1995), für die 1990 erstmals Genehmigungsverfahren eingeführt wurden (ZBKS 1998). Hier fällt im Laufe der Berichte eine zunehmende Zerstörung der Freilandversuche durch Versuchsgegner auf (seit 1995; ZBKS 1995 und folgende Jahre). Die ZBKS nahm die wachsende Besorgnis und Kritik an der grünen Gentechnik wahr, stellte jedoch fest, dass sich in den Praxistests keine Risiken gezeigt hätten[67] und wies in

[67] Im ZBKS-Bericht von 1995 heißt es, (wie auch sinngemäß in den Folgejahren): „Für alle Freisetzungen bleibt festzustellen, daß der ZKBS bisher keine Vorfälle bekannt geworden sind, die Hinweise auf unerwartete Gefährdungen durch die Freisetzung der gentechnisch veränderten Organismen gegeben hätten. Diese Aussage basiert (1) auf Zwischen- und Endberichten über Verlauf und Ergebnisse von Freisetzungsversuchen in Deutschland, die von den Projektleitern der Versuche abzugeben sind, ferner (2) auf den Meldungen über

gegenläufig argumentierenden Studien auf methodische Mängel hin (ZBKS 2000). Diese Feststellung blieb im unaufgelösten Widerspruch zu den Aussagen des Arbeitsberichtes Nr. 68 des Technikfolgenbüros des Bundestages TAB aus dem Jahr 2000, der von einer „dürftigen Datenlage“ sprach (vgl. auch CDU 2002:40). Andererseits registrierte die ZBKS die zunehmenden Akzeptanzprobleme der Bevölkerung (ZBKS-Bericht 1998:3), an denen auch die Novel Food-Verordnung, nach der ein Inverkehrbringen gentechnisch veränderter Produkte als Lebensmittel nach der Novel Food-Verordnung EG zu melden und behördlich zu prüfen war, nichts änderte. Insofern deutete sich schon hier ein politischer Handlungsbedarf an, der später in der Gründung der EFSA mündete.

Die ZBKS betonte 1996, dass soziale, ethische und ökonomische Fragen nicht Gegenstand des Verfahrens seien und die bei der Prüfung der Versuche durch die Behörden *nicht berücksichtigt* werden können. Dies wäre aus dem Auftrag der ZBKS heraus abzuleiten, jedoch erklärt dies umgekehrt auch, dass die Einflußmöglichkeiten dieser eigentlichen zentralen Einrichtung im Diskurs begrenzt waren. Zur gleichen Zeit setzte sich in Europa unter dem Eindruck des Rinderwahnsinns, der das generelle Vertrauen in die Lebensmittelsicherheit unterminierte, auch in Großbritannien und Frankreich eine ablehnende Haltung gegenüber der grünen Biotechnologie durch, wie sie bis dahin vor allem in den deutschsprachigen Ländern zu beobachten war, so dass die bis dahin ständig wachsende Zahl der Freilandversuche ab 2000 ständig zurückging (TAB 2000:1ff., ZBKS 2002).

Freisetzungen sowie auf dem Erfahrungsaustausch innerhalb der Europäischen Union und (3) auf Kenntnis der internationalen Situation bei Arbeiten mit gentechnisch veränderten Pflanzen.“ 1999 heißt es (ZBKS 1999:15): „Somit bestätigt auch die Auswertung der übertragenen gentechnischen Veränderungen, daß es sich bei der großen Mehrzahl der Freilandversuche um Organismen handelt, mit denen bereits umfangreiche Erfahrungen vorliegen. Die oftmals pauschal vorgebrachte Argumentation, daß es zur Bewertung solcher Versuche noch kein ausreichendes Wissen vorhanden sei und daß Freilandversuche deshalb mit unvorhersehbaren Risiken für die Umwelt verbunden wären, berücksichtigt nicht diesen Stand des Wissens.“

4.4.4 Biodiversity und Biosafety-Protokoll

Auf internationaler Ebene wurde für die rote und vor allem die grüne Biotechnologie das Übereinkommen über die biologische Vielfalt von Rio de Janeiro vom 12. Juni 1992 (Biodiversity Convention CBD) entwickelt, das eine nachhaltige, sozialverträgliche und faire Nutzung biologischer Ressourcen in der Biotechnologie sicherstellen soll (BReg 1997; TAB 1997c). Es geht insbesondere um die Verhinderung der von den Entwicklungsländern befürchteten Ausplünderung von Ressourcen, insbesondere durch die sogenannte Biopiraterie, bei der Pflanzen und/oder Tiere bzw. Bestandteile davon durch biotechnologisches Know-How industriell nutzbar werden, ohne dass das Herkunftsland davon profitiert, oder schlimmer noch, plötzlich Lizenz/Patentgebühren für die aus ihrem Land stammende Anwendung zahlen soll. Einerseits fürchten Entwicklungsländer ständig, von den Industrieländern benachteiligt zu werden, jedoch ist dieses Problem in der Biotechnologie z.B. durch gentechnisch verändertes Saatgut besonders drängend. Dazu kommt, dass das pharmakologische Potential der Flora und Fauna der Entwicklungsländer bisher kaum genutzt wurde, die eigentliche Nutzung also noch bevorsteht. Das Protokoll über die Biologische Sicherheit ("Biosafety Protocol") wurde von den 180 Vertragsstaaten der Konvention über die Biologische Vielfalt am 29.01.2000 angenommen (Cartagena 2000:1ff.). Deutschland hat dieses Protokoll bereits ratifiziert (AA 2003:180). Im Einklang mit dem Vorsorgeprinzip in Grundsatz 15 der Erklärung von Rio über Umwelt und Entwicklung dient das Protokoll der Sicherstellung eines angemessenen Schutzniveaus insbesondere bei der grenzüberschreitenden Weitergabe, Handhabung und Verwendung biotechnologisch veränderter lebender Organismen, die ggf. die Erhaltung und nachhaltige Nutzung oder auch die menschliche Gesundheit beeinträchtigen können. Das Cartagena-Protokoll wurde mittlerweile durch die EU-Verordnung 1946/2003 zum grenzüberschreitenden Verkehr von GVOs umittelbar geltendes EU-Recht (EU 2003, Schenkelaars 2004:26).

4.5 Rechtliche Grundlagen der roten Biotechnologie

4.5.1 Übersicht

Das Recht der roten Biotechnologie läßt sich grob in zwei Gruppen teilen, nämlich das Recht der Grundlagenforschung und das Recht der Forschung am Menschen, der sog. klinischen Forschung.

Für die Grundlagenforschung stellten die bereits beschriebenen europäischen Richtlinien 90/219/EWG zur Anwendung genetisch veränderter Mikroorganismen in geschlossenen Systemen und die auf die grüne Biotechnologie zielende Richtlinie 90/220/EWG zur absichtlichen Freisetzung genetisch veränderter Organismen in die Umwelt und über das Inverkehrbringen von Produkten die erste umfassenden europäischen Regelungen dar, die aber nun Geschichte sind. Hinzu traten schon früh die immer wieder aktualisierten allgemeinen Grundsätze der Laborforschung, die Good Laboratory Practice GLP, sowie die allgemeinen Grundsätze bei der Herstellung von medizinischen Produkten, die Good Manufacturing Practice GMP.

Für die angewandte Forschung am Menschen wurden ab 1995 *alle relevanten Anwendungen* der Biotechnologie in die Zuständigkeit der europäischen Arzneimittelagentur EMEA überführt, die bewußt als größenadäquates Gegenstück zur amerikanischen Food and Drug Administration FDA designt wurde. Das Recht der angewandten roten Biotechnologie ist somit gesetzlich und institutionell in das Arzneimittelrecht eingebettet. Diese Einbettung war zunächst nicht explizit formuliert, was aber 2003 durch den Annex 2003/63/EC endgültig geschah. Die EMEA hat jedoch zahlreiche, auf die Biotechnologie zielende Spezialregelungen eingeführt.

Die Regeln für Arzneimittel wurden seit der ersten Arzneimitteldefinition 1965 vielfach erweitert und modifiziert, so dass ein immer komplexeres Regelwerk entstand, das schließlich größtenteils im Gemeinschaftskodex für Arzneimittel 2001/83/EG konsolidiert wurde. Der Gemeinschaftskodex deckt zusammen mit der Verordnung über die Schaffung der Europäischen Arzneimittelbehörde EMEA alle wesentlichen Aspekte des Produktes Arzneimittel ab, es handelt sich also nicht einfach um Forschungs- und Entwicklungsstandards, sondern auch um Produktstandards. Die Zuständigkeiten der Nationalstaaten sind demnach im Kern auf die europäische Ebene übergegangen. Kernstück ist die *obligate* zentrale Zulassung für biotechnologische Arzneimittel, d.h. der Zulassungsprozess liegt ganz in den Händen der EMEA, wenngleich die EU-Kommission jeden Zulassungsbescheid abschliessend bestätigen muß. In der Realität liegt die Wahrscheinlichkeit für die Zustimmung jedoch nahe bei 100%, so dass die Bescheide der EMEA präjudizierend und *faktisch* entscheidend sind. Die in den USA von Josling/Patterson geäußerte Sichtweise, dass Zulassungsentscheidungen in der EU letztlich immer politisch wären und die Wissenschaft 'marginalized' wäre, ist absolut unzutreffend (Patterson/Josling 2001:7). Diesem Recht wurden schon in den 80er Jahren Regeln zur korrekten Durchführung von Studien am Menschen (klinischen Studien) durch die Good Clinical Practice (GCP)-Richtlinien an die Seite gestellt, die als „Clinical Trials Directive“ 2001 und als Richtlinie 2005/28/EC rechtsverbindlichen Status erlangten[68].

Für den ethischen Rahmen der roten Biotechnologie ist insbesondere die "Menschenrechtskonvention zur Biomedizin" vom 04.04.1997, auch Konvention von Oviedo genannt, bedeutsam. Die Konvention stellt in Europa eine Art politischen Minimalkonsens über das dar, was in der (roten) Biotechnologie ethisch erlaubt ist und was nicht (Art. 27; wider protection; vgl. Europarat 1997:1-7; Streier 1997:1). Die wichtigsten Regeln sind:

- Schutz von Würde, Identität und Integrität
- Vorrang des Individuums vor den Interessen der Gesellschaft
- Gleicher Zugang zur Gesundheitsversorgung
- Verpflichtung zur Einhaltung berufsrechtlicher Standards
- Prinzip des "informed consent" (Aufklärung und Einwilligung) einschließlich der Festschreibung des gesetzlichen Vertreters im Falle der Nichteinwilligungsfähigkeit
- Recht auf informationelle Selbstbestimmung
- Schutz von Patienten bei biomedizinischer Forschung
- Diskriminierungsverbot gegenüber Menschen aufgrund ihres genetischen Erbes
- Bindung von Gentests an gesundheitsbezogene Zwecke und genetische Beratung
- Verbot von Eingriffen in die menschliche Keimbahn

---

[68] Es gibt in den USA und Japan jeweils ähnliche, wenn auch nicht in allen Details identische Regelungen.

- Verbot der Geschlechtswahl bei Fortpflanzungsmedizin
- Verbot der Herstellung von Embryonen zu Forschungszwecken
- Embryonenschutz für *in-vitro* Embryonen
- Adäquate Einwilligungskriterien für Organspende
- Verbot des Organhandels
- Verbot der Lebendorganspende bei nichteinwilligungsfähigen Menschen
- Verbot der Veräußerung von Körperteilen zu finanziellen Zwecken

Ähnliche Grundsätze, nämlich Achtung der Menschenwürde, Vermeidung von genetischer Diskriminierung und die Einwilligung der Betroffenen, haben die UNSECO-Deklaration (1997) und die Grundrechtscharta der Europäischen Union von 2000. Die Charta der EU ist strenggenommen nicht rechtsverbindlich, hat also nicht die strenge Bindungswirkung einer Richtlinie oder Direktive. Die EU hat jedoch in ihren Regeln zum 6. Forschungsrahmenprogramm festgelegt, dass diese Dokumente bei der Mittelvergabe zu beachten sind und sie damit *faktisch* verbindlich gemacht (EU 2002f). Die folgende Tabelle zeigt zusammenfassend die europäischen Rechtsgrundlagen der roten Biotechnologie:

Tabelle 16: Das europäische Recht der roten Biotechnologie

Grundlagen-forschung	Allgemeine Grundlagen der Laborforschung	Good Laboratory Practice (GLP): Richtlinie 2004/10/EG zur Guten Laborpraxis (mit der Inspektionsrichtlinie 2004/9/EG)
	Allgemeine Grundlagen der Arzneimittel-produktion	Good Manufacturing Practice (GMP): Richtlinie 2003/94/EG zur Guten Herstellungspraxis für Humanarzneimittel und für die zur Anwendung am Menschen bestimmten Prüfpräparate
Angewandte Forschung am Menschen (klinische Forschung)	Arzneimttelkodex der EU	Gemeinschaftskodex für Arzneimittel 2001/83/EG, der auch *alle biotechnologischen Mittel* umfaßt (Annex 2003/63/EG) (konsolidierte alle bis 2001 erschienenen arzneirelevanten Rechtsakte in einer Richtlinie)
	Grundregeln der klinischen Forschung	Good Clinical Practice (GCP): Richtlinie 2001/20/EG und 2005/28/EC zur Guten Klinischen Praxis
	Ethischer Rahmen der klinischen Forschung	Deklaration von Helsinki des Weltärztebundes WMA, die regelmäßig aktualisiert wird
	Ethischer Rahmen der Forschung in der roten Biotechnologie	"Menschenrechtskonvention zur Biomedizin" vom 04.04.1997, Konvention von Oviedo
Regelung der Zuständigkeit für biotechnolo-gische Arzneimittel	Zuständigkeit der Europäischen Arzneimittelagentur EMEA	Verordnung 726/2004 als Nachfolger der Gründungsverordnung 2309/93 von 1993, die Neujahr 1995 wirksam wurde Advanced Therapy Regulation: Verordnung 1394/2007 für Neuartige Therapien als lex specialis zum Gemeinschaftskodex für Arzneimittel 2001/83/EG
Gewebe-Richtlinie	regelt Spende, Beschaffung, Konservierung und Testung	Richtlinie 2004/23/EG des Europäischen Parlaments und des Rates vom 31. März 2004, industrielle Herstellung unterliegt ausdrücklich der Arzneimittelrichtlinie 2001/83/EG (EU 2004k L102/48)

4.5.2 Die Rolle der EMEA in der roten Biotechnologie

Einführung

Lütz/Czada (2000:33) verweisen darauf, dass im Zuge rapider Innovationsschübe und Internationalisierungsprozesse in der Pharmaindustrie, aber auch von Pharmaskandalen grenzüberschreitenden Ausmaßes regulative Arrangements in der achtziger Jahren unter Harmonisierungsdruck gerieten. Die Gründung der EMEA wurde von den Akteuren nicht nur als Schaffung einheitlicher Sicherheitsstandards, sondern auch als wichtiger Schritt in Richtung eines 'wirklichen', d.h. von Preiskontrollen befreiten, *einheitlichen europäischen Arzneimittelmarktes* verstanden und brachte der Diskussion, ob und ggf. wie man nach der Zulassung auch die Vermarktung vereinheitlichen kann, einen erheblichen Schub. Lütz/Czada (2000:14) sehen als generelles Erfolgskriterium von Marktkorrekturen unter Internationalisierung, ob es den Beteiligten gelingt, Sicherheitsstandards auf europäischer und globaler Ebene zu harmonisieren und Marktteilnehmern auf diese Weise Exit-Optionen zu nehmen (positive Integration).

Die EMEA ist aber nicht nur bloße Zulassungsbehörde für das Produkt, sie prüft im Rahmen der Zulassung von biotechnologischen Produkten *auch den Produktionsprozeß* und überwacht schließlich auch die spätere Anwendung im medizinischen Alltag *nach* der Zulassung. Die Orientierung an der amerikanischen Zulassungsbehörde FDA wird ein Faktor dafür gewesen sein, dass bei der Schaffung der EMEA kein Patchworksystem aus unterschiedlichen Regulierungssystemen entstand (vgl. auch Héretier 1995:65). Durch die immer weitreichenderen Richtlinien versucht sie die technischen Aspekte systematisch zu erfassen (z.B. BSE-Kontamination, Virussicherheit, Verunreinigungen, Varianten) und betreibt *de facto* Technikfolgenabschätzung und Risikomanagement *in Eigenregie*. Aber gerade mit Hinblick auf die rote Biotechnologie erwies sich die EMEA rasch als fehlkonzeptioniert.

Es kam zu einer fehlerhaften Trendfortschreibung aus der Vergangenheit, in der in den 80er Jahren wenige große Biotechfirmen (Amgen, Serono, Chiron) eine begrenzte Menge an umsatzstarken Biotechnologika auf den Markt gebracht hatten (Erythropoetin, Interferon, rekombinantes Insulin), vereinfacht gesagt lautete die Fehlprognose: Große Firmen machen 'große' (umsatzstarke) Medikamente mit einer altbekannten Methode, der genetischen Rekombination. Übersehen wurde, dass es inzwischen eine ganze Reihe neuer Methoden und therapeutischer Ansätze gab, insbesondere auf dem Gebiet der Zellzüchtung und die biotechnologischen Medikamente besondere pharmazeutisch-technische Eigenschaften haben, für die die EU noch überhaupt kein 'regulatives Bewußtsein' entwickelt hatte. Außerdem war die EMEA mit ihren großformatig angelegten Verfahren nicht auf den Umgang mit den nun immer zahlreicher auftretenden kleinen und mittleren Biotechfirmen vorbereitet, den small and medium enterprises (SMEs). Die Planer der EMEA hatten den Wandel der Biotechnologiebranche insgesamt verschlafen. Praktische Folge war, dass immer größere Regelungslücken auftraten, die auch durch den Arzneimittelkodex von 2001 (2001/83/EG) nicht beseitigt werden konnten, so dass dieser schon überholungsbedürftig war, *bevor* er in Kraft gesetzt wurde.

Schon Ende der 90er Jahre begann *insbesondere* in der roten Biotechnologie *eine Abkehr* von der Marktschaffung hin zu Markteingriffen, Marktsteuerung und einer ständig wachsenden Marktkontrolle, ein Politikwechsel *hin vom Markt zur Medizin*. Die aktive Innovationsförderung auf der einen Seite und die Durchbrechung möglicher Informationsassymmetrien gegenüber den Herstellern auf der anderen Seite bildeten die Leitfäden der Reformen. Viele Änderungen, die die EMEA seither auf diesem Gebiet vornahm, waren Anpassungen an die regulativen Settings der amerikanischen Food and Drug Administration FDA.

Die Reaktion auf den technischen Wandel ist in diesem konkreten Fall also *nicht ergebnisoffen* gewesen, sondern der Diskurs drehte sich schon von Anfang an um die Frage, ob und in wieweit man dem Vorbild FDA folgen sollte. Oberflächlich betrachtet könnte man diese Anpassungen als Nachgeben unter dem Druck der Industrie, die ständig beschleunigte und vereinfachte Verfahren nach dem FDA-Muster gefordert hatte, ansehen. Die FDA ist jedoch auch Vorreiter *einer verschärften Kontrolle*, wie später am Beispiel der sogenannten CDISC-Initiative gezeigt werden kann, die nicht weniger als die *direkte und totale Kontrolle* über die Forschungsdaten der Hersteller zum Ziel hat und die die FDA von den Angaben und Auswertungen der Hersteller in wesentlichen Teilen *unabhängig* machen wird.

Der Aufbau der EMEA

Die EMEA überwacht die Erforschung und Entwicklung von Humantherapeutika umfassend („to address specific issues in *any stage of development* of medicinal products"; EMEA 1998:28) und kümmert sich auch um die Überwachung bereits zugelassener Arzneimittel (Pharmakovigilanz). Um die Leistungsfähigkeit der EMEA zu steigern, wurde sie 2004 reformiert und hat 2005 unter dem Namen *European Medicines Agency*[69] erweiterte Möglichkeiten erhalten, wie die folgende Abbildung zeigt (biotechnologisch wichtige Elemente im **Fettdruck**).

Abbildung 9: Die European Medicines Agency EMEA ab 2005 bzw. 2008

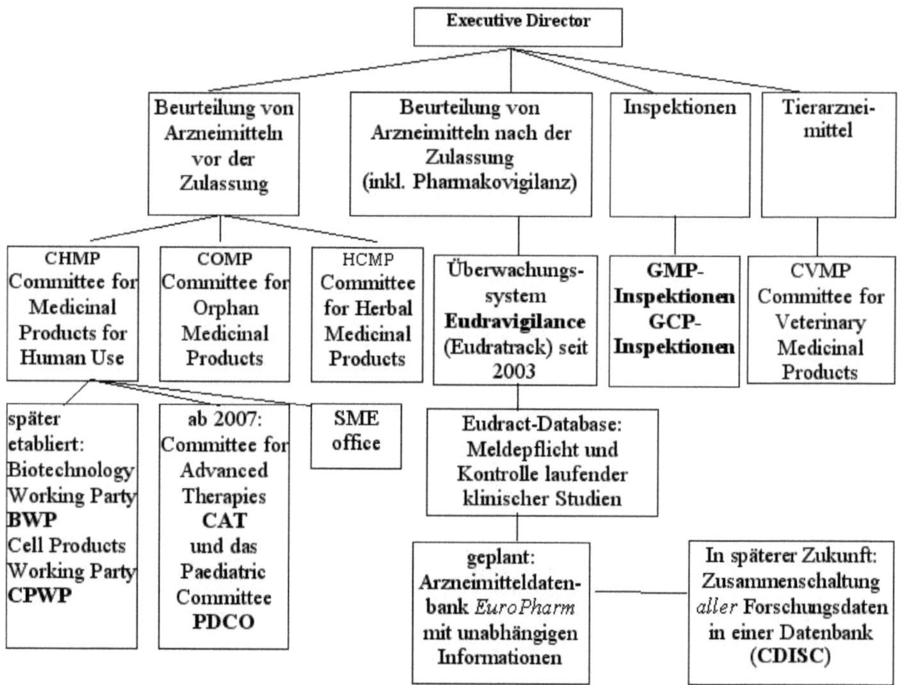

Wichtige Elemente der EMEA sind die drei Komitees für Humanarzneimittel (CPMP, ab 2005 CHMP), Arzneimittel für seltene Leiden (COMP) und Veterinärmedizin (CVMP). Das CHMP besteht wiederum aus Working Parties

[69] Die EMEA sollte eigentlich in EMA umbenannt werden, man hat dann aber doch das etablierte Kürzel EMEA beibehalten. Es sind auch gesonderte Einrichtungen für Kinderarzneien in der Diskussion.

(WP's), die Forschungs- und Zulassungsleitlinien[70] (CHMP-Guidelines) erarbeiten, u.a., auch die Biotechnology Working Party BWP und die Cell Products Working Party CPWP (CPWP 2006). Die EMEA kennt ein zentrales Zulassungsverfahren, d.h., die EMEA lässt das neue Mittel für alle EU-Staaten gleichzeitig zu, oder dezentral, d.h. mittels gegenseitiger Anerkennung durch die nationalen Zulassungsbehörden. Das zentrale Verfahren wird für Produkte der Liste A, die auf *Gentechnik*, sog. Hybridomen oder monoklonalen Antikörpern basieren und Produkte der Liste B, die von der EMEA als *bedeutende Innovation* eingestuft werden, vorgesehen (Nicolai 1998:482). Nach der offiziellen Zulassung durch die Zulassungsbehörde kann ein Mittel in seiner zugelassenen Form hergestellt und vertrieben und von Ärzten bzw. Kliniken am Patienten für die in der Fachinformationen angegebenen Krankheiten angewendet werden.

Die Anfangsphase der EMEA

Begünstigt wurde die Entstehung der EMEA durch die Bildung einer Arbeitsgemeinschaft zwischen den USA, Japan und Europa der sog. International Conference on Harmonisation. 1989 wurde die ICH (International Conference on Harmonisation) als Arbeitsgemeinschaft aus Industrieangehörigen und Zulassungsbehörden der Triade aus EU, Japan und den USA gegründet, wobei es sich ähnlich wie bei der deutschen Kultusministerkonferenz um regelmäßige Konferenzen mit einem festen institutionellen Unterbau mit eigenem Sekretariat und Personal handelt (O'Donnell 1994:60f.). Kernelement ist das Steering Committee, das aus jeweils zwei Repräsentanten der Herstellerverbände und der regulierenden Behörden aus den USA, Japan und der EU besteht. Da diese Vertreter von 3x2=6 Gruppen entsandt werden (Hersteller und Behörden aus drei Regionen), spricht man auch von der 'six party'-Struktur, die für die ICH typisch ist. Bei den Verbändevertretern handelt es sich ausschließlich um die Repräsentanten der forschenden Hersteller. Das Steering Committee (SC) leitet wiederum Expertengruppen (Expert Working Groups; EWGs) für Wirksamkeit (efficacy 'E'), Sicherheit (safety 'S'), Qualität ('Q') und interdisziplinäre Fragen (multidisciplinary 'M') vor, die dem SC zuarbeiten.

---

[70] Working Parties des CPMP: Blood Products, Biotechnology, Cell Products, Efficacy, Herbal Medicines, Pharmacovigilance, Quality, Safety.

In einem mehrstufigen Abstimmungsprozess werden seit 1990 ICH-Leitlinien (ICH-Guidelines[71]) entwickelt, die in den USA, der EU und Japan von den Zulassungsbehörden übernommen ('adopted') werden. Auch die ersten Qualitätsrichtlinien für biotechnologische Medikamente sind hier entstanden.

Die ICH ist ein Musterbeispiel für Global Governance, d.h., eines Steuerungs- bzw. Koordinationsmechanismus mit dem Ziel des Managements zwischen Akteuren, in dem nicht-staatliche Akteure in Form der Herstellerverbände und staatliche Akteure in Gestalt der Behörden zusammenarbeiten (vgl. Benz 2003a:27). Die EMEA hat sich wiederum als Musterbeispiel für sog. 'positive' Integration, also die Schaffung von gemeinsamen neuen Institutionen bzw. Regeln erwiesen, die schwieriger zu bewerkstelligen ist als die deregulierende 'negative' Integration (vgl. Feick 2000:242). Die triadisch gegliederte und an marktliberalen Vorstellungen orientierte ICH war zunächst der Geburtshelfer der EMEA, deren erste Richtlinien von der ICH einfach übernommen wurden.

Designfehler der EMEA

Die Vermarktlichung von Behörden im Sinne von Markt- und Serviceorientierung wird in der politikwissenschaftlichen Literatur kritisch gesehen, da sie stets die Gefahr einer *administrative capture* birgt, bei der die Behörde nur noch den Interessen derer dient, die sie eigentlich überwachen soll. Hier könnten die Einflüsse der Herstellerverbände in der ICH eine solche Gefahr begründen. In der Praxis zeigten sich jedoch rasch andere Probleme, insbesondere die relativ enge Orientierung an konventionellen Medikamenten und großen Firmen, die in dem teuren und sehr aufwendigen Verfahren strukturell im Vorteil waren und immer noch sind. Insbesondere auf folgenden Gebieten kam es zu vielkritisierten Problemen:

- Orphan Drugs: Für Arzneimittel zur Behandlung seltener Krankheiten, die sich schon aufgrund ihrer Seltenheit kaum rentieren, fehlten Erleichterungen im Verfahren bzw. Anreize.

[71] Die ICH E9-Guideline legt z.B. für die Statistik Regeln fest, um „design, conduct, analysis and evaluation" of clinical trials zu regulieren (EMEA 1998a:3). Die ICH E8 erläutert u.a. das Phasenschema der klinischen Forschung.

- Phytopharmaka: Für pflanzliche Arzneien erwies sich in praxi die EMEA als Hürde, faktisch bleiben diese Medikamente trotz ihrer Verbreitung und Beliebtheit außen vor.

- Kinder: Es war unwirtschaftlich und ethisch schwierig, Arzneien an Kindern zu testen. In der Realität unterblieben solche Tests immer häufiger und die meisten Medikamente waren faktisch nur für Erwachsene untersucht worden, so dass sich die Kinderärzte praktisch mittels Versuch und Irrtum vortasten müssen, um modernen Arzneien auch Kindern zukommen lassen zu können. Dieser Zustand wurde von den Politikern und Ärzten als unhaltbar empfunden.

- Biotechnologie: Besonderheiten der Biotechnologie, nicht nur hinsichtlich der Firmengröße und der Orphan-Drug-Problematik, sondern auch der biologischen und pharmakologischen Besonderheiten waren mehr oder minder übergangen worden, so dass bei Grenzfällen, z.B. auf veränderten Viren oder Zellen beruhenden Therapeutika Diskussionen geführt wurden, ob es sich eigentlich noch um Arzneimittel handeln würde. Kurzum, es wurden immer mehr Regelungslücken sichtbar, die einer Klärung und Lösung bedurften. Hinzu kam, dass die meist kapitalschwachen Biotechfirmen kaum die Chance hatten, die lange Forschungsprozedur zu überstehen und dies wohlgemerkt selbst dann nicht, wenn der medizinische Nutzen der Medikamente offensichtlich war.

- Schließlich war auch noch eine Schwerpunktsetzung auf die *Zulassung* zu beobachten, die *Überwachung*saufgaben hingegen waren zunächst eine eher schwache Säule.

Vom Markt zur Medizin

Das ganze regulative Design war also am regulierenden Objekt 'vorbeigeplant' worden, weshalb es sowohl innerhalb als auch außerhalb der EMEA eine Reihe von politisch-administrativen Reparaturzyklen gab (vgl. auch Czada 1997b:58), die folgende Reformen umfaßte:

- Eigendynamische Expansion der Regelungsdichte und Ausdehnung der Kontrollbefugnisse.

- Einrichtung neuer Organisationseinheiten: Orphan Drug Committee COMP/Biotechnology Working Party BWP/Cell Products Working Party CPWP.

Ende 2008 Committee for Advanced Therapies CAT sowie ein nicht nur auf die Biotechnologie fokussiertes neues Kinderarzneienkomittee PDCO ab 2007.

- Reformierte Prozeduren: Bedingte und beschleunigte Zulassung (Conditional and Accelerated Approval) und aktive Betreuung (*Protocol Advice* und *Scientific Advice*).

- Rechtliche Reformen: Konsolidierung des Arzneimittelkodex, Pharmakovigilanz, EMEA-Reform, Biotechnologie-Annex 2003/63/EC, Biogenerika-Guideline.

Es wurde eine *Wende vom Markt zur Medizin* mit verstärkter Betonung der Kontrolle gegenüber dem Service vollzogen, was die zunehmende Einbeziehung von außermarktlichen Zielsetzungen in der EU-Politik widerspiegelt. Politische Zielsetzungen, die damit verfolgt wurden, waren insbesondere:

- Markteingriffe durch Anreizsysteme und flexiblere Verfahren für die Biotechnologie und andere ökonomisch benachteiligte Gruppen

- Marktkontrolle durch Ausbau der Überwachung mit immer engmaschigeren Regeln und Erweiterung der Zuständigkeiten

- Erhöhung des Drucks auf die Zuständigkeit auf die nationalen Behörden, die Verfahren, die die EMEA von der FDA übernahm, auch auf ihre nationale Ebene zu übernehmen.

Dabei stand die EMEA vor dem Problem, dass sie die Reformen nur zum Teil aus eigener Kraft vornehmen konnte, da sie nicht die *Kompetenz-Kompetenz* besitzt, d.h., die Möglichkeit, die Erweiterung der eigenen Zuständigkeiten selbst zu beschließen. Deshalb wurde die Reform auf drei verschiedenen Ebenen durchgeführt, nämlich innerhalb der EMEA durch die EMEA selbst, innerhalb der EMEA durch die EU (COMP; EMEA-Reform, Verfahrensänderungen, Biogenerikarichtlinie) und schließlich auch außerhalb der EMEA durch die EU (Biopatentrichtlinie).

Die Wahl der Ebene hing von der rechtlichen Lage ab, nach Möglichkeit versuchte man die Angelegenheiten auf einer niedrigen, d.h., *technischen, expertendominierten und unpolitischen* Ebene zu regeln, was für forschungstechnische Aspekte durch die Errichtung der Arbeitsgruppen BWP,

CPWP und des Komitees COMP auch gelang (CPWP 2006). Die Vorstellung der einzelnen Maßnahmen wird zeigen, dass die EMEA über eine institutionelle Eigendynamik verfügt, die letztlich nur an den Grenzen ihrer Zuständigkeit endet. Die Regelung der Orphan Drugs und die Einführung des *accelerated* (US-Begriff *fast track*) und *conditional approval*-Zulassungsverfahren, der neue EU-Richtlinien erforderlich machte, weil es sich dabei nicht nur um Forschungs-, sondern *de jure und de facto* auch um Markteingriffe handelte. Die Anreizsysteme der EU sind in der Summe eine Art ‚*kaltes Patent*', da sie durch Alleinstellungsgarantien auf dem Markt denselben Effekte wie Patente haben, obwohl sie eine gänzlich andere Rechtsnatur haben. Schlußendlich wurde mit der bereits besprochenen Biopatentrichtlinie eine wesentliche Maßnahme außerhalb der EMEA durchgeführt, man könnte sagen, ‚vor' der Zuständigkeit der EMEA liegend, weil es sich um einen Eingriff in die Grundlagenforschung handelte.

Kurzum: Medizinisch-technische Angelegenheiten wurden nach Möglichkeit der EMEA überlassen, sobald Markteingriffe ins Spiel kamen, ging dies nicht mehr. Der Rückgriff auf die EU bedeutete aber auch einen Rückgriff von der technischen auf die politische Ebene. Die Politiker hätten natürlich die ihnen zufallenden Reformaufgaben in einem Zug durchführen können, dies wäre aber bei der Gemengelage der überlappenden und konkurrierenden Interessen eine (zu) komplexe Aufgabe geworden. Also haben die Politiker die Reformen in sachlich zusammenhängende Untermaterien mit klar abgrenzbaren Akteurskonstellationen zerlegt, die sich viel einfacher bearbeiten ließen, nämlich die Konsolidierung des Arzneimittelrechts 2001 im Gemeinschaftskodex, dann die Regelung der Arzneimittelsicherheit 2003, dann die EMEA-Reform und davon losgelöst die sachlich gut abtrennbare Biogenerikareform. Die Politikwissenschaft beschreibt dieses Phänomen als Entkoppelung (vgl. Hasse/Krücken/Scharpf 2001:182): Bei der Entkoppelung werden viele Interdependenzen für bestimmte politische Interaktionen ignoriert oder als Teil einer feststehenden Umwelt behandelt. Reparaturzyklen sind also nicht zwangsläufig Produkte einer konzeptionell schwachen Politik, sondern *können auch Ausdruck einer effizienteren Politik* sein, die versucht, nicht alles auf einmal zu verhandeln, sondern die Materie in verhandelbare und reformfähige ‚Häppchen' zu zerlegen.

4.5.3 Die Reformmaßnahmen der EMEA in der roten Biotechnologie

Die Erweiterung der Zuständigkeiten der EMEA zielte insbesondere auf die besonders forschungsintensiven Krankheiten und die Einbeziehung aller Grenzfälle der therapeutischen Biotechnologie in die Zuständigkeit der Behörde ab. Arzneimittel gegen Aids, Diabetes, Krebs und neurodegenerative Erkrankungen werden künftig nur noch zentral bei der Europäischen Arzneiagentur EMEA zugelassen. Hinzu kommt, das ab 2008 auch Medikamente gegen Viruskrankheiten, Autoimmunkrankheiten und andere Störungen des Immunsystems nur noch zentral über die EMEA zugelassen werden dürfen. Dennoch stellt Artikel 1 der EMEA-Verordnung das Recht der Nationalstaaten fest, *im Rahmen ihrer Sozialsysteme* die von der EMEA zugelassenen Arzneimittel nach ihren Erfordernissen zu regulieren (EU 2004b:6), so dass klargestellt wurde, dass aus der vereinheitlichten Zulassung kein Anspruch auf eine EU-weit vereinheitlichte Vermarktung und Preisgestaltung abzuleiten ist. In der ergänzenden Directive 2004/27/EG wird eindeutig klargestellt, dass Mittel zur äußerlichen Anwendung und Radiopharmazeutika zu den Arzneimitteln zählen, so wie *alle biotechnologischen Mittel* (Annex 2003/63/EG). Für Medikamente, die von der EMEA im zentralisierten Verfahren zugelassen wurden, wird klargestellt, dass für diese Mittel nach Patentablauf europaweit Generika zugelassen werden können, wobei die Regeln für die Anerkennung gleich mitformuliert wurden (EU 2004b:2[72]).

Nun wurde auch für medizinisch als besonders wichtig eingestufte Medikamente die Möglichkeit einer frühen bedingten Zulassung auf Probe (mit jährlicher Überprüfung) in Anlehnung an das *conditional approval*-Verfahren der amerikanischen FDA geschaffen (EU 2004b:10). Zusätzlich wurde auch die Möglichkeit einer beschleunigten Zulassung analog dem fast-track approval der FDA eingeführt (ebenda). Die Möglichkeit, Patienten noch nicht zugelassene Medikamente für Heilversuche zur Verfügung zu stellen, als sog. *compassionate use*, wurde rechtlich abgesichert (EU 2004b:4)[73]. Kleine und mittlere Firmen sollen im Zulassungsverfahren von der EMEA Unterstützung erhalten (EU 2004b:2). Dies

[72] Die EMEA wird zudem auf Grundlage der Directive 2004/24/EG analog der Kommission E des deutschen BfArM Monographien für traditionelle pflanzliche Arzneien erstellen.

[73] In Deutschland hat das BfArM hierzu am 08.08.2006 einen Kriterienkatalog entwickelt, in dem vor allem die Schwere der Erkrankung und die fehlenden Alternativen zur Behandlung mit herkömmlichen Mitteln betont werden (BAH 2006:2)

entspricht der Small Business Assistance der amerikanischen Behörde FDA. Bemerkenswert ist, dass die EMEA erstmals den Versuch startet, dem *technischen Wandel vorauszueilen*, indem sie die Zuständigkeit des neuen Advanced Therapy Committees CAT ab 2008 bewußt so allgemein hält, dass auch unerwartete Sprünge in der Technologie die Zuständigkeiten der EMEA nicht gleich wieder sprengen können (EU 2007c). Dabei geht es weniger um Risikoeindämmung als um die Vermeidung von Rechtsunsicherheit.

Die Maßnahmen gilt es nun näher zu betrachten:

- Ausdehnung der Kontrollbefugnisse
- Elimination von Regelungslücken
- Einrichtung neuer Organisationseinheiten
- Eigendynamische Expansion der Regelungsdichte
- Reformierte Prozeduren
- Ausdehnung von Beratungsleistungen
- Hilfe für SMEs
- Zulassung von Biogenerika
- Ausdehnung der Kontrollbefugnisse

Am 01.01.2003 begann die Kontrolle der gesamten europäischen Arzneimittelüberwachung mit Hilfe eines Netzwerkes namens *Eudravigilance*[74], die Meldepflicht wurde übrigens für die von der EMEA zugelassenen Präparate *rückwirkend* zum 01.01.1995 eingeführt. Eudravigilance ist ein auf der höheren Internetsprache XML (extended markup language) basiertes computerisiertes Überwachungssystem für den ganzen Zuständigkeitsbereich der EMEA, d.h. die EU plus Norwegen, Island und Liechtenstein. Diese zentrale Erfassung ermöglicht automatisierte Melde- und Prüfschritte, die ein bis dato unbekanntes Maß an Überwachung ermöglicht. XML breitet sich wegen seiner Fähigkeit, die Inhalte von Texten automatenfähig kategorisieren zu können, rapide im Arzneimittelsektor aus. Die USA und Japan werden in den kommenden Jahren ähnliche Systeme einrichten, wobei zur Vorbereitung ein globales Codiersystem, der MedDRA-Code (Medical Dictionary for Regulatory Activities) etabliert wurde, der seit Neujahr 2003 zwingend vorgeschrieben ist. 2004 wurde die damit verbundene klinische Studien-Datenbank Eudract errichtet. 2004 wurde basierend auf der EU-GCP-Richtlinie

---

[74] Eudravigilance gliedert sich für Eudract in das Clinical Trial Module und für die Nebenwirkungsmeldungen in das Eudravigilance Post Authorisation (EV-PM).

2001/20/EG die Meldepflicht für alle klinischen Studien in eine Datenbank namens *Eudract* implementiert (hier und im folgenden EU 2003:2ff.). Verknüpft ist dies mit einer erweiterten Anmeldepflicht für internationale Studien (was auf nationaler Ebene durch die sog. BfArM-Meldung oder beim PEI geschieht). Dabei müssen alle Studien mit einer großen Menge an Hintergrundinformationen gemeldet werden, woraufhin die Studie eine International Standard Randomised Controlled Trial Number (ISRCTN) erhält, die in der Praxis nur *Eudract number* genannt wird. Diese Datenbank ist mit dem Eudravigilance-Überwachungscomputer direkt per Interface verknüpft und dient fortan der Erstellung *umfassender Statistiken über klinische Studien*, wobei auch der Studienverlauf einschließlich erfolgter Inspektionen, überwacht werden soll (EU 2003:3).

Der Hintergrund dieser Maßnahme ist der *publication bias*, bei dem Pharmafirmen zur Verbesserung der Ergebnisse erfolgreiche Studien mehrfach publizierten, zum Teil geschah dies getarnt durch Aufsplitten der Ergebnisse oder schwer erkennbare Updates von alten Publikationen, zum Teil wurden erfolglose Studien gar nicht publiziert oder auch nur eine ‚best of'-Auswahl an die Behörden weitergegeben. Der *publication bias* resultiert aus der Informationsassymmetrie zwischen Behörde und Hersteller, bei dem nur der Hersteller, aber nicht die Behörde wußte, welche Studien gerade laufen. Es soll in der EMEA *zusätzlich* noch eine öffentliche Arzneimitteldatenbank *Europharm* errichtet werden, die Informationen zu Arzneimitteln mit Verweisen auf zugehörige klinische Studien enthalten soll und die ausdrücklich in allgemeinverständlicher Form gehalten werden soll (EU 2004b:23).

In Zukunft werden auch verstärkt Inspektionen stattfinden, die die Einhaltung der Richtlinien, insbesondere der Good Clinical Practice GCP, sicherstellen sollen. Bis 2010 soll das Inspektionswesen noch erheblich erweitert werden (EU 2004b:2), fortan wird die EMEA auch Inspektionen des Herstellungsprozesses im Sinne der Good Manufacturing Practice GMP durchführen, d.h. nicht nur die Produkte, sondern auch ihre Herstellung überwachen, was bei der amerikanischen FDA bereits üblich ist (EMEA 2004a:5). Hiermit werden neben den Produktstandards auch *Produktions*standards in die Hände der EMEA gelegt. Allgemeiner formuliert handelt es sich um ein Phänomen des fortlaufenden Entdeckens von Gemeinsamkeiten und von neuen Möglichkeiten gemeinsamen Handelns (vgl. Jachtenfuchs/Kohler-Koch 2003:89). Die Macht und die Tendenz der EMEA, ihre

Kontrolle immer weiter auszudehnen, mögen von Geschwindigkeit und Ausmaß nicht erwartet worden sein, jedoch war den Akteuren durchaus klar, dass die Einrichtung der EMEA nicht folgenlos bleiben würde.

In Zukunft wird die Datenerfassung und -kontrolle *erheblich verstärkt* werden, da in den USA unter Mitwirkung der FDA bereits ein Datenbanksystem entwickelt wird, die CDISC-Initiative (CDISC 2004). Das Clinical Data Interchange Standards Consortium CDISC ist eine Non-Profit-Organisation, die u.a. von 55 Firmen gesponsort wird und u.a. Pharmaunternehmen, Laborfirmen sowie die Consultingfirma Accenture zu ihren Mitgliedern zählt. Technisch-formal betrachtet arbeitet CDISC mit der Health-Level 7-Gruppe der FDA zusammen, um *alle* in der Forschung anfallenden Daten als XML-basierte Metadatenmodule zusammenschalten zu können. Die *politisch-praktische* Bedeutung dieser Technik liegt darin, dass die Zulassungsbehörde Datensätze im Prinzip selbst auswerten kann und auch *unabhängige Metaanalysen* auf Basis von Rohdaten durchführen kann. Wenn es wirklich erforderlich wäre, könnte die Behörde sich völlig von den Publikationen und Studienberichten der Firmen lösen, also die *Informationsassymmetrien durchbrechen*, sie hätte kurzum die totale Kontrolle über die Forschungsdaten.

Dies wirft die Frage auf, wieso die Firmen freiwillig bei dem Aufbau eines totalen Überwachungssystems mithelfen: Zum einen ersparen modularisierte Metadaten große Personalkapazitäten im Bereich der Programmierung und Pflege von Datenbanken und auch bei der Auswertung der Daten, es gibt es also ein großes Einsparpotential gerade bei höherbezahlten Tätigkeiten. Der andere Aspekt ist die geplante Nutzung der Daten für *Marketingzwecke*. Diese *Gemengelage aus Profit- und Kontrollinteressen* ist eine starke Triebfeder für alle Akteure, CDISC so schnell wie möglich voran zu treiben. Die EMEA ist zwar kein aktiver Akteur, sondern die FDA, aber da praktisch alle Medikamente, die bei der FDA zugelassen werden, auch bei der EMEA vorgelegt werden und umgekehrt, weil es sich um die größten Märkte handelt, werden ihr die Früchte dieser Initiative automatisch in den Schoß fallen.

- Elimination von Regelungslücken

Schließlich wurden für die Regelungslücken in der Biotechnologie auch noch schnell regulative Patches, insbesondere der Annex 2003/63/EG entwickelt, der *alle* biotechnologischen Produkte den Arzneimitteln klar zuordnet. Bei dieser Gelegenheit wurde auch die Zugehörigkeit von Gen- und humanen und xenogenen Zelltherapeutika zu den Arzneimitteln ausdrücklich festgeschrieben (EU 2003:L159/47). In der ergänzenden Directive 2004/27/EG wird zusätzlich eindeutig klargestellt, dass auch Mittel zur äußerlichen Anwendung und Radiopharmazeutika zu den Arzneimitteln zählen.

- Errichtung neuer Organisationseinheiten

Die europäischen Akteure haben erkannt, dass sich Zulassungsbehörden auch dazu eignen, den Marktzugang von Produkten politisch zu steuern, sozusagen 'patentartige' Maßnahmen einführen oder begrenzen zu können. Schon seit den achtziger Jahren wurde in den USA, Japan und im EU-Bereich an Anreizsystemen für Medikamente für seltene Erkrankungen, sog. *Orphan Drugs* ('Arzneimittel-Waisenkinder') gearbeitet, mit einem vereinfachten Prüfungs- und Zulassungsverfahren in der EU wie auch Japan und den USA sowie einer garantierten mehrjährigen Marktexklusivität. Während in den USA die Seltenheit der Krankheit alleine entscheidet, öffnete die EU ihr Verfahren auch für schwerwiegende Krankheiten, in Japan kommt es wiederum darauf an, dass das Medikament 'dringend' benötigt wird (EU 2000:18/1f., Kerschgens/Pfützner 2006:45).

Während in den USA 1972-1983 nur 10 Orphan Drugs auf den Markt kamen, waren es 1983-1994 bereits 111 Präparate. Die EMEA hat hierzu das Komitee COMP eingerichtet, als Anreiz gibt es u.a. ein Alleinvertriebsrecht in der EU für 10 Jahre (EU 2000). Die EU hat 9 dieser Medikamente bis August 2003 als Orphan Drug endgültig zugelassen (Europabio 2004b:1-5). Auch die folgende Abbildung zeigt die Anreizwirkung der Orphan Drug Regulation (EMEA 2006a:3):

Tabelle 17: Orphan drugs in der EU

Jahr	Orphan Drug Applications	Positive Entscheide des COMP	Zurückgenommene Anträge	Ablehnung des COMP	Zustimmung der EU Kommission
2005	**118**	88	30	0	88
2004	108	75	33	4	**72**
2003	87	54	41	1	55
2002	80	43	30	3	49
2001	83	64	27	1	64
2000	72	26	6	0	26

Diese Einführung von Anreizsystemen zu medizinischen Zwecken stellte eine wichtige konzeptionelle Weiterung der Regulierungskultur der EMEA statt (vgl. auch Mayntz 2003:74). Mit Verboten oder Drohungen wäre die Entwicklung von wenig wirtschaftlichen Arzneimitteln auch nicht zu motivieren gewesen, worin sich gewisse Grenzen von Regulierungsmethoden zeigen (vgl. auch Mayntz/Nedelmann 1996). Das COMP ist strenggenommen nicht nur für biotechnologische Produkte da, es könnte theoretisch auch jede andere Substanz für eine seltene Krankheit dort zugelassen werden, in der Realität sind aber die biotechnologischen Produkte der Arbeitsgegenstand des COMP.

Mit der bewusst offen gehaltenen Verordnung über neuartige Therapien versucht die EMEA; dem technischen Wandel vorauszueilen, so dass auch unerwartete Sprünge in der Technologie die Zuständigkeiten der EMEA nicht wieder sprengen können. Dieses CAT soll organisatorisch an das normale Humnarzneimittelkomitteee CHMP angegliedert werden und soll versuchen, die regulative und wissenschaftliche Grauzone, die sich zwischen Gentherapie, Zell- und Gwebezüchtung auftut, zu füllen, *bevor* die ersten Medikamente kommen (EC 2005a:3-4, EU 2007c). Auch hier war ein Vorgang bei der FDA reformtreibend, denn die Biotechfirma *Osiris* hat die erste Therapie mit adulten Stammzellen, das *Prochymal,* als Medikament anerkannt bekommen, das nun das FDA-Zulassungsverfahren durchlaufen kann (Osiris 2005:1f). Dabei handelt es sich um speziell bearbeitete mesenchymale Knochenmarkzellen, die nach einer Infusion im Patienten selbsttätig in den Darm einwandern und Entzündungen heilen[75]. Die

[75] Diese Methode wird bei Knochenmarkspendereaktionen gegen den Empfängerorganismus (Graft versus host disease) entwickelt, es ist als weitergehende Anwendung auch der zivile und militärische Einsatz gegen Strahlenschäden vorgesehen (Osiris 2008).

zugrundeliegenden Techniken und Prozesse sind außerordentlich komplex. Die EU bekannte sich im Verordnungsentwurf zum CAT von Ende 2005 ausdrücklich zum Isomorphismus, bei dem neue Institutionen stets nach dem Muster „*Guideline plus Komitologie*" gebildet werden sollen (EU 2005b). Dies entspricht der Beobachtung von Eberlein/Grande (2003:177), nach der die Leistungsfähigkeit politischer Systeme nicht nur davon abhängt, welche Entscheidungsregel vorgesehen ist, sondern vor allem, wie gut diese mit anderen Entscheidungsregeln vereinbar ist.

Diese Gesetzgebung scheint zunächst lediglich die Kontrolle über die Zell- und Gewebezüchtung zu sichern, könnte aber auch unerwartete Nebeneffekte haben, die im deutschen Entwurf für ein entsprechendes 'Gewebegesetz' deutlich wurden: Wenn Gewebe Arzneimittel wären, wären Gewebe auch kommerziell handelbar und Kliniken, die Gewebe für therapeutische Zwecke herstellen, könnten plötzlich denselben Verpflichtungen wie pharmazeutische Hersteller unterliegen (Hibbeler 2006:C-1101). Dies ergibt sich aus der Bezugnahme des geplanten Gewebegesetzes auf Richtlinie 2004/23/EG, die ihrerseits auf den Arzneimittelkodex 2001/83/EG verweist (BReg 2006:1-58). Die Ärztekammer verlangte vom Gesetzgeber Klarstellungen, um nicht ungewollt die Tür für den Transplantatehandel zu öffnen. Diesen Bedenken trug der Gesetzgeber 2007 auch Rechnung, jedoch unterliegt der Umgang mit menschlichem Gewebe nun dem Arzneimittelgesetz (Rieser 2007:B1436).

- Eigendynamische Expansion der Regelungsdichte

Die Guidelines (Leitlinien) des Humantherapeutikakomitees CPMP wurden immer detaillierter und umfaßten immer mehr Krankheiten. Dabei entfaltete sich zunehmend eine vom Prinzip her nicht mehr zu bremsende *institutionelle Eigendynamik.* Nach der *Sachlogik* kann die Regulierung erst zum Stillstand kommen, wenn *alle* Krankheiten, für die es Medikamente gibt, europäisch reguliert sind, weil man sonst immer sachlich unlogische Lücken haben wird. Die Eigendynamik der EMEA besteht darin, Fragen abzuarbeiten und die daran logisch anknüpfenden Fragen danach in Angriff zu nehmen.

Die Grenze der Eigendynamik der EMEA liegt in der *fehlenden Kompetenz-Kompetenz*, d.h., die EMEA kann nicht aus eigenem Entschluß die Grenzen ihrer Zuständigkeit erweitern. Deshalb war die EMEA bei der Ausdehnung ihrer Befugnisse wie der Errichtung neuer Komitees auf die Mitwirkung der Politik angewiesen. Die EMEA erkannte auch die Notwendigkeit, mehr Expertise zu bündeln, um die zum Teil sehr schwierige biotechnologische Materie systematisch zu durchdringen. Dies wiederum führte zur Einrichtung der Biotechnology Working Party BWP und der Cell Products Working Party CPWP. Die BWP hat seit 1999 eine große Menge an Guidelines entwickelt, die *alle wichtigen klinisch-biotechnologischen* Probleme abdeckt (CHMP 1999a-c; 2000a-b, 2001a-c; 2002a-b; 2003a-f; 2004; 2005a-b; 2006a-f).

Für 2010 oder 2012 wird eine Ausdehnung der EMEA-Zuständigkeiten auf die Medizinprodukte erwogen, was einer weiteren massiven Expansion gleichkäme (Scrip 2008:26).

- Ausdehnung von Beratungsleistungen

Nachdem sich die Einsicht durchgesetzt hat, dass viele Biotechfirmen an den oben beschriebenen Problemen der kritischen Masse leiden, versuchen die EMEA und FDA immer mehr die aktive Führung in der biotechnologischen Forschung durch wissenschaftliche Beratung (*Scientific advice*) zu übernehmen. Dabei wird den Firmen *vorher* gesagt, wie sie das Produkt beforschen sollen, um die Chance auf eine Zulassung zu haben. Dieser Service steht im Prinzip allen Firmen offen, der Scientific Advice soll aber ausdrücklich so gestaltet werden, dass er auch Biotechfirmen, den small and medium enterprises SME (deutsch kleine und mittlere Unternehmen KMU) den Einstieg in die klinische Forschung erleichtert, insbesondere für Orphan Drugs (EMEA 2004a:16). Die EMEA hat den Scientific Advice ständig ausgebaut, zunächst 1996 als CPMP consultation group, dann 1999 als Scientific Advice Review Group 1999 und schließlich die Scientific Advice Working Group SAWG in 2003 (EMEA 2005). Die Verordnung 726/2004 schrieb den Status als dauerhafte Einrichtung rechtlich fest und im April 2005 wurden durch das CHMP die neuen Prozeduren im Detail geregelt (EMEA 2005). Der *Scientific Advice* ist immer weiter gefaßt worden, nun können Firmen auch *Protocol Assistance* erhalten, d.h., der Studienplan wird mit Hilfe der EMEA erstellt. Bis auf die bloße Ausführung der Studie kann die EMEA somit die Erforschung eines Produktes schon beinahe *anstelle der Firma* lenken. Kontrolle und Steuerung haben somit ein 1995 noch völlig undenkbares Ausmaß erreicht (vgl. EMEA 2005c). Unabhängig davon, ob sich eine SME wissenschaftlich beraten lassen will, kann sie auf jeden Fall das 2006 errichtete SME office der EMEA in Anspruch nehmen, dessen Errichtung mit Hilfe der Verordnung Nr. 2049/2005 am 15. Dezember 2005 beschlossen wurde (EMEA 2005b). SMEs bzw. deutsch KMUs werden in der Biotechnologie exakt genauso definiert wie in der EU im allgemeinen, nämlich nach der Verordnung 2003/361/EC[76] (EU 2005d).

Ähnlich wie die EMEA fördert auch die FDA die wissenschaftliche Beratung (Scientific Advice), wobei die FDA und die EMEA seit Jahren ein Vertraulichkeitsabkommen haben, das eine *gegenseitige Abstimmung* beim *Scientific Advice* ermöglicht und das gerade bis 2011 verlängert wurde (EMEA/FDA 2006:1). Diese Abstimmung trotz aller Konkurrenz zwischen der USA und den EU kann als diskursive Annäherung von Lagebeurteilungen, als Kooperation zum Zwecke der Informationsverarbeitung in Situationen unter Unsicherheit interpretiert werden (vgl. Czada 1998:8).

Sahen sich die EMEA unter ihrem ersten Leiter *Sauer* primär als regulativer Konkurrent der FDA, so sind gerade in der roten Biotechnologie und FDA Konfrontationsstrategien auf dem Rückzug, je mehr die Einsicht über Komplexität einer Materie und Unsicherheit vorhanden ist (vgl. Czada 1998:9).

- Einführung neuer Verfahrensarten

Die US-Behörde FDA kannte schon den neunziger Jahren ein beschleunigtes Verfahren, das sog. *fast-track approval* für Medikamente, die einen wesentlichen Fortschritt für schwerwiegende Erkrankungen darstellen sowie die bedingte Zulassung, das sog. *Conditional Approval*, bei dem Daten schrittweise eingereicht werden können (FDA 1998). Diese Verfahren werden insbesondere für biotechnologische Präparate angewandt (Hinze et al. 2001:43).

Im März 2006 wurde auch bei der EMEA für Medikamente, die medizinisch als besonders wichtig eingestuft werden, die Möglichkeit einer frühen bedingten Zulassung auf Probe mit jährlicher Überprüfung geschaffen (EU 2006:L92/6-9). Zuvor wurde 2005 die Möglichkeit einer beschleunigten Zulassung analog dem fast-track approval der FDA eingeführt (CHMP 2005b). Die London School of Economics hat diese Verfahren in einer Studie untersucht und kam zu dem

[76] Definitionen: Medium = maximal 250 Personen und 50 Millionen Euro Umsatz und/oder Bilanz mit 43 Millionen Euro, Small = maximal bis zu 50 Personen und 10 Millionen Euro Umsatz, Mikro = maximal bis zu 10 Personen und 2 Millionen Umsatz. Dazu gibt es Regeln, wann eine Tochterfirma als „unabhängig" (autonomous) gezählt wird und somit von der Verordnung profitieren kann (EU 2005d:L124/39).

Ergebnis, dass diese Verfahren auch Firmen mit einer dünnen Kapitaldecke zum Erfolg verhelfen können und die Abhängigkeit der Biotechs von großen Pharmafirmen lösen könnten. Zudem könnten sie auch öffentlichen Einrichtungen den Zugang zum Arzneimittelmarkt ebnen, also nicht nur Industrieinteressen dienen (LSE 2005:2).

- Zulassung von Biogenerika

Klassische Pharmafirmen, die ein neues Wirkprinzip erfunden haben, sind stets mit dem bereits beschriebenem Phänomen von Me-too-Präparaten und Generika konfrontiert[77]. In der 'roten' Biotechnologie gibt es das Problem der Me-too-Präparate auch, wobei schon die natürlichen Stoffe in mehreren Varianten vorliegen, so dass dann eben der erste Anbieter Epoetin-alfa, der nächste Epoetin-beta usw. anbot. Aber in den 80er Jahren waren rasch alle praktisch nutzbaren Varianten durch patentierte und vermarktete Arzneimittel 'besetzt', so dass Hersteller nun auf den Patentablauf warten mußten, um Nachahmerpräparate (Generika) auf den Markt bringen zu können.

Nachahmerpräparate müssen nicht den gesamten Forschungsprozess durchlaufen, sondern können mit Bezugnahme auf die Zulassungsunterlagen des Erstanbieters bei der Behörde vorgelegt werden. Der Schutz für diese Unterlagen erlischt mittlerweile nach 8 Jahren im Rahmen der sogenannten *Bolar provision.* Die Generika-Anbieter müssen im wesentlichen nur nachweisen, dass ihr Mittel im Körper genauso behandelt wird wie das Original (Bioäquivalenz).

In der Biotechnologiebranche wird nun aber das Problem von Biogenerika[78] dadurch, dass die Patente der derzeit führenden Mittel in den kommenden Jahren auslaufen werden, erstmals aktuell. Angesichts der mehrheitlich kleinen Biotechfirmen und der im Vergleich zu klassischen Pharmafirmen geringen Zahl marktreifer Produkte könnte die Einführung von Biogenerika, z.B. von

[77] Ein Beispiel sind blutdrucksenkende ACE-Hemmer: Dem Captopril folgten auf diese Weise das Enalapril, Trandolapril, Benezapril, Spirapril, Perindopril, Fosinopril, Cilizapril, Quinapril, Lisinopril, Imidapril und Moxipril.

[78] Der Begriff der Biogenerika wird von den Verbänden sehr unterschiedlich gehandhabt: Die europäische EFPIA spricht von ‚Second entry biological medical products', der Verband Europabio von ‚Bio-similar medicinal products' bzw. ‚Second entry of biotechnology medicinal products', die American Biotechnology Industry Organisation BIO von 'Follow-on biotechnology products' (EuropaBio 2003:2).

Erythropoetin, Interferon und Insulin die Einnahmequellen der etablierten Biotechfirmen *erheblich schmälern.*

Der Produktionsprozeß von Biotechnologiepräparaten ist sehr komplex, was auch mit dem Einsatz lebender Organismen zu tun hat, so dass ein nachgebautes Präparat nicht mehr unbedingt identisch ist, oder wie es der VFA ausdrückt, unmöglich sei (VFA 2004i)[79]. Es ist nicht anders als beim Bierbrauen, dass eines der ältesten Verfahren der früheren Biotechnologie ist: Auch wenn man dieselben Zutaten einschließlich der Hefe hat, kann das Bier durch die Produktionsverfahren anders schmecken und 'wirken'. Krämer (2006:C261ff.) verweist in diesem Zusammenhang auf Probleme mit instabilen Erythropoetin-Generika in Asien und Südamerika. Andererseits jedoch hat es solche Streitfälle auch schon bei herkömmlichen Arzneimitteln gegeben und die EU vertritt die Auffassung, den Begriff der Ähnlichkeit *nicht zu eng zu fassen.* So werden einfache chemische Variationen (Salze, Ester, Ether, Isomere) usw. nicht als Besonderheiten gehandhabt (Taylor-Wessing 2005:17).

Die Interessenverbände der etablierten Biotechnologiefirmen haben dennoch massiv darauf hingewirkt, dass Biogenerika nicht nur durch einfache Bezugnahme auf die Unterlagen des Originalanbieters zugelassen werden können (vgl. Europabio 2003a/b). Die Forderung, dass Biogenerika vor der Zulassung zusätzliche präklinische *und* klinische Studien vorlegen sollen, erhöht die Sicherheit des Biogenerikums und hat aus Sicht der Originalanbieter den willkommenen Nebeneffekt, sehr viel Zeit und Geld zu verschlingen, so dass, wenn überhaupt, nur große Generikafirmen in diesen Markt einsteigen könnten. Da die Generikafirmen diese Investitionen wieder amortisieren müßten, würde auch der Preiswettbewerb eingedämmt. Die EMEA hat sich dieser Problematik angenommen und den Annex 2003/63/EC erlassen.

Zwei CHMP-Guidelines regeln seit Dezember 2003, dass Hersteller von Biogenerika durch "bridging studies", die sich sowohl auf Präklinik <u>und/oder</u> Klinik beziehen können, zeigen müssen, dass ihr Produkt hinreichend ähnlich (*biosimilar*) und auch genauso sicher ist wie das Originalprodukt (CPMP 2003a:3).

---

[79] Bei einem Erythropoetin-Präparat namens Eprex® kam es in 179 Fällen zur Bildung von hocheffektiven Autoantikörpern, die zu einer schweren Blutarmut, der Pure Red Cell Aplasia PRCA, führten. Als Auslöser wurde unter anderem der vermehrte Wechsel von der intravenösen auf die subkutane Gabe diskutiert (Frost et al. 2002:2692).

Similar bezieht sich auf Wirksamkeit, Sicherheit und Qualität des neuen Produktes und es wird ausdrücklich klargestellt, dass nicht einfach die Wirkung allein zählt, sondern auch relevante Unterschiede zum Vergleichsprodukt ausgeschlossen werden müssen (CHMP 2006).

Wegen der Empfindlichkeit biotechnologischer Produkte gilt dies auch für Änderungen im Produktionsprozess bereits zugelassener Präparate (ebenda)[80]. Die Biotech-Verbände hatten eigentlich gefordert, dass zwingend beides, d.h. präklinische *und* klinische Studien durchzuführen seien, dazu hat sich die EMEA in der Eindeutigkeit jedoch nicht festlegen lassen. Die EMEA wartete die Klärung der Rechtslage ab, denn sie hatte das erste Wachstumshormon-Biogenerikum Omnitrope schon 2003 zulassen wollen. Die EU-Kommission hatte diese Entscheidung jedoch mit Blick auf die *unsichere Rechtslage* gekippt, eine der ganz seltenen Fälle, wo sich die Kommission der EMEA nicht anschloß (Spielberg 2005:A3602).

Daher hat die EMEA die ersten Biogenerika Anfang 2006 (Omnitrope, Valtropin) erst zugelassen, als die Einzelheiten für die betroffenen Substanzen nicht nur generell, sondern durch detaillierte Guidelines geregelt wurden (Interferon alpha, Wachstumshormon und Erythropoetin; CHMP 2003a-f; 2004; 2005a-b; 2006a-f). Insgesamt sind die Anforderungen an Biogenerika höher ausgefallen als für normale Generika, gleichwohl bedeutet dies für die Zukunft erhebliche Einbußen für die großen und etablierten Biotechfirmen (vgl. Kuchenbuch 2005:11). Die Biogenerikadebatte ist für die Gesundheits- und Sozialpolitiker von Bedeutung. Die z.T. sehr hohen Preise, die sich für biotechnologische Produkte erzielen lassen, stellen schon jetzt ein ernstes Problem dar. Spitzenreiter in der Debatte ist das Enzym Imiglucerase, das den Enzymdefekt bei der Erbkrankheit Morbus Gaucher ausgleichen kann (Hess 2004:C1222-1223). Imglucerase kostet bei der Einstiegsdosis von 14 Einheiten (IU)/kg Körpergewicht schon 150.000 Euro im Jahr, die Höchstdosis von 60 IU/kg alle 2 Wochen 632.000 Euro im Jahr. Aber auch die gegen Rheuma eingesetzten TNF-Antikörper sind schon 50 mal teuerer als herkömmliche Mittel, die bei den meisten Patienten schon völlig ausreichend sind. Der gesundheitspolitische Trend innerhalb Europas geht eindeutig dahin, dass der

[80] In den USA hat innerhalb der FDA das Center for Drug Evaluation and Research (CDER) die Verantwortung für biotechnologische Medikamente übernommen und arbeitet ebenfalls an einer Guideline für follow-on-biologics, wie die Biogenerika von der FDA genannt werden (Hölzl 2003:1).

Einsatz höherpreisiger Präparate gegenüber vorhandenen billigeren Therapien rechtsfertigungsbedürftig im Sinne einer Kosten-Nutzen-Abwägung ist.

4.5.4 Eingriffe der EMEA ins Patentwesen

Die Orphan Drug-Regelung ist formal und ökonomisch nicht unproblematisch, weil sie dem Ersterforscher einer Substanz ein Monopol verschafft, das faktisch ähnliche Forschungsaktivitäten *anderer* Firmen für ähnliche Substanzen hemmt, sie ermöglicht im ersten Schritt Innovationen, kann aber Nachfolgeinnovationen hemmen. Die Regelungen zu den Orphan Drugs sind der Versuch, *Marktversagen zu korrigieren*, indem solche Präparate gegenüber anderen begünstigt wurden. Die Orphan Drug-Regulation signalisierte die Einführung zu Anreizsystemen zu medizinischen Zwecken und stellte eine wichtige konzeptionelle Weiterung der Regulierungskultur der EMEA statt (vgl. auch Mayntz 2003:74). Nach der EMEA-Reform 2005 wurde 2007 die PUMA (*Paediatric use market authorization*) eingeführt, bei der diejenigen Hersteller, die für ein Medikament den Nachweis der Wirksamkeit und Sicherheit für Kinder erbringen, für die Anwendung bei Kindern nochmals einen gesonderten Schutzzeitraum erhalten, der ebenfalls nicht rechtlich, aber sachlich einem Patent gleichkommt (Lindner 2006:31).

Innovationsförderung kann aber nicht nur durch Förderung von neuen Medikamenten, sondern auch durch Druck auf alte Medikamente erfolgen. Eine solche Regelung ist die Bolar provision, d.h., das Recht, an Nachahmermedikamenten (Generika) für ein Original schon forschen zu können, während das Medikament noch patentgeschützt ist. 2004 wurde eine Form der *Bolar provision* in das europäische Recht aufgenommen. Unterlagen von Originalherstellern sind künftig nur noch '8+2+1-geschützt', d.h. 8 Jahre nach Zulassung ist eine Einsichtnahme durch Generikahersteller möglich, wobei noch 2 Jahre Vermarktungsschutz bestehen bleiben bzw. bei relevanter Indikationserweiterung des Originalmittels noch plus ein zusätzliches Jahr, d.h. insgesamt höchstens 11 Jahre. Die Biognerikaregelung stellt wiederum sicher, dass die auslaufenden Patente der Biotechpräparate von anderen Firmen nicht nur auf dem Papier, sondern auch in der Wirklichkeit genutzt können.

4.5.5 DAMA – Druck auf die nationalen Behörden

Auf die nationalen Arzneimittelbehörden, von denen es im Einzugsbereich der EMEA insgesamt 42 selbständige Einrichtungen gibt, wird ein zunehmender Druck ausgeübt, der letztlich auf die Bildung von 6-10 mittelgroßen *Centers of Excellence* in Europa hinauslaufen könnte, was letztlich eine Auflösung des nationalen Behördensystems darstellt (FAZ 2005a:13; Benisheva-Dimitrova:2006).

Der Wissenschaftsrat hatte in seiner Stellungnahme zum Bundesinstitut für Arzneimittel und Medizinprodukte 2004 ein insgesamt negatives Urteil über die Leistungskraft des BfArM abgegeben, die bereits zu erheblichen, noch laufenden, Umstrukturierungen im BfArM geführt haben. Der Wissenschaftsrat bemängelte das Fehlen einer eigenen 'dienstaufgabennahen' Forschung, wie sie zum Beispiel das für die Blut- und Immunprodukte zuständige Paul-Ehrlich-Institut betreibt (WR 2004:52). Schon jetzt absorbiert die EMEA besonders qualifizierte Kräfte des BfArM (WR 2004:59). Um die deutsche Behörde für den zu erwartenden Wettbewerb zwischen den Behörden 'fit' zu machen, sollte das Bundesinstitut für Arzneimittel und Medizinprodukte in die DAMA, die deutsche Arzneimittelagentur, umgebaut werden (Korzilius/Richter-Kuhlmann 2005:A713-715). Der Bereich Arzneimittelzulassung sollte sich nach dem Gesetzesentwurf der Bundesregierung fortan selber tragen (ab 2012), worin einige den Beginn der Abhängigkeit von der Pharmaindustrie sahen, die sich bei der amerikanischen FDA zu entwickeln scheint (ebenda; Schmucker 2005:30f.; Korzilius 2007:B725). Wegen der Sicherheitsbedenken hat schliesslich die CSU die DAMA zu Fall gebracht (Pache/Kuchenbuch 2007:9).

Dieser Druck auf die nationalen Behörden führt direkt zu dem Befund von Lütz/Czada (2000:33), die feststellen, dass dies die Vermarktlichung der mit der Arzneimittelzulassung befaßten nationalen Verwaltungen verstärkt. Insgesamt stehen die nationalen europäischen Behörden unter Druck, sich nach den Prozeduren und Strukturen der EMEA auszurichten, also ein Isomorphie-Phänomen, das sogar auf die Wahl des Namens Einfluß hat (FDA, EMEA, DAMA). Das BMGS hatte schon 2003 diskutiert, ob man die Möglichkeiten zur Verfahrensbeschleunigung, d.h., das conditional und accelerated (fast track) approval, nicht auch in Deutschland einführen sollte. Diese Überlegung findet sich nun in §28 des Arzneimittelgesetzes wieder (BMGS 2003:29; Klawitter et al. 2007:51).

4.5.6 Die Food and Drug Administration

Da die FDA in vielen Punkten ohnehin das Vorbild der EMEA war und ist, werden in diesem Kapitel vor allem die Unterschiede zur EMEA behandelt. Wichtigste Grundlage für die Arbeit sind neben dem auch für die grüne Biotechnologie relevanten *Federal Food Drug and Cosmetic Act* FFDCA und dem Public Health Service Act die Regeln des Bundesgesetzes 21 CFR (Abschnitt 21 des Code of Federal Regulation), der alle wesentlichen Fragen der Arzneiforschung und Nahrungsmittel regelt, z.B. 21 CRF 11 ("part eleven") regelt die Verarbeitung von Forschungsdaten in Datenbanken.

Es gibt zwei Abteilungen, die für die rote Biotechnologie zuständig sind, nämlich das *Center for Drug Evaluation and Research (CDER)* und das *Center for Biologics Evaluation and Research (CBER)*. Das CDER ist für Arzneimittel zuständig, das CBER für biologische Produkte, z.B. Blutprodukte. Zunächst wurden biotechnologische Produkte als 'biologische' Produkte angesehen und deshalb vom CBER bearbeitet. Am 01. Oktober 2003 hat jedoch innerhalb der FDA das CDER die Verantwortung für biotechnologisch hergestellte Medikamente übernommen, die nun wie in Europa primär als Medikamente angesehen werden. Nach wie vor werden aber diejenigen Verfahren, bei denen die EMEA lange unschlüssig war, ob es sich überhaupt um Medikamente handeln würde, vom CBER behandelt: Gentherapie, Gewebezüchtungen, Transplantate (CBER 2006). Anders ausgedrückt sind die (markt)reifen Verfahren in den Händen des CDER, während das CBER die übrigen biotechnologischen Verfahren betreut. Kurzgefaßt weisen die FDA und die EMEA zwar andere rechtliche Grundlagen und eine etwas andere Aufteilung der Medikamente auf, aber durch die Anpassung der EMEA werden die Verfahrensarten allmählich *immer ähnlicher*, was letztlich in recht gleichartigen Ergebnissen mündet.

Eine Besonderheit der FDA ist, dass ihre Regeln *über die Grenzen hinaus wirksam* werden, denn sie verlangt, dass im Ausland erhobenen Daten, die von ihr akzeptiert werden sollen, nach den von der FDA aufgestellten Regeln untersucht werden sollen. Hierzu gehören unter anderem das *Financial Disclosure*, bei dem ein Prüfer erklären muß, dass er keine Anteile an den Firmen hat, für die er prüft (FDA form 1572 - Statement of Investigator) und der oben erwähnte 21 CFR 11, der die Funktionen von Forschungsdatenbanken festschreibt. Insbesondere muß ein automatischer *audit trail* installiert sein, bei dem alle Änderungen von Daten im Forschungsprozess elektronisch nachverfolgt werden können. Dies erklärt wiederum, warum die CIDSC-Initiative, die von der FDA nach anfänglichem Zögern übernommen wurde, weltweite Auswirkungen haben wird: Ein forschungsintensives und teures Medikament rentiert sich nur dann, wenn es auf allen großen Märkten vertreten ist und der amerikanische Markt als größter Markt ist unverzichtbar. Demzufolge müssen die Firmen quasi *in vorauseilendem Gehorsam* die amerikanischen Initiativen befolgen.

Die CDISC-Initiative zeigt, dass die FDA durchaus industriekritisch verfahren kann. Sie pflegt auch Prüfer, die sie für unzuverlässig hält oder bei Fehlern erwischt hat, auf ihrer FOI (Freedom of Information)-Homepage öffentlich mit Namensnennung anzuprangern, unter Bekanntgabe von Strafen wie "darf nur unter Aufsicht prüfen".

Die FDA beschäftigt sich zwar schon seit längerem wie die EMEA mit Biogenerika, aber sie konnte sich vermutlich auch unter dem massiven Druck der Biotechfirmen lange nicht zu einer klaren Linie durchringen. Sandoz erhielt im Januar 2006 die EMEA-Zulassung für ihr Biogenerikum Omnitrope, aber dasselbe Medikament lag schon seit August 2004 bei der FDA vor und Sandoz hat schließlich im September 2005 Untätigkeitsklage gegen die FDA eingereicht, über die FDA durch einen Washingtoner Bundesrichter zur Zulassung gezwungen wurde (Sandoz 2006:1-3; FDA 2006:1).

Da die USA immer noch einen erdrückenden Weltmarktanteil haben und überdies alle etablierten Biotech-Präparate mit auslaufendem Patent aus den USA stammen, so wird klar, dass die Biogenerika-Regelung zunächst nur die USA treffen wird, während die EU lediglich Kostenersparnisse verbuchen kann. Da kann es nicht mehr überraschen, dass die EMEA beim Omnitrope ausnahmsweise der FDA voraus war. Ironischerweise hatte die FDA schon länger die rechtlichen Grundlagen für die Zulassung von Biogenerika (‚follow-on proteins'), nämlich die Section 505(b)(2) des Food, Drug and Cosmetic Acts[81] und sogar schon einzelne

[81] Die FDA bestreitet jedoch, dass follow-on-Proteine Biogenerika seien, hier wird mit (spitzfindigen) Argumenten wie den Glykosylierungsmustern der Proteine gearbeitet. Einige

Medikamente hierüber zugelassen (Calcitonin und Hyaluronsäuren), aber als das erste Mal ein ökonomisch bedeutsames Medikament zur Debatte stand, ergaben sich plötzlich 'Unsicherheiten' über die Rechtslage... (FDA 2006:1-4; BMBF 2006a:2). Nun haben Hillary Clinton und 2 weitere US-Senatoren ein Gesetz eingebracht, dass der FDA klare Vorgaben zur Zulassung von Biogenerika machen soll (Scrip 2007a). Allein nur für das Erythropoetin versprechen sich die Initiatoren etwa 40,7 Milliarden US-$ (!) Einsparungen in 10 Jahren durch das Gesetz. Die amerikanische Behörde FDA ist 2005 wegen des Vioxx-Skandals in die Kritik geraten[82], bei dem sie trotz Ergebnissen aus Tierversuchen, die den späteren Nebenwirkungen am Menschen ähnelten, die Zulassung befürwortete (Evers 2005:139-141; Hoffritz 2005). Die FDA wollte das Medikament später wieder zulassen, aber nachdem sich herausstellte, dass 10 der 32 Gutachter Gelder von Herstellern der Substanzgruppe von Vioxx, den COX-2-Hemmern, bekommen hatten, wurde der Plan fallen gelassen (Ärzteblatt 2007:1). Eine Umfrage des US-Gesundheitsministeriums unter Gutachtern der FDA ergab, dass 40% meinten, sie hätten zu wenig Zeit zur Prüfung, 20% sagten, dass abweichende Meinungen nicht gern gesehen würden und 18% gaben sogar an, sie stünden unter Druck, Medikamente im Zweifel zuzulassen. Auch die Pharmakovigilanz nach der Zulassung liegt im Argen, die Firmen halten die Vorschriften einfach nicht ein, so dass mehr als die Hälfte der erforderlichen Postmarketingstudien aussteht (Evers 2005:141). Die Handhabung der Prüfprozeduren soll deshalb wieder strenger gehandhabt werden.

4.5.7 Zwischenergebnis

Schon relativ bald nach Arbeitsbeginn der EMEA zeigte sich, dass ein gewisses Spannungsverhältnis zwischen dem Ziel der Marktschaffung und der Innovationsförderung bestand. Die Marktschaffung begünstige umsatzstarke

---

US-Senatoren kritisieren die Zurückhaltung der FDA schon seit 2002 (Messplay/Heisey 2006:20-21).

[82] Hintergrund: Es gibt ein gerinnungsförderndes Enzym COX-1 und ein entzündungsförderndes Enzym COX-2. Die gezielte Hemmung des COX-2 sollte die Entzündung stoppen, ohne die Blutgerinnung zu stören. Tatsächlich erhöhte sich jedoch durch die COX-2-Blockade das Stoffangebot für COX-1, so dass Gerinnselbildung (Thromboseneigung) auftrat. Dies war schon in den Tierversuchen aufgefallen.

Medikamente von großen Firmen, die ihre Skalen- und Verbundvorteile im europäischen Maßstab erst richtig ausschöpfen können. Für kleine Firmen und weniger rentable Medikamente für seltene Krankheiten erwies sich diese Ausrichtung jedoch als Hindernis. Für die Orphan Drugs standen ökonomische Rentabilität und medizinischer Nutzen in direktem Gegensatz zueinander. Die Anreizsysteme der EMEA sind *innovationsfördernde Marktkorrekturen*, bei dem der Anbieter medizinisch wichtiger Medikamente gegenüber seinen Wettbewerbern besser gestellt wird, indem er einen Zeitvorsprung, evtl. zusammen mit einer Kostenreduktion, erhält (conditional/accelerated approval) oder gar eine vorübergehende Monopolstellung (Orphan Drugs, seit 2007 auch PUMA). Ein weiteres Spannungsverhältnis ergibt sich aus *Service- und Kontrollzielen.* Die EMEA reagierte mit dem Ausbau der Kontrolle nach der Zulassung auf die Probleme, die die Anwendung des *precautionary principle* in diesem Sektor aufwirft. Da seltene Nebenwirkungen erst im Laufe der breiten Anwendung *nach* der Zulassung beobachtet werden können, war die bisherige Schwerpunktsetzung auf die Phase vor der Zulassung mit intensiver Prüfung nicht ausreichend.

4.6 Organisation und Recht der grünen Biotechnologie

4.6.1 Die Vertrauenskrise in der EU - Ursache oder Vorwand für strengere Regeln?

Die EU-Kommission erteilte im Dezember 1996 die Genehmigung zur Inverkehrbringung für die Maissorte Bt176/"Windsor". Diese Genehmigung wurde von Italien, Österreich und Luxemburg sofort unter Berufung auf Art. 16 der Richtlinie 90/220/EC ausgesetzt, der eine sog. Schutzklausel darstellt (Schenkelaars 2004:18ff.). Diese kann angewendet werden, wenn neue wissenschaftliche Erkenntnisse zu potentiellen Gefahren die ursprüngliche Basis für die Genehmigungserteilung als überholt erscheinen lassen. Die EU-Kommission erklärte diese Anwendung des Artikels 16 für ungerechtfertigt, aber nur Italien zog seine Berufung zurück[83].

Auf europäischer Ebene wurde seit 1997 eine Novellierung der Freisetzungsrichtlinie 90/220/EWG beraten. 1998 zog dann auch Frankreich die Genehmigung für den Bt-Mais zurück, Großbritannien verschärfte die Sicherheitsvorschriften, im März/April 1998 waren in der EU faktisch keine Genehmigungen nach 90/220/EWG mehr möglich (ders. 2004:19). Die Entwicklung in den Mitgliedsländern der EU gipfelte auf politischer Ebene im Sommer 1999 in einem *De-facto-Moratorium* für Zulassungen zum Inverkehrbringen transgener Pflanzen durch den Umweltministerrat, verbunden mit der Forderung, vor der Erteilung neuer Zulassungen erst das laufende Novellierungsverfahren abzuschließen (TAB 2000:1ff.). Die World Trade Organisation WTO hatte dieses Moratorium kritisiert und für vertragswidrig erklärt (FAZ 2006c:12).

Der Wandel der EU-Politik in der grünen Biotechnologie wurde von der EU ausdrücklich als notwendige Reaktion auf das durch Lebensmittelskandale erschütterte Vertrauen der europäischen Öffentlichkeit begründet. Die Politik versucht seither, durch strengere Regeln und Prüfverfahren dieses Vertrauen wiederherzustellen (vgl. Abels 2002:8). Dem ständigen Vertrauenszuwachs in der

---

[83] In Deutschland wurde ebenfalls im Februar 2000 auf Weisung des Bundesgesundheitsministeriums die Inverkehrbringungsgenehmigung für die Maissorte Bt176/"Windsor", die kurz vor ihrer Sortenzulassung durch das Bundessortenamt stand, unter Berufung auf den bereits genannten Artikel 16 ausgesetzt (TAB 2000:1ff.).

roten Biotechnologie steht ein Vertrauensschwund in der grünen Biotechnologie gegenüber. *Beide Prozesse zusammen erklären das Auseinanderdriften der regulativen Politik in der roten und grünen Biotechnologie.* In der Literatur wird einhellig der Rinderwahnsinn (Bovine Spongiöse Encephalitis *BSE, mad cow disease*) als Auslöser dieser Vertrauenskrise genannt (vgl. Schomberg 2000:117, Hanrahan 2001:4, Patterson/Josling 2001:6, EFSA 2005b:1, Embassy 2005b:9). Die in den USA geäußerte These, dass diese Krise durch eine PR-Kampagne der Gruppe Genetic Protection im Jahre 1999, die BSE und Genfood in Verbindung brachte, geschürt wurde, findet jedoch keine Zustimmung (Embassy 2005b:9). Die Akzeptanz für die grüne Biotechnologie, soweit sie vorhanden war, ließ im Sog der BSE-Krise nach (Embassy 2005b:12).

2001 hatte die EU-Kommission die Behandlung von Fragen der Nahrungsmittelsicherheit intern neu organisiert und die neue Freisetzungs-Richtlinie 2001/18/EG für die Nutzung von gentechnisch veränderter Pflanzen erlassen, sowie 2003 die Verordnung 1829/2003/EG für die daraus erzeugten Lebens- und Futtermittel (Wallace 2005:334). Für die Durchführung dieser Regeln wurde die Europäische Behörde für Lebensmittelsicherheit (European Food Safety Agency EFSA) errichtet (EU 2002h:L31/1-21). Die Sicherheit und nicht die Marktschaffung steht bei der EFSA konsequenterweise an erster Stelle (EFSA 2005b). Die EU-Kommission legte schon 2001 ausdrücklich Wert darauf, dass genetisch veränderte Nahrungsmittel gründlicher zu prüfen seien als konventionelle (vgl. Garthoff 2004:16). Genau dies wird von den USA kritisiert, die in der genetisch veränderten Nahrung keine besonderen Risiken sieht (Embassy 2005a).

Als sicher kann bei genauem Hinsehen jedoch zunächst nur gelten, dass die EU den Rinderwahnsinn *als Anlaß nahm*, die gentechnisch veränderte Nahrung strenger zu regeln, obwohl diese medizinisch nichts mit dem Rinderwahnsinn zu tun hatte. Beim Rinderwahnsinn wurden durch Tiermehl bei Rindern neuartige Erregertypen, die Prionen, übertragen, die dann das Gehirn zerstören, wodurch die Tiere auffälliges Verhalten zeigen (Daher mad cow = Rinderwahnsinn). Bei der Autopsie finden sich dann Löcher im Gehirn (daher der Ausdruck spongiös). Tiermehl, bei dem landwirtschaftlichen Nutztieren gemahlene Eiweiße von Tierkadavern als Kraftfutter gegeben werden, gab es eigentlich schon lange. Als Auslöser für das plötzliche Auftreten von BSE gilt offiziell das Herunterfahren der Hitzesterilisation in Verarbeitungsanlagen, mit dem man in England Energiekosten sparen wollte.

Beim Menschen tritt diese Krankheit ebenfalls als *Creutzfeld-Jacob-Krankheit* CJK auf, im 19. Jahrhundert waren auch schon Afrika beim rituellen Verzehr menschlicher Gehirne ähnliche Infektionen beobachtet worden. Nun jedoch traten in Einzelfällen die Erreger vom Rindfleisch *auf den Menschen über* und erzeugten eine schneller laufende neue Form der Creutzfeld-Jacob-Krankheit CJK. Mit dieser Entdeckung, die alle Akteure unerwartet traf, brach die BSE-Krise aus. Zweifellos spricht dies für unentdeckte Risiken in Lebensmitteln, die die Kritiker auch bei der grünen Biotechnologie vermuten, was zumindest das *Übergreifen* der Vertrauenskrise auf die grüne Biotechnologie erklären kann. Zu prüfen bleibt jedoch, ob die EU nicht hätte versuchen können, den fehlenden Zusammenhang zwischen BSE und gentechnisch veränderter Nahrung *aufzuklären*, oder ob sie das vielleicht gar nicht *wollte*, wie es zuweilen in den USA gesehen wird. Die Aussage *„Beide Prozesse zusammen erklären das Auseinanderdriften der regulativen Politik in der roten und grünen Biotechnologie*" sagt nur, dass die Vertrauenskrise offiziell *als Anlaß genommen wurde*, ob die Krise auch tatsächlich der Anlaß war, ist noch zu prüfen.

4.6.2 Hintergründe zu den Risiken der grünen Biotechnologie

Das Landwirtschaftsministerium BMVEL hatte bereits 2002 einen Diskurs zu den Risiken der grünen Biotechnologie am Menschen durchgeführt, der nicht nur die Situation in Deutschland widerspiegelt, sondern mit gleichartigen Positionen z.B. für Großbritannien nachgewiesen werden kann (BMVEL 2002, GM 2001). Risiko- und Sicherheitsfragen werden unabhängig von der jeweiligen Einstellung zur Grünen Gentechnik von einem breiten Spektrum der gesellschaftlichen Gruppen angesprochen, z.B. Kirchen und Verbände. Die Klärung der entsprechenden Fragen durch die Wissenschaft wird übereinstimmend als wesentliche Aufgabe gesehen. Die DFG betont die Notwendigkeit der sorgfältigen Abwägung von Nutzen und Risiken, der bereits verfügbare Wissensstand wird allerdings unterschiedlich bewertet. Während einerseits die Notwendigkeit für breit angelegte Klärungen und die Darstellung von Risiken gesehen wird, gehen Forscherverbände mit Bezug auf internationale Erfahrungen und Forschungsergebnisse aus Freisetzungsversuchen und Anbau von einem fundierten Kenntnisstand und der Beherrschbarkeit der Sicherheitsfragen aus. Die folgenden Risiken für den Menschen werden zur Zeit vorrangig diskutiert:

- Entstehung schädlicher Produkte infolge des eingepflanzten Gens oder infolge eines veränderten Stoffwechsels des gentechnisch veränderten Organismus (GVO)
- Enzyme in Produkten und ihre Auswirkung auf den Menschen
- Allergien
- DNA-Transfer
- Entstehung schädlicher Produkte

Schädliche Produkte könnten z.B. natürliche Gifte, die teratogen (fruchtschädigend), mutagen (genverändernd) oder karzinogen (krebserregend) wirken sein oder auch sog. *antinutrients*, d.h. nährwertmindernde Inhaltsstoffe oder auch biologisch aktive Stoffe wie die hormonartig wirkenden Phytosterole. In einer Studie von Pusztai wurden schädliche Effekte transgener Kartoffeln im Fütterungsexperiment von Ratten beobachtet, jedoch erwies sich die Studie als nicht signifikant und von geringer Datenqualität, die Ergebnisse konnten nicht bestätigt werden (GM 2001:66; Pusztai 2002). In der roten Biotechnologie hat es in den achtziger Jahren einen toxischen Vorfall bei der Firma Showa Denko gegeben, bei dem Bakterien das Biomolekül Tryptophan zum Teil falsch zu Doppelbausteinen (Dimeren) zusammengebaut hatten, was bei den Patienten zum schmerzhaften Eosinophilie-Myalgie-Syndrom EMS geführt hatte (STUMGV 2004:1; Embassy 2005b:8).

Risiken auf diesem Gebiet gäbe es auch durch Naturprodukte und alte Züchtungsverfahren, d.h. es gäbe keinen Unterschied zur grünen Gentechnik bzw. Novel foods, die Kritiker argumentieren jedoch, dass bei der Vielzahl möglicher gentechnischer Verfahren und Kombinationsmöglichkeiten ein Restrisiko niemals auszuschließen sei. US-Stellen verweisen auf über 20.000 problemlos verlaufene Feldstudien (Embassy 2005b:2). Die 1990 bei Petunien beobachteten Abweichungen der Blumenfarben von den Planungen der Gentechnikern kämen auch bei natürlichen Züchtungen vor (Embassy 2005b:2).

- Enzyme

Enzyme werden in Nahrungsmitteln zur Nahrungsmittelproduktion eingeschleust, z.B. Chymosin zur Käseherstellung. Diskutiert wird das Risiko, dass Enzyme auf den Menschen übergehen und Schaden anrichten könnten. Bisher ergaben sich keine Hinweise auf Schäden durch GVO-Enzyme, der Mensch nimmt z.B. mit Früchten seit jeher große Mengen Enzyme auf, die Verdauung kann die meisten dieser Enzyme ohnehin zerlegen. Pflanzliche Enzyme können jedoch durchaus auf den Menschen Wirkungen entfalten, wie z.B. das Ananasenzymgemisch Bromelain: Die thiolhaltigen proteolytischen Bromelainenyzme entfalten zwar nützliche entzündungshemmende Wirkungen, aber selbst hier ist das Wirkprofil ist äußerst komplex (Fachinformation Proteozym 2004:1).

- Allergien

Allergien sind fehlgeleitete Immunreaktionen, die sich gegen einen eigentlich harmlosen Stoff, das Allergen, richten (1-2% der Bevölkerung haben Lebensmittelallergie, 5-8% der Kinder). Neben verschiedenen Allergietypen gibt es auch die Pseudoallergie, bei der nur allergieartige Symptome auftreten und die Lebensmittelunverträglichkeit, die z.B. durch Enyzmdefekte ausgelöst werden kann. Bei der Laktoseintoleranz fehlt ein milchabbauendes Enzym, es kommt zur Unverträglichkeit von Milchprodukten. Das Problem ist, dass ohnehin 20-25% der Bevölkerung angeben, bestimmte Speisen ‚nicht vertragen' zu können (GM 2003). Im Prinzip kann jedes Lebensmittel Allergien auslösen, die Mehrzahl wird allerdings durch Kuhmilch, Nüsse, Hülsenfrüchte, Getreide, Eier und Meeresfrüchte verursacht. Die Quellen sind den Betroffenen in der Regel aus Erfahrung bekannt. Bei genetisch veränderter Nahrung wären Allergien durch Nutzung von Stoffen möglich, die als Allergene bekannt sind, wie das Paranuss-Albumin in Sojabohnen oder auch durch Einführung neuer Proteine in die Nahrung, vgl. BMVEL 2002). Intensiv erörtert wurde die Kontamination von eigentlich ‚sauberen' Lebensmitteln im Star-Link-Mais Vorfall, bei dem das *Bacillus thuringiensis* Allergen 'Cry9C' in TacoShells eingeschleppt wurde, die dann in Supermärkten verkauft wurden (Transgen 2001, BVMEL 2002). Beim StarLink Vorfall gab es zwar keine Cry9C Allergie und die Sojabohnen kamen nie auf den Markt, aber die unbemerkte Ausbreitung von Genen in nicht-deklarierte Nahrung sorgte für Diskussionen. Die Befürworter wiesen jedoch darauf hin, dass man theoretisch gegen alles allergisch sein könnte, es handele sich also um ein unvermeidliches Alltagsrisiko, das keinen Unterschied zu normalen Nahrungsmitteln ausmache (SZ 2004:11). In den USA hat dies jedoch dazu geführt, dass die Behörden seit 2001 keine Produkte, die dem Cry9C vom StarLink entsprechen, mehr zuließen (Vogt/Paarish 2001:17). Neu aufgeflammt ist die Debatte durch den Fund von genetisch verändertem Reis, dem LLRice601, in herkömmlichen Lebensmitteln 2006, obwohl die Feldversuche mit dem Reis schon 2001 beendet wurden und er nicht auf den Markt kam (FAZ

2006f:13). Der Kontaminationsgrad beträgt in Stichproben 6 von 10000 Körnern (Rögener 2006:30), was von der FDA für ungefährlich erklärt wurde.

- DNA-Transfer

DNA kann mit Nahrung aufgenommen werden und sich z.B. durch Einhüllung in eine Matrix aus Glykoproteinen der Verdauung im Darm durch Nukleasen hinreichend lange widersetzen. Rein theoretisch könnte es also zur Übernahme der DNA in Darmbakterien mit Aufnahme von Antibiotikaresistenzen dieser Keime kommen oder im Extremfall gar zur Aufnahme ins menschliche Blut (BVMEL 2002; GM 2001:12). Darmbakterien können natürlicherweise Gene aufnehmen, aber aufgrund des damit verbundenen Energieverbrauches halten sich solche Gene nur bei unmittelbarer Nützlichkeit. Es gibt keine Hinweise auf derartig eingeschleppte Antibiotikaresistenzen (GM 2001:95). Für Resistenzen sei vielmehr die großflächige Anwendung von Antibiotika in der Medizin verantwortlich. Der Mensch nimmt mit der Nahrung täglich relevante Mengen Nukleinsäuren auf, Fremd-DNA kann dabei vom Immunsystem anhand der Methylierungsmuster erkannt und eliminiert werden. Kritiker befürchten jedoch, dass ein übertragbares DNA-Fragment vielleicht zu spät erkannt würde, falls es doch mal so eines geben sollte. Die Befürworter argumentieren, dass an den Genen von Pflanzen und Tieren seit jeher durch Zuchtverfahren bis hin zu Experimenten mit Bestrahlung gearbeitet wurde, ohne dass es dabei zu Vorfällen am Menschen gekommen ist (vgl. Amman 2004:18-20). Kritiker argumentieren, dass die grüne Biotechnologie jedoch die Möglichkeit böte, Artengrenzen rasch zu überspringen und ad hoc große Veränderungen vorzunehmen, was etwas anderes sei als Zucht.

Die Befürworter kritisieren einen überkritischen Umgang mit genveränderter Nahrung: Dieselben Leute, die Angst vor so etwas hätten, nähmen in Form von Bier einen Hefe-Metaboliten, der krebserregend und neurotoxisch ist, zu sich, oder atmeten bewusst pflanzliche Karzinogene als ‚Zigarettenrauch' ein (vgl. Maxeiner/Miersch 2003:1-4). Die Gegner halten dem entgegen, dass neue Technologien mit weitreichenden Möglichkeiten sorgfältig kontrolliert werden müssen. Bedenken und kritische Fragen nach dem Zusatznutzen gegenüber herkömmlicher Nahrung sollten nicht einfach übergangen, sondern aufgearbeitet werden (vgl. Grefe 2004:11). Das Ergebnis der Diskurses ist bisher, dass es noch keinen wissenschaftlich validen Hinweis auf Vorfälle am Menschen gegeben hat, dass dies jedoch keine Garantie für die Zukunft darstellt (Stollorz 2004c:65; Tutt

2004b:14). Im englischen Diskurs heißt es hierzu griffig: „*Absence of evidence is no evidence of absence*“ (ESCR 1999; GM 2001).

4.6.3 Die Rechtslage in der Europäischen Union

Für gentechnisch veränderte Produkte in Landwirtschaft und Lebensmittelherstellung gibt es nun in der EU zwei zentrale Rechtsvorschriften, nämlich die Freisetzungs-Richtlinie 2001/18/EG für die Nutzung von gentechnisch veränderter Pflanzen, sowie die Verordnung 1829/2003/EG für die daraus erzeugten Lebens- und Futtermittel (hier Transgen 2006a:1ff./2006c:1ff.; EU 2003j:L268/1-23). Die Prinzipien des Systems sind:

- die *Sicherheit* des gentechnisch veränderten Produkts, von dem keine Gefahren für die Umwelt ausgehen dürfen,

- die Sicherstellung der *Wahlfreiheit* des Konsumenten zwischen veränderten und gentechnikfreien Produkten, die durch eine Kennzeichnungspflicht genetisch veränderter Produkte gewährleistet wird. Die Unternehmen müssen außerdem Informations- und Dokumentationssysteme einrichten, durch die die Rückverfolgbarkeit genetisch veränderter Produktteile in jedem Verarbeitungsschritt gewährleistet wird. Hierfür wurde die ergänzende Verordnung 1830/2003/EU erlassen.

- die *Koexistenz* beider Produktarten. Koexistenz meint insbesondere, dass gentechnisch veränderte Pflanzen die anderen Pflanzen nicht in irgendeiner Form kontaminieren dürfen.

Die folgende Tabelle gibt einen kurzgefaßten Überblick über beide Regelungen, die anschließend erläutert werden (Transgen 2006a:1):

Tabelle 18: EU-Verfahren für gentechnisch veränderte Lebensmittel

EU-Rechtsvorschrift	**Freisetzungs-Richtlinie (2001/18)**	**Verordnung über Lebens- und Futtermittel (1829/2003)**
Anwendungsbereich	kommerzielle Nutzung einer (vermehrungsfähigen) gentechnisch veränderten Pflanze; Ausbringen in die Umwelt infolge von Anbau oder Einfuhr	Lebens- und Futtermittel, die aus gentechnisch veränderten Pflanzen hergestellt werden oder solche enthalten
rechtsgültig seit	17. April 2001	19. April 2004
Umsetzung in nationales Recht	Frist abgelaufen am 17. Oktober 2002[84]	nicht erforderlich; gilt unmittelbar in allen Mitgliedstaaten
frühere Vorschriften	Freisetzungs-Richtline (90/220/EG)	Novel Food-Verordnung (258/97/EG)
Sicherheits-anforderungen	Keine schädlichen Auswirkungen auf Mensch und Umwelt (Umweltverträglichkeitsprüfung)	keine nachteiligen Auswirkungen auf die Gesundheit von Mensch und Tier oder die Umwelt, keine Täuschung der Verbraucher
Voraussetzung für Zulassung	wissenschaftliche Sicherheitsbewertung standardisiertes Verfahren zum Nachweis des GVO Überwachungsplan (Monitoring)	wissenschaftliche Sicherheitsbewertung: genau so sicher wie vergleichbares konventionelles Produkt – Kennzeichnung - Nachweisverfahren marktbegleitende Beobachtung (nicht obligatorisch)
Ablauf des Verfahrens	Anmeldung bei nationaler Behörde => wissenschaftliches Gutachten durch nationale Behörde, z.B. das Bundesamt für Verbraucherschutz und Lebensmittelsicherheit BVL => Weiterleitung an alle nationalen Behörden der	Antrag an die Europäische Behörde für Lebensmittelsicherheit (EFSA) =>wissenschaftliches Gutachten durch Expertengremium mit abschließender Stellungnahme der EFSA

[84] Die meisten EU-Länder haben diese Frist versäumt. Das erste Änderungsgesetz zum Gentechnik-Gesetz trat im Februar 2005 in Kraft, das zweite scheiterte im Vermittlungsausschuss von Bundestag und Bundesrat, so dass die Große Koalition sich bereits mit der Überarbeitung des Gentechnikgesetzes befasst.

	Mitgliedsstaaten und die EU-Kommission => im Fall von Einwänden oder offenen Fragen: Sicherheitsbewertung auf europäischer Ebene (EFSA)	
Entscheidung über Zulassung	Entscheidungsvorschlag durch die EU-Kommission mit Abstimmung im "Ständigen Ausschuß für die Lebensmittelkette" (Mitgliedstaaten): Der Vorschlag der Kommission kann mit qualifizierter Mehrheit bestätigt werden. Bei Ablehnung oder keiner eindeutigen Mehrheit: Die Kommission arbeitet einen formellen Beschluss aus und legt ihn dem Ministerrat zur Entscheidung vor. Abstimmung im Ministerrat: Annahme oder Ablehnung mit qualifizierter Mehrheit. **Andernfalls setzt die Kommission den Beschluss in Kraft.**	
Zulassung befristet auf	10 Jahre	10 Jahre
bestehende Zulassungen nach alter Rechtsgrundlage	Frühere Zulassungen sind weiter gültig. Begonnene Verfahren nach der früheren Freisetzungs-Richtlinie 90/220 werden nach neuem Recht fortgesetzt. Ergänzung der Anträge erforderlich.	Zugelassene GVO-Produkte können nach Vorlage weiterer Informationen als "existierende Produkte" notifiziert werden. Neuzulassung innerhalb von neun Jahren nach der Erstzulassung.

*Hinzu kommt die Verordnung 1946/2003 die das grenzüberschreitende Verbringen von GVO regelt (EG 2003:L287/1-10) und die Durchführungsverordnung mit Validierungsvorschriften Nr. 614/2004 (EU 2004:L102/14-25).

Bei einer geplanten Freisetzung von GVOs wird in der Regel ein Verfahren der gegenseitigen Anerkennung durchgeführt, bei dem ein Mitgliedsstaat den Antrag begutachtet und die anderen Staaten Stellung nehmen. Die EFSA schaltet sich dann nur in Streitfällen ein (hier und im folgenden EFSA 2005a:1ff.). Der Antragsteller kann sich wahlweise aber auch gleich an die EFSA wenden. Der Antragsteller kann zudem bei Freisetzungen wählen, ob er eine Genehmigung nach der Freisetzungs-Richtlinie anstrebt oder nach der Verordnung 1829/2003. Für die Verwendung der aus GVO hergestellten Lebens- und Futtermittel ist die EFSA hingegen immer unmittelbar zuständig. Die dafür zuständige Expertenkommission ist das GMO Panel (*Genetically Modified Organisms Panel*). Wie bei der Arzneimittelagentur EMEA bestehen alle EFSA-Expertengremien aus unabhängigen, an keine Weisungen gebundenen Wissenschaftlern aus verschiedenen Mitgliedstaaten der

EU. Im Rahmen der Antragstellung für Lebens- und Futtermittel schaltet die EFSA das Referenzlabor der EU ein, dass die vom Antragsteller vorgeschlagenen Methoden zum Nachweis und zur Identifizierung des jeweiligen GVOs testet[85]. Es ist möglich, die Anträge für eine gentechnisch veränderte Pflanze und für daraus erzeugten Lebens- und Futtermittel in einem *gemeinsamen Verfahren* zur Entscheidung zu bringen.

Wie bei den Arzneimitteln kann die Agentur nur eine Empfehlung abgeben, die endgültige Zulassungsentscheidung obliegt der EU-Kommission und dem Ministerrat. Die Kommission legt dem "Ständigen Ausschuß für die Lebensmittelkette" einen Vorschlag über die zu treffenden Maßnahmen vor. In ihm sind alle Mitgliedstaaten vertreten. Der Ausschuß kann mit qualifizierter Mehrheit eine Stellungnahme zu dem Vorschlag der Kommission abgeben. Stimmt diese Stellungnahme nicht mit dem Vorschlag der Kommission überein oder wird keine Stellungnahme beschlossen, leitet die EU-Kommission ihren Entscheidungsvorschlag an den Ministerrat weiter und informiert das EU-Parlament. Der Ministerrat hat nun 90 Tage Zeit, über den Beschlussvorschlag der Kommission mit qualifizierter Mehrheit zu entscheiden. Lehnt der Rat den Vorschlag der Kommission ab, arbeitet die Kommission einen neuen Vorschlag aus. Kommt jedoch im Ministerrat keine qualifizierte Mehrheit der Mitgliedsstaaten zustande, setzt die Kommission den von ihr vorgeschlagenen Rechtsakt in Kraft vgl. Büning 2007:33). Dies gilt wohlgemerkt auch dann, wenn eine Mehrheit, die nicht groß genug ist, *gegen* den Vorschlag stimmt (Deichmann 2006:1-3). Die Modalitäten für eine qualifizierte Mehrheit sind im Vertrag von Nizza festgelegt. Danach hat jedes Mitglied entsprechend seiner Größe eine bestimmte Anzahl von Stimmen (z. B. Deutschland und Frankreich 29, Tschechien 12, Malta 3). Für eine *qualifizierte Mehrheit* sind 232 der insgesamt 321 Stimmen erforderlich. Zudem müssen die Mitglieder, die eine qualifizierte Mehrheit bilden, 62 Prozent der EU-Bevölkerung repräsentieren (Transgen 2006a:1ff.).

Auf den ersten Blick scheinen sich die Dinge dann doch wie bei den Arzneimitteln entwickelt zu haben, denn nach anfänglichen Bedenken folgte bei den Arzneimitteln die Errichtung einer Agentur, die Übertragung der Materie an

---

[85] Bei Arzneimitteln wird die Validierung der Systeme und Verfahren vom Antragsteller verlangt, nicht nur für Labor- und Produktion, sondern z.B. auch für Datenbanken (sog. „part eleven-Compliance").

Experten mit der Verlagerung von der politischen auf die technische Ebene. Es ist durchaus möglich, dass die Befürworter der grünen Biotechnologie sich von der EFSA genau diesen Effekt erhofft hatten, der jedoch nicht eintrat.

Das fing schon damit an, dass die 2004 erst sieben EU-Staaten, nämlich Schweden, Dänemark, England, Portugal, Italien, Irland und Spanien, die Freisetzungs-Richtlinie umgesetzt hatten, obwohl die Frist dafür schon im Oktober 2002 abgelaufen war (Schenkelaars 2004:3). Die Charakteristika des Verfahrens beziehen sich insbesondere auf das *Einzelfallprinzip*, die *Einbindung der Öffentlichkeit* in das Verfahren, die *tatsächliche Genehmigungspraxis*.

Zunächst einmal gilt das Einzelfallprinzip, d.h. für *jede einzelne* Freisetzung eines GVOs in die Umwelt ist eine Genehmigung erforderlich. Der Antrag wird bei der zuständigen Behörde des Mitgliedstaates eingereicht, in dem die Freisetzung stattfinden soll. Aus den Unterlagen muss hervorgehen, dass die Freisetzung eines bestimmten GVOs nicht die Umwelt und die umgebenden Ökosysteme gefährdet. Anhand des Antrages entscheidet die zuständige Behörde innerhalb von 90 Tagen, ob die Freisetzung genehmigt werden kann. In der Regel werden bestimmte Auflagen erlassen, etwa Vorschriften zur Abschirmung des Versuchsfeldes oder der Verwendung der Pflanzen nach Projektabschluss. Wenn mit einem bestimmten GVO genügend Erfahrungen gesammelt worden sind, ist eine Anmeldung nach einem "differenzierten Verfahren" möglich, bei dem die Pflanze an verschiedenen Orten innerhalb eines festgelegten Zeitraums freigesetzt werden kann, eine Anmeldung der jeweiligen Einzelversuche ist dann nicht mehr erforderlich[86].

Zu dem Einzelfallprinzip tritt *die Einbindung der Öffentlichkeit*, die es in dieser Form in der roten Biotechnologie überhaupt nicht gibt: Bei einem Antrag nach dem differenzierten Verfahren wird die EU-Kommission eingeschaltet. Das Vorhaben wird öffentlich bekannt gegeben. Sowohl die Mitgliedsstaaten als auch die Wissenschaftlichen Ausschüsse der EU können Stellungnahmen abgeben. Kommt es zu keiner Einigung, entscheiden die Mitgliedsstaaten mit qualifizierter Mehrheit. Bei allen Freisetzungsvorhaben muss vor der Entscheidung die Öffentlichkeit

---

[86] Ab 2005 sollen keine GVOs mehr in Verkehr gebracht werden, wenn die als Marker verwendeten Antibiotikaresistenz-Gene "schädliche Auswirkungen auf die menschliche Gesundheit oder die Umwelt" haben können. Bei Freisetzungsversuchen läuft diese Frist 2008 ab. Dies ist zunächst eine Belastung für die Hersteller, beseitigt aber auch eine der wichtigsten Kritikpunkte an der grünen Gentechnik.

informiert und angehört werden. Innerhalb einer angemessenen Frist können Einzelpersonen oder Gruppen Stellungnahmen abgeben. Interessierte können nicht nur das Antragsverfahren in seinen wesentlichen Schritten verfolgen, sondern auch die Beschlussberatungen zwischen Kommission und Mitgliedsstaaten. Erstmals können Einzelpersonen bei Produktzulassungen Einwände einreichen, die in das weitere Verfahren einfließen (Transparenzprinzip). Andererseits müssen diese Einwendungen jedoch *fachbezogener* Art sein, ethische Bedenken oder soziale Argumente finden keine Berücksichtigung (Schenkelaars 2004:4).

Die tatsächliche Entwicklung spiegelt sich in den Freisetzungsanträgen wieder: Die Zahl der Freisetzungsanträge in der EU stieg vom Beginn der Antragstellung 1991 auf über 250 Anträge 1997, um sich 2000 nach dem Moratorium auf ca. 125 zu halbieren, seither gab es keine Erholung mehr, 2004 gab es etwas mehr als 50 Anträge (Transgen 2006d:1).

Andererseits konnte die EFSA aufgrund der Regelung, dass die EU-Kommission Anträge befürworten kann, wenn nicht eine qualifizierte Mehrheit im Ministerrat dagegen ist, bereits erste Zulassungen durchsetzen. Dies stieß bei den Mitgliedsstaaten wie z.B. Österreich auf Kritik, weil bei diesen Entscheidungen eine zahlenmäßige (aber keine qualifizierte) Mehrheit der Mitgliedsstaaten gegen die Zulassung war (Deichmann 2006:1-3).

Andererseits bestehen auch immer noch *Implementationsdefizite*. Die WTO erklärte nationale Schutzklauseln für rechtswidrig, die in Deutschland, Frankreich, Österreich, Griechenland und Luxemburg zum Teil auch noch nach der Einführung der neuen EU-Richtlinie aufrechterhalten wurden, nach denen trotz EU-Zulassung der Anbau eines GVO verboten werden kann, denn dies sei laut WTO nicht wissenschaftlich begründet. Die EU-Kommission hat der WTO hier zugestimmt. Ca. 2007/9 soll nach Erschöpfung der letzten Berufungsmöglichkeiten etc. das WTO-Urteil rechtskräftig werden (USDA 2003:1).

Fasst man die Entwicklung zusammen, dann zeigt sich, dass die EU zumindest *in Übereinstimmung mit der Mehrheit der Bürger und der Mitgliedsstaaten* handelt, wenn sie die grüne Biotechnologie restriktiv handhabt. Aktuelle Umfragen zeigen, dass 70% der EU-Bürger die grüne Biotechnologie ablehnen und 54% sie sogar für gefährlich halten (FAZ 2006e:1). Bis 2006 sind alle Zulassungsentscheidungen zu GVO-Projekten ohne qualifizierte Mehrheit geblieben, bei dem zuletzt vorgelegten

Bt-Mais waren z.B. 14 Länder dagegen, 8 Länder waren dafür, 3 enthielten sich, so dass die EU-Kommission die Zulassung in Kraft setzte (Transgen 2006b:1). Der EU-Rechtsrahmen für die EFSA war zwar mit großer Mehrheit angenommen worden, nun stützen die Länder diese Linie jedoch nicht (ebenda). Frankreich hat auch versucht, auf EU-Ebene Genehmigungen zu verschleppen (Hanrahan 2001:5).

Die Vorstellung, die EU täte dies nur, um US-Produkte vom Markt zu drängen, erscheint fraglich, denn wie noch zu zeigen sein wird, gibt es auch in den USA Kritiker der grünen Biotechnologie, die auch nichts unversucht gelassen haben, die US-Behörden zu einem Kurswechsel zu bewegen. Zudem hat die EU die EFSA-Verfahren so gestaltet, dass die Öffentlichkeit zwar eingebunden ist, aber die Wissenschaftler das letzte Wort haben. Der Verfahren mit der qualifizierten Mehrheit begünstigt, wie sich gezeigt hat, die Zulassung von GVOs. Zudem hatte die EU 1996 zunächst ein GVO zugelassen, was sie bestimmt nicht getan hätte, wenn sie im Rahmen einer *hidden agenda* die Beseitigung dieser Produkte geplant hätte. Die EU hat die Berufung auf nationale Schutzklauseln im übrigen mißbilligt.

Der Rückblick auf den obigen Politikprozess zeigt vielmehr, dass die Mitgliedsstaaten der EU immer wieder Druck auf die EU und nun auch die EFSA ausgeübt haben, ihren Kurs restriktiver zu gestalten. Die Fakten sprechen also zusammenfassend viel mehr dafür, dass die EU tatsächlich auf die Vertrauenskrise reagiert hat und nicht sie nur als günstige Gelegenheit sah, um US-Produkte zu beseitigen. Dies deckt sich auch mit der Auffassung des US Department of Agriculture von 2001, das einen kausalen Zusammenhang zwischen Rinderwahn, Vertrauenskrise und strenger Regulierung annahm (Pew 2004:3). Es haben sich auch wie gezeigt *Differenzen zwischen der Haltung der EU und der Nationalstaaten* gezeigt. Das Ausschalten des Konkurrenten USA mag zwar für manche ein nicht unwillkommener Nebeneffekt sein, das Hauptmotiv der EU war dies zumindest nicht.

Am Rande sei noch erwähnt, dass die EMEA den Grenzfall, bei dem Pflanzen Arzneimittel herstellen, als ihre Zuständigkeit betrachtet. Sie hatte auch schon von 2000-2002 Vorbereitungen für Richtlinien für arzneimittelproduzierende Pflanzen in Angriff genommen, die jedoch nicht über ein Frühstadium hinaus gelangten (CPMP 2000/2002). Ein zweiter wichtiger Grenzfall ist die Gentherapie. Genau besehen werden bei der Gentherapie ja auch genetisch veränderte Organismen am bzw. im Patienten *freigesetzt*. Es wurde jedoch ausdrücklich geklärt, dass dieser

Fall in Zuständigkeit der EMEA fällt und zwar *auch* im Bezug auf die von den Freisetzungen ausgehenden Umweltrisiken (Schenkelaars 2004:30).

Die Marktmacht der EFSA wird ab 2007 erheblich wachsen. Das EU-Parlament hat am 16. Mai 2006 nach jahrelangem harten Ringen die sogenannte *Health Claims*-Verordnung verabschiedet, die am 01.Juli 2007 in Kraft getreten ist. Sie regelt verbindlich das Recht von *Nutriceuticals*, d.h. Nahrungsmitteln mit gesundheitlichem Zusatznutzen, z.B. Margarine, die cholesterinsenkend wirken soll (EU 2007a). In Zukunft müssen solche Health Claims, d.h. Aussagen zum gesundheitlichen Nutzen, der EFSA zur Zulassung vorgelegt werden und müssen Studien durchlaufen, die denen der klinischen Forschung ähneln (z.B. Vergleich von Margarine mit Butter und Analyse der Cholesterinwerte). Für die Margarine *becel pro-activ* wurden z.B. über 40 Studien zum Nachweis einer wirksamen, sicheren und kostengünstigen Cholesterinsekung durch die in der Margarine enthaltenen Pflanzensterine durchgeführt (Becel 2007:1-11). Dies betrifft zwar nicht die GVOs, das könnte sich aber vielleicht später noch ergeben. Entsprechend wurden Nährwertbegriffe (z.B. „fettarm") geregelt (Kyprianou 2006:1-2).

4.6.4 Die Gentechnikgesetznovellen von 2005 und 2008

Die Bundesrepublik Deutschland mußte die Freisetzungs-Richtlinie 2001/18/EG bis 2002 in deutsches Recht überführen. Der anschließende politische und wissenschaftliche Disput mündete schließlich in die Novelle des Gentechnikgesetzes unter Landwirtschaftsministerin Künast im Jahre 2004. In das Gentechnikgesetz mußte auch noch eine Richtlinie zu gentechnischen Arbeiten im Labor übernommen werden. Der die rote Biotechnologie betreffende Teil war wegen der Akzeptanz für diese Richtung kein Problem, der Streit konzentrierte sich ausschließlich auf die grüne Biotechnologie. Teile des Gentechnik-Gesetzes sind demnach Übernahmen aus den maßgebenden europäischen Vorschriften, wie (Transgen 2005:1ff.):

- Kennzeichnung und Rückverfolgbarkeit von GVO-Lebens- und Futtermitteln
- Verfahren für die Genehmigung von Anträgen auf Inverkehrbringen von GVO-Produkten
- eingeschränkte Verwendung von Antibiotikaresistenz-Genen in GVO-Pflanzen

- Verfahren zum Nachweis und zur Identifizierung von GVOs als Zulassungsvoraussetzung
- auf zehn Jahre begrenzte Zulassungen
- Pflicht zur Offenlegung von bestimmten Unterlagen und Dokumenten
- öffentliche Register für zugelassene GVO-Produkte und für Anbauflächen von GVO-Pflanzen

Das Gentechnik-Gesetz (GEnTG) regelt die Verfahren und die Festlegung der zuständigen nationalen Behörden. Zuständige Bundesoberbehörde für das gesamte Gentechnik-Gesetz ist das Bundesamt für Verbraucherschutz und Lebensmittelsicherheit (BVL). Bei Zulassungen und Genehmigungen für das Inverkehrbringen von GVO-Produkten werden zahlreiche Behörden durch Stellungnahmen mit eingebunden (BVL 2005:2):

- das Bundesamt für Naturschutz (BfN),
- das Bundesinstitut für Risikobewertung (BfR),
- das u.a. für Gesundheitsberichterstattung und Infektionskrankheiten zuständige Robert-Koch Institut (RKI),
- das für Immun- und Blutprodukte zuständige Paul-Ehrlich-Institut PEI,
- die Biologische Bundesanstalt für Land - und Forstwirtschaft BBA,
- bei Tieren auch das Friedrich-Löffler-Institut (FLI).

Wie bisher ist bei der zuständigen Bundesbehörde die Zentrale Kommission für Biologische Sicherheit ZBKS angesiedelt, die jedoch nun in zwei voneinander unabhängige Ausschüsse unterteilt wird, einen für "gentechnische Arbeiten in gentechnischen Anlagen" (sprich: den unproblematischen Teil, der dem *contained use* für die roten GVOs entspricht) und einen für "Freisetzungen und Inverkehrbringen" (für den strittigen Teil, der dem *deliberate use* der grünen GVOs entspricht). Sogar die ZBKS wurde somit *in rot und grün aufgespalten.*

Der wirkliche Kernpunkt des Gesetzes ist jedoch die *verschuldensunabhängige* Gesamtschuldnerschaft aller Gentechnik anbauenden Bauern für den Fall, dass sich auf einem Feld eines gentechnikfrei anbauenden Bauern Gene aus dem gentechnischen Anbau finden, weil dies, so Künast (2004:38), den gentechnikfreien Anbau wirksam schützen würde und nur so die Koexistenz beider Anbauarten realisiert werden könnte[87]. Ein weiterer wichtiger Passus ist die Kennzeichnungspflicht für gentechnisch veränderte Felder. Diese Gentechnikgesetznovelle von 2004 hat bei den Befürwortern der grünen Biotechnologie Kritik ausgelöst. Die verschuldensunabhängige gesamtschuldnerische Haftung wäre das politisch gewollte Ende der grünen Biotechnologie, da sich ein solches Risiko kaum versichern ließe, andererseits wäre der Eintrag von Genen durch den Wind in andere Felder ein unverhinderbarer natürlicher Prozess, den es auch ohne Gentechnik gäbe (Heiderich 2003; Bayreuther 2004; Schwägerl 2004a:36).

Die Kritiker, wie z.B. die Deutsche Forschungsgemeinschaft DFG, betonten die forschungs- und innovationsfeindliche Stoßrichtung des Gesetzes, die nicht ohne ökonomische Effekte bleiben würde, da sich auf Dauer Forschung und Entwicklung nicht sinnvoll von Märkten trennen lassen werden (Martens/Neubacher/Sauga 2004:114ff.). Die Bekanntgabe von Anbauflächen wird von Kritikern zudem als Einladung an Attentäter zur Zerstörung der Pflanzen angesehen und es hat in den folgenden Jahren auch zahlreiche Zerstörungen gegeben (Schuh/Sentker 2004:36-37, von dem Bussche 2008:44). Dennoch wurde vom Bundessortenamt Ende Dezember 2005 erstmals der Anbau von Sorten des GVO-Maises MON810 von Monsanto genehmigt, der das Bt-Gen trägt (Baier 2005b:11), nachdem die EFSA bereits 2003 einen Monsanto-Mais für ungefährlich erachtet hatte (EFSA 2003b)[88].

In der vierten Gentechnikgesetznovelle im April 2008 wurde eine ergänzende Verordnung zur Guten fachlichen Praxis bei der Erzeugung gentechnisch veränderter Pflanzen erlassen, durch die Abstandsregelungen von GVO-Feldern zu andere Feldern von 150 Metern bzw. 300 Metern festgeschrieben wurden (formal Gentechnik-Pflanzenerzeugungsverordnung GenTPflEV; BMELV 2008:1-2, GenTG:2008). Bei Untersuchungen hatte sich gezeigt, dass bei einer Entfernung von 150 Metern mit GVO-Eintrgäen um 0,1% zu rechnen ist (Pro-Bio 2008:2).

---

[87] Andere Länder wie etwa die Niederlande haben nicht den Weg gesetzlicher Vorgaben gemacht. Dort haben die betroffenen Verbände - Züchter, Landwirte, Verarbeiter, Konsumenten - gemeinsam Regeln für die Koexistenz ausgehandelt (Transgen 2006:1ff.). Greenpeace weist jedoch darauf hin, dass bei Untersuchungen von Ökobauern in Kalifornien Kontaminationsraten mit GVO-Pflanzen zwischen 0,7 und 12% beobachtet wurden (Rosenthal 2006:4).

[88] Dann jedoch haben verschiedene Länder wie Ungarn, Österreich und Griechenland nationale Verbote erlassen und schließlich auch das Bundesamt für Verbraucherschutz und Lebensmittelsicherheit (Bogdanski 2007:76).

Andererseits sehen die Kritiker der grünen Biotechnologie die eigentlichen Herausforderungen *erst noch kommen*, z.B. durch den genetisch veränderten Baum (Bethge 2004:176ff.). Von Designerbäumen, z.B. Pappeln, Eukalyptus und Eßkastanien verspricht man sich bessere Forst- und Bodensanierungsmöglichkeiten, aber auch eine bessere Papierproduktion. 40 genetisch veränderte Baumarten werden in China und Hawaii bereits kommerziell angebaut. Schädlingsresistente Pappeln sollen Peking als grüne Mauer vor der vordringenden Wüste Gobi schützen. Kritiker weisen darauf hin, dass sich bei Papayabäumen die Fremdgene gegen das schädliche Ringspotvirus bereits in die natürliche Population ausgebreitet hätten (Bethge 2004:178). Auch hier wird der unmittelbare Zusammenhang zwischen ökologischen Risiken und ökonomischen Chancen der Technologie deutlich.

4.6.5 Die Regelungen in den USA

Nach dem Kongreß von Asilomar 1975 wurden bereits 1976 die Research Guidelines des National Institute of Health 1976 für rekombinante DNA-Techniken erlassen. Bis 1984 leitete des Advisory Committee als oberste Bundeseinrichtung zur Überwachung von rekombinanten DNA-Techniken (Vogt/Paarish 2001:6). Danach kam es jedoch zu einem konzeptionellen Bruch. 1984 verfaßte das Office of Science and Technology Policy ein Statement, nach dem biotechnologische Produkte nicht wegen ihrer Produktionsmethode, sondern nur nach ihren endgültigen Eigenschaften reguliert werden sollten (Caplan/Spitzner 2001:2, Vogt/Paarish 2001:6). Die dahinterstehende und von der europäischen Philosophie grundverschiedene Annahme ist, dass sich gentechnische und herkömmliche Produkte im Prinzip nicht unterscheiden und Behördeneingriffe nur dann geboten sind, wenn sich irgendwelche konkreten Anhaltspunkte für Sicherheits- und Verträglichkeitsmängel ergeben, was jedoch auch für herkömmliche Nahrungsmittel gilt (Office of Science and Technology Policy 51 FR 23302). Deshalb wurde am 26 Juni 1986 das immer noch gültige *Coordinated Framework for Regulation of Biotechnology* in Kraft gesetzt, das die Regulierung der grünen Biotechnologie auf die Arzneimittelbehörde, die Umweltbehörde EPA und das Landwirtschaftsministerium USDA aufteilte, wie in der nachfolgenden Tabelle gezeigt.

Es gibt somit für die Zulassung *kein* separates Biotechnologierecht in den USA und das bestehende Recht soll auch eng ausgelegt, d.h. von den Behörden nicht auf neue Sachverhalte erweitert werden (Pew 2004:10ff.).

Tabelle 19: US-Vorschriften für gentechnisch veränderte Lebensmittel

Organisation	Gesetzliche Grundlage	Zuständigkeiten	Besonderheiten
Food and Drug Administration FDA **Safe to eat**	Federal Food Drug and Cosmetic Act FFDCA	Sicherheit gentechnisch veränderter Lebensmittel (Food and Feed and Food Additives)	entspricht am ehesten der Zuständigkeit der EFSA für GVO-Produkte im Sinne **Verordnung über Lebens- und Futtermittel (1829/2003)**
4 biotechnologische Komitees der FDA Center for Food Safety and Applied Nutrition CFSAN Center of Veterinary Medicine CVM Center for Drug Evaluation and Research CDER Center for Biologic Evaluation and Research CBER		Die Komitees CFSAN und CVM managen gemeinsam die Zulassung dieser Lebensmittel (CFSAN 2001:2; Pew 2004).	
Environmental Protection Agency EPA **Safe for the environment**	Federal Insecticide, Fungicide and Rodenticide Act FIFRA and FFDCA (EPA 2001b)	Zuständigkeit für Pestizide und Pflanzen, die Pestizide produzieren (PIP Plant Incorporated Protectant)	ermittelt Zulässigkeit der Levels an Pestiziden
U.S. Department of Agriculture USDA Animal and Plant Health Inspection Service (APHIS) **Safe to grow**	Toxic Substances Control Act TSCA Plant Protection Act PPA	für GVO und Mikrorganismen auch für Pflanzen die Pharmazeutika herstellen (Aphis 2005:1)	entspricht am ehesten der Zuständigkeit für Freisetzungen im Sinne der Richtlinie 2001/18/EG „FONSI"-Regel: finding no significant impact

Die Food And Drug Administration FDA, die in der roten Biotechnologie Vor- und Leitbild für die EMEA ist, erwies sich im Bereich der grünen Biotechnologie eher als Gegenentwurf zur europäischen EFSA. Die FDA stellte 1992 nämlich noch mal klar, dass gentechnisch veränderte Nahrungsmittel zumindest dem Prinzip nach keine relevanten Unterschiede zu herkömmlichen Nahrungsmitteln aufweisen (Vogt/Paarish 2001:7).

Im Mai 1992 wurde darüber hinaus entschieden, dass eine von der FDA als generell sicher (Generally recognised as safe GRAS) befundene Substanz keinen Regulatory review mehr erfordert, so dass anders als bei der EFSA *kein* Einzelfallprinzip gilt. FDA erklärte 1990 erstmals ein gentechnisches Produkt für GRAS, nämlich Chymosin (Rennin), da sich dieses vom natürlichen Rennin nicht unterschied (CFSAN 1995:2). Die FDA hat 2001 nochmals bestätigt, dass ein Eiweiß, wenn es nicht anders ist als das natürliche Vorbild, in aller Regel als GRAS gilt (Pew 2004:70).

Ausnahmen gibt es nur, wenn es konkrete, als wissenschaftlich begründet angesehene Hinweise auf unerwünschte genetische, toxische, antiobiotikaresistenzbildende Effekte gibt oder sich der Nährwert in relevanter Weise verändert (Vogt/Paarish 2001:8). *In praxi* bedurften die meisten Nahrungsmittel seither keiner Genehmigung mehr, jedoch können sich die Hersteller freiwillig an die FDA wenden. Dieses Verfahren ist in den USA heftig kritisiert worden, denn hier können sich Informationsassymmetrien besonders bemerkbar machen (vgl. auch Czada 1998:5). Caplan/Spitzner (2001:1) befürchten, dass die Selbsteinschätzung eines Unternehmens im Zweifel immer zugunsten des Produktes ausfiele, denn es will soviel verkaufen wie es nur geht, weshalb sie meinen, dass die FDA obligat die Einschätzung durchführen sollte. Man könnte jedoch argumentieren, dass das amerikanische Haftungsrecht mit seinen enormen *punitive damages* anders als in Europa Firmen abschrecken wird, ihre Existenz nur wegen eines Produktes aufs Spiel zu setzen.

Die bisher von der FDA genehmigten Produkte umfaßten vor allem Mais, Tomate, Raps, Baumwolle, Kartoffeln, Sojabohnen, Zuckerrüben und auch in Einzelfällen andere Nahrungsmittel, wie z.B. Radieschen (Vogt/Paarish 2001:8). 2001 kam die FDA mit einer „Draft Guidance for Industry: Voluntary Labeling Indicating whether Foods Have of Not Have Been Developed using Bioengineering“ der Forderung nach einer Regelung für die Kennzeichnung (Labeling) von Lebensmitteln nach, diese Regelung ist jedoch freiwillig. Es wurde klar gestellt, dass es weder einen objektiven Bedarf *(need to know)* noch eine rechtliche Grundlage (*right to know*) für eine Kennzeichnungspflicht gäbe, was einen weiteren

Unterschied zu Europa kennzeichnet (Vogt/Paarish 2001:10)[89]. Eine Hauptkritik am Zulassungswesen der USA ist, dass es möglicherweise nicht auf die technischen Sprünge der Zukunft vorbereitet ist, wenigstens sollte die FDA jedes Produkt zwingend vorgelegt bekommen (Pew 2004:80ff.).

Die Diskussion in der USA wird auf andere Weise geführt als in Europa, denn das amerikanische Recht eröffnet die Möglichkeit zu Musterklagen, deren Ergebnis vom Gesetzgeber faktisch nicht übergangen werden kann. Auf diese Weise werden die Akteure auf formalisiertem Wege gezwungen, die Argumente miteinander auszutauschen, es ist in dem Falle nicht mehr möglich, unerwünschte Argumente oder Kritik einfach zu überhören. Der Versuch, in solchen Situationen auf die Kritiker nicht zu reagieren, wäre fatal, weil man dadurch seine Position vor Gericht nur schwächt. Umgekehrt führt das Gerichtsurteil zu einer öffentlichen *und verbindlichen* Abwägung und Klärung der Argumente, die nicht ohne Rückwirkung auf den Diskurs bleibt. Die Möglichkeit der Klage verbaut dem Gesetzgeber auch die Möglichkeit zur *Non-decision.* Klagen wurden unter anderem wegen der Kennzeichnungspflicht genetisch veränderter Lebensmittel und gegen Getreide mit dem *Bt-Gen* wegen der Gefahr von Resistenzbildungen geführt (Vogt/Paarish 2001:20).

Während die Gerichte die Auffassung der FDA stützen, gentechnische Lebensmittel seien im Grundsatz nicht anders als herkömmliche Lebensmittel („substantially equivalent to tradtional food products"), hat die zuständige Behörde EPA auf die Kritik u.a. von *Greenpeace,* dass Insekten widerstandsfähig gegen das insektentötende *Bt-Gen* werden könnten, reagiert, und die Einführung von Insektenresistenz-Management-Plänen verlangt, obwohl eine entsprechende Klage zurückgezogen wurde (Caplan/Spitzner 2001:6-12, Vogt/Paarish 2001:20).

---

[89] Gewisse Logikdefizite sind aus medizinischer Sicht bei der europäischen Regel zu erkennen, ein Produkt, das unter 0,9% gentechnisch veränderte Anteile besitzt, als 'gentechnikfrei' zu bezeichnen (Schenkelaars 2004:59; EU2004l). Wenn man *wirklich* befürchtet, dass dies gefährlich ist, dann wären nur 0,0% angebracht, denn die DNA-Mengen, die man z.B. für eine Virusinfektion braucht, sind winzig, in 1 ml Blut finden z.B. bei Hepatitis C rund 3 Millionen (!) Viren Platz, 0.9% in 1 kg Futter repräsentieren jedoch schon 9 Gramm GVO-Material. Demzufolge wurde in de vierten Gentechniknovelle die Möglichkeit geschaffen, ergänzend zum EU-Recht Lebensmittel als garantiert gentechnikfrei, also 0,0% entsprechend, zu kennzeichnen (BMELV 2008:2).

Zudem haben die US-Behörden auch an anderen Stellen auf den Diskurs reagiert. Der sogenannte *Star-Link*-Vorfall, bei dem gentechnisch verändertes Material außerplanmäßig in andere Lebensmittel geriet, hatte keine medizinische Folgen. In den USA hat dies jedoch dazu geführt, dass die Behörden seit 2001 keine Produkte, die dem Cry9C vom StarLink entsprechen, mehr zuließen (Vogt/Paarish 2001:17). Der Schaden belief sich auf mehrere Milliarden Dollar (Pew 2004:3). Die Vorstellung, dass nur Europa Diskurse führt und darauf reagiert, während die US-Behörden vor allem die Industrieinteressen vertreten, ist *nicht haltbar*. Die Behörden registrieren sehr wohl die Kritik in den USA, aber die Befragung von orthodoxen Rabbinern und Vertretern der Moslems in den USA ergab zum Beispiel für gentechnisch produziertes Chymosin, dass dieses mit den religiösen Speisevorschriften vereinbar, also *kosher* bzw. *halal* ist (Vogt/Paarish 2001:18f.).

Die Furcht vor einem Konsumentenboykott hat einige Handelsunternehmen dazu bewogen, keine gentechnisch veränderte Nahrung anzubieten oder zu verwenden, z.B. *McDonalds* und *Heinz* (Hanrahan 2001:5). Die psychologische Wirkung solcher Maßnahmen ist nicht zu unterschätzen, denn sie macht auch Bürger, die der Materie neutral oder desinteressiert gegenüberstehen, auf das politische Problem aufmerksam. Zudem verkleinert jeder erfolgreiche Produktboykott den Markt für die neuen Produkte und sichert zugleich den Fortbestand der alten Produkte. Verbraucherschutz-organisationen können so zu politisch relevanten Akteuren werden.

4.6.6 Zwischenergebnis

Auch wenn die USA insgesamt eine weniger restriktive Linie bei der Zulassung von Produkten gentechnischer Produkte fahren, so muß man doch verschiedene Einschränkungen machen. Zunächst einmal darf man das wesentlich strengere amerikanische Haftungsrecht nicht außer Acht lassen, dass den Betroffenen ganz andere Zugriffsmöglichkeiten gibt als in Europa. Außerdem hat sich gezeigt, dass die Behörden sich nicht einfach über jede Kritik hinwegsetzen, sondern beim *Bt-Gen* sowie dem Star-Link-Vorfall auf die Kritik reagiert hat. Berücksichtigt man noch den Befund, dass die EU mit der EFSA ein System entwickelt hat, das die Zulassung grüner Biotechnologieprodukte sogar unter Umständen gegen den Widerstand der Mitgliedsstaaten wieder möglich gemacht hat, so relativiert sich der

Gegensatz der Regulierungsphilosophien der EU (precautionary principle) und der USA (scientific based) in der Realität doch etwas. Auch ein Blick auf das Konsumentenverhalten zeigt, dass mit der EU und den USA nicht zwei Welten aufeinanderprallen, sondern durchaus ähnliche Probleme diskutiert werden. Angesichts dessen ist also durchaus denkbar, dass sich die EU und die USA in der grünen Biotechnologie doch noch aufeinander zu bewegen werden. Es wurde jedoch gezeigt, dass das Auseinanderfallen der roten und grünen Biotechnologie auch nach vorwiegender Ansicht in den USA tatsächlich mit der BSE-Vertrauenskrise zusammenhing und nicht nur Vorwand oder günstige Gelegenheit war. Da die USA von der BSE-Krise praktisch verschont blieben, fand dort kein vergleichbarer Diskurs- und Politikprozess statt.

4.7 Regelungen zu Stammzellen, Klonen und Embryonen

4.7.1 Einführung

Die wichtigste Besonderheit der Regeln zu Stammzellen, Embryonen und Klonen ist, dass in der EU de facto nur die Nationalstaaten zuständig sind, in den USA ist die Stammzellforschung wiederum Sache der Bundesstaaten. In den USA wie der EU führt dies zu einem Flickenteppich heterogener Regelungen. In der EU hat sich in den Nationalstaaten eine Tendenz durchgesetzt, Forschung nur an überzähligen Embryonen zu erlauben, wobei einige Länder die Grundlagenforschung an Stammzellen und das therapeutische Klonen zulassen, während das reproduktive Klonen praktisch durchgängig abgelehnt wird (Gratton 2002:78; EC 2003:10).

Diese Heterogenität hat in den EU und den USA wiederum die übergeordnete Ebene auf den Plan gerufen. Die übergeordnete Ebene, also die EU auf der einen und das Weiße Haus auf der anderen Seite bemühen sich, den Diskurs an sich zu ziehen, um von dort aus in Richtung einer einheitlichen Linie wirken zu können. Diese Linie fiel in der EU wie beschrieben eher restriktiv aus, was ebenfalls für die USA gilt, in der Präsident Bush sich entschieden gegen diese Forschung wandte. Die EU und USA weisen hier also auffällige Parallelen auf. Weder die Nationalstaaten noch die USA-Bundesstaaten denken jedoch daran, die übergeordnete Ebene zum Zuge kommen zu lassen, sei es aus Furcht vor zu laxen oder zu strengen Regelungen. In Kalifornien wurde auf Initiative von Gouverneur

Schwarzenegger die forschungspolitisch bedeutende Proposition 71 erlassen, die zu einer Sammlung der Biotechindustrie in Kalifornien beiträgt und die Linie der Bush-Regierung auf diesem Gebiet praktisch unterläuft.

4.7.2 Gesetzliche Regelungen in der Bundesrepublik

- Gesetz zum Schutz von Embryonen (Embryonenschutzgesetz ESchG)

Das Gesetz zum Schutz von Embryonen (Embryonenschutzgesetz ESchG) wurde 1990 verabschiedet und regelt die Verbote bezüglich mißbräuchlicher Anwendung von Fortpflanzungstechniken (§1), u.a. Maßnahmen gegen die übermäßige Einpflanzung von Embryonen, die mißbräuchliche Verwendung menschlicher Embryonen (§2), das Verbot der Geschlechtswahl (§3) und Probleme, die z.B. durch Scheidung bzw. Tod entstehen können (§4 eigenmächtige Befruchtung, eigenmächtige Embryoübertragung und künstliche Befruchtung nach dem Tode). Die Keimbahntherapie, das Klonen und die Chimären- und Hybridbildung sind verboten (§§5-7)[90]. Die Forschung an embryonalen Stammzellen dient im Sinne des Gesetzes nicht der Erhaltung des Embryos und ist somit unzulässig.

- Stammzellgesetz StZG

Es gab im EschG eine Gesetzeslücke, da der Import embryonaler Stammzellen nicht verboten war. Nach intensiver Diskussion auch durch den Nationalen Ethikrat hatte der Bundestag entschieden, dass nach Deutschland nur Zellen importiert werden dürfen, die vor dem 1. Januar 2002 erzeugt worden sind und bei einer künstlichen Befruchtung nicht mehr zur Herbeiführung einer Schwangerschaft benötigt werden, was nun auch zu einer ersten Importgenehmigung durch das hierfür zuständige Robert-Koch-Institut RKI geführt hat (Gesetz zur Sicherstellung des Embryonenschutzes im Zusammenhang mit Einfuhr und Verwendung menschlicher embryonaler Stammzellen, kurz Stammzellgesetz StZG, vgl.

[90] Chimären sind Mischwesen aus Mensch und Tier. Bei der Verpflanzung eines menschlichen Zellkerns in einer Tierzelle bleibt die in den Sauerstoffproduzierenden Untereinheiten der Zelle, den Mitochondrien, die tierische DNA erhalten, so dass dann jede Zelle z.B. zu 0,1% Maus oder Kalb ist. Großbritannien hat diese Forschung 2008 erlaubt (Leithäuser 2008:3). Bei dieser Gelegenheit ließ die britische Regierung auch sog. ‚Rettungsgeschwister' zu, die gezeugt werden, um ein geeignetes Spenderorgan für ein schon lebendes schon älteres Geschwister zu gewinnen (ebenda).

Schwägerl 2004:542). 2008 wurde der Stichtag auf dem 01.Mai 2007 verschoben (Wiesing 2008:84[91]). Eine ähnliche Stichtagsregelung hat es auf Bundesebene in den USA gegeben. Die US-Regelung sieht vor, dass es keine Bundesmittel für Forschung an jüngeren Stammzellen geben soll und zwar auch nicht indirekt, d.h. kein Bestandteil des forschenden Labors darf aus Bundesmitteln finanziert worden sein. Die DFG hat ein Rechtsgutachten erstellt, nach dem der Import verboten ist, jedoch die Vor-Ort-Arbeit an nicht-gesetzeskonformen Stammzellen im Ausland nach wie vor erlaubt ist (Eser/Koch 2003). Forschungstechnisch problematisch an der deutschen wie der US-Regelung ist, dass die Methoden der Zellkultivierung einschließlich der Virussicherheit laufend verbessert werden, so dass neue Zellen technisch ‚besser' sind als ‚alte' Zellen, von denen sich einige Linien mittlerweile als krank herausgestellt haben. Eine Stichtagsregelung führt daher gewollt oder ungewollt schnell in einen technischen Rückstand, der zusammen mit dem raschen Ausbau der Forschung in Asien aus dem ethischen auch ein forschungspolitisches Problem macht.

4.7.3 Gesetzliche Regelungen in den USA

Entscheidend für die Situation in den USA ist, dass der Gesamtstaat rechtlich keinen direkten Zugriff auf die Stammzellen hat, ja nicht einmal auf das Klonen, wenn es denn möglich wäre (Javitt et al. 2005:5, Johnson/Williams 2005b:4). Die Regierung kann nur die Vergabe von Fördermitteln regeln, nicht jedoch die Forschung an sich verbieten, so dass die USA 2007 faktisch immer noch führend in der Etablierung neuer embryonaler Stammzelllinien sind.

Problematisch wäre an der ganzen Diskussion, dass viele Amerikaner nicht genau wüßten, worum es genau geht und zwar unabhängig davon, ob sie für oder gegen Stammzellenforschung bzw. das Klonen wären (Javitt et al. 2005:6).

So glaubten 2004 schon mehr als 40% von 4000 befragten US-Bürgern, dass das Klonen von Babys bereits möglich sei (Javitt et al. 2005:51). Als die künstliche Befruchtung (IvF) etabliert wurde, die später Quelle der 'überzähligen' Embryonen

[91] Wiesing (2008:87) erwähnt, dass im Prinzip dieselben Argumente wie 2002 noch mal ausgetauscht wurden, wobei er auch vom Stellvertreterkrieg sprach, bei dem an embryonalen Stammzellen moralische Maßstäbe praktiziert würden, die bei der Pille danach und bei der Abtreibung schon lange nicht mehr gelten würden.

für die Stammzellen wurde, gab es nur kurzfristig ein Ethics Advisory Board, das aber bereits 1980 wieder abgeschafft wurde (ebenda).

Die Grundlagenforschung ist somit Sache der US-Bundesstaaten, gewissermaßen 'Ländersache'. Die FDA hat lediglich Zugriff auf alle angewandten Stammzellprodukte, ein Recht, von dem sie bei dem bereits erwähnten ersten Medikament Prochymal von Osiris Pharma 2005 auch Gebrauch gemacht hat (Johnson/Williams 2005a:6).

Die FDA versuchte zwar im März 2001, sich vorsorglich für das Klonen zuständig zu erklären, indem sie menschliche Klone als Arzneimittel einstufte(!), um sie dann sogleich verbieten zu können (vgl. auch Javitt et al. 2005:5). Dies wurde aber selbst von entschiedenen Klongegnern als gutgemeinte, aber unzulässige, um nicht zu sagen kuriose Überdehnung des Arzneimittelbegriffs betrachtet (Johnson/Williams 2005a:7). Es ist nicht einmal sicher, ob sich das Klonen wirklich verbieten ließe, wie es der Bioethics Council von Präsident Bush forderte (Bioethics 2002), denn der US Supreme Court könnte dies als Verbot der asexuellen Vermehrung betrachten, was in der US-Verfassung wahrscheinlich ein zu weitreichender Eingriff in die Freiheitsrechte der Bürger sein könnte (Johnson/Williams 2005a:8).

Aber das Klonen von Menschen ist, nachdem sich die Erfolge des südkoreanischen Forschers *Hwang* als Fälschung erwiesen, nicht mehr so ganz akut, weder medizinisch noch politisch[92]. Bei den Stammzellen sieht dies anders aus. Der Gesamtstaat hat zwar keine Möglichkeit, die Forschung an Stammzellen zu verbieten, er ist jedoch nicht gezwungen, diese Forschung mit seinen Geldern zu fördern. Schon unter Präsident Clinton wurde ein Verbot dieser Forschung diskutiert, nachdem die University of Wisconsin embryonale Stammzellen Ende 1998 kultivieren konnte, aber Präsident Bush hat dieses Verbot mit Ausnahme der Beforschung von bereits existierenden Linien endgültig in die Tat umgesetzt (Duffy 2002:1-3).

Dabei ging es nicht um die Stammzellen insgesamt, sondern nur um die Nutzung embryonaler Zellen. Die Stammzellforschung insgesamt wird National Institute of Health NIH massiv gefördert, 1999 mit 226 Mio. Dollar, 2006 sind bereits 569 Mio.

---

[92] Jedoch meldete die Welt am 15. November 2007, dass es erstmals gelungen ist, einen Rhesus-Affen zu klonen (Die Welt 2007:24).

Dollar geplant, wahrend die Marke für embryonale Stammzellen niemals die 24 Mio. Dollar/Jahr-Marke überschritt (Johnson/Williams 2005b:12).

Das National Institute of Health NIH hat mittlerweile 78 embryonale Stammzellinien beforscht und genehmigt, aber nur 22 sind funktionsfähig, an deren Qualität die Forscher jedoch wachsende Kritik üben (Johnson/Williams 2005a:2). Dies hängt mit verbesserten Analyse- und Kultivierungsmethoden zusammen, durch die sich die alten Zelllinien zunehmend als unbrauchbar oder beschädigt erweisen. Präsident Bush will jedoch die Forschung an embryonalen Stammzellen nicht fördern und hat deshalb auch selbst untersuchen lassen, welche Alternativen es zur Embryonenforschung gäbe (Bioethics 2002/2004): Die von ihm beauftragte Kommission erörterte vier Alternativen, nämlich

- die Nutzung von noch lebenden Zellen totgeborener Embryos (die jedoch mißgebildet sein könnten, wie die Kritiker einwenden)

- Zellen die Embryos aus diagnostischen Zecken entnommen wurden (was aber die Embryos evtl. schädigen könnte)

- Manipulierte Embryos, aus denen durch Züchtungstricks kein Mensch, sondern nur noch *menschenartige Zellhaufen* wachsen würden

- oder *Altered Nucleus Transfer*, bei dem Gene vor der Embryonenbildung abgeschaltet wurden, so dass kein Embryo mehr wachsen kann (was aber die Funktionsfähigkeit in Frage stellen könnte; vgl. Johnson/Williams 2005b:3ff.).

Eine weitere Möglichkeit, nämlich die *Rückwärtszüchtung* von adulten (erwachsenen) Stammzellen zu embryonalen Stammzellen wurde nicht in Betracht gezogen, denn dies war in den Augen des Bioethics Council eine Embryonenforschung durch die Hintertür (Johnson/Williams 2005b:6).

Aber ausgerechnet dieser Prozess bahnt sich 2006 an, denn wenn sich die jüngst an Mäusen erzielten Fortschritte zur Züchtung embryonaler Stammzellen aus anderen Zellarten auf Menschen übertragen lassen, könnte die Nutzung echter Embryonen bald überflüssig sein (vgl. Bahnsen 2006:39; Kastilan 2006:31; Stollorz 2006:12). Stammzellen lassen sich bei Bedarf nun auch in Keimzellen zurückverwandeln, aus denen man ja auch wieder Stammzellen züchten könnte (Meyer 2005:A2057). Bisher benötigt man dazu Eizellenspenden, die aber körperlich sehr belastend sein können (ZEKO 2006). Ende 2007 konnten dann aus Hautzellen sog. induzierte pluripotente Stammzellen (IPS) durch Einführung von 4 Genen erzeugt werden, aber wegen der genetischen Veränderungen ist es noch nicht möglich, diese am Menschen zu verwenden (Kastilan 2007:74).

Die US-Bundesstaaten sind sich in der Materie ebenso uneinig wie die europäischen Staaten, die USA agieren in dieser Frage also nicht als einheitlicher Block, wie die USA manchmal wahrgenommen werden. Im Mai 2005 gab es ein explizites Klonverbot in 10 Staaten, das Verbot des Klonens auch zu therapeutischen Zwecken gab es in 6 weiteren US-Staaten (Johnson/Williams 2005a:9). 22 US-Staaten erörterten 2005 neue oder geänderte Gesetze zum Klonen (Feder 2005:23). Bei den Regeln zur Embryonenforschung findet man ebenfalls die komplette Spannbreite an denkbaren Regeln (Johnson/Williams 2005b:17). Unter anderem beschränken 15 Staaten die Forschung an fehlgeborenen Feten oder Embryos, 35 nicht. 13 Staaten verbieten die Forschung an fetalem oder embryonalen Gewebe, das nicht aus Fehlgeburten stammt, der Rest tut dies nicht. Interessanterweise ist die genetische Selektion von Embryonen in den USA nicht nur unreguliert, sondern wird auch im großen Umfang öffentlich beworben und praktiziert (Bioethics Council 2004:XLIV; Hupertz 2006:38). Geschlechterwahl, Leihmutterschaft und eine zunehmend eugenisch geprägte Ei- und Samenzellenspendepraxis breiten sich ohne eine relevante öffentliche Diskussion aus (Hupertz 2006:38)[93].

Uneinigkeit und geringe Zugriffsmöglichkeiten des Gesamtstaates charakterisieren die Situation in den USA, die hier große Ähnlichkeit zu der Lage in der EU zeigt. Auch hier versucht die oberste Ebene, nämlich der US-Präsident, den ethischen Diskurs an sich zu ziehen, aber bisher noch ohne Erfolg.

Seit 2006 versuchen Senat und Repräsentantenhaus die restriktive Linie des US-Präsidenten zu kippen, bislang jedoch ohne Erfolg. Nach einem Veto des Präsidenten gegen ein erstes Gesetz zur embryonalen Stammzellenforschung hat das Repräsentantenhaus am 11.Januar 2007 mit 253 zu 174 Stimmen erneut für eine

---

[93] Begünstigt wird dies durch das konstitutionelle Recht auf Freiheit in Fragen der Fortpflanzung (Jardine 2007:46), das manchmal extreme Auswüchse treiben kann: So wurde einem Selbstmörder auf Wunsch der Mutter nach seinem Tod eine Elektrode eingeführt, um auf diese Weise Samen durch eine postmortale Samenspende zu gewinnen (Fall Jeremy Beno 2000, Jardine 2007:46).

Förderung embryonaler Stammzellforschung votiert (Scrip 2007a:13), wogegen Bush wiederum sein Veto einlegte (Scrip 2007d:16).

4.7.4 Die Proposition 71

Besondere Aufmerksamkeit erregte in den USA die *Proposition 71* in Kalifornien, durch die die Stammzellforschung unter Gouverneur Schwarzenegger massiv gefördert werden soll. Mit 59% der Stimmen wurde ein *California Insitute for Regenerative Medicine CRIM* befürwortet, das zusammen mit 3 Milliarden Dollar auf 10 Jahre massiv die embryonale Stammzellforschung fördern sollte (Johnson/Williams 2005b:17). Eine Besonderheit ist der Standortzwang für die Forscher, die gefördert werden möchten. Therapeutisches Klonen ist erlaubt, aber nicht das reproduktive Klonen zu Vermehrungszwecken (Attorney General 2004:68-73). Die Idee dahinter war, dass, wenn auch nur 1% der Krankheitskosten in Kalifornien gespart würden, sich das Gesetz schon selbst finanzieren würde (ders.:71). Wegen Patentstreitigkeiten und Problemen der Anleihenfinanzierung hat sich jedoch bisher noch nichts realisieren lassen (Sahm 2006:40). Aber der Staat Wisconsin zog daraufhin mit 750 Millionen Dollar nach für Stammzellen und Biotechnologie nach, in anderen Staaten werden ähnliche Initiativen diskutiert (Johnson/Williams 2005b:19/21).

4.8 Reaktive Neuformierung der Interessenverbände

Die Entwicklung der Verbände der Pharma- und Biotechindustrie fand bis in die 90er Jahre faktisch unabhängig voneinander statt, in denen sich die Biotechbranche erstmals systematisch zu formieren begann. Aufgrund des Umstandes, dass Biotechpräparate aufgrund ihres insgesamt geringen Alters in aller Regel patentgeschützt sind, befinden sich die Anknüpfungspunkte zwischen Biotech und Pharma primär im Bereich der patentgeschützten Präparate und der damit zusammenhängenden forschenden Industrie. Es soll gezeigt werden, dass die Verbände versuchen, sich den gewandelten regulativen Rahmenbedingungen anzupassen.

Die Organisation der Biotechnologie begann in den 70er Jahren mit der Entstehen der modernen Biotechnologie. Zunächst dominiert eine forschungsorientierte Verbändesicht, wobei sich die Biotechnologie an die chemische Industrie anlehnte. In Deutschland wurde zunächst kein Verband geschaffen, der sich speziell der Aufgabe widmete, die Bioindustrie gesondert zu vertreten, es gab auch kaum diesbezügliche Anläufe (Ronit 1997:85). Mit zunehmender Reife der Biotechnologie und dem immer schnelleren Branchenwachstum reichte es nicht mehr aus, Teil eines übergeordneten Verbandes zu sein, es werden eigene Zweigverbände errichtet, die die junge Branche aufnehmen sollen. So entstanden in den 90er Jahren auf deutscher Ebene der VBU und die DBI, auf europäischer Ebene EuropaBio. Die wachsende Bedeutung der Biotechnologie zeigte sich darin, dass die Dechema 1999 den Zusatz 'und Biotechnologie' in ihren Namen aufnahm.

Diese Verbändestruktur, obwohl erst Mitte der 90er Jahre etabliert, erwies sich jedoch bald als unzureichend: Die DIB war bewußt als Dachverband für 'rot' und grün' angetreten, um die Biotechnologie nicht auseinanderdividieren zu lassen (Bamelis 1997:1).

Ein Verband, der zugleich die rote und die grüne Biotechnologie vertreten wollte, war jedoch angesichts der Menge der damit verbundenen Problem- und Interessenlagen tendenziell *überdehnt*.

Die folgende Abbildung zeigt die Entwicklung der Verbändelandschaft der Biotechnologie:

Abbildung 10: Die Entwicklung der Biotechverbände

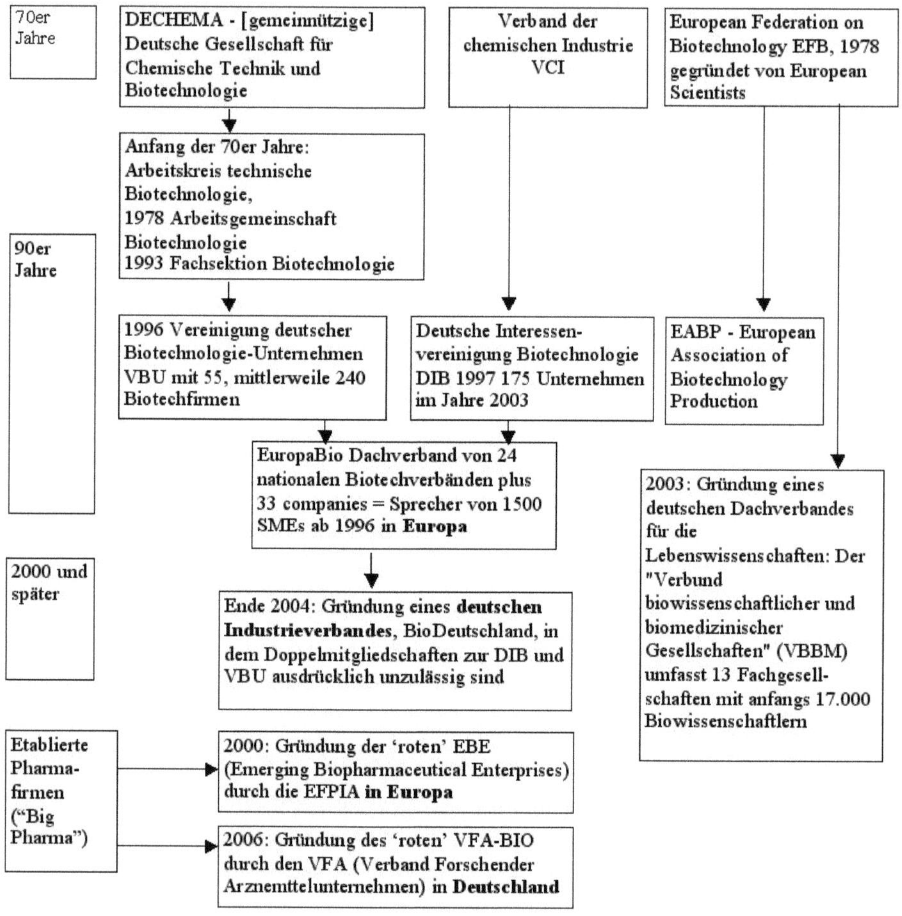

Während die Akzeptanz für die rote Biotechnologie immer mehr zunahm, ließ die Akzeptanz der grünen Biotechnologie immer mehr nach, ab 2000 hatte sich das europäische Klima auf dem Gebiet erheblich verschlechtert. Demzufolge war es zwar logisch, dass sich EuropaBio immer mehr in der grünen Biotechnologie engagierte, was für die 'roten' Hersteller der Auslöser für die Schaffung einer rein arzneimittelpolitisch orientierten Gruppe, der EBE war (Fink-Anthe 2001b:XI181).

Die EBE wurde an die bereits fest etablierten Strukturen des europäischen Pharmaverbandes EFPIA angeschlossen und konnte so von Beginn an hochwirksam an der EMEA-Reform mitwirken. Die EBE schwang sich u.a. sogleich zum offiziellen Koordinator für die Industrieinteressen gegenüber der EU für Orphan Drugs auf und nahm Einfluß auf die Ausgestaltung der Reform der EMEA (EBE 2004). Nicht nur die gleichzeitige Abdeckung von 'roter' und 'grüner' Biotechnologie kann sich angesichts der Menge der Probleme als schwierig erweisen, hemmend kann auch die Vermischung von öffentlichen und industriellen Interessen sein. Die gemeinsamen Interessen enden spätestens bei den kommerziellen Interessen, die die Industrie natürlicherweise verfolgen muß. Die Gemeinnützigkeit der Dechema und dem nachgeordneten Verband deutscher Biotechnologie-Unternehmen (VBU) erwies sich nun aus industrieller Sicht als Bremsklotz, der den Verband seiner Handlungsfähigkeit beraubte, was zur Gründung von BioDeutschland im Jahre 2004 führte, der ausdrücklich keine Doppelmitgliedschaften zu VBU und DIB duldete und sich nun als reiner Biotechinteressenverband verstand.

In ihren ersten Presseerklärungen wies Bio-Deutschland auch daraufhin, dass die bereits bestehenden Bio-Industrievereinigungen nicht unabhängig seien, sondern als nicht rechtsfähige Untereinheiten größerer Organisationen auf die Interessen und Besonderheiten ihrer "Mütter" Rücksicht nehmen müssten: Mehrere der BIO-Deutschland-Gründer waren bis wenige Tage vor Gründung im Vorstand der VBU. Da die Förderung eines Industriezweiges aber kaum mit dem Gemeinnützigkeitsstatus zu vereinbaren war, sah sich der VBU-Vorstand zunehmend seiner Handlungsfähigkeit beraubt und erklärte Mitte Oktober 2004 geschlossen seinen Rücktritt. BioDeutschland zählte Ende 2006 120 Mitgliedsfirmen (Bronsema 2007:80-81).

Gemischte Verbände, die versuchen, 'alles' abzudecken, können aber auch aus nicht-industrieller Sicht unzureichend sein. Dies begünstigte die Gründung des VBBM, der einen erheblichen Teil (und auf Dauer möglichst alle) der *nicht-industriellen* Forschungskapazitäten bündeln möchte. Insgesamt ist also eine zunehmende Differenzierung der Verbändelandschaft entlang der Linien rot und grün wie industriell-kommerziell und öffentlich-gemeinnützig im Gange, die zum einen durch das Wachstum der Branche, zum anderen aber auch durch die wachsenden Probleme, nämlich Finanzierungs- und Akzeptanzprobleme vorangetrieben wurde. Hier zeigt sich ein Prozess, den die Ärzteverbände schon seit den achtziger und die Pharmaindustrie seit den neunziger Jahren durchliefen: Anstelle alles abdeckender breiter Verbände, die Konflikte intern austragen (Hartmannbund, BPI) traten in Krisensituationen, die von den Beteiligten auch als Verbändeversagen gedeutet wurden, zunehmend fachlich orientierte Verbände in den Vordergrund, was die Biotechbranche nun im Zeitraffer nachvollzieht (Strobawa 2001). Die Verbändelandschaft durchlief also eine *taktische Anpassung* an die veränderten Umstände (vgl. Bandelow 1999:141).

Breit angelegte Verbände mögen zwar die Kommunikation nach außen leichter machen, haben aber immer das Risiko, das die Interessen von Teilen der Akteuren zugunsten irgendwelcher Paketlösungen im politischen Verhandlungsprozess geopfert werden. *Capacity building im Sinne einer Schaffung einer leistungsfähigen Kommunikationsplattform und Interessenvertretung* ist mehr als das Anhäufen von Mitgliedern, Fachpersonal und Geldern; wirkungsvolle Interessenvertretung ist eine *Frage der Ressourcen in Relation zu den zu lösenden Problemen.* Kleine Verbände können also bei hinreichend präzisen Zielen effektiver sein als ein Verband 'von allen für alles'.

Dieses Phänomen erklärt z.B. auch, warum in Deutschland neben der Formierung von Großgewerkschaften (DGB, VerDi) nun auch kleine, aber für ihre Klientel erheblich schlagkräftigere Gewerkschaften (Gewerkschaft der Lokführer, Cockpit) auftauchen. Für die Politik haben viele kleinere Akteure aber Nachteile, wenn es darum geht, politische Probleme kommunikativ zu bewältigen und zu Lösungen zu kommen. Der Gewinn an Handlungsfreiheit für die Politik kann durch den gezielteren Druck dieser Kleinverbände wieder aufgezehrt werden, kompromissgeleitetes Handeln und Verhandeln wird erheblich schwerer.

Zu klären bleibt noch, warum die amerikanische Biotechindustrie sich in der sehr schlagkräftigen Biotechnology Industry Organisation BIO selbständig organisiert, sich aber auf europäischer Ebene in das Fahrwasser der Pharmaindustrie begibt. Für die im Vergleich zu den USA unterentwickelte europäische Biotechindustrie hat der Anschluß an einen starken Mutterverband Vorteile, insbesondere weil die Zeit wegen der Reform der EMEA im Jahre 2004 drängte. Ob sich die EBE als Teil des Pharmaverbandes EFPIA auf lange Sicht nicht auch auf eigene Füße stellen wird, wenn erst mal die notwendigen Strukturen und Ressourcen und die Kontakte zur Europäischen Union hinreichend gefestigt sind, bleibt offen.

Während die Verbindungen zwischen Biotechindustrie und Pharmaindustrie auf europäischer Ebene enger sind, hielt sich der Verband Forschender Arzneimittelhersteller VFA trotz seiner betonten Befürwortung der Biotechnologie die Biotechnologiefirmen zunächst auf Abstand: Biotechfirmen wurden als potentielle Partner der Pharmafirmen betrachtet (daher eine Partnering-Börse), also als Außenstehende (VFA 2004h:1-3). Für eine solche Distanz-Strategie sprach, dass der VFA auf diese Weise verhindern konnte, dass die Finanzierungsprobleme, die die Biotechfirmen außerhalb der inzwischen weitgehend akzeptierten Anwendung der Biotechnologie als Arzneimittel haben, in den VFA *eingeschleppt* werden. Das Partnering mit kleinen Biotechs erlaubte, sich die Rosinen herauspicken zu können (vgl. auch Dolata 2000:186).

Im Jahre 2006 hat sich der VFA entschlossen, den VFA-BIO ins Leben zu rufen, der 15 Unternehmen hat, die entweder ausschließlich Biotechnologie betreiben oder aber einen biotechnologischen Schwerpunkt haben, wobei sich der VFA-BIO betont auf etablierte Pharmafirmen stützt und feststellt, dass Biotechnologie in der Debatte zu sehr mit Blick auf die Startups wahrgenommen würde, nachdem es zunächst ja eher umgekehrt war (Pfirrmann/Feldman 2000:230, VFA-BIO 2006a/b, Yzer 2006a/b). Die kleinen Biotechfirmen bleiben also weiterhin außen vor.

Kurzum: *Die Europäisierung der institutionellen Arrangements fördert die Entstehung europäischer bzw. international agierender Akteure* (vgl. auch Ronit 1997). Dies gilt für Firmen und ihre Verbände, die wiederum die Nachfrage an übergreifenden Arrangements und ihrer Weiterentwicklung fördern (vgl. auch Kohler-Koch 1996:199).

5. Biotechnologiepolitik als Innovationspolitik

5.1 Einführung

Bei den bisherigen Untersuchungen zur Biotechnologie fällt auf, dass die Biotechnologiepolitik in aller Regel *isoliert* betrachtet wird. Die politischen Aktivitäten zur Beherrschung des technischen Wandels werden in der EU jedoch häufig in wesentlich größeren Zusammenhängen gesehen und bearbeitet, nämlich als Innovationspolitik. Die Innovationspolitik und ihre Beziehungen zur Biotechnologiepolitik müssen deshalb näher untersucht werden. Die Förderung der Grundlagenforschung als Quelle der Innovationen ist hiermit eng verknüpft. Demzufolge wird zunächst die Frage nach dem *Wie* der Förderung gestellt, um von dort zur Frage nach den Förderzielen, dem *Warum*, überzugehen. Daran schließt sich wiederum die Frage nach dem Verhältnis von Innovationsförderung im Allgemeinen und den Aktivitäten in der Biotechnologiepolitik an.

5.2 Forschungsförderung in der Biotechnologie

5.2.1 Grundzüge der europäischen Forschungs- und Technologiepolitik

In der deutschen wie der europäischen Forschungs- und Technologiepolitik lassen sich gewisse Grundmuster ausmachen, nämlich die Koexistenz europäischer, nationaler und regionaler Forschung, die institutionelle Trennung von Forschung und Forschungsförderung, die Koexistenz öffentlicher und privater Forschung, die sich gegenseitig ergänzenden Forschungseinrichtungen und die längerfristige Mittelbindung, die schnellen forschungspolitischen Schwenks entgegenwirkt.

1. Das Nebeneinander europäischer, nationaler und regionaler Forschung:

Jede Ebene verfügt über eigene Forschungsgelder, -strategien und Institutionen. Für die europäische Ebene ist besonders wichtig, dass die europäischen Großforschungseinrichtungen in der Regel *nicht über die* EU, sondern über zum Teil schon seit Jahrzehnten bestehende zwischenstaatliche Regelungen betrieben werden. Dabei geht es häufig um Großprojekte bzw. sehr langfristige Förderstrategien wie z.B. in der Molekularbiologie beim European Molecular Biology Laboratory EMBL, das 1974 aus der 1963 gegründeten European

Molecular Biology Organisation EMBO hervorging. 17 westeuropäische Staaten und Israel sind an dieser führenden molekularbiologischen Einrichtung beteiligt (EMBO 2003; EMBL 2004:1).

Da auch das europäische Patentamt EPO nach diesem System gegründet und organisiert wurde, ist die europäische Forschung in wichtigen Teilbereichen *nicht unter Kontrolle der EU.* Die fehlende Ressourcenkontrolle ist ein zentrales Problem der EU-Politik im FuT-Bereich und der Versuch, durch verstärkte Organisation und Koordination der Mitglieder diese Kontrolle herzustellen, steht demnach im Mittelpunkt der europäischen Forschungspolitik. FuT-Politik ist also ein System aus vier nebeneinander bestehenden Ebenen, der EU, zwischenstaatlichen Organisationen, der nationalstaatlichen Ebene und dem regionalen Level.

2. Trennung von Forschung und Forschungsförderung: Die Forschungseinrichtungen bekommen in der Regel keinen festen Etat zugewiesen, sondern der Staat bzw. die von ihm getragenen Fördereinrichtungen behalten die Kontrolle über die Gelder.

3. Mittelbindung: Kurzfristige Schwenks der Forschungspolitik sind natürlich theoretisch immer möglich, aber in der politischen Wirklichkeit dominiert die Kontinuität. Die verfügbaren Mittel insgesamt sind selbst über die Wiedervereinigung hinweg kontinuierlich ohne echte ‘Sprünge’ angestiegen, und viele Forschungsgebiete und -einrichtungen verfügen über eine lange Fördertradition. Diese zumindest mittelfristig bestehende weitreichende Mittelbindung beschränkt die forschungspolitischen Handlungsspielräume der Akteure, setzt aber zugleich den Forderungen von *pressure groups* Grenzen.

4. Koexistenz von öffentlicher und privater Forschung: In allen EU-Staaten gibt es beide Stränge, d.h. keine planwirtschaftliche oder staatlich erzwungene Zwangskoordination beider Stränge. Dennoch gibt es zum Teil langfristige Kooperationen, z.B. militärisch-industrielle Kooperationen wie den Eurofighter, bei der sich die Erfordernis zur langfristigen Kooperation schon aus der langen Planungs- und Entwicklungsdauer bei gleichzeitig hohem Mitteleinsatz ergibt. Bei Großtechnologien erscheint die Zusammenarbeit zwischen Staat und Privatwirtschaft auch aus Wettbewerbsgründen sinnvoll, man denke an den Wettlauf der Bahnsysteme (TGV, ICE, Transrapid) oder den Wettlauf Airbus-

Boeing. In der Biotechnologie hingegen haben öffentliche und private Konsortien wegen der Patentfragen gegeneinander gekämpft.

5. Es gibt darüber hinaus spezialisierte Einrichtungen für Grundlagen- und für angewandte Forschung, ebenso ist die Spezialisierung auf definierte Fragestellungen die Regel. Ziel des bundesdeutschen Systems ist z.B. die Abdeckung des wissenschaftlichen Spektrums durch ein komplementär wirkendes System von Fachgesellschaften.

Kernelement der Forschungspolitik der EU sind die Forschungsrahmenprogramme, die bisher die folgenden Laufzeiten und Aufgabenvolumina aufwiesen:

- RP1: 1984 – 1987: 3,3 Mrd. EUR
- RP2: 1987 – 1991: 4,4 Mrd. EUR
- RP3: 1990 – 1994: 6,6 Mrd. EUR
- RP4: 1994 – 1998: 13,2 Mrd. EUR
- RP5: 1998 – 2002: 15,0 Mrd. EUR
- RP6: 2002 – 2006: 17,5 Mrd. EUR

Die Rahmenprogramme, die auf den Vertrag zur Gründung der Europäischen Union zurückgehen, sollen der Stärkung der wissenschaftlichen und technologischen Grundlagen der Industrie der Gemeinschaft und der Förderung der Entwicklung ihrer internationalen Wettbewerbsfähigkeit dienen bei gleichzeitiger Unterstützung von solchen Maßnahmen, die für andere EU-Politikbereiche erforderlich sind. Das Forschungsrahmenprogramm gliedert sich in die Bündelung und Integration der EU-Forschung mit sieben Schwerpunkten, u.a. der Biotechnologie sowie zwei Achsen zur Förderung des Europäischen Forschungsraums (RP6 2004:12ff.).

Teilnahmeberechtigt am RP6 sind Rechtspersonen wie Forschungseinrichtungen, Hochschulen und Unternehmen, einschließlich KMU, aber auch natürliche Personen aus jedem beliebigen Land der Welt, wobei die EU eine elektronische Plattform mit allen relevanten Informationen namens Community Research and Development Information System (CORDIS) bereitgestellt hat (RP6 2004). Dem Subsidiaritätsprinzip folgend müssen die Projekte *länderübergreifend* sein, d.h. nur Konsortien von Partnern aus unterschiedlichen Mitgliedstaaten und assoziierten Ländern können sich bewerben; bei Mobilitäts- und Ausbildungsmaßnahmen müssen die Stipendiaten in der Regel in ein anderes als ihr Herkunfts- beziehungsweise Aufenthaltsland gehen. Maßnahmen, die besser auf nationaler oder regionaler Ebene durchgeführt werden können, d.h. ohne grenzüberschreitende Zusammenarbeit, können mit dem Rahmenprogramm nicht unterstützt werden. Außerdem muß sich ein Vorhaben auf einen der sieben Schwerpunkte beziehen. Das RP6 hält auch Beteiligungs- und Finanzierungsmöglichkeiten für Einrichtungen aus Drittländern bereit („internationale Zusammenarbeit"; RP6 2004:6ff.).

Darüber hinaus wird das *double funding*-Prinzip benutzt, d.h. ein Vorschlag wird nicht nur ausschließlich durch die EU finanziert (RP6 2004:31). Die EU fördert proaktiv, d.h. sie fordert zur Einreichung von Vorschlägen auf statt passiv darauf zu warten, wer und was kommen möge. Wichtig ist auch, dass eine *ethische* Prüfung stattfindet, womit die EU faktisch eine *eigene europäische Ethik* in das System einbringt. Wie diese aussieht, wird später untersucht werden. Ein strukturell bedeutendes Element des europäischen RP6 ist die nachdrückliche Empfehlung der EU an die Teilnehmer, Konsortialvereinbarungen abzuschließen. Für die meisten Instrumente ist diese sogar obligatorisch vorgeschrieben (RP5 2004:31-34).

Grande hat in einer umfassenden Untersuchung eine fortschreitende Europäisierung der FuT-Politik konstatiert (Grande 2001:368ff.). Der späte Start der Europäischen Union auf diesem Gebiet beruhte zunächst einmal auf einem *doppelten Kooperationsproblem*, zum einen mußten die Mitgliedsstaaten, aber auch die Unternehmen für einen solchen Schritt willens und fähig sein. Bis in die 80er Jahre, die in der Eurosklerosedebatte mündeten, tat sich zunächst wenig und erst mit der Einheitlichen Europäischen Akte EEA von 1987 wurde die industriepolitisch motivierte Forschungsförderung erstmals rechtlich abgesichert (Grande 2001:375). Bis in die neunziger Jahre fehlte den Rahmenprogrammen noch eine klare Ausrichtung, noch das 4. RP galt trotz der Schwerpunktbildung als ‚shopping list' nationaler Wünsche ohne Kohärenz, mit dem Ergebnis, dass die EU-Kommission ernüchtert feststellte, dass der Rückstand gegenüber den USA eher noch größer geworden ist (Grande 2001:376-377).

Es gibt zuwenig Kooperationen zwischen den europäischen Firmen bei der Nutzung neuer Technologien, ebenso ist die Verbindung zwischen Hochschulen und Industrien schwächer als in den USA (Kanavos 1998:182ff.). Die öffentliche Förderung ist zu zersplittert, zu unkoordiniert, zu bürokratisch und häufig nicht sachbezogen, sondern regional- und strukturpolitisch motiviert (BCG 2001; BMBF 2001:7). Die USA stellt ganz andere Kapitalmengen für die Forschungsförderung zur Verfügung und hat einen besseren Personal- und Wissenstransfer zwischen Universität und Industrie, die sich in einem stärkeren Anwendungsbezug und verbesserten Wissenstransfer der Forschung widerspiegelt (Kanavos 1998:188). Beim Vergleich der F&E-Aufwendungen in der EU und in den USA zeigt sich ein großer und rasch wachsender Abstand, sowohl bezogen auf das Volumen als auch auf den entsprechenden Anteil des BIP. Dieser Abstand lag im Jahr 2000 bei umgerechnet 124 Mrd. Euro und hat sich seit 1994 zu konstanten Preisen verdoppelt. Bezogen auf den insgesamt für F&E-Investitionen aufgewendeten Anteil des BIP stagnierte die F&E-Intensität in der EU in den zurückliegenden zehn Jahren bei etwa 1,9 %, in den USA dagegen stieg die F&E-Intensität kontinuierlich von 2,4 % im Jahr 1994 auf 2,7 % im Jahr 2000 (EU 2002a:6f.). Die F&E-Intensität in den Ländern und Regionen der EU ist sehr unterschiedlich, von 1 % des BIP oder weniger in den Mitgliedstaaten des Mittelmeerraums bis zu 3,4 % in Finnland bzw. 3,8 % in Schweden. Die Unterschiede zwischen den Regionen innerhalb der Länder sind sogar noch größer (EU 2002a:8). Die unterschiedlichen nationalen Regeln für public-private partnership und in der IPR-Politik behindern die europäischen Zusammenarbeit zusätzlich (EU 2002a:15). Hinzu käme ein europäisches Umfeld, das in der Regel weder das Scheitern von Unternehmern noch das Hin- und Herwechseln zwischen Industrie und Universität wirklich akzeptieren würde. Die universitäre Ausbildung ist in Deutschland ironischerweise so gut, dass sie den brain drain der ausgebildeten Wissenschaftler in die USA erleichtert (BCG 2001). Die EU hat diese Probleme erkannt und hat in den 90er Jahren die Förderaktivitäten laufend verstärkt. Die EU drängt die öffentlichen Forschungseinrichtungen zur verstärkten Kooperation mit der Industrie, denn nur so kann Wissen in Geld umgesetzt werden (EC 2003:8).

Der Fokus der FuT-Politik verschob sich konsequenterweise in den 90er Jahren zunehmend zu innovationspolitischen Überlegungen, bei den kleine und mittlere Unternehmen als potentielle Innovationsträger in den Blickpunkt rückten, was aber an den *Koordinationsdefiziten* in der EU nichts ändern konnte (Beise/Gehrke 1998:56; Grande 2001:381). Dies führte dazu, die Koordination selbst in das Blickfeld zu rücken, was wiederum im Konzept des Europäischen Forschungsraumes (European Research Area ERA) mündete (ders.:381). Die nicht-hierarchische Anordnung von Europäischer, EU-, nationaler und regionaler FuT-Politik ist zum einen Ursache der Forderung nach dem ERA und zugleich deren größtes Hindernis (ders.:372). Ein solcher Raum kann, wenn überhaupt, nur durch *indirekte* Steuerung, durch Anreize, durch Schaffung von Ansprechpartnern und anderen Maßnahmen gefördert werden (ders.:373).

Erschwerend kommt hinzu, was Grande treffend als „Paradox der Schwäche“ charakterisierte: Der nicht-hierarchische Mehrebenencharakter schwächt den einzelnen Akteur, insbesondere den Nationalstaat, andererseits gewinnt er an innerer Autonomie, da er nicht mehr allein verantwortlich ist, nicht mehr alle Ressourcen kontrolliert und somit nicht mehr alleiniger Druckpunkt für Interessengruppen ist, er ist somit schwerer greifbar, er schwimmt sich quasi frei (Grande 1996:376). Unter diesen Bedingungen hält sich die Motivation des Einzelstaates, in eine straffe europäische Forschungspolitik eingebunden zu werden, natürlich in Grenzen, was ein Grund für die geringen Fortschritte auf den Gebiet sein dürfte. Andererseits bedingt dieser Zustand eine Zersplitterung der Ressourcen, die sich zum Beispiel bei der Erforschung von AIDS, Malaria und Tuberkulose negativ bemerkbar gemacht hat (EU 2002b:2). Die Bündelung bezieht sich nicht nur auf die materielle Seite, sondern es können durchaus auch regionale Schwerpunkte durch Bildung industrieller Cluster gesetzt werden (EU 2001b).

Die nicht-hierarchische Steuerung ist ein zentrales praktisches Problem, denn das beste Steuerungsinstrument funktioniert nicht ohne die Kooperation der Teilnehmer. Die logische Antwort darauf scheint in den Augen vieler Akteure die Schaffung eines festeren institutionellen Rahmens, insbesondere eines European Research Council (ERC) zu sein, das 2005 dann auch beschlossen wurde (ISE 2004; Krüger-Brand 2004:A3394; Burtscheid 2005). Die Erfahrung mit anderen EU-Maßnahmen zeigt jedoch, dass EU-Institutionen sehr dynamisch sein können, wenn es um eine zügige Ausfüllung und Ausweitung der Kompetenzen geht, so dass man dies als einen Einstieg in eine zentral gesteuerte europäische FuT-Politik ansehen könnte. In diesem Sinne meinte die ESF bereits, dass früher oder später die Frage einer European Funding Agency unvermeidlich auf der Agenda stehen würde (ESF 2002:3). Darüber hinaus werden wiederum das Budget des FRP7 angehoben und die Themen Raumfahrt und Sicherheit als neue Schwerpunkte aufgenommen (ebenda). Der deutsche Wissenschaftsrat fordert wie viele europäische Akteure, mehr Freiräume für Forschungsprojekte mit ungewissem Ausgang zu schaffen, um so die Risikobereitschaft von Forschern zu fördern (WR 2003:60). Die Forschungsmittel könnten jedoch in Zukunft trotz aller gegenteiligen Versprechungen *noch knapper werden* (Thurau 2004:20). Ein Forscher der TU

Berlin hat dazu festgestellt, dass sein DFG-Antrag passe in einen Hefter, sein Förderantrag bei der Bundesregierung benötige hingegen schon einen Aktenordner, für die EU müsse man aber einen laufenden Meter und mehr einreichen (Schwägerl 2004f:38). De facto ist die Förderpolitik nach wie vor so ausgelegt, dass große Organisationen mit erfahrenen Bürokratien gegenüber kleinen und mittelgroßen Newcomern eindeutig im Vorteil sind. Strukturelle Defizite bei der praktischen Umsetzung können jedes forschungspolitische Konzept behindern oder unwirksam machen (Schwägerl 2004f:38). Die Aufforderung im Rahmen der RP6, Konsortien zu bilden, kann eigentlich als Ermunterung zur Kooperation angesehen werden, begünstigt aber auch die bürokratische Komplexität.

Neben der Input-Seite, d.h. neuen Erfindungen und Forschungsfortschritten, gibt es die Output-Seite, sprich die Verwertung und Anwendung der gewonnenen Erkenntnisse. Auch hier ist die USA die reflexive Folie, d.h. die forschungspolitischen Forderungen entspringen aus dem diagnostizierten Rückstand gegenüber den USA und dem Versuch, diesen aufzuholen (vgl. auch Barben 2001b:63). Die Verwertung in den USA hat sich Anfang der 80er Jahre grundlegend gewandelt. Bis dahin herrschte ein forschungspolitisches Klima vor, bei dem das Ziel des Forschers primär die wissenschaftliche Reputation durch herausragende Entdeckungen mit nachfolgender Publikation war (Open Science-Model; MacDonald et al. 2004:1ff.). Dieses Verhalten wurden durch die Regierung gefördert, die bei Förderung von öffentlichen Forschungseinrichtungen (Public Research Organisations, kurz: PROs) die *non-exclusivity* der Forschungsergebnisse voraussetzte. Diese Anreizstruktur war aus Sicht der US-Forschungspolitiker weder für die Industrie noch für die Forscher wirklich anregend, weshalb der bereits eingangs erwähnte Bayh-Dole Act erlassen wurde, der für die PROs den Übergang von der Open Science zum Licensing Model bedeutete (MacDonald et al. 2004:7f.). Seither gehören der Technologietransfer durch entsprechende Transfereinrichtungen zum Standard und MacDonald bewertet diesen Wandel als außerordentlich erfolgreich. MacDonald schlägt in seinem Expert Report vor, das Konzept der Transfereinrichtungen zum Innovationsmodell erweitern, bei dem nicht nur der Technologien, im der Know-How-Transfer im weiteren Sinne durch Innovationsagenturen, Knowledge Transfer Offices (KTOs), bewerkstelligt werden soll.

Beim Blick auf die USA fällt in den EU-Papieren auf, dass diese unbewußt(?) als politischer Monolith betrachtet werden, dem Europa mit ähnlichen Dimensionen entgegentreten müsse. Gerade in der Biotechnologie gibt es jedoch auf der Ebene der einzelnen US-Staaten eine große Vielfalt hinsichtlich Förderschwerpunkten und Ausgabenvolumen, die durch die Ablehnung der Forschung an embryonalen Stammzellen der Bush-Regierung eher noch zugenommen hat (Johnson/Williams 2005a/b). Batelle (2004:XV) berichtet von einer großen Variationsbreite, manche Staaten fördern nur ein biotechnologisches Gebiet, manche Staaten alles. *Auch die USA bestehen nicht aus einer Politikebene und einer Forschungspolitik*, ein Sachverhalt, der in den Papieren der EU so gut wie gar nicht reflektiert wird.

5.2.2 Grundzüge der deutschen Forschungs- und Technologiepolitik

Stellt man nun die deutsche der europäischen FuT-Politik gegenüber, so wurden die *ähnliche Problem- und Politikmuster* immer ähnlicher:

Michael North kommt in seiner umfassenden Studie zur deutschen Wirtschaftsgeschichte zu dem ernüchternden Schluß, dass Deutschland praktisch in allen Phasen seiner Geschichte gegenüber den führenden Wirtschaftsnationen strukturell rückständig war (North 2000:13). Eine Ausnahme bildete nach North das späte 19. Jahrhundert und frühe 20. Jahrhundert, nachdem es unter massivem äußeren Druck zur Reformen kam, die analog zu heute auf eine Liberalisierung der Wirtschaft nach innen und außen, flexiblere Arbeitsmärkte, eine grundlegende Bildungsreform zielte und erhebliche Bemühungen um Vereinheitlichung und Standardisierung nach sich zog.

Die Industrialisierung und die wirtschaftliche Einigung waren eingebettet in gesellschaftlichen Wandel und eine Vielzahl begleitender Reformen, wobei sich die von Preußen ausgehende Modernisierung des Bildungswesens als besonders nachhaltig erwies. Die bis dahin auf stures Pauken ausgerichteten Lateinschulen wurden auf ein Gymnasialsystem umgestellt, das wie die erneuerten Universitäten im Sinne Wilhelm von Humboldts an das neuhumanistische, die kulturellen Werte des klassischen Altertums aufgreifende Bildungsideal anknüpfte, auch wenn auf diese Weise paradoxerweise auch (zumindest formal) nicht-christliche und republikanische Werte vermittelt wurden und die Ausrichtung zumindest vom Prinzip her philosophisch-geisteswissenschaftlich, also nicht industrieorientiert war

(Nipperdey 1994:455ff.). Ein wesentliches Strukturmerkmal war die Einheit von Forschung und Lehre, wozu die Universität Berlin neu gegründet wurde (Nipperdey 1994:58-64; Müller 1996:70-71). Zudem entwickelte sich ein innovationsfreudiges Klima auch im naturwissenschaftlich-technischen Bereich, das dazu beitrug, dass deutsche Forscher und Wissenschaftler schon Mitte des 19. Jahrhunderts einen Vorsprung vor England und Frankreich herausarbeiten konnten, wobei die allgemeinen methodisch-systematischen Verbesserungen beim Beobachten, Experimentieren und der intensivierte Informationsaustausch einen wichtigen Beitrag leisteten (Gerlach 1960:242ff.; Nipperdey 1994:493-494). Auch die grundlegende Ausbildung wurde verbessert, u.a. im Hinblick auf die Volksschulen, die Einführung des Abiturs und die Gründung der ersten technischen Fachschulen.

Nach dem zweiten Weltkrieg können nach Alemann et al. fünf Phasen der deutschen FuT-Politik unterschieden werden (Alemann et al 1987:66ff.): Nach der Wiederaufbauphase rückte in den fünfziger Jahren zunächst die Nutzung des Atoms in den Mittelpunkt der Bemühungen. In den sechziger Jahren kam es im Gefolge des Sputnikschocks zu einer Nachhol- und Innovationsphase mit einem starken Ausbau des Bildungswesens. Die Ölkrise 1973 zwang zum Umlenken, nun stand die Effizienzsteigerung im Mittelpunkt. Seit den Siebzigern machte sich bei Politikern aller Parteien die zunehmende Furcht vor dem Abgehängtwerden breit, was man besonders deutlich bei der Zahl der Patente sehen konnte (Alemann 1987:59). Die Bundesregierung förderte ab 1982 eine betont technik- und industriefreundlich konzipierte FuT-Politik, die u.a. nun folgendes leisten sollte: Gründerzentren, mehr Risikokapital, Technologietransfer fördern, außeruniversitäre Einrichtungen fördern (Alemann 1987:75ff.).

Grande (2001:370) sieht darin eine grundlegende und bis heute beibehaltene Neuorientierung in Richtung Grundlagenforschung und KMU. In vieler Hinsicht lesen sich die Problemdiagnosen wie auch die Konzepte der FuT-Politik fast wortwörtlich wie die heutigen Analysen. Dies gilt auch für den Bundesverband der Deutschen Industrie, der schon 1987 eine bessere und flexiblere Ausbildung der Arbeitnehmer für unverzichtbar hielt (Alemann 1987:99).

Dies wirft umgehend die Frage auf, ob sich die Diskussion möglicherweise im Kreise dreht oder ob die Politiker unfähig waren, die Probleme zu lösen. Ein Blick auf die Geschichte zeigt jedoch, dass damals eine andere Sichtweise der Dinge dominierte. Damals galten unter den Nachwehen von Tschernobyl neue

Technologien primär als Gefahr, und zwar nicht nur technisch, sondern auch sozial, so dass von Alemann mit seiner Auffassung, dass bei den neuen Technologien die Risiken die Chancen überwiegen würden (ders:18), zweifellos nicht allein stand.

Das Forschungs- und Wirtschaftsministerium sah die Lage 1987 hingegen optimistisch: Die deutsche Wettbewerbsfähigkeit in Europa sei hervorragend, auch wenn Japan zunehmend die Hochtechnologiemärkte beherrschen würde (BMBF/BMWT 1987). Als Kriterien für den Erfolg werden die Exportanteile, die F+E-Ausgaben und das darin involvierte Personal bewertet. Die Aufholjagd anderer Länder wurde wie folgt bewertet: "Auch wenn die Unbekümmertheit des Aufbaus [in diesen Ländern] manchmal beneidenswert ist: von uns wird 'reife' wissenschaftliche Leistung erwartet." Als Schlüsseltechnologien werden die Informationstechnologie, die Biotechnologie und die Schaffung neue Werkstoffe identifiziert, wobei Schwächen im Bereich der anwendungsorientierten Grundlagenforschung, u.a. in der Biotechnologie, der Biomedizin, der klinischen Forschung und der Mikroelektronik konstatiert werden (ebenda:21).

In dem Gutachten fällt zunächst auf, dass die Bundesrepublik eigentlich nur als Land *in* Europa vorkommt, Europa wird als eigener Faktor nicht ernsthaft in Betracht gezogen. Ob die Forderung nach reifer wissenschaftlicher Leistung, sprich ausgereiften Entwicklungen, noch die Zeichen der Zeit erkannte, ist fraglich, denn genau das hatte die Biotechnologie in ihren Anfängen und zum Teil bis heute noch nicht zu bieten. Auch der Export ist nur ein Maßstab für marktreife Technologien und sagt nichts über die Zukunftsfähigkeit der exportierenden Industrie aus. Darüber hinaus wurden von den Ministerien keine klaren inhaltlichen Vorstellungen über die Weiterentwicklung der Technologien vorgestellt im Sinne, was ggf. erreicht werden könnte oder sollte.

Mittlerweile werden neue Technologien primär als Quelle neuer Arbeitsplätze angesehen und auch die betont nationale Sichtweite der FuT-Politik hat sich grundlegend verändert. Die Konzepte der heutigen deutschen FuT-Politik orientieren sich heute in vielen wesentlichen Punkten an den Problemen und Konzepten der EU, was nicht als Ideenlosigkeit, sondern als Ausdruck gleichartiger Problemstellungen gedeutet werden kann.

Fasst man die wichtigsten aktuell diskutierten empirischen Befunde und Diskurse zusammen, ergibt sich folgendes Bild: Die EU ist der Auffassung, dass es erhebliche Koordinationsdefizite in der Forschung gibt, die Forschungseinrichtungen würden zu oft nebeneinander statt miteinander arbeiten. Der Föderalismus begünstige eine Verzwergung der deutschen Forschungslandschaft (Handelsblatt 2004:6). Nettelbeck (2004) ist hier gegenteiliger Ansicht: Der Versuch, Forschung im europäischen Maßstab zu betreiben, sei letztlich nichts anderes als der Versuch, die großen Dimensionen der Industriepolitik der Forschungspolitik überzustülpen. In Relation zur Bevölkerungszahl würde die Schweiz am meisten publizieren, die USA kämen erst an 12. Stelle, Deutschland aber schon an 13. Stelle. Dezentrale, lose gekoppelte Systeme seien letztlich innovativer als eine zentralisierte Forschung (vgl. auch Gottschalk/Janz 2001:1).

Zwischen beiden Extremen, der zentral gelenkten Forschung und der dezentralen Forschung ist jedoch ein großer Spielraum für mehr Abstimmung zwischen den Ebenen, um eine Mittelallokation nach dem Streusandprinzip zu vermeiden. Insbesondere, wenn es darum geht, Kapazitäten für ressourcenintensive Forschung zu bündeln, lassen sich solche regionalen Schwerpunktsetzungen kaum vermeiden. Da sich Dienstleister und Industrie gegenseitig anziehen, handelt es sich oft um selbstverstärkende Prozesse, d.h. hat sich eine solche Region erstmal gebildet, ist es für neue Firmen günstig, sich in bereits bestehenden Schwerpunkten niederzulassen. In Deutschland hat dieser Prozess der Bündelung bereits eingesetzt, Beise/Gehrke identifizierten schon 1998 die Bildung von acht Spitzenregionen (Hamburg, Bremen, Untermain, Ludwigshafen, Mannheim/Heidelberg, Stuttgart, Nürnberg, Erlangen und München).

Bei der Förderstrategie wird eine Fehlsteuerung der Mittel diskutiert: Zunächst einmal müsse die Fehlsteuerung von Geldern in Subventionen gestoppt werden, man solle lieber Zukunftsindustrien statt sterbende Branchen fördern (Franz 2004:3). Bei der Allokation der Mittel wird gefragt, ob nicht die Hochschulen einen Teil der bisher an außeruniversitären Einrichtungen stattfindenden Forschungen übernehmen könnten (WR 2003:70).

Für die Output-Seite, sprich der Verwertung und Anwendung der gewonnenen Erkenntnisse, haben Eglen et al. 2002 für das BMBF eine Bestandsaufnahme für Spinoffs (Ausgründungen) aus der öffentlichen Forschung in Deutschland als einem der zentralen Instrumente für erfolgreichen Transfer von Forschungs-Know-how in die Anwendung vorgenommen. Die Politik erwartet von Spin-offs vier Dinge, nämlich die Diffusion, den Transfer und die Verwertung von Know-How sowie die daraus resultierenden positiven Effekte für die Beschäftigung (Eglen 2002:8). In der zweiten Hälfte der 90er Jahre wurden durchschnittlich 37.700 akademische Spinoff-Gründungen registriert (ebenda:10). Bei den Ursprüngen der Spinoffs lassen sich Inkubatoreinrichtungen, was eigentlich wörtlich Brutstätte heißt (vom Anzüchten von Keimen im Brutkasten [Kubus]), wo die neuartige Methoden/Anwendungen entwickelt wurden und Herkunftseinrichtungen, wo die Studenten bzw. Mitarbeiter rekrutiert werden, unterscheiden (Eglen 2002:29). In der Nähe von Inkubatoreinrichtungen wurden mehr Spinoffs gegründet (Eglen 2002:16). Ein Drittel siedelte sich mit weniger als 10 km zum Inkubator an, zwei Drittel innerhalb von 50 km (Eglen 2002:42). Als besonders wichtige praktische Hilfe hat sich die Bereitstellung von Räumlichkeiten erwiesen (ders.:49), als wichtigste Hemmnisse in Reihenfolge der Häufigkeit erwiesen sich Finanzfragen, Mangel an qualifiziertem Personal, Genehmigungsverfahren und Gesetze, mangelndes betriebswirtschaftliches Know-How, unzureichende Marktkenntnisse, mangelnde technische Informationen. Die Verwertungserfolge, die besonders von der Fraunhofer-Gesellschaft gefördert wird, waren bisher nur begrenzt, nur 5% aller Verwertungsspinoffs und weniger als 1% aller Kompetenzspinoffs nutzten eigene Patente (ders.:40).

5.2.3 Forschungsförderung der EU in der Biotechnologie

An dieser Stelle soll nur die aktuelle Förderpolitik beleuchtet werden, denn bis zu Beginn der neunziger Jahre lässt sich keine Europäisierung der Biotechnologie im Sinne eines Aufbaus von effizienten und innovativen Forschungs- und Kooperationsnetzwerken feststellen (Bongert 1997:131). Innerhalb des Schwerpunktes Biotechnologie liegt der Schwerpunkt ganz eindeutig auf der Entwicklung und Anwendung der Genomik (RP6 2004). Ein Schwerpunkt der neuen EU-Forschungsinitiative ist die Forschung in Genomik und Biotechnologie zur Bekämpfung der wichtigsten Krankheiten mit einem Kapital von 2,2 Mrd. Euro (Zylka-Mehlhorn 2003:A3218f.). Wie bei den anderen Schwerpunkten des Sechsten Forschungsrahmenprogramms RP6 wird eine Förderstrategie mit stärkerer Schwerpunktsetzung und dem intensivierten Versuch einer dreifachen Vernetzung von Informationen, von Finanzen und Organisationen im Rahmen der EU bevorzugt. Innerhalb des Schwerpunktes Biotechnologie liegt der Schwerpunkt ganz eindeutig auf der Entwicklung und Anwendung der *roten* Biotechnologie (RP6 2004; Zylka-Mehlhorn 2003:A3218f.). Entsprechend häufig kommen die Termini „Krankheit“ und „Therapie“ im RP6 vor, wie die folgende Programmaufstellung zeigt:

- Fortgeschrittene Genomik und ihre Anwendungen im Dienst der Gesundheit, Genexpression und Proteomik, strukturelle Genomik, vergleichende Genomik und Populationsgenetik, multidisziplinäre Konzepte im Bereich der funktionellen Genomik für grundlegende biologische Prozesse,
- Bioinformatik,
- neue, sicherere und wirksamere Arzneimittel unter Einschluss von Pharmakogenomikkonzepten,
- neue Diagnoseverfahren, neue In vitro-Tests als Alternative zu Tierversuchen,
- neue Präventions- und Therapiewerkzeuge wie somatische Gene, Zelltherapien und Immuntherapie,
- Postgenomik mit hohem Anwendungspotential,
- Bekämpfung schwerer Krankheiten,
- anwendungsorientierte Genomikansätze für schwere Krankheiten,
- Krebsbekämpfung,
- Bekämpfung der großen armutsbedingten Infektionskrankheiten.

Damit ist jedoch auch klargestellt, dass die Förderpolitik eindeutig auf die rote Biotechnologie zielt und nicht auf die grüne Biotechnologie.

5.2.4 Forschungsförderung in der Bundesrepublik

In der Bundesrepublik hatte sich mit der Novelle des Gentechnikgesetzes 1993 eine Wende vor allem im Umgang mit der ‚roten' Biotechnologie vollzogen, die zu einer bis heute nachwirkenden Förderung von Biotechfirmen, die z.B. in Martinsried bei München große Cluster bilden, geführt hat. Um den Rückstand zu verringern, lobte der damalige Bundesforschungsminister Jürgen Rüttgers 1995 ein Förderprogramm aus, den BioRegio-Wettbewerb. Von den 23 Regionen, die sich mit ihren Bio-Tech-Gründern beworben hatten, erhielten drei je 50 Millionen Mark (Hoffritz 2000:3). Seit 1998 hat BMBF allein 1 Mrd. Euro an Projektmitteln ausgegeben, die insgesamt zur Gründung von 600 Firmen führten (Schuh/Sentker 2004:37). Im selben Jahr begann Deutschland mit der aktiven Beteiligung am

Humangenomprojekt als Deutsches Humangenomprojekt DHGP, die Überarbeitung des GenTG war dafür die Voraussetzung (GenTG 2002; DHGP 2004a; DHGP 2004b:12). Die Organisation des DHGP war schon beispielhaft für die jetzt praktizierte Strategie, nämlich die Verknüpfung von Arbeitsgruppen inner- und außerhalb der Universität unter Einbindung der Industrie (DHGP 2004b:14ff.).

2001 wurde das Rahmenprogramm Biotechnologie mit dem Ziel aufgelegt, die für erfolgreichen Wettbewerb notwendige kritische Masse zu schaffen, insbesondere durch Vernetzung, Schwerpunktbildung, Förderung und verstärkten Wettbewerb zwischen den Einrichtungen (BMBF 2001:22ff.). Das Rahmenprogramm sollte eigentlich die rote und die grüne Biotechnologie gleichermaßen fördern, wobei die Grundlagenforschung als Weg zu Basisinnovationen und die angewandte Forschung gleichermaßen gefördert werden sollten. Die Förderung von Clustern, d.h. leistungsfähigen und innovativen Forschungseinrichtungen und –verbünden sollte letztlich auch die ökonomische Verwertung biotechnologischer Erfindungen ermöglichen bzw. erleichtern. 2004 wurde die Förderung des DHGP eingestellt, nachdem 2003 das nationale Genomforschungsnetz NGFN errichtet wurde (BMBF 2003).

Die Ziele des Nationalen Genomforschungsnetzes sind:

- Die Erforschung der wissenschaftlichen Grundlagen weit verbreiteter Krankheiten
- Die Entwicklung von geeigneten Behandlungsmethoden
- Die Erforschung der Wirksamkeit von Therapien (Pharmakogenetik)
- Die Entwicklung geeigneter Gen-Diagnose-Methoden.

Die Organisation des NGFN knüpft organisatorisch an das DHGP durch Verknüpfung von Arbeitsgruppen inner- und außerhalb der Universität unter Einbindung der Industrie an, und wiederum wird durch die Einrichtung einer Koordinierungsstelle Technologietransfer als Bindeglied zwischen Forschung und Wirtschaft besonderes Augenmerk auf die patentrechtliche und wirtschaftliche Verwertung gelegt (DHGP 2004b:14ff.). Beteiligt sind:

- Universitäten und Universitätskliniken
- Helmholtz-Zentren
- Max-Planck-Institute (MPIs)

- Wissenschaftsgemeinschaft Gottfried Wilhelm Leibniz (WGL) und weitere Bundesinstitute
- Weitere Forschungseinrichtungen
- Unternehmen der gewerblichen Wirtschaft

Das NGFN ist wie das DHGP nicht auf nationale Aufgaben beschränkt, es wirkt zum Beispiel bei der GEHA-Studie (Genetics of Healthy Aging) mit, die die genetischen Faktoren für Gesundheit im Alter identifizieren soll (Nebel/Nikolaus/Schreiber 2005:A47-49). In dieser Studie arbeiten 10 EU-Länder und China zusammen. Die Maßnahme, das DHGP einzustellen, wurde von den beteiligten Institutionen heftig kritisiert, man kann aber den Übergang vom DHGP zum NGFN auch als verstärkte Betonung der anwendungsorientierten Forschung ansehen, was sich konzeptionell an das RP6 der EU anlehnt.

Ein Problem, dass die Forschung im Allgemeinen betrifft, aber sich besonders in der Biotechnologie bemerkbar gemacht hat, ist die unzureichende Nutzung des eigenen Forschungspotentials, die sich in einem brain drain und gerade in Deutschland sehr niedrigen Frauenteil in der biomedizinischen Forschung niederschlägt. 2003 hatte sich bereits eine Task Force[94] zur Förderung von Pharma- und Biotechindustrie gebildet, die für die zukünftige Entwicklung forderte, die Ausbildung nicht nur in der Biotechnologie, sondern auch in der BWL für Naturwissenschaftler zu verbessern, um die Unternehmensgründung oder -führung zu erleichtern, außerdem sollte in Ausbildung und Forschung stärker fächerübergreifend agiert werden (BMGS 2003b:22-23).

Der brain drain, die Abwanderung von Forschern ins Ausland, wird durch die deutsche Ausbildung paradoxerweise begünstigt, denn sie wird im Ausland als insgesamt hochwertig anerkannt, so dass die Absolventen häufig leichter als andere an ausländischen Einrichtungen aufgenommen werden (BCG 2001). Germis (2004a:33) zählte immer mehr deutsche Akademiker in den USA, allein 1440 in Kalifornien (Stanford, Berkeley) und 521 in Massachusetts (Harvard, MIT), insbesondere gingen immer mehr promovierte Naturwissenschaftler und Ingenieure

---

94 Dieser bestand aus Vertretern von pharmazeutischen Unternehmen, der Industriegewerkschaft Bergbau, Chemie, Energie (IGBCE), einer Unternehmungsberatung und aus Vertretern des Bundesministeriums für Wirtschaft und Arbeit (BMWA) und des Bundesministeriums für Bildung und Forschung (BMBF) unter der Leitung von Bundesministerin Ulla Schmidt und weiteren Vertretern des Bundesministeriums für Gesundheit und Soziale Sicherung (BMGS).

in die USA. Als Lösungsvorschlag wird u.a. ein tiefgreifender Umbau des Hochschulsystems nach dem Vorbild amerikanischen Spitzenuniversitäten (nicht Durchschnittsuniversität[95][96]) erörtert, der nach Ansicht seiner Befürworter den brain drain nach Ansicht der Initiatoren nicht nur stoppen, sondern auch umkehren würde (u.a. CFA 2004a-e; vgl. auch Welteke 2004:46, Bullinger 2004:37, Winnacker 2004:29):

Zwischen den Akteuren ist im Prinzip unumstritten, dass eine verstärkte Forschungsförderung bei gleichzeitigem Bürokratieabbau die Abwanderung stoppen bzw. eine Rückwanderung nach Deutschland bzw. Europa, sprich den *brain gain*, auslösen könnte. Der Bologna-Prozess mit der Umstellung der europäischen Studiengänge auf das dreistufige System aus Bachelor-Master und PhD könnte auch die formale Zugänglichkeit deutscher Studiengänge für Ausländer erleichtern.

Das Phänomen der Unterrepräsentation von Frauen gerade in der für die Biotechnologie so wichtigen angewandten Industrieforschung der Forschung wird von der EU unter dem Gesichtspunkt der unzureichenden Ressourcennutzung wieder aufgegriffen. Diese Unterrepräsentation findet sich in der gesamten EU, fällt jedoch besonders deutlich in Deutschland und Österreich aus, wo der Anteil der Frauen in der qualifizierten Industrieforschung unter 10% liegt (WIR 2001:3). Frauen bekommen auch in der Molekularbiologie weniger Laborplätze (EMBO 2001:2).

Die Ursachenforschung weist darauf hin, dass diese Benachteiligung von Frauen struktureller Natur ist, insbesondere durch die Unvereinbarkeit von Beruf und Familie, denn abseits aller Theorien übernähmen Frauen in der Regel immer noch alleine die Kinderbetreuung und unterbrächen deshalb die berufliche Laufbahn (Soldt 2004:4, EMBO 2001:2). Diese Unterbrechungen wirken sich naturgemäß

[95] Initiative „Chancen für Alle“: Prof. Dr. Karl Max Einhäupl, Vorsitzender des Wissenschaftsrates, Prof. Dr. Gerhard Gottschalk, Präsident Union der dtsch. Akademien der Wissenschaften, Prof. Dr. Johanna Hey, Präsidiumsmitglied des Deutschen Hochschulverbands, Prof. Dr. Max Huber, Vizepräsident des Deutschen Akademischen Austausch Dienstes, Prof. Dr. Dieter Lenzen, Präsident der FU Berlin, Prof. Dr. Detlef Müller-Bölling, Leiter des Centrums für Hochschulentwicklung, Prof. Dr. Thomas Straubhaar, Präsident des Hamburgischen Welt-Wirtschafts-Archiv

[96] Joop formuliert es kurz und klar: „Richtig gute Bildung gibt es in den USA nur für richtig viel Geld“ (Joop 2004:45).

karrierehemmend aus, was zum starken Rückgang von Frauen in höheren Positionen führt. Dieses Problem hat nicht nur berufliche, sondern auch demographische Effekte, da insbesondere Akademiker seltener und wenn, dann später Kinder bekommen (KSTA 2004:44; Germis 2004:38).

Nach einer zum Teil polemischen Behandlung der Materie in der Presse ('Wir vergreisen und verblöden') hat auch die Politik sich dieses Problems angenommen, jedoch wird sich die Situation in den nächsten Jahren in der Biotechnologie wahrscheinlich sogar noch *verschlechtern*: Die wachsende Instabilität von Arbeitsverhältnissen hat gerade im Pharmasektor zugenommen, Befristungskarrieren mit Kurzverträgen machen Familienplanung zu einem schwer kalkulierbaren Berufs- und Finanzrisiko. Aventis prognostizierte 2001, dass künftig ein Universitätsabsolvent in den durchschnittlich 35 Jahren seines Berufslebens mindestens zwölfmal seinen Arbeitgeber und dreimal das Berufsfeld wechseln müßte (Aventis 2001).

Die Firmen versuchen größenunabhängig ihre Forschungsrisiken durch erhöhte Flexibilität in den Arbeitsverhältnissen zu kompensieren, indem sie den Kern der Organisation durch Outsourcing, Leasing, befristete Arbeitsverhältnisse und freie Mitarbeiter, die freelancer, klein halten. So bilden sich *Zwiebelschalenmodelle*, bei der um den Kern unbefristeter Mitarbeiter befristete Mitarbeiter für längere Projekte kommen (typischer Vertrag: 2 Jahre, evtl. befristeter Anschlußvertrag), dann als nächste Schale geleaste Mitarbeiter (typischer Vertrag: 1 Jahr mit Verlängerungsoption) für kurzfristigere Projekte und schließlich Freelancer (typischer Vertrag: 6 Monate mit Verlängerungsoption) für das Abfangen von 'Belastungsspitzen' (Garcia 2006:24-27). Manche Firmen versuchen möglichst viel outzusourcen, um dem Ziel eines virtuellen Unternehmens nahezukommen (vgl. Davidov/Malone 1993).

Den Vorteilen solcher unsicherer Arbeitsverträge für die Unternehmen (Pharmadienstleister haben in aller Regel keine Gewerkschaften und keine Tarifverträge) stehen Probleme bei der Koordination zahlreicher freier Mitarbeiter, Furcht vor Qualitätsverlusten und fehlender Unternehmensbindung sowie vor dem Wissenstransfer des internen Know-Hows an Außenstehende gegenüber, so dass der Trend noch nicht alle Firmen erfaßt hat; es gibt demnach hier keinen homogenen Trend (vgl. Heisig/Littek 1998:59).

Dies verschärft wiederum die in der Soziologie der Dienstleistung diskutierten Probleme, nämlich die fortschreitende Auflösung geregelter, unbefristeter Arbeitsverhältnisse zugunsten ungesicherter, temporärer Verträge mit vielfältigen sozialen Folgen wie der Bildung kleiner Stammbelegschaften, die von schwach gesicherten Randbelegschaften umgeben werden, der Entstehung von 'Befristungskarrieren' mit der Verlagerung des ökonomischen Risikos vom Unternehmen auf das Individuum, dem Wechsel von der Normalbiographie zur Keupp'schen Patchworkbiographie (vgl. Pongratz 2001). Der von Beck schon 1986 (1986:218) prognostizierte Trend zur Subjektivierung und Individualisierung gesellschaftlich-institutionell erzeugter Risiken und Widersprüche kommt hier zur Entfaltung. Im Wettbewerb um die knapper werdenden gesicherten Positionen sind akademisch ausgebildete Arbeitnehmer häufig zwar im Vorteil, müssen dabei auch das Risiko in Kauf nehmen, ihre Qualifikationen nicht adäquat nutzen zu können: Steigenden Anforderungen durch Informatisierung und Internationalisierung in einigen Bereichen der angewandten Forschung stehen sinkende Anforderungen durch Standardisierung und Automatisierung von Tätigkeiten in anderen Bereichen (wie z.B. bei der automatisierten Codierung von Forschungsdaten = autoencoding) gegenüber (vgl. auch Heisig/Littek 1998:71). Dem ökonomischen Gewinn durch Flexibilisierung stehen erhebliche soziale Kosten gegenüber, die letztenendes von den Systemen der sozialen Sicherung aufgefangen werden müssen. Die *brain drain* und *Gender Mainstreaming*-Problematik werden gerade in der biotechnologischen Forschung noch länger auf der politischen Agenda Deutschlands und der EU stehen.

5.3 Zwischenergebnis

Die FuT-Politik erwies sich als komplexes Politikfeld, in dem mehrere Ebenen und Konkurrenzen zwischen verschiedenen Wissenschaftssektoren verknüpft sind, was kurzfristige und radikale Reformen erschwert, wenn nicht gar verhindert. Die Ebenen sind zum Teil unverbunden, zum Teil konkurrieren sie, insbesondere, wenn regionalpolitische Interessen ins Spiel kommen. Die begrenzten materiellen und rechtlichen Möglichkeiten der EU machen es schwer, alle Akteure auf eine wie auch immer geartete forschungspolitische Linie einzuschwören. In den USA gilt Forschungs- und Technologiepolitik als hartes, d.h., machtentscheidendes

Politikfeld, weshalb sich die CIA und der National Intelligence Council mit der europäischen FuT-Politik befaßt haben (Schwägerl 2005b:44). Die USA sehen fünf Gründe für ein europäisches Versagen auf diesem Gebiet:

- Mangelnde Nutzung des Potentials der Frauen nach Babypause
- Unfähigkeit, Einwanderer zu integrieren
- zögerliche militärische Modernisierung
- mangelnde Sozialreformen gerade in Deutschland
- wachsender Rückstand im FuT-Bereich im globalen Maßstab

Man könnte z.B. über die Erfordernis der militärischen Modernisierung nun intensiv und kontrovers diskutieren, das wesentliche Ergebnis ist jedoch, dass die USA in der EU noch viel ungenutztes Potential sieht, das die deutsche bzw. europäische FuT-Politik ausschöpfen sollten. Die USA sehen jedoch zugleich die Entwicklung *im eigenen Land* mit Sorge, sie fürchten einen brain drain nach China und Indien. Dies wiederum sollte Anlaß zu der Überlegung sein, ob die in vielen EU-Papieren sichtbare Fixierung auf die USA nicht zu einseitig ist. Eine Anpassung an die USA, wenn sie denn stattfände, könnte vom Rückstand auf die USA in einen Rückstand auf Asien führen.

Indien dringt nun nach zögerlichem Beginn mit Macht in die Pharmaforschung und -märkte vor (vgl. Pai 2006:24-26). Firmen *wie Ranbaxy, Wockhardt, Dr. Reddy's und Cipla* dringen über konventionelle Generika schrittweise zu Eigenentwicklungen und Biogenerika vor und operieren immer stärker in den USA und Europa (Hein 2007:18, Rybak 2007:10).

Eine vorausschauende Auseinandersetzung mit der Entwicklung in Asien ist daher eine der aktuellen Herausforderungen an die FuT-Politik der EU.

5.4 Die Innovationspolitik der EU

Die Staats- und Regierungschefs der Europäischen Union verabschiedeten im Frühjahr 2000 auf einer Tagung in Lissabon ein Programm zur wirtschaftlichen und sozialen Weiterentwicklung der Europäischen Union. Dieser auf zehn Jahre angelegte „Lissabon-Prozess" umfaßt einen Katalog konkreter strategischer Ziele, um die Europäische Union bis zum Jahr 2010 zum wettbewerbsfähigsten und dynamischsten wissensbasierten Wirtschaftsraum der Welt zu machen (BMWA 2005:1). Insgesamt umfaßt die Lissabon-Strategie vor allem die fünf Handlungsfelder Arbeitsmarkt- und Beschäftigungspolitik, Güter- und Dienstleistungsmärkte, öffentliche Haushalte sowie die Bildungs- und Forschungspolitik, die sich wiederum in 28 Haupt- und 120 untergeordnete Ziele gliedern.

Die Kernelemente der Lissabon-Strategie sind (BMWA 2005:1):

- Wirtschaftsreformen zur Ausschöpfung des Binnenmarktpotentials (freier und fairer Wettbewerb und Marktöffnung in ehemaligen Monopolbereichen wie z.B. Gas, Strom und Post)

- Integration der Finanzmärkte durch gemeinschaftsweite Regelungen für Aktien und andere Wertpapiere (die europäische Aktiengesellschaft, auch Europa AG genannt, ist eines der Projekte)

- Informationsgesellschaft: Der Aktionsplan ‚eEurope' soll die Verbreitung und den Zugang zum Internet für die Bürger verbessern

- Investitionen in Bildung und Forschung: Das Ziel ist, dass die Mitgliedsstaaten wenigstens 3% des Bruttosozialproduktes jährlich für Forschung auszugeben. Außerdem soll die europäische Forschung kohärenter und besser gebündelt werden, hierzu dient die Schaffung eines Europäischen Forschungsraumes (European Research Area ERA)

- Modernisierung der Bildungs- und Ausbildungssysteme: Hierzu gehört insbesondere der multilaterale Bologna-Prozess, dem mittlerweile 40 Staaten beigetreten sind, zur Schaffung eines kompatiblen und transparenten Systems von europäischen Hochschulabschlüssen zu verstehen, dessen Kernstück die Einführung eines einheitlichen dreistufigen Systems aus Bachelor-Master und Promotion ist. Analog wurde für die berufliche Bildung der Kopenhagen-Prozess ins Leben gerufen.

- Abbau der Arbeitslosigkeit mit modernisierten (d.h. liberalisierten) Arbeitsmärkten

Die europäische Innovationspolitik ist eine Querschnittspolitik insbesondere aus Forschungs-, Bildungs- und Wirtschaftspolitik und zielt ausdrücklich auf die Förderung von Innovationen in Unternehmen ab (vgl. auch Grande 2001:379).

Die EU macht in ihrem Konzept zur Innovationspolitik unmißverständlich klar, dass ihr Innovationsbegriff auf *wirtschaftlich verwertbare* Erfindungen zielt (EU 2003f:6f. und 15): „Da der wirtschaftliche Nutzen der erfolgreichen Nutzung von Neuerungen letztlich von den Unternehmen realisiert wird, sind sie das Herz des Innovationsprozesses. Innovationspolitik muss letztlich auf die Unternehmen abzielen, auf ihr Verhalten, ihre Fähigkeiten und ihr Umfeld.“ In der Mitteilung der Kommission aus dem Jahr 2000 „Innovation in einer wissensbestimmten Wirtschaft“ wurden fünf vorrangige Ziele für die Maßnahmen der Mitgliedstaaten und der EU zur Innovationsförderung genannt:

- Abstimmung der Innovationspolitiken,
- Schaffung eines innovationsfreundlichen Rechtsrahmens,
- Förderung der Gründung und des Wachstums innovativer Unternehmen,
- Verbesserung der wesentlichen Schnittstellen im Innovationssystem und
- eine der Innovation gegenüber aufgeschlossene Gesellschaft.

- Abstimmung der Innovationspolitiken

Der Abstimmungsbedarf ergibt sich schon daraus, dass Innovationspolitik meistens auf nationaler oder regionaler Ebene stattfindet (EU 2003f:2). Im sechsten Forschungsrahmenprogramm wurden zur Bestandsaufnahme der Innovationspolitik verschiedenen Projekte gefördert (EU 2003f:29). Im Rahmen der ‘Synoptischen Übersicht der Innovationsleistung und -politik in Europa’ (Trend Chart on Innovation in Europe) werden Informationen über die Innovationspolitik auf nationaler und auf EU-Ebene erhoben, aktualisiert, analysiert und verbreitet. Sie bildet auch den Rahmen für die Anwendung der in Lissabon ins Leben gerufenen „offenen Methode der Koordinierung“ auf dem Gebiet der Innovationspolitik. Daten über das Innovationsverhalten der Unternehmen werden auch im Rahmen der Innovationserhebung der Gemeinschaft erhoben, die von Eurostat und den nationalen statistischen Ämtern durchgeführt wird.

Zum innovationspolitischen Rechtsrahmen hatte die Studie von Blind (FSI 2004) die wesentlichen Anliegen der Wirtschaft zusammengetragen. Die Industrie fordert einfachere, weniger kostenaufwendige Verfahren, Hilfestellungen nicht nur durch Förderung, sondern auch Beratung, Konsoliderung von Vorschriften, ideal wäre jeweils eine umfassende Vorschrift und Anträge, die man bei einer einzigen Stelle statt vielen Einzelbehörden zur Genehmigung vorlegen könnte (*one stop-Shop*-Verfahren; FSI 2004:VII/19ff.). Im Rahmen der IPR-Politik wird von der EU konsequenterweise ein 'einfaches, kostengünstiges und zuverlässiges' EU-Gemeinschaftspatent als wichtigste Maßnahme erörtert (EU 2003f:21f.). Aber nach jahrzehntelangen Bemühungen blieb hier 2007 auch der Vorstoß des zuständigen EU-Kommissars McCreevy erfolglos (Mai 2007:12).

Bisher wurden die Maßnahmen der EU zur Innovationsförderung in Europa aus dem Rahmenprogramm für Forschung und technologische Entwicklung (FTE-Rahmenprogramm) finanziert (EU 2003f:29f.). Bei der Förderpolitik bevorzugt die EU eindeutig die direkte finanzielle Förderung gegenüber steuerlichen Begünstigungen, da der Staat die steuerlichen Wirkungen bzw. die fiskalischen Unternehmensentscheidungen nicht direkt beeinflußen kann, die materiellen Zuwendungen hingegen schon (EU 2003f:19f.).

Weiterhin hat die EU Maßnahmen zur intensiveren Vernetzung der Innovationspartner initiiert, u.a.:

- Unterstützung innovativer Existenzgründungen und ihres Wachstums, vor allem durch die Vernetzung von Wirtschaftsbereichen, die auf diesem Gebiet der unternehmerischen Initiative erfolgreich waren (Pilotaktion PAXIS3). Ferner werden Netzwerke der an der Innovationsfinanzierung beteiligten Akteure und der für die Kontakte zur Industrie zuständigen Stellen öffentlicher Forschungsorganisationen eingerichtet (Initiative *Gate2growth*).

- Das Netzwerk der Innovationsregionen in Europa zum Austausch von Erfahrungen bei der Entwicklung von Innovationsstrategien

- Das Netzwerk der EU-Verbindungsbüros für Forschung und Technologie (Innovation Relay Centres) bietet den Unternehmen einen Ansprechpartner vor Ort für Kontaktaufbau und Unterstützung des Technologietransfers

- CORDIS, der internetgestützte F&E- und Innovationsinformationsdienst der Gemeinschaft, ermöglicht den Zugang zur wissenschaftlichen und technische Basis, etwa über den vor kurzem eingerichteten Technologie-Marktplatz, auf dem die Ergebnisse von seitens der EU geförderten und anderer Forschungsarbeiten zur kommerziellen Verwertung angeboten werden.

Ein europäischer Bildungsraum durch den Bologna-Prozess als Basis des europäischen Forschungsraumes stellt ein weiteres Kernelement der europäischen Innovationspolitik dar, wobei die *begrenzte Kontrolle* über den Bologna-Pozess wie auch die europäische Forschungslandschaft zugleich das wichtigste, von der EU üblicherweise nicht erwähnte Problem darstellt (EU 2003f:21).

In der Innovationspolitik der EU stehen also weniger komplett neuartige Konzepte als die innovationsorientierte Verknüpfung der einzelnen Politikfelder (FuT, IPR, Arbeitsmarkt, Bildung) im Mittelpunkt. Demzufolge bemüht sich die EU um Informationsbeschaffung durch Evaluationen und -austausch zwischen den Akteuren. Intensivierte Evaluation und Informationsaustausch sind zum einen wichtige Voraussetzungen, damit die EU in die Lage versetzt wird, die innovationspolitische Initiative, die sie selber auf der nationalen und regionalen Ebene verortet, an sich ziehen zu können. Zum anderen sind Vernetzungsleistungen vergleichsweise kostengünstige Maßnahmen, bei denen die EU von ihrer schon etablierten Stellung als zentraler Ansprechpartner in vielen Politikfeldern profitieren kann. Dieser Ansatz ist mit Blick auf die begrenzten Steuerungsmöglichkeiten der EU in den innovationspolitisch relevanten Politikfeldern sinnvoll und pragmatisch, macht aber auch deutlich, dass sich die EU der begrenzten Einflußmöglichkeiten bei dem Versuch, Innovation zu steuern und zu fördern, vollauf bewußt ist.

Trotz dieses enormen konzeptionellen Aufwandes waren die bisherigen Ergebnisse eher ernüchternd. Wim Kok (2003:1) stellte schon in seinem Zwischenbericht für die EU fest, dass die Europäische Union Gefahr liefe, ihr ehrgeiziges Ziel zu verfehlen, bis 2010 zum wettbewerbsfähigsten und dynamischsten wissensbasierten Wirtschaftsraum in der Welt zu werden, der fähig ist, ein dauerhaftes Wirtschaftswachstum mit mehr und besseren Arbeitsplätzen und einem größeren sozialen Zusammenhalt zu erzielen. Seit 2000 hätten sich die ökonomischen Rahmenbedingungen so verschlechtert, dass die Ziele heute noch schwerer erreichbar seien. Wenn aber die Mitgliedstaaten ihre Bemühungen nicht verstärkten, würde es zunehmend unwahrscheinlich, dass das übergreifende Ziel für 2010 und die Beschäftigungsziele erreichbar sind (Kok 2003:9). Der Bericht des

Europäischen Rates wurde noch deutlicher, indem er die Mitgliedsstaaten auffordert, die Maßnahmen *auch wirklich durchzuführen* (EU 2004:2). Im Oktober 2004 präsentierte die Kok-Kommission schließlich eine Reihe von negativen Befunden: Der Rückstand auf die USA war noch größer geworden, es gab von 1997 bis 2003 keine Zunahme der Arbeitsproduktivität, das Wirtschaftswachstum stagniert nicht nur, sondern ist seit 2000 rückläufig, die FuE-Ausgaben stiegen von 1,9 auf gerade mal 2,0% (FAZ 2004u:13). Hinter den Kulissen ist schon von einem Scheitern des Lissabon-Prozesses die Rede (ebenda), ein schwerwiegender Befund, der die Fähigkeit der EU, Innovation zu fördern und zu steuern, in Frage stellt.

Die EU ist jedoch als Akteur nicht alleinverantwortlich oder -zuständig, ihrer Kontrolle über die Politikfelder ist vielmehr begrenzt. Neben der EU sind insbesondere die Nationalstaaten aktiv, sowie internationale Regime. In den Kernbereichen der FuT-Politik, der IPR-Politik und der Bildungspolitik konkurriert die EU überdies noch mit europäischen Organisationen und Initiativen, die zum Teil schon älter als die gleichartigen Aktivitäten der EU auf denselben Gebieten sind. Die EU kann als nicht-hierarchisches Mehrebenensystem charakterisiert werden, das in vielen hier relevanten Bereichen nur eines von teils überlappenden, teils konkurrierenden Regime ist, kann die Probleme der EU bei der Steuerung und Förderung von Innovation durch regulative Politik nur teilweise erklären. Wenn die EU nämlich in einem regulativen Wettbewerb durch besonders attraktiv gestaltete Regelungen von den Akteuren bevorzugt würde, würde dies auch ohne direkten politischen oder juristischen Zwang *Anpassungsdruck* auf die anderen politischen Akteure, z.B. die USA, ausüben. Tatsächlich liegen die Dinge eher umgekehrt, insbesondere im Patentrecht, wo es den USA zunehmend gelingt, ihre Vorstellungen innerhalb der EU und in internationalen Abkommen durchzusetzen.

5.5 Die Innovationspolitik der Bundesrepublik

Die Probleme, die die Regierung unter dem damaligen Bundeskanzler Schröder zur Innovationsoffensive des Jahres 2004 motivierten, ähneln in vieler Hinsicht der europäischen Situation. Auf der bundesdeutschen Ebene haben die wachsende Arbeitslosigkeit und die Debatte um die Wettbewerbsfähigkeit des Standortes Deutschland zu einer forschungs-, bildungs- und arbeitsmarktpolitischen Offensive geführt, die dem Grundprinzip nach gleichartige Stoßrichtungen wie die EU verfolgt: flexibler und moderner Arbeitsmarkt, Förderung von Forschung und Innovation, Reform des Bildungswesens.

Gerhard Schröder faßte die Ausgangsüberlegungen wie folgt zusammen: "Ohne Innovation gibt es kein Wachstum. Und ohne Wachstum keine soziale Sicherheit. Deutschland als Land ohne Rohstoffe und mit einen hohen Lohnniveau hat daher, so nur eine Perspektive: Vorsprung durch Innovation" (Schröder 2004:1f.).

Die wesentlichen Konzepte der deutschen Innovationsoffensive von 2004 waren ähnlich wie in der EU eine sinnvolle, innovationsorientierte Verknüpfung der einzelnen Politikfelder (FuT, IPR, Arbeitsmarkt, Bildung) und die Verbesserung der Informationsbeschaffung und -austausch durch Evaluationen und Förderung der Kommunikation zwischen den Akteuren, insbesondere die Evaluation des Innovationspotentials neuer Technologien mit Hilfe der Innovations- und Technikanalyse ITA, die Verbesserung der Forschungsförderung durch erhöhte Mittelzuwendung und bessere Planbarkeit im Rahmen des Paktes für Forschung und Innovation sowie im Rahmen der Mittelstandsförderung (vgl. BMBF 2002:9). Zugleich sollten Eliteuniversitäten ermittelt und gefördert werden ('Brain up!'-Intivative; Schröder 2004:17) und die Kommunikation der Akteure untereinander durch Netzwerkbildung im Rahmen der Innovationsjahres 2004 verbessert werden.

- Der Pakt für Forschung und Innovation

Dieser Pakt enthält ein Exzellenzprogramm, bei dem für bis zu 10 Spitzenuniversitäten und den Ausbau internationaler Spitzenforschung bis 2011 ca. 1,9 Mrd. Euro zur Verfügung gestellt werden soll (BMBF 2005b:1-3). Eine hierfür in Frage kommende Hochschule sollte mindestens ein Exzellenzentrum von internationalem Ruf, eine Graduiertenschule sowie ein schlüssiges Entwicklungskonzept besitzen, dass sie zu einem 'Leuchtturm der Wissenschaft' werden läßt, ab 2006 werden 25 Mio. Euro pro Jahr je Universität fließen (ebenda; Schnabel/Spiewak 2006:41). Die deutschen Forschungsorganisationen HGF, MPG, FHG, WGL und DFG sollten mit einem garantiertem Mittelzuwachs von 3% pro Jahr und verbesserten Rahmenbedingungen Förderung und Planungssicherheit zugleich bekommen (BMBF 2005a). Im Gegenzug sollten Benchmarkings, also Leistungsvergleiche, eingeführt werden, die nicht nur der Kontrolle, sondern auch der Intensivierung des Wettbewerbs dienen sollten.

- Verbesserung der Kommunikation der Akteure untereinander durch Netzwerkbildung im Rahmen der Innovationsjahres 2004 ('Partner für Innovation')

Seit März 2004 arbeiteten auf Initiative der Bundesregierung mehr als 200 Unternehmen, Behörden und Institutionen in 13 Impulskreisen und Working Groups an Innovationsfeldern wie z.B. Gesundheit und Dienstleistungen zusammen. Ende des Jahres 2004 lagen die Ergebnisse hinter den hochgesteckten Erwartungen, wobei sich das politische Umfeld durch die heftigen Dispute um die grüne Gentechnologie die steigende Arbeitslosigkeit und die gescheiterte Föderalismusreform noch zusätzlich ungünstig entwickelt hatte, die Berichterstattung der Presse beklagte sich über unklare Konzepte: „Jeder Teilnehmer kann tun und lassen, was er will, doch am Ende wird der Kanzler auswählen, was ihm am besten gefällt, nachdem die Kreise fertig sind" (Schwägerl 2004h:4). Auch die Inhaltsleere wurde beklagt, die schließlich Ideen wie elektronische Patientenakten und UFOs mit Solarantrieb an die Spitze beförderte (Lasberg 2004:63). Randow/Spiewak (2005:4) kamen zu dem Ergebnis, dass Innovation und Bildung als 'Worthülsen' benutzt worden seien, die die Illusion vermitteln sollten, Politik könne gegen Arbeitslosigkeit etwas tun. Man muß trotz dieser Kritik festhalten, dass Innovationen in einer freien Gesellschaft letztenendes *nicht herbeiadministriert* werden können und dass die Impulse der Politik nur mittel- oder langfristig wirken können, eine Wende 'von jetzt auf gleich' kann Innovationspolitik nicht leisten. Die Bedeutung langfristigen Planens und Handelns wird auch aus der *empirischen Prüfung* deutlich. Eine Untersuchung über allgemeine Produktinnovationen hat schon in den 80er Jahren die größten Probleme bei Innovationstrategien aufgezeigt (Nieschlag/Dichtl/Hörschgen 1991:839):

- Innovationen sollten auf längerfristiger Ziel- und Strategieplanung beruhen
- Größe, Struktur und Finanzen müssen die Realisierung der Innovationen erlauben
- Es muß genug Know-How bezüglich der geplanten Innovationen wie auch der Zielmärkte vorhanden sein
- Um Bedürfnisse erkennen zu kennen, bedarf es eines ständigen Informationsaustausches mit potentiellen Abnehmern und Experten
- Unternehmensneuheiten sollten sich von Konkurrenten hinreichend unterscheiden

- Vom Markt angeregte Innovationen sind tendenziell erfolgreicher als naturwissenschaftlich-technisch geförderte Innovationen, da diese oftmals am Markt vorbei produziert werden

Rammert (2004:8/9) geht davon aus, dass Innovationsnetzwerke auf 5-10 Jahre angelegt sein sollten, um ihre volle Wirkung entfalten zu können. Die Innovationsoffensive beurteilt er deshalb als eher zu hektisch (ders.:10).

- Der Rat für Innovation und Wachstum ab 2006

Am 24. Mai 2006 ist erstmals der Rat für Wachstum und Innovation zusammengetreten, den Bundeskanzlerin Angela Merkel berufen hat und in dem sich mehrere Spitzenmanager und die Professoren Bullinger von der Fraunhofer-Gesellschaft und Gruss von der Max-Planck-Gesellschaft beraten. Dieser Rat knüpft konzeptionell an den Rat für Innovation des früheren Ex-Bundeskanzlers Schröder an, eine konkrete Agenda hatte dieser neue Rat jedoch zunächst nicht vorgelegt, so dass die Entwicklung abzuwarten bleibt (Czada/Dorloff 2006:1-3).

5.6 Das Verhältnis von Biotechnologie- und Innovationspolitik

Die EU sieht die Forschungsförderung der Biotechnologie in der Krise: In der Grundlagenforschung fehlt nach wie vor das Gemeinschaftspatent der EU, in der roten Biotechnologie wird die Biopatentrichtlinie schleppend und mit großen nationalen Varianzen umgesetzt, die grüne Biotechnologie befindet sich schon gemessen an der Forschungsaktivität (Freilandversuche) im ständigen Abwärtstrend (Bünder 2004:19).

Und obwohl in der innovationstheoretischen Debatte große Einigkeit darüber besteht, dass kleine und mittlere Unternehmen als Innovationsträger förderungswürdig sind, gehen im biowissenschaftlichen Schwerpunkt gerade nur ein Zehntel(!) der Gelder an solche Unternehmen (ebenda). Die ESF beklagte schon 2000 eine Tendenz in der Forschungsförderung zu rigiden und bürokratischen Prozeduren, die intransparent seien und auch einen Mangel an Zurechenbarkeit von Entscheidungen zeigten (ESF 2000:3).

In der Forschungsförderung fiel zudem auf, dass die rote Biotechnologie deutlich stärker als die grüne Biotechnologie gefördert wird, was den politischen Wertungen entspricht. Sektorale und regionale Egoismen wirken gerade in der kapitalschwachen roten Biotechnologie als Hemmnisse einer gezielten und schwerpunktmäßigen Förderung, in der Praxis sind auch einleuchtende innovationspolitische Forderungen schwer zu realisieren. Die Analyse der Klon- und Stammzellpolitik hatte jedoch gezeigt, dass es derartige Phänomene auch in den USA gibt. Die Forderung nach Förderung verwertbarer Ansätze führt gerade in der roten Biotechnologie in ein Dilemma. Die profitabelsten Ansätze werden von der Industrie lieber in die eigenen Hände genommen, für den Staat bleibt oft nur das, was sich nicht oder zumindest nicht sofort bezahlt macht. Insofern ist es auch nicht unlogisch, wenn der Staat sich bisher mehr auf die weniger profitable Grundlagenforschung konzentriert hat.

5.7 Blinde Flecken in der Innovationsdebatte

Die innovationspolitische Debatte versteht sich bewußt als *konstruktive* Debatte, wobei es jedoch blinde Flecken in der Debatte gibt. Die EPHA untersuchte die Ausgaben der EU und kam zu folgendem Ergebnis (EPHA 2004a:5): 47 Mrd. Euro fließen in die Landwirtschaft, 41 Mrd. Euro in die Regionalpolitik, 7 Mrd. Euro in Projekte außerhalb der EU, die EU-Verwaltung verbraucht 6 Mrd. Euro und gerade mal 5 Mrd. Euro bleiben der EU für die Forschungsförderung übrig.

Die EU bekämpft das Rauchen, dennoch erhält jeder Tabakanbauer im Schnitt 10.000 Euro EU-Förderung pro Jahr. Für jede Kuh werden jährlich 800 Euro ausgegeben, während für jeden EU-Bürger gerade mal 7 Euro 88 Cent in Forschung und 14 Cent in die Gesundheitsförderung investiert werden. Man darf zwar nicht vergessen, dass die einstigen Erschaffer des Agrarprogramms die Hungerjahre des Krieges noch miterlebt haben und die Lebensmittelversorgung selbst in den Ländern des Ostblocks und China bis in die achtziger Jahre keine Selbstverständlichkeit war, aber die nun herrschende Überproduktion ist ein klares ökonomisches Indiz für eine Fehlallokation der Mittel.

Für das 7. EU-Forschungsrahmenprogramm von 2007-2013 wird zwar der Umbau der EU von einer Agrar- in eine Innovationsunion gefordert, aber de facto soll als erster Test nur eine Anhebung der FuT-Ausgaben vorgeschlagen werden (Schwägerl 2005c:N1). Tatsächlich wurde schließlich das Programm „Ideen" realisiert mit 7,5 Milliarden Euro, mit dem die Spitzenkompetenz der europäischen Forschung gefördert werden soll und der ERC ist ein fester Teil des FRP (BMBF 2007b).

Außerdem wollen Deutschland, England und Frankreich die Agrarbeihilfen nicht kürzen, beklagen sich aber andererseits über zu hohe Einzahlungen in die EU. Es will sich aber keine Regierung gegen die Bauern als Wählerschaft stellen und die Forderungen der Innovationsdebatte müssen sich an der von denselben Politikern weitgehend *ausgeblendeten politischen Wirklichkeit* messen lassen[97]. Interessen- und Machtpolitik bleiben in der Debatte außen vor.

---

[97] Im EU-Haushalt 2007 machen Agrarausgaben durch Direktzahlungen und Marktstützung 43,7% Mrd. Euro aus, Ausgaben zur ländlichen Entwicklung 12,4 Mrd. Euro, macht zusammen 44,7 % des Haushaltes aus, von dem außerdem weit mehr als 30% in den Strukturfonds fließen (FAZ 2006g:9).

Innovationsvorsprünge werden nach Meinung von Sicherheitsfachleuten nicht nur durch geniale Förderpolitik, sondern schlicht auch durch Industriespionage gesichert. Industriespionage kann auf altmodische Weise erfolgen, notfalls exportiert man das Know-How einer anderen Firma durch die Abwerbung von Mitarbeitern, die selbst durch Wettbewerbsverbote nur aufgehalten, aber nicht verhindert werden kann.

In die Diskussion kommen aber zunehmend das Internet und die globalen Datenströme, wobei nicht nur der Bundesnachrichtendienst BND, sondern auch die EU vermutet, dass die USA ihre Abhörkapazitäten, insbesondere aus der Abhöreinrichtung *Echelon*, auch gegen die eigenen Verbündeten richten, um daraus wirtschaftliche Vorteile zu ziehen (Krach; Mascolo 1999:32-33).

In ihrem Bericht über die Existenz eines globalen Abhörsystems für private und wirtschaftliche Kommunikation schätzt die EU den ökonomischen Vorteil der USA aus solchen Abhörmaßnahmen im Jahr auf 7 Mrd. Dollar, wobei insbesondere Microsoft verdächtigt wird, den Quellcode auch deshalb nicht offenzulegen, weil sie Hintertürchen (backdoor programmes) für ihre Geheimdienste offenlassen wollen, die mangels Kenntnis des Quellcodes auch nicht geschlossen werden können (EU 2001e:22). Die EU räumt jedoch ein, dass legale Recherchen erheblich an Boden gewonnen haben und enttäuschte und unzufriedene Mitarbeiter immer noch die größte Gefahr darstellen würden (EU 2001e:103-104).

Immer beliebter würden auch der Laptopdiebstahl oder illegales Kopieren nach Hotelzimmereinbruch (EU 2001e:103-105). Die USA leugnen im übrigen auch gar nicht, Wirtschaftsdaten auszuforschen, betonen aber, auf sicherheitsrelevante Aspekte (Dual use-Güter, Waffen, Sanktionsüberwachung, Kontrolle der internationalen Finanzmärkte auf verdächtige Aktivitäten) abzuzielen.

Mittlerweile wurden die Methoden, fremde Daten abzugreifen, erheblich verbessert und erfordern eigentlich kein Echelon mehr: Die Firma Google z.B. plante 2004 ihren E-Mail-Service ‘G-Mail’, der kostenfrei und werbefinanziert sein sollte, so zu konfigurieren, dass sämtliche Mails bei Google automatisch nach Schlüsselwörtern durchsucht werden sollten, um dann dem Nutzer profilgerechte Werbung zukommen lassen zu können, d.h. ein vollautomatisches System aus Überwachung, Auswertung und ‘Gegenreaktion’ (FAZ 2004e:14). Selbst Privatleute sind also technisch in der Lage, fremden e-mail-Verkehr umfassend zu überwachen und zeitnah auszuwerten.

5.8 Zwischenergebnis: Spannungen zwischen Politikfeldern und –ebenen

Die Innovationspolitik ist letztenendes von der Durchsetzungsfähigkeit der Akteure und den Mitteln, die sie zur Verfügung haben, abhängig. Die Steuerung von Innovation wird durch die Kollision mit anderen politischen Interessen wie der Agrarpolitik beeinträchtigt, aber auch durch den Zusammenhang der Politikfelder untereinander (Offener Arbeitsmarkt ohne kohärente Sozialpolitik?). Die Konkurrenz der Politikebenen untereinander und der Kampf der Fachgebiete um die jeweils ihnen zukommenden Mittel tut ihr übriges.

Im Oktober 2004 stellte eine Untersuchung der EU unter Wim Kok ernüchtert fest, dass der Rückstand der EU gegenüber der USA sogar noch größer geworden sei. Die Arbeitslosigkeit betrug immer noch 8%, die Arbeitsproduktivität wurde nicht verbessert, das Wirtschaftswachstum stagnierte und die mittleren FuE-Ausgaben wurden trotz allem nur minimal auf 2,0% des BSP gesteigert, wobei es nach wie vor erhebliche Differenzen zwischen den Staaten gibt (FAZ 2004u:13).

Kok hat strukturelles Versagen dafür verantwortlich gemacht, insbesondere die Verschleppung der Öffnung des Binnenmarktes, die bürokratisch-administrativen Lasten der Unternehmen, zudem käme die Öffnung der Arbeitsmärkte nicht voran (FAZ 2004u:13). Gerade wenn man bedenkt, das risikofreudige kleinere und mittlere Unternehmen der Träger des Aufschwungs sein sollen, sind zum Beispiel restriktive Kreditvergaberichtlinien wie die Basel II-Richtlinie, die in praxi eine strengere Kreditwürdigkeitsprüfung verlangen, zumindest in dieser Hinsicht kontraproduktiv. Die 'Neubelebung' der Lissabon-Prozesses durch die EU 2005, die im Umkehrschluß bedeutet, dass der Prozess schon (politisch) tot war, geht schon mit einem Verzicht auf klare Wachstumsziele und dem Verzicht auf das strukturelle Herzstück, die Dienstleistungsrichtlinie mit Herkunftslandprinzip, einher (FAZ 2005b:1-2; FAZ 2004u:13).

In den innovationstheoretisch wie -politisch entscheidenden Politikfeldern verfügt die Europäische Union nicht über die nötigen Mittel und rechtlichen Kompetenzen, um die Innovation nach ihren Konzepten zu steuern: In der FuT-Politik ist das

Budget der EU schon im Vergleich zu Deutschland niedrig und gesamteuropäisch geben auf internationalen Verträgen beruhende Großforschungseinrichtungen wie die EMBO in der Molekularbiolologie den Ton an. Im IPR-Bereich gilt dies auch für von der EU unabhängige Europäische Patentamt, dessen rechtliche und faktische Unabhängigkeit allein schon aufgrund der Tatsache, dass sich die EU-Staaten trotz zahlreicher Anläufe nicht auf ein Gemeinschaftspatent einigen können, noch länger fortbestehen dürfte. Im Bildungsbereich hatte die EU sich 1989 auf die gegenseitige Anerkennung von Hochschuldiplomen einigen können, aber der Bologna-Prozess zur großen Studienreform mit dem System aus Bachelor-Master und PhD war wieder eine internationale Initiative, auf die die EU dann gewissermaßen aufgesprungen ist.

Zusammenfassend kann man von einem nicht-hierarchischen Mehrebenensystem mit den Ebenen der internationalen Regime, der EU, der Nationalstaaten und der Regionen sprechen, wobei auf diesen Ebenen jeweils auch politische Parteien, Verbände, Unternehmen und ganz allgemein Nicht-Regierungsorganisationen (NGOs) agieren. Die Ebenen sind zwar miteinander rechtlich, personell und materiell miteinander verflochten, aber die Ressourcenkontrolle der größenmäßig nachgeordneten Ebenen ist *unvollständig*. Interessenkonflikte bestehen dabei nicht nur zwischen diesen horizontalen Ebenen, also z.B. Nationalstaat versus EU, sondern auch vertikal (sektoral) zwischen den Politikfeldern, man denke zum Beispiel an die ständigen Spannungen zwischen wirtschafts- und sozialpolitischen Zielsetzungen, die sich durch alle Ebenen hindurchziehen.

Die Bedeutung für die Biotechnologiepolitik liegt insbesondere darin, dass die Förderung dieser Technologie durch Mittelbindung und die Konkurrenz zwischen den Ebenen und Politikzielen begrenzt ist. Andererseits haben die USA mit ähnlichen Problemen zu kämpfen, bei der eine Konkurrenz zwischen Gesamtstaat und Bundesstaat herrscht.

6. Diskussion

6.1 Einleitung

Die zentrale Fragestellung dieser Untersuchung lautete, wie sich der technische Wandel auf das Verhalten der politischen Akteure auswirkt.

Die Arbeitshypothese lautete, dass die unterschiedliche Entwicklung in den Teilgebieten der zunächst homogen erscheinenden Biotechnologie zu entsprechend unterschiedlichen Wahrnehmungen, Diskursen und unterschiedlichen Reaktionsweisen der politischen Akteure geführt hat, obwohl alle Anwendungen im wesentlichen immer noch auf einer einheitlichen Basis fußen, nämlich der Analyse und Veränderung der Erbsubstanz DNA in biologischen Systemen. Die unterschiedliche Reaktionsweise der politischen Akteure sollte sich wiederum in einer Auseinanderentwicklung des Verbändewesens und der zunächst recht homogenen Biotechnologieregime nieder. Die Reaktion der politischen Akteure erfolgt jedoch nicht ergebnisoffen, sondern steht unter äußeren Einflüssen, insbesondere den USA als reflexive Folie. Zudem ist die Biotechnologie kein autonomes Politikfeld, sondern in größere Politikfelder eingebettet, die in die Biotechnologiepolitik hineinwirken. In diesem Kapitel wird nun zunächst ein allgemeines Modell zur Rückwirkung von Technik auf die Politik entwickelt, das dann im Lichte der Untersuchungsbefunde erörtert wird. Einige besondere Beobachtungen werden anschließend noch einmal vertieft erörtert.

6.2 Ein allgemeines Modell der Wirkung von Technik auf Politik

6.2.1 Einführung

Bei Untersuchungen zur technischen Entwicklung selbst standen bislang vor allem Fragen nach der Genese der Technik und ihrer Entwicklungspfade, die Entstehung technischer Innovationen oder die Ausbreitung technischer Infrastrukturen und natürlich die Aneignung und Verwendung von Technik im Alltag im Mittelpunkt (Werle 2003:5).

Institutionalistische Erklärungen spielen in diesen Untersuchungen eine wichtige Rolle. Nach Werle lassen sich allgemein drei große Gruppen von Theorien unterscheiden, der innovationstheoretische Institutionalismus, der politökonomische Institutionalismus und der techniksoziologische Institutionalismus, wobei die Definition der Institution theorieabhängig ist und zum Teil unscharf bleibt. In der Perspektive des innovationstheoretischen Institutionalismus sind technische Innovationen kostengünstige und vermarktungsfähige Problemlösungen (Werle 2003:5ff.). Bei ihrer Entstehung spielt neben formalem 'explizitem' wissenschaftlichen Wissen individuelles und kollektives Erfahrungswissen eine große Rolle, das aus dem Umgang mit und dem Gebrauch von technischen Artefakten resultiert und oft eher informell und 'implizit' bleibt (*tacit knowledge* im Sinne von Polanyi, vgl. auch Degele 2002:20). Neben dem Wissen sind auch die Probleme, zu deren Lösung man nach Innovationen sucht, häufig nicht explizit formuliert oder bleiben diffus, so dass Innovationen regelmäßig etwas Zufälliges und Unerwartetes anhaftet, auch wenn sie sich im Rahmen eines bestimmbaren technischen 'Entwicklungspfades' bewegen.

Das in vielen Theorien vorkommende Konzept des Entwicklungspfades geht davon aus, dass sich technischer Fortschritt überwiegend innerhalb der Grenzen eines technologischen Paradigmas abspielt und dieser Pfad nur selten, z.B. durch wissenschaftliche Durchbrüche verlassen wird (Dosi 1988:1142). Organisationen entwickeln aber auch Routinen zur Reduktion innovatorischer Komplexität, kurzum sie forschen in gewohnten Bahnen und stabilisieren dadurch solche Pfade[98] (Degele 2002:69; Dierkes 1988:123ff.). Pfade können sich selbst stabilisieren, indem der Fokus auf das Vorhandene gelenkt wird und Alternativen aus dem Blickfeld geraten[99]. Nach Dierkes wird diese Lenkung bewußt oder unbewußt von Verbänden und Fachvereinigungen vorgenommen, den 'invisible colleges' (Dierkes 1988:127). Bei den theoretischen Konzepten zu Entwicklungspfaden von Technologien liegt der Schluss nahe, dass der Pfad immer noch 'vorne' im Sinne eines Fortschreitens zu höheren technischen Niveaus weist. Diese Vorstellung ist jedoch problematisch, denn Technik kann auch in Sackgassen führen (wie z.B. die Bildplatte in den späten

---

[98] Ein Magendarmkeim wurde z.B. dadurch erfolgreich kultiviert, dass man eine Petrischale über Feiertage im Schrank vergaß. Bis dahin hatte man die Kulturen als Mißerfolg verworfen, weil man sie aus Gewohnheit nicht lange genug stehen ließ.

[99] Bis 2001 war es selbstverständlich, dass man Gene um so besser blockieren könnte, je größer das Molekül ist, das man an die Genprodukte bindet (Antisense-RNA). Durch die zufällige Entdeckung der RNA-Interferenz wurde erst kürzlich deutlich, dass es für die Effizienz der Blockade gar nicht auf die Länge ankommt, sondern auf die Auswahl des richtigen Teilstückes (eine Erkenntnis, die für viele z.T. sehr teure Projekte zu spät kam).

Siebzigern, die leistungsfähig war, aber sich *am Markt* nicht durchsetzte und schon lange vor dem CD-Zeitalter praktisch unterging) oder sie kann sich durch das politische Bestreben nach Normierung und Kontrolle verändern oder *stagnieren.* Technikimmanente Faktoren stecken nur einen Möglichkeitenraum ab, politische, ökonomisch und kulturelle Faktoren sind für die Frage, ob und wie die Technik sich weiterentwickelt, ebenfalls entscheidend (Mayntz 2001:8).

Technik und Politik können in bestimmten Fragestellungen also sowohl als endogene als auch als exogene Faktoren auftreten (Mayntz 2001:8). Die Frage, wie sich der kulturelle Kontext zur Technik verhält, ist durchaus umstritten. Osbourne vertritt die These des *cultural lag*, nach dem eine Gesellschaft mit einer neuen Technologie konfrontiert wird und ihre Lebensweise darauf umstellen muß, man kann aber auch den Standpunkt vertreten, dass erst eine bestimmte Kultur technischen Fortschritt möglich macht (Degele 2002:18-19).

Auslöser für den Fortschritt können also wissenschaftlich-technische Durchbrüche sein (*technology push*), wobei diese der Tendenz nach radikal ausfallen, aber auch durch die Nachfrage der Nutzer nach neuen Problemlösungen (*market pull*), wobei solche Änderungen meistens pfadgebunden bleiben und eher inkremental ausfallen. Ein in vielen Theorien vorkommendes heuristisches Konzept sind die *Kondratieff-Wellen*, die den wellenförmig verlaufenden Aufschwung der Weltwirtschaft seit der Industrialisierung beschreiben: Dabei bündelt während eines Abschwunges eine neue Technologie das vorhandene Innovationspotential, was zu einem neuen Aufschwung führt, der mit Experimentierphase, Konsolidierung und schliesslicher Effizienzsteigerung einhergeht. Die Frage nach der nächsten Kondratieff-Welle ist nicht eine rein theoretische, sondern auch eine politisch-ökonomische, da die Überlegung, welche Technologie den nächsten Aufschwung tragen wird, entscheidend für die Allokation langfristiger Investitionen ist (sei es durch Fondsmanager oder Politiker; vgl. Degele 2002:60f.). Die technische Entwicklung kann auch Einflüsse auf die Wissenschaft haben (Dosi 1988:1136).

Im Rahmen von National Systems of Innovation (NSI)-Studien wurden Ländervergleiche durchgeführt, die die Erfolge der USA bzw. Japaner bei der Entwicklung von Hochtechnologien untersuchten, wobei jedoch die Technologien in der Regel nicht näher betrachtet werden (Werle 2003:11ff.).

Im politökonomischen Institutionalismus sind mit Innovationen nicht nur technische, sondern auch organisatorische Neuerungen gemeint (Werle 2003:21). Dieses Konzept von Innovation wurde in Studien zu Spielarten des Kapitalismus (*Varieties of Captialism*) dazu genutzt, unterschiedliche Innovationsstile zu ermitteln, die durch das soziale Produktionssystem einer Gesellschaft und die Struktur und Kultur der relevanten Organisationen (speziell Firmen und Forschungseinrichtungen) geprägt werden. Die Finanzmärkte und Unternehmensstrukturen werden im Rahmen solcher Studien als Variablen miteinbezogen. In der Biotechnologie gibt es wie gezeigt sowohl in der öffentlichen wie auch in der privaten finanziellen Förderung erhebliche Unterschiede zwischen den USA und Europa (Werle 2003:22). Es wird in den Varieties of Capitalism-Studien u.a. die These vertreten, dass Unternehmen sich in den Marktsegmenten etablieren, die am besten zu der überkommenen institutionellen Umgebung „passen", was für Deutschland bedeutet dies z.B., dass es sich als ‘kontrollierte’ Marktwirtschaft in der Biotechnologie bevorzugt auf kontinuierlich zu entwickelnde Plattformtechnologien wie Daten- und Molekülbanken konzentrierten würde. Dieser Befund gilt wegen des geringen ökonomischen Potentials auch als Problem (Casper/Lehrer/Soskice 1999:15). Aber auch in diesen Studientypen wird der Status der Technik und ihre Gestaltung häufig wenig konkretisiert (Werle 2003:26).

Mayntz weist darauf hin, dass staatliche FuT-Politik nicht nur regulierend, sondern auch fördernd wirkt, jedoch erweist sich die Förderung gerade auf europäischer Ebene als im regulativen Sinne voraussetzungsgebunden, kurzum: gefördert wird nur, wer bzw. was an das regulative Setting angepasst ist (vgl. auch Mayntz 2001:14). Im Europäischen Forschungsrahmenprogramm manifestiert sich dies z.B. als Aufforderung, Konsortien zu bilden.

In der Techniksoziologie wird hingegen die Technik fokussiert, aber mehr unter handlungstheoretischen als unter institutionalistischen Gesichtspunkten (Werle 2003:28), die noch am ehesten bei Studien über Großtechnologien verwandt werden. In der Variante des akteurzentrierten Institutionalismus in der Technikforschung beeinflussen die (zumeist korporativen) Akteure gemeinsam mit den institutionellen Regeln die Entwicklung der Technik, wobei die institutionellen Einflüsse letztlich über das Akteurhandeln vermittelt wird (Werle 2003:28ff.). Veränderungen können hier eben nicht nur aus der Technik, sondern auch als Folge relativ autonomer politisch-institutioneller Veränderungen geschaffen werden, wie schon der Wandel der Telekommunikation von staatsmonopolistischen zu marktförmigen Strukturen gezeigt hatte (Werle 2003:21).

In den neunziger Jahren richtete sich das Augenmerk vermehrt auf Innovationsnetzwerke, die gleich beide Funktionen, nämlich die Reaktion auf technische Entwicklungen wie auch die aktive Beeinflussung technischer Entwicklungen erfüllen können. Innovationsnetzwerke werden als netzwerkartige, informelle Verbindungen zwischen Akteuren (aus Universitäten, Industrie, öffentlichen Forschungseinrichtungen, Verbände, Regierung, Verbrauchern) verstanden, die basierend auf Verhandlung und Vertrauen helfen, Komplexität zu bewältigen und Unsicherheit dort zu reduzieren, wo Märkte, speziell hinsichtlich des Informationsflusses, und Hierarchien, vor allem bezüglich der Flexibilität, tendenziell versagen (Kowol/Krohn 1995; vgl. auch Rammert 1997). Diese Netzwerkkonzepte sind nicht nur theoretischer Natur, dieser Gedanke findet sich mehr oder minder in jeder Präambel und Konzept eines Biotechverbandes wieder, das Konzept ist gerade für die Biotechnologie von hoher praktischer Relevanz. Untersuchungen der konkreten Auswirkungen der Innovationsnetzwerke auf die Technik sind bisher selten (Werle 2003:33f.). Der Hinweis auf Netzwerkkonzepte bei Biotechverbänden darf jedoch nicht zu dem Schluß verleiten, dass Netzwerke stets geplant sind, sie können auch als völlig ungeplante Prozesse spontaner Selbstkoordination auftreten (Weyer et al. 1997:99). Grande (2001:369) hat sich in diesem Zusammenhang mit der These auseinandergesetzt, ob Unternehmen durch die Globalisierung immer dezentraler würden und hierdurch einen Netzwerkcharakter annehmen würden. Netzwerke haben offensichtlich einen hohen praktischen Wert, sie können jedoch wegen der Macht- und Informationsasymmetrien evtl. auch zu Kontrollmechanismen werden, was das Hauptargument für die Gründung des Biotechverbandes BioDeutschland war, deren Mitglieder sich so der Dachverbände entledigen wollten (vgl. Dolata 2001:44).

Netzwerke sind ein begünstigendes Element der Innovation, auch wenn in Einzelfällen Alleingänge wie z.B. von Craig Venter bei der Aufklärung des menschlichen Erbgutes (Humangenoms) auch in Gebieten mit schnellem technischen Wandel erfolgreich sein können (vgl. Dolata 2001:38). Manchmal kollidiert der eigentlich positive Effekt des Wissenstransfers in Netzwerken mit ökonomischen Eigeninteressen der Akteure. Echte Kooperationen im Pharma-

Biotechsektor werden allein schon wegen des ökonomischen Potentials und der lizenz- und patentrechtlichen Probleme in rechtsförmige Allianzen gegossen, die für Außenstehende nicht oder nur gegen Gebühr zugänglich sind (vgl. Dolata 2001:40). Netzwerkbildung kann also sowohl eine Reaktion auf technische Entwicklungen als auch ein Instrument zur Förderung und Beeinflussung technischer Entwicklungen sein, wobei der letztgenannte Aspekt in politischen Forschungsförderprogrammen eine wichtige Rolle spielt.

6.2.2 Begriffsklärung

Der Begriff der Politik wird nun für die nun folgende Modellierung im dreifachen Sinne verwendet, nämlich als gemeinsamer Oberbegriff für die Aspekte Policy, Politics und Polity, da die Auswirkungen von Technik im Prinzip alle drei Ebenen der Politik erfasst (Schubert 1996:7):

Die Polity – für die formale, institutionelle Ordnung politischer Systeme
Die Politics – für den mehr oder minder konflikthaften Prozess des Politikgestaltens
Die Policy – für die tatsächlichen konkreten Inhalt von Politik

Politik hat wesentlich mit Verhalten und zielgerichtetem Handeln zu tun, das durch eine von sachlichen und situativ/persönlich begründeten Faktoren geprägte Rationalität charakterisiert ist (Heinrichs/Klein 1994:22). Sie ist nicht nur auf den Staat bezogen, sondern in allen Lebensbereichen wirksam (ebd:24).

Der politische Diskurs kann sich sowohl auf die Gestaltung des politischen Systems und Prozesses und Prozess als solchen, aber auf inhaltliche Fragen der Politikfelder konzentrieren.

Die Politikfelder lassen sich jeweils durch die beteiligten Akteure, die Rechtsordnungen und die Akteursperspektive/Interessenlagen charakterisieren. In der auf den Menschen bezogenen roten Biotechnologie fließen insbesondere Fragen aus der Forschungs- und Bildungspolitik, aus der Wirtschaftspolitik, ethische und sozialpolitische Fragestellungen mit ein, im Bereich der grünen agrarischen Biotechnologie spielen natürlich auch agrar- und umweltpolitische Probleme eine wesentliche Rolle. Die Innovationspolitik kann hier als Querschnittspolitik begriffen werden, die versucht, die vorgenannten Politikfelder so zu beeinflussen, dass ein möglichst positives Umfeld für ‚Innovationen' geschaffen werden.

Die gesellschaftlichen Diskurse beeinflussen die politische Diskussion; so dass die regulativen Anforderungen an die rote Biotechnologie mit der wachsenden sozialen Akzeptanz gelockert wurden, während die Anforderungen an die grünen Biotechnologie mit sinkender sozialer Akzeptanz entsprechend enger gefaßt wurden. Die Strenge der Auflagen in der Biotechnologie hat bisher *empirisch* mehr mit der Akzeptanz als mit der objektiven technischen Sicherheitslage korreliert (vgl. auch Barben 2001a:356). Kritiker machen daran gelegentlich eine Irrationalität insbesondere deutscher Politiker fest, *aber Politik folgt nicht nur technischer Rationalität*, Politiker wollen schlicht gesagt auch wiedergewählt werden.

Mit Blick auf die Ressourcenbegrenzung öffentlicher Mittel repräsentiert jede Technologie nur ein *Partikularinteresse*, das mit anderen Forschungszweigen um Gelder und politische Aufmerksamkeit konkurriert. Da darüber hinaus mehr Fördermittel immer noch willkommen sind, es also ohnehin kein ‚Förderoptimum' gibt, sieht sich die Politik wegen der Mittelaufteilung ständig Klagen ausgesetzt, was aus politischer Sicht die Bedeutung von Klagen einzelner Gruppen unabhängig von der Berechtigung relativiert.

Unter Technologie versteht man *die Gesamtheit der Verfahren* zur Produktion von Gütern und Dienstleistungen, die einer Gesellschaft zur Verfügung steht. Technologie beinhaltet die Komponenten der Technik (Werkzeuge, Geräte, Apparate), die materiellen und organisatorischen Voraussetzungen und deren Anwendung. Unter Technik (vom altgriechisch techné = „Fähigkeit, Kunstfertigkeit, Handwerk") versteht man Verfahren und Fähigkeiten zur praktischen Anwendung der Naturwissenschaften und zur Produktion industrieller, handwerklicher oder künstlerischer Erzeugnisse.

Die Europäische Union definiert Technik offiziell als input-Leistung, die entweder im Produkt oder in den Produktionsprozess eingebracht wird. Ein Produkt kann dabei ein Gut, eine Dienstleistung oder auch die Kombination von beidem umfassen (EC 2004b:C101/02). Technik wird in dieser Arbeit in Anlehnung an den dreistrahligen soziologischen Technikbegriff unter den drei Aspekten des Materialen, der Handlung und des Wissens behandelt (Degele 2002:19).

Der Handlungsaspekt bedarf näherer Betrachtung: Im Alltag besteht Technik aus Produkten und Prozessen. Neben automatischen Prozessen, z.B. in Regelkreisen, gibt es solche Prozesse, bei denen der Mensch aktiv tätig wird bzw. werden muß. Dabei stehen dem Menschen bei technischen Verfahren verschiedene Optionen offen (z.B. bei Kernenergie), Technik erzwingt also keinesfalls nur bestimmte Handlungs- und Verhaltensmuster.

Der Handlungsaspekt ist für die Technikdiskussion wesentlich, denn häufig wird gar nicht die Technik, sondern *ihre Anwendung* kritisiert, kurzum, der soziale, politische oder ökonomische Aspekt und nicht die Technik selbst: So kann Fernsehen informativ und unterhaltend, aber auch manipulativ und verdummend eingesetzt werden. Technik besitzt also normative Kraft und dient zugleich als Mittel zum Zweck (Degele 2002:9). Techniksoziologen haben z.B. die Kolonisierung von Lebensweisen kritisiert, z.B. die Veränderungen des Freizeitverhaltens und Familienlebens durch das Auftreten des Fernsehens (Degele 2002:32). Es geht beim Technikdiskurs also nicht nur um einen technischen Diskurs, sondern auch um Technik als gesellschaftliches Produkt, das Sozialität entscheidend mitprägt (Degele 2002:8). Technikkritik ist häufig Technik*anwendungs*kritik.

Das Büro für Technikfolgenabschätzung hat die Einstellung der Bevölkerung zur Technik untersucht und dabei herausgefunden, dass die Technikakzeptanz der Bevölkerung zum einen von der jeweiligen Anwendung der Technik abhängt, so wird die medizinische Biotechnologie positiv bewertet, während die Klontechnologie in Gestalt des Klonschafes Dolly und die grüne Biotechnologie überwiegend abgelehnt wurden (TAB 1997b).

Dabei wurde auch deutlich, dass es einen harten Kern grundsätzlicher Technikkritiker gibt, bei denen sich eine festgefügte grundsätzliche Ablehnung von Technologien in einem Desinteresse an Informationen zu manifestieren scheint (TAB 1997b). Neben Befürwortern und Gegnern gibt es aber auch einen erheblichen Anteil von *Nichtinteressierten* in der Bevölkerung gerade auch in den politisch umstrittenen Feldern wie Kern- und Gentechnologie (TAB 1997b). Das Problem ist, dass in der politisch-praktischen Diskussion die Aspekte Technikkritik und Technikanwendung oft *ineinandergeschoben* werden, mit dem Ergebnis, dass der ‚Technikkritiker' dann zum ‚Technikfeind' wird. Technikfeindlichkeit ist jedoch nur *ein Motiv unter vielen*, sich gegen eine Technologie zu wehren (vgl.

auch Saretzki 2001:185ff.). So richtete sich der Widerstand gegen die Computerisierung in den achtziger Jahren nicht gegen den Computer an sich, sondern war von der Furcht vor Kontrolle und Rationalisierung, sprich Arbeitsplatzverlust getrieben.

Es ist beim Risikodiskurs gezeigt worden, dass die Gleichsetzung von Technikfeindlichkeit und Technik(anwendungs)kritik zum Teil auch instrumentell genutzt wurde bis hin zum Rekurs auf einen deutschen Sonderweg, bei dem eine spezifisch deutsche Technikfeindlichkeit mit einem Hang zum Irrationalen und zur Weltabgewandtheit ins Spiel gebracht wird. Der Handlungsaspekt der Technik ist auch politisch maßgeblich: Politik interagiert in der Regel nicht mit der Technik, sondern *mit den Akteuren*, die mit dieser Technik arbeiten, das sind in der politischen Praxis insbesondere Forschung und Wirtschaft. Auch die regulative Politik zielt nicht nur auf technische Standards ab, sondern auch auf Verhaltensmaßregeln für die Akteure, ein gutes Beispiel hierfür ist die Waffentechnik, bei der häufig Fragen der Verbreitung (Proliferation) von modernen Waffen den politischen Alltag beherrschen. Dies führt direkt zu der Frage, was eigentlich eine 'moderne' Technik ist: Die folgenden Definitionen für technische Niveaus sind in der Literatur weitverbreitet (Nieschlag/Dichtl/Hörschgen 1991:845):

- *Basistechnologien:* heutiger Stand der Technik und können von jedem Wettbewerber genutzt werden, in der Regel ausgereift (Beispiel: Herstellung monoklonaler Antikörper)
- *Schlüsseltechnologien:* erst im geringen Maße eingesetzt mit erheblichem Entwicklungspotential (Adenovirale Vektoren)
- *Schrittmachertechnologien:* befinden sich noch im Entwicklungsstadium und sind noch auf Test- und Forschungsanwendungen beschränkt (Ribozyme)
- *Zukunftstechnologien:* prinzipielle Lösungsmuster, die die Schrittmachertechnologien ablösen könnten (epigenomische Medikamente)

Die Biotechnologie ist demnach *über alle Niveaus* ausgebreitet, wenn auch mehrheitlich noch im Stadium der Schrittmachertechnologie. Daraus folgt jedoch, dass der Einstieg in die Biotechnologie nach wie vor *auf vielen Ebenen möglich ist* und ein echter Vorsprung nur in Teilgebieten, die von spezieller Grundlagenforschung abhängen, aufgebaut werden kann, was Deutschland im

Bereich der Genchiptechnologie auch erfolgreich praktiziert hat (Nieschlag/Dichtl/Hörschgen 1991:846):

- *First-to-market*-Strategie: Versuch, die technologische Führerschaft zu übernehmen mit der Chance auf erhebliche Pioniergewinne, jedoch mit erheblichen F+E-Investitionen verbunden

- *Follow-the-leader*-Strategie: man führt die eigene Innovation erst nach dem Marktführer ein. Dies wäre z.B. ein Me-too-Präparat. Vorteil: Die Innovation ist auf dem Markt schon bekannt und man kann aus Problemen und Fehlern des Ersteinführers evtl. lernen

- *Application Engineering*-Strategie: Etablierte Techniken werden kunden- oder segmentspezifisch weiterentwickelt

- *Me-too*-Strategie: Nachahmerstrategien, kostensparend, aber nicht so image- und gewinnträchtig.

Im Technologiemanagement können demnach nach für den Zeitpunkt des Eintritts unterschiedliche Vermarktungsstrategien sinnvoll sein.

Man hat im Prinzip zwei Möglichkeiten des Vorgehens, nämlich eine *push*-Strategie, bei der man versucht, eine Innovation auf den Markt zu bringen und eine Nachfrage zu erzeugen, was eher typisch für naturwissenschaftlich-technische Neuerungen ist (ebenda:839), oder eine *pull*-Strategie, bei der man sich bei der Neuentwicklung von Marktnachfrage bzw. Kundenwünschen leiten läßt, man spricht dann auch von Produktinnovationen.

Statt zu versuchen, die Entwicklung anderer Ländern bei der Produktion biotechnologischer Medikamente nachzuvollziehen, steht alternativ auch die Möglichkeit zur Verfügung, in eine junge Teildisziplin neu einzusteigen und in dieser die Marktführerschaft zu erlangen.

6.2.3 Wechselwirkung von Politik und Technik

Politik und Technik können miteinander in Wechselwirkung stehen, sie können sich aber auch unabhängig voneinander entwickeln. Zunächst sollen die Prozesse betrachtet werden, die sich jeweils innerhalb von Politik und Technik abspielen, um dann in einem zweiten Schritt auf die Wechselwirkungen zwischen Politik und Technik einzugehen.

Versucht man nun die Entwicklung allgemeiner zu fassen, so lassen sich vor allem vier immer wiederkehrende Phänomene des technischen Wandels beobachten, die in der folgenden Abbildung dargestellt und anschließend erläutert werden:

Abbildung 11: Endogene Effekte im technischen System

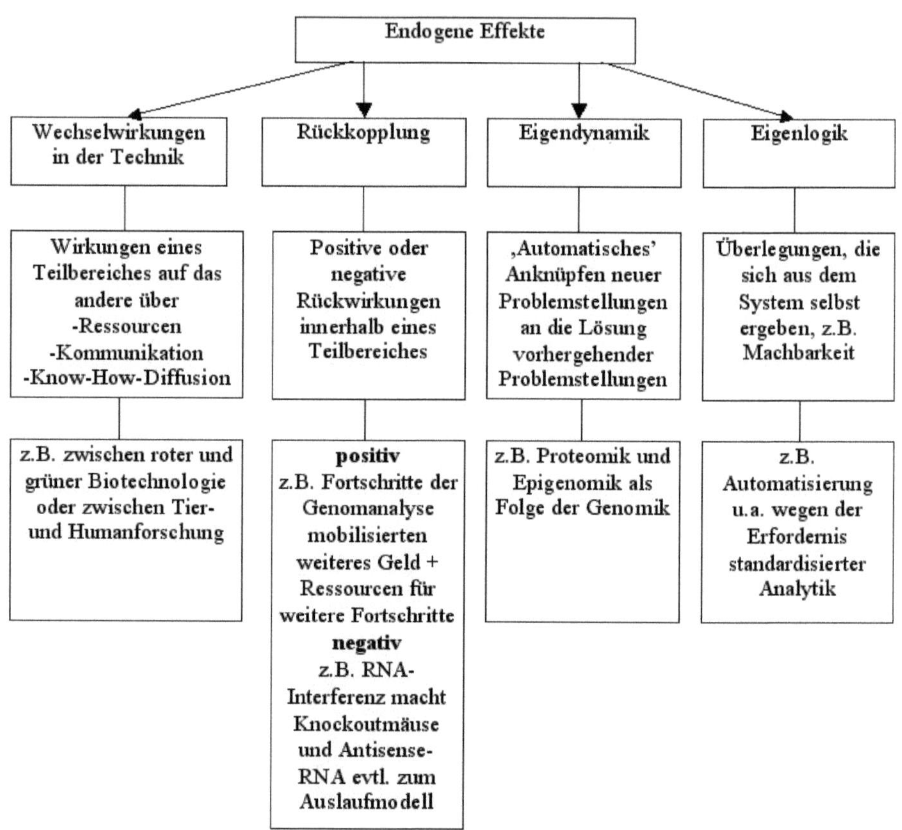

Wechselwirkungen: Methoden, die in einem Teilbereich entdeckt bzw. entwickelt werden, breiten sich in andere Teilbereiche derselben Technologie aus. Dies entspricht der Beobachtung von Czada (1998:4), dass sich Innovationen vom seriellen, stufenweisen Prozeß zu einem simultan vernetzten komplexen Geschehen entwickelt haben. Zudem haben die obigen Ausführungen zur kritischen Masse gezeigt, dass eine Mindestmenge an Know-How, finanziellen und personellen Ressourcen notwendig ist, um eine Hochtechnologie *weiterentwickeln* zu können[100]. Dies deckt sich mit der Annahme von Luhmann, dass erst die Kommunikation im

[100] Das gilt nicht unbedingt für die Nutzung, einfache Biotech-Kits wurden bereits als Blue-Genes-Experimentierkasten für Schüler auf den Markt gebracht.

Wissenschaftssystem Wissen anschlussfähig macht, die Mindestmenge an Ressourcen ermöglicht auch diesen notwendigen Austausch.

In Amerika habe sich Netzwerke in Gestalt räumlich naheliegender Universitäten und Firmen mit personellem und fachlichen Austausch als ein Element für den Erfolg erwiesen, was sich mit dem Netzwerkkonzept Rammerts deckt, dann jedoch haben *einzelne* Firmen wie z.B. Amgen, Chiron oder Celera, die für sich genommen die kritische Masse besitzen, als Motoren der Entwicklung erwiesen. Der Wechselwirkungseffekt kann sich auch ins Gegenteil verkehren, wenn Forschungsrichtungen aus welchen Gründen auch immer (wie politische Vorgaben, rechtliche Regelungen, Geldmangel) in ihrer Entwicklung gehemmt werden. Die Stimuli durch Kommunikation, der Methodenentwicklung und -anwendung fallen teilweise weg und dadurch kann die Disziplin als Ganzes in Rückstand geraten. Dies kann sich z.B. als Abwanderung (Brain Drain) äußern oder durch Niederlassung von Forschungseinrichtungen an anderen Orten.

Der zunehmende Rückzug der EU aus der Pflanzenbiotechnologie ist zum Beispiel politisch gewollt und mit Blick auf die mehrheitliche Ablehnung von gentechnischen Nahrungsmitteln durch die Bevölkerung auch demokratisch legitimiert, aber dürfte mit hoher Wahrscheinlichkeit die näherkommende Nutzung von Pflanzen als Arzneimittelproduzenten hemmen, weil sich die Agrosparten auf den amerikanischen Kontinent konzentrieren.

Rückkopplungen: Positive oder negative Rückwirkungen *innerhalb* eines Teilbereiches. So können Rückkopplungen auch negativ sein, z.B. hat die Entdeckung der RNA-Interferenz einen wichtigen Ansatz der RNA-Forschung fragwürdig werden lassen, die sog. Antisense-RNA, denn bei der Genblockade kommt es nicht so sehr auf die Länge der blockierenden RNA, sondern auf die Auswahl des *richtigen Teilstückes* an.

Ein Beispiel für positive Rückkopplung wäre z.B., dass man bei der Untersuchung von Erbkrankheiten realisierte, dass ein bestimmtes Gen an vielen Stellen und nicht immer nur an *derselben Stelle* geschädigt sein kann. Mit diesem verbesserten Ansatz bei der Defektsuche konnten bis dahin unklare Erbgänge viel leichter aufgeklärt werden.

Eigendynamik: Als Eigendynamik kann der Prozess angesehen werden, bei dem sich an gelöste Fragestellungen bzw. Probleme automatisch neue Fragestellungen anknüpfen, wobei dies praktisch-empirische Forschung oder auch theoretisch-diskursives Aufgreifen sein kann. „Automatisch" heißt nicht deterministisch, die Akteure sind schließlich frei, ein Projekt zu beenden und stattdessen irgendetwas anderes zu tun. Dennoch ist die gesamte Technologie, wenn genug Akteure an ihr arbeiten und sie wissenschaftlich und/oder politisch/ökonomisch attraktiv genug ist, eigendynamisch, weil sich im Zweifel immer jemand finden wird, der in einen bestimmte Richtung weiterarbeitet. Auch dafür ist die kritische Masse an Forschern wichtig.

Ein Beispiel von vielen aus der Biotechnologie soll dies näher beleuchten: Das Paradigma der Siebziger Jahre lautete zunächst, dass aus DNA quasi buchstabengetreu die RNA abgelesen wird und daraus entsprechend dem genetischen Code *ein* Eiweiß erzeugt wird. Schon durch das bloße Bearbeiten höherer Zellen, also quasi beim ‚Durchlesen' des genetischen ‚Buches' war es *nur eine Frage der Zeit*, bis man

- auf scheinbar sinnlose Buchstabenfolgen (junk DNA, introns) stieß,
- merkte, dass Gene gesteuert werden und vor allem, wie (z.B. durch Methylreste, die entscheiden, ob sich bei einem Baby bestimmte mütterliche oder väterliche Eigenschaften durchsetzen oder durch Acetylreste, die über die Packungsdichte von Genen deren Zugänglichkeit regulieren) => Geburt der Epigenomik
- merkte, dass man gar nicht für jedes Eiweiß ein Gen hat, sondern ein Gen mehrere Eiweiße machen kann =>Geburt der Proteomik
- merkte, dass nicht nur die Gene, sondern auch das Zwischenprodukt RNA Funktionen hat) =>Geburt der Transkriptomik
- und als die sinnvollen Abschnitte der DNA fertig waren, konnte man sich den anderen Teilen widmen und schnell zeigte sich, dass Introns gar nicht sinnlos sind => RNA-Interferenz.

Als Eigenlogik können Überlegungen verstanden werden, die sich aus dem System selbst ergeben. Die Biotechnologie hat viel mit Laborroutinen zu tun, die ein hohes Rationalisierungspotential bieten, auf der anderen Seite ist qualifiziertes Personal knapp. Aber selbst wenn man ausreichend Geld zur Verfügung hätte bzw. zahlreiche billige Arbeitskräfte, ist die Automatisierung aus Gründen der Standardisierung und *Qualitätssicherung* zu bevorzugen, hinzu kommt der

Zeitaufwand manuellen Arbeitens (Traufetter 2005:149). An die Entdeckung einer neuen Methode hat sich daher stets die Frage geknüpft, wie man die Durchführung und Auswertung möglichst schnell vereinheitlichen kann (z.B. massiv paralleles Pipettieren, automatisches Auslesen von Daten usw.). Diese Logik kennt keine Grenzen, nun liegen Daten nicht mehr nur in einer Datenbank, sondern werden auch automatisch vom Computer *interpretiert*: Wer könnte aber auch schon 30000 menschliche Gene überblicken oder ausdeuten?

Natürlich ist die Trennung zwischen Wechselwirkung, Rückkopplung, Eigenlogik und Eigendynamik in vielen Fällen kaum möglich, wie das Human Genome Projekt zeigt, das ein Gewirr aus endogenen und exogenen Effekten war: Die Erfolge in der Genomaufklärung ließen plötzlich die Aufklärung des menschlichen Genoms für technisch und ökonomisch machbar erscheinen, was wiederum zur politisch geförderten Koordination von Arbeitsgruppen in bisher undenkbarem Ausmaß führte. Der Wettbewerb zwischen öffentlichen und privaten Gruppen und die Furcht vor Genpatenten trieb die Entwicklung der Sequenziertechnologie in ungeahnte Höhen, so dass das Projekt viel schneller fertig war als erwartet. Im Einzelnen werden sich alle Phänomene finden lassen. Entsprechend lassen sich endogene Effekte im politischen System finden:

Abbildung 12: Endogene Effekte im politischen System

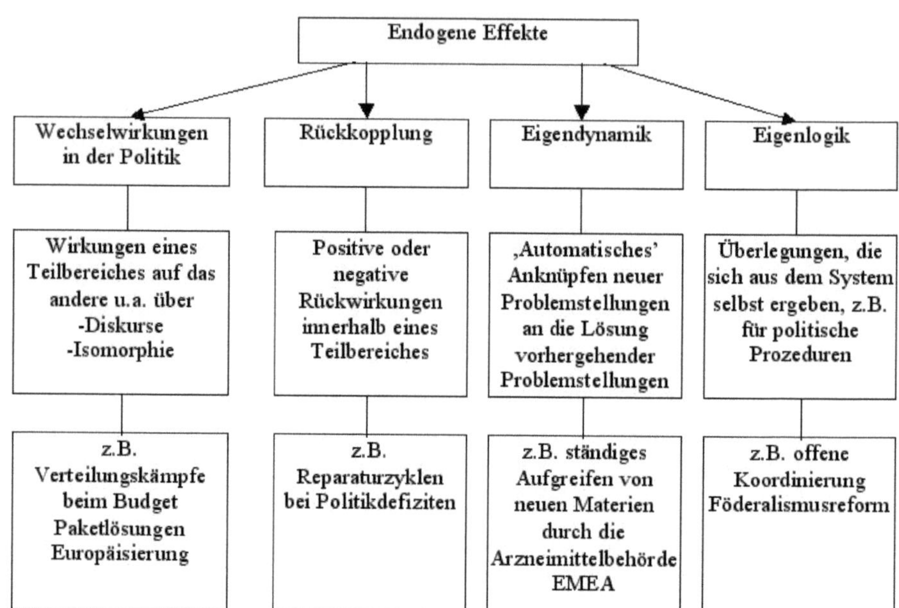

Bei den Wechselwirkungen sind Phänomen wie übergreifende Diskurse zu beobachten, so ist an vielen Stellen die Diskussion um Arzneimittel mit der Frage nach der Förderung der Biotechnologie zu einem Kontext zusammengeflossen, was sich in der Reform der europäischen Behörde EMEA bemerkbar machte, die sich allen Fragen zugleich widmete.

Bei den Rückkopplungen haben sich in der Arzneimittelpolitik Reparaturzyklen besonders etabliert, bei denen auf eine große Richtlinie oder Rahmenregelung häufig *administrative patches* in Form von Amendments, Annexes o.ä. aufgesetzt werden, sobald die ersten Probleme sichtbar werden. Das ‚automatische' Anknüpfen neuer Problemstellungen an die Lösung vorhergehender Problemstellungen ist sogar ein wesentliches Charakteristikum der EMEA, die sich nach Bearbeitung einer Krankheit gleich der nächsten Indikation zuwendet.

Fasst man die bisherigen Überlegungen zusammen, können sich Politik und Technik also unabhängig voneinander verändern, d.h. technischer Wandel setzt nicht zwangsläufig politischen Wandel voraus und umgekehrt.

Diese Befunde legen bereits nahe, dass der technische Wandel den politischen Wandel nicht determiniert und umgekehrt ebenfalls nicht. Dies gilt es aber noch weiter zu hinterfragen, insbesondere ist nach der praktischen Bedeutung dieser Beobachtung zu fragen.

6.2.4 Wirkungen der Politik auf die Technik

Die Wirkungen von Politik auf Technik sind bereits eingehend theoretisch untersucht, die Europäische Kommission war jedoch auch an einer empirischen Klärung dieser Frage interessiert, die hier vorgestellt werden soll. Zu diesem Zwecke gab sie eine umfassende Studie zu den Einflüssen regulativer Politik auf technische Innovationen in Auftrag, die 2004 von Blind et al. für das Fraunhofer Institut FSI publiziert wurde. Die Studie von Blind et al. befaßte sich mit Verhältnis von Regulation und Innovation in der EU, den USA und Japan für neue innovative Sektoren, wobei der Fokus auf Telekommunikation, Umwelt, Pharmaindustrie, Nahrung, Energie und Transport lag. Blind verwendete durchgängig den Terminus Regulation im Sinne regulativer Politik, nicht als Regulation im Sinne der Regulationsschule. Blind sieht in Regulationen „*indirect framework settings*", was im Einzelfall, z.B. wenn man die zum Teil jedes Detail abdeckenden Vorgaben in der Medikamentenzulassung betrachtet, etwas zu kurz greifen kann (vgl. FSI 2004:1). Blind unterschied im ersten Schritt ökonomische, soziale und administrative regulative Politik als die drei wesentlichen Formen von Produkt-Markt-Regulation und überführt diese Gruppen in ein akteurzentriertes Modell regulativer Politik. Die folgende Abbildung gibt einen Überblick über das Modell (FSI 2004:4ff.).

Abbildung 13: Systematik regulativer Politik nach Blind et al.

Ökonomische Regulation Gemeinwohlorientierte Maßnahmen (Preisobergrenzen, Preis- und Wettbewerbsbeschränkungen) Kartell- und Monopolgesetzgebung Staatliche Industriepolitik (z.B. Subventionen)	**Soziale Regulation** Umweltschutz Sicherheits-/ Schutzvorschriften Öffentliche Güter (Bereitstellung von Infrastruktur)	Administrative Regulation Produkthaftung IPR-Politik (Patente, Urheberrecht, Datenbanken, Sortenrecht)

↓

Produkt-Markt-Regulation

↓

Regulierung der Beziehungen Verbraucher-Anbieter mit dem Ziel der Information und Schutz des Verbrauchers	Regulierung der externen Beziehungen der Anbieter mit dem Ziel der Vermeidung negativer Externalitäten	Regulierung der Beziehungen der Anbieter untereinander
Kennzeichnungspflichten Zulassung Regulierung von Prdukteinträgen (z.B. Agrochemikalien) und Produktanwendung Notifikation Zertifizierung Rechtssicherheit (z.B. elektronische Unterschrift)	Öko-Labels Umweltvorschriften Arbeitssicherheit Steuern und Abgaben Haftungsrecht	Regulierung des Marktzugangs (z.B. Lizenzen) Regulierung von Kooperation (z.B. Kartelle etc.) Regulierung von Anti-Kooperation (Wettbewerbsbehinderung)

Positive Effekte für Produktentwicklung:
Qualität, Rechtssicherheit (Haftungsfragen), Umweltschutz, Akzeptanz beim Verbraucher
Negative Effekte für Produktentwicklung:
Kostensteigerung für Arbeit, Energie, Material, höherer Aufwand für Forschung und Entwicklung

Dieses Modell wurde dann für eine Befragung von 250 Firmen aus den 6 als innovativ angesehenen Industriesektoren verwendet, die oben gezeigten positiven und negativen Effekte zeigen die in dieser empirischen Untersuchung als wesentlich identifizierten Faktoren.

Es wurde gezeigt, dass die regulative Politik nicht primär auf Innovationen abzielt, sondern auf die Technik insgesamt, was mit folgendem Problem zusammenhing: Wie soll etwas reguliert werden, das es noch nicht gibt bzw. wie soll etwas, das es noch nicht gibt, durch regulative Politik herbeigeführt werden? In dieser Studie wurde gleich einleitend erklärt, dass regulative Politik natürlich nicht nur auf Innovation wirkt, sondern dass es auch Rückkopplungen gäbe (FSI 2004:I). Der tendenziell mehr statische Charakter regulativer Politik im Gegensatz zum technischen Wandel als dynamischem Prozess zieht deshalb die Forderung nach mehr *Anpassungsleistungen* an durch Innovation veränderte Gegebenheiten nach sich, d.h. schnellere Anpassung an den jeweiligen Stand der Technik (FSI 2004:II). Die Fähigkeit des Schritthaltens der Politik mit der Veränderung von Technik ist demnach ein weiteres Problem. Die Rückwirkung des technischen Wandels auf die Politik wurde von Blind et al. jedoch nicht weiter untersucht.

6.2.5 Wirkungen der Technik auf die Politik

Für die Wirkung technischer Entwicklungen auf das Verhalten der politischen Akteure wird nun ein allgemeines Modell entwickelt.
Zunächst sei auf den *Advocacy-Coalitions* (Befürworter-Koalitionen)-Ansatz von Sabatier verwiesen, der sich mit Einflußfaktoren auf das politische System auseinandersetzt. In diesem Ansatz stehen grundlegende und stabile Parameter eines Problembereiches (Merkmale, natürliche Ressourcen, Wertvorstellungen, soziale Strukturen) in Wechselwirkung mit externen Systemereignissen (Wandel sozioökonomischer Bedingungen, Wandel in der öffentlichen Meinung, der regierenden Koalition, Policy-Entscheidungen), was unter Berücksichtigung der Restriktionen und Ressourcen der Akteure einen maßgeblichen Einfluß auf die Strategien und Policy-Entscheidungen im jeweiligen Policy-Subsystem hat (vgl. auch Sabatier/Jenkens/Smith 1999:149). Technik und technischer Wandel kommen hier nicht explizit vor, man könnte die Technik aber als grundlegendes Merkmal des

jeweiligen Problembereichs verstehen. Das hier vorgeschlagene Modell soll die Rolle der Technik jedoch *explizit* thematisieren.
Allgemein lassen sich zwei Fälle unterscheiden, nämlich ein erster Fall, bei sich dem eine technische Entwicklung in das gegebene Umfeld einfügt. Ein optimiertes Produktionsverfahren kann z.B. ohne weiteres mit den sozialen, ethischen und politisch-rechtlichen Rahmenbedingungen einer Gesellschaft übereinstimmen. Natürlich kann auch ein solcher Zustand mittelbare Auswirkungen haben, er kann z.B. ökonomische Vorteile bieten.
Der zweite Fall ist der interessantere, nämlich wenn sich eine technische Anwendung, und sei es nur eine *potentielle* Anwendung (z.B. die Klontechnologie) nicht mit den Rahmenbedingungen deckt. Die Vorgaben können die Anwendungen der Technologie hemmen, so wie die Befürworter der grünen Technologie bei der Änderung der Gentechnikgesetzes durch Ministerin Künast argumentierten.
Es muß also gar nicht um gesetzwidrige Handlungen gehen, die den Gesetzgeber zum Eingreifen zwingen. Beim genetischen Fingerabdruck dauerte es seine Zeit, bis die Justizsysteme westlicher Staaten dieses Beweismittel akzeptierten und Regeln für die Speicherung der Daten entwickelt hatten. Manchmal helfen sich die Anbieter/Anwender auch durch Umwegtechnologien und -strategien, z.B. durch Abwanderung, Forschung oder Kauf im Ausland. So werden große Anstrengungen darauf verwendet, die Untersuchung und Verwendung von Embryonen zu verhindern. Die Entwicklung einer einfachen Blutprobe bei Schwangeren zur Testung fötaler DNA könnte ein genetisches Screening ermöglichen, das dem der PID relative nahe kommt, bei den embryonalen Stammzellen könnte die Nutzung oder Rückumwandlung adulter Stammzellen die Restriktionen des Embryonenschutzes überwinden, indem man so embryonale Zellen ohne Embryos gewinnt.
Ein anderer Fall sind „Lücken“, seien es rechtliche Lücken oder auch einfach nur eine unvorbereitete Gesellschaft: Der plötzliche Durchbruch bei den Stammzellen 1999 löste hektische Diskurse und Gesetzgebungsaktivitäten in Europa aus. „Lücken“ sind also nicht automatisch ein Systemversagen, sondern können aus plötzlichen Neuentdeckungen und –erfindungen resultieren. Lücken können sich fördernd oder auch hemmend auswirken. Wenn Regelungslücken nicht bzw. nicht rechtzeitig geschlossen werden, breiten sich als problematisch empfundene Anwendungen aus. Die anonymen Vaterschaftstests haben sich in den letzten Jahren rapide ausgebreitet, zu erkennen an den entsprechenden Märkten im

Internet[101]. Umgekehrt können Regelungslücken auch durch die bestehende *Rechtsunsicherheit* hemmend wirken: Rechtsgeschäfte können nicht getätigt werden, Investitionen werden zurückgehalten. Die Untätigkeit des Gesetzgebers führt dann zu wachsenden Problemen, die früher oder später in einem Agenda setting im weiten Sinne münden. Begleitet werden können solche Entwicklungen durch einen ethischen und gesellschaftlichen Wandel, z.B. Akzeptanz und Ausbreitung von künstlicher Befruchtung usw. Die folgende Abbildung faßt dies zusammen.

[101] In den USA gibt es noch eine weitere Lücke, die anonyme Samenspende, die in der EU verboten ist. Hier wird hier das Recht des Kindes, seine Abstammung zu erfahren, als Grund für das Verbot angeführt (vgl. Gelinsky 2006:66). Wegen der Vaterschaftstests gab es ein Urteil des Bundesverfassungsgerichtes, das heimliche Tests verbietet, die legale Testung für mögliche Väter aber erleichtert (BVerfG 2007).

Abbildung 14: Einfluss des technischen Systems auf das politische System

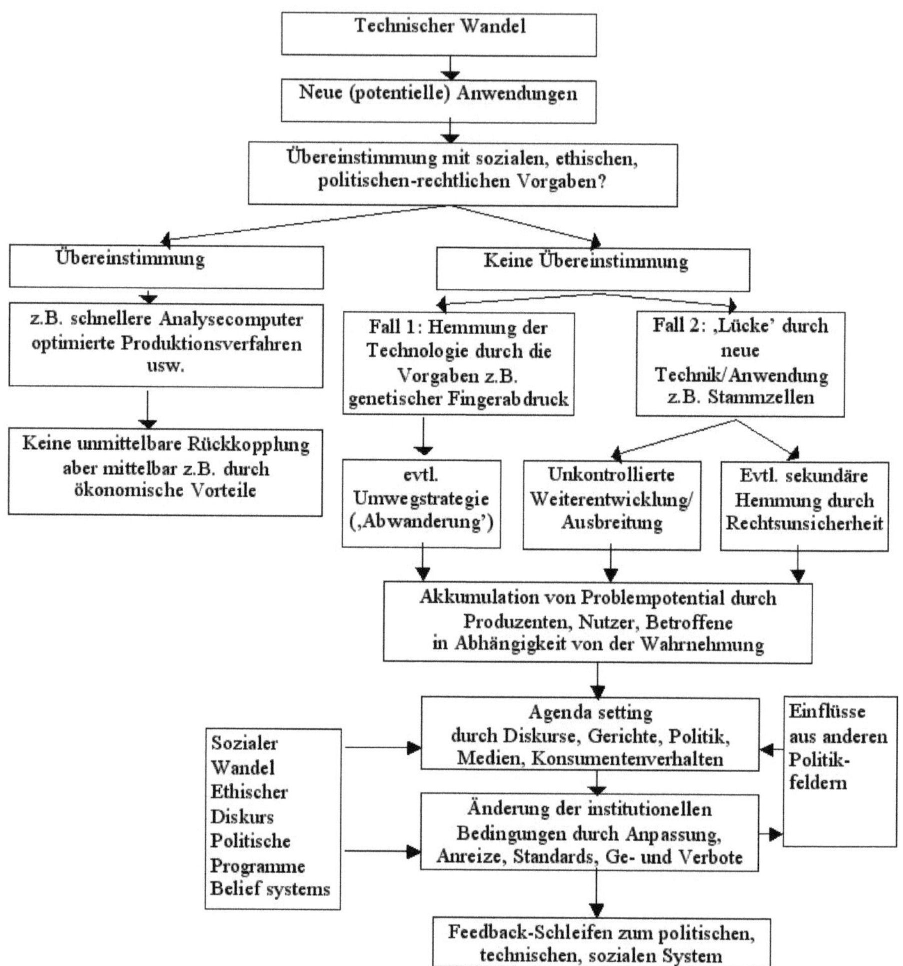

Im Vergleich zu dem Arbeitsmodell in Abbildung 1 wird deutlich, dass die Reaktion der Öffentlichkeit und der politischen Akteure sehr davon abhängt, wie sehr sich technische Veränderungen in die bestehenden Vorgaben einfügen. Die wachsende Akzeptanz der roten Biotechnologie führt dazu, dass Neuerungen auf diesem Gebiet zunehmend unkritischer betrachtet werden. Die Verlagerung der

roten Biotechnologie auf die technische, expertendominierte Ebene der EMEA tut ihr übriges.
Diese „Reibungslosigkeit“ kann ein Problem sein, wenn dadurch die Risiken der Technologie aus dem Blickfeld geraten, wie es der Fall „Jesse Gelsinger“ gezeigt hat. Nimmt man die tatsächlichen statt der hypothetischen möglichen Zwischenfälle beim Menschen, war die rote Biotechnologie ereignisreicher als die grüne Biotechnologie. Politiker und Öffentlichkeit müssen demnach ihre Sichtweise von Technologie immer wieder aufs Neue hinterfragen, um nicht in über- oder unterkritische Positionen zu verfallen.
Eine besondere Rolle fällt den Einflüssen aus anderen Politikfeldern zu. Die Politik ist in ihren Reaktionen nicht frei, bei der Biotechnologie handelt es sich um ein in größere Zusammenhänge eingebettetes Politikfeld. Zum einen wird die Forschungsförderung auch von den Ressourcenbeschränkungen und der Fächerkonkurrenz der FuT-Politik beeinflusst, zum anderen spielt bei der Zulassung wie auch den Patienten der politischen Druck der USA eine wichtige Rolle.
Ein Ergebnis dieser Untersuchung lautet, dass Technik und Politik miteinander *in begrenzter* Wechselwirkung stehen. Wechselwirkung soll hier als Beeinflussung verstanden und nicht als Determinismus werden, es gibt also keinen funktionalistischen Zwang, der unausweichlich in eine bestimmte Technologie oder Politik führt. Der Ausdruck ‘begrenzt’ soll daher deutlich machen, dass weder die Akteure des technischen Systems bzw. die technischen System selbst auf der einen Seite noch die Akteure des politischen Systems sämtliche Ressourcen und Instrumente besitzen, um das andere System gegen ihren Willen in eine bestimmte Richtung zu steuern. Dabei wird das politische System der EU vorausgesetzt, in einer Diktatur wäre eine solche Steuerung hingegen denkbar, wobei selbst in diesen Fällen noch zu fragen wäre, ob diese Steuerung auch die gewünschten Ergebnisse produzieren kann.

Ein wichtiges Ergebnis ist, dass Innovation ist dabei nur ein *Teilbereich* des technischen und politischen Prozesses ist und dass sich weder das technische noch das politische System nur auf Innovation konzentrieren können und dies wahrscheinlich auch nicht sinnvoll wäre, sondern *Fragen der Teilhabe, der Kontrolle und der Infrastruktur* spielen ebenfalls für die Technik und ihre politische Verarbeitung eine Rolle. Daher ist es auch wesentlich, Technikentwicklung und Innovation nicht einfach in eins zu setzen, auch wenn diese Verkürzung in der Innovationsdebatte zunehmend um sich greift. Der Innovationsbegriff wird in der

Innovationsdebatte vielfältig und häufig unscharf verwendet mit der Tendenz, Innovation immer weiter zu fassen, d.h. nicht nur rein technisch, sondern auch politisch, sozial, ökonomisch usw. Das praktische Problem dieser begrifflichen Öffnung besteht im wachsenden Risiko einer Ideologisierung des Begriffes, bei der Veränderungen durch das Label ‚Innovation' zugleich mit der positiven Konnotation ‚neu und besser' versehen werden.

Die praktische Konsequenz aus diesen Befunden könnte jedoch sein, dass Politik mit indirekter Kontext-Steuerung, die sich auf den Rahmen konzentriert statt auf konkrete Einzelmaßnahmen, *auf lange Sicht* erfolgversprechender sein könnte. Das soll wiederum nicht heißen, dass man auf konkrete Maßnahmen gänzlich verzichten kann oder soll, z.B. bei ethisch problematischen oder bei riskanten Verfahren. Man muß sich dabei aber im klaren sein, dass die Beschränkung einer Teiltechnologie über Wechselwirkungen die Entwicklung der ganzen Technologie hemmen kann.

6.3 Die institutionelle Verarbeitung der Biotechnologie

In dieser Untersuchung wurde die Biotechnologie als ein Gebiet, das einem raschen technischen Wandel unterliegt und die Politik sowohl auf europäischer als auch auf nationaler Ebene unter ständigen Handlungs- und Anpassungsdruck setzt, analysiert. Zunächst wurde der rasche Wandel der Biotechnologie und ihre Auseinanderentwicklung in Teilgebiete dargestellt, woran sich die Untersuchung der Wahrnehmung dieser Prozesse im politischen und öffentlichen System anschloß.

Für den raschen Aufstieg der amerikanischen Biotechindustrie in den frühen Achtzigern war der Vorsprung bei der Gesetzgebung für Biopatente und die Patentverwertung durch Forschungseinrichtungen entscheidend. Der Bruch zwischen den wenigen großen alten Biotechs mit den großen alten Medikamenten und den vielen kleinen neuen Biotechs, die mit dem Problem der kritischen Masse zu kämpfen, hatte biologisch-technische Gründe. Investoren und Forschungsförderung können zwar versuchen, den neuen Biotechfirmen zu helfen, die Machbarkeitsgrenzen bei technischen Eingriffen in biologische Systeme lassen sich dadurch, wenn überhaupt, nur *sehr langsam* verschieben. Wegen der Kosten und der Nebenwirkungen sind viele Biotechmedikamente aus Sicht der Gesundheitssysteme und der Anwender nur *second line*-Therapie hinter den herkömmlichen Medikamenten. Ein großer technischer Trend basiert auf der zunehmenden Automatisierung und Informatisierung der Biotechnologie, durch die die Informationsfluten überhaupt noch sinnvoll verarbeitet und gesteuert werden können. Es wurde gezeigt, dass die Computer durch Nutzung des schon existierenden Vorwissens sehr wohl in der Lage sind, genetische Analysen automatisiert zu betreiben. Dem Human-Genom-Projekt und der begleitenden Informatisierung kommt deshalb eine große ökonomische Bedeutung zu, denn die dadurch gewonnenen Erkenntnisse werden ein fundamental verbessertes Verständnis der biologischen Systeme ermöglichen, die man verändern möchte.

Technische Pfade laufen aber *nicht linear* und so könnte z.B. die Pharmakogenomik, von der man sich eine maßgeschneiderte Medizin verspricht, die therapeutische rote Biotechnologie am Ende begraben. Durch genetische Analyse des individuellen Ansprechens auf Medikamente könnte das Potential herkömmlicher Medikamente erheblich gesteigert werden, so dass die biotechnologischen Präparate keinen Vorteil mehr aufweisen, den sie vom Preis bisher ohnehin nicht haben. Dies könnte auch nicht mehr patentgeschützte Generika betreffen, z.B. die Rheumatherapie könnte durch die Pharmakogenomik auch in schweren Fällen effizient und dennoch spottbillig sein. Andererseits könnte mit dem *Private Genome Project* bzw. dem Tausend Dollar-Genom der gläserne Patient vor der Tür stehen. Außerdem bietet sich ein gewaltiges eugenisches Potential, mit dem in den USA im Rahmen der Reproduktionsmedizin sogar öffentlich geworben wird.

Der Zweiteilung der roten Biotechnologie in alt-groß-profitabel und neu-klein-kapitalschwach steht in der grünen Biotechnologie eine oligopolistische Firmen- und Produktstruktur gegenüber, die durch Größen- und Verbundvorteile auf lange Sicht stabil sein könnte. Die Abwehrhaltung der Europäer gegen die grüne Biotechnologie *ändert letztlich nichts* an dem großdimensionierten und ständig wachsenden Anbau in einigen der größten Flächenstaaten der Erde, nämlich neben den USA in Kanada, China, Argentinien und Brasilien. Die EU kann deshalb letztlich die Ausbreitung der grünen Biotechnologie nur bremsen, *aber nicht aufhalten*, da die EU nicht die ökonomische Grundlage dieser Firmen ist. Auch hier ist der technische Pfad nicht linear: In der grünen Biotechnologie hat sich die Entwicklung von gängigen und breit anwendbaren Pflanzen als ökonomische Erfolgsstrategie herausgestellt. Die inzwischen auch von den US-Behörden in

Betracht gezogene Möglichkeit der mittelfristigen Resistenzentwicklung gegen das *Bt-Gen* könnte jedoch die erfolgreichste Pflanze in Frage stellen. Die Nutzung von Pflanzen als Arzneimittelproduzent könnte aber die rote und grüne Biotechnologie an einer wichtigen Stelle wieder miteinander verschmelzen.

An diese Klärung der Ausgangssituation schloß sich die Analyse der Diskurse an. Das Auseinanderfallen der Diskurse für die Stränge 'rot' = Mensch, 'grün' = Pflanze/Agrar und 'Zellulär' = Stammzellen/Klonen schlägt sich als unterschiedliche Verarbeitung durch die politischen Akteure nieder, so dass eine innovationsorientierte rote Gesetzgebung, eine sicherheitsorientierte grüne Gesetzgebung und eine ethikorientierte Klon- und Stammzellgesetzgebung entstand.

Die Gegenüberstellung der ethischen Positionen und der zentralen Konflikte war das Ziel dieses Arbeitsschrittes. Die gezeigte Verflechtung der ethischen, politischen und rechtlichen Diskussion wegen der gegenseitigen Verweise der Diskurse aufeinander nicht unproblematisch, ja sogar aporetisch. Dieses Diskursmuster hat jedoch den Vorteil, dass ethische Bedenken in diesem Politikfeld nicht auf appellativem Niveau verbleiben, sondern auch konkrete Auswirkungen auf die rechtliche und politische Gestaltung haben. Ethischer Diskurs und gesellschaftliche Mitwirkung sind also von praktischer Bedeutung, die EU agiert hier nicht auf wirtschaftlich-technische Interessen begrenzt. Der Dissens in vielen ethischen Fragen darf einen Gesetzgeber nicht daran hindern, Sachverhalte gesetzlich zu regeln, auch wenn dies in praxi zu einer Ansammlung unterschiedlichster nationaler Regeln in der EU geführt hat (vgl. Geisler 2004:51). Die EU versucht die Debatte mit wachsendem Erfolg an sich zu ziehen, verfolgt damit aber Ziele, die weit über die Biotechnologie hinaus reichen. Der Versuch der EU, über die Felder Recht, Ethik und Kultur *einen normativen Überbau* zu errichten, bedürfte dringend einer weitergehenden politikwissenschaftlichen Analyse, die Debatte über die europäische Ethik steckt jedoch noch in den Anfängen.

Die möglichen sozialen Auswirkungen der Biotechnologie stellen eine große Herausforderung für die Sozialwissenschaften dar, da insbesondere die wachsenden gendiagnostischen Möglichkeiten Einfluss auf die Sozialsystem insgesamt wie auch auf die soziale Stellung des Einzelnen haben könnten. Es wurde gezeigt, dass man in Großbritannien, den USA und Frankreich ungeachtet der offiziell ablehnenden deutschen Haltung die Beziehungen zwischen Verhalten und Genetik diskutiert. Nicht die Hoffnung, sondern die Furcht, dass Gene doch etwas über die Persönlichkeit aussagen, ist jedoch gerade in Deutschland vorhanden, was einen Teil des Widerstandes gegen den genetischen Fingerabdruck ausmachte. Der allumfassende Genchip und das Tausend-Dollar-Genom weisen in die Richtung des gläsernen Menschen, wobei noch völlig offen ist, wie die Menschen darauf reagieren werden, denn die Gentestung bietet vermutlich auch große Präventionschancen. *Ähnlich wie die Technologie ist auch der Diskurs nicht linear, so dass auch er letztendlich ergebnisoffen ist.*

Die Debatte auf diesem Gebiet ist im Vergleich z.B. zu der ethischen Debatte, aber auch im Vergleich zu der Risiko- und Innovationsdebatte in Deutschland noch schwach entwickelt. Eine *aktive* und kritische Begleitung der Entwicklung erscheint daher notwendig. Es wurde abschliessend gezeigt, dass der Diskurs nicht alles ist, es gab auch andere Möglichkeiten, wie Gerichtsklagen, Konsumentenboykotts oder eben das Herausbrechen unstrittiger Materien aus einem Themenkomplex, um den Diskurs auf diese Weise zu 'verkleinern'.

Saretzki (1997:44) hat beobachtet, dass viele biotechnologische Optionen über das kulturelle Selbst- und Weltverständnisses politische Wirkungen entfalten, *lange bevor* sie als Realtechnik eine materialisierte Gestalt angenommen haben. Mögliche Anwendungen haben daher im Diskurs oft eine ebenso große Rolle wie reale Anwendungen gespielt.

Ein wesentliches Charakteristikum des Diskurses ist das *diskursive Auseinanderfallen* von roter und grüner Biotechnologie, nachdem zunächst die generelle Fähigkeit der Biotechnologie, Mikroorganismen genetisch verändern zu können, im Zentrum der Debatte stand. Man konnte beobachten, wie sich mit den Erfolgen der ersten biotechnologischen Medikamente, allen voran das Insulin und saubere Hepatitis-Impfstoffe die öffentliche Meinung zu ändern begann und das Rückstandsargument nach und nach die Oberhand gewann, während in es in der agrarischen grünen Biotechnologie durch Vertrauenskrisen genau umgekehrt lief, so dass sich heute die öffentliche Meinung, die Politik und die Vorschriften für rote und grüne Biotechnologie in *gegensätzliche Richtungen entwickeln*, obwohl beide Technologien eine gemeinsame wissenschaftliche Grundlage haben und zunächst ähnlich ausgerichtete EU-Richtlinien bekamen (Gottweis/Melchior 1998:3f.). Nach Hoffritz (2000) sprechen sich in Umfragen regelmäßig rund 60 Prozent gegen die grüne Biotechnologie aus, während ebenso viele die rote Biotechnologie in der Arzneimittelforschung befürworten (vgl. auch CDU 2002).

Die Unterschiede in der Wahrnehmung von roter und grüner Biotechnologie lassen sich wie folgt zusammenfassen.

Freisetzung: Im Unterschied zu den genetisch veränderten Organismen der grünen Biotechnologie ist in der roten Biotechnologie nicht an die Freisetzung in die Umwelt gedacht gewesen, zudem schwächt die Herstellung eines 'überflüssigen' Gens den Mikroorganismus gegenüber dem natürlichen Wildtyp. Bei der grünen Biotechnologie geht es jedoch gerade darum, *'fittere'* Organismen zur Nahrungsmittelproduktion planmäßig freizusetzen, also genau der umgekehrte Ansatz (Regal 2000:7f.).

Akzeptanzproblem: Die grüne Gentechnologie erfüllt in den Augen der Kritiker die Kriterien der *Notwendigkeit* und der *Wahrnehmbarkeit* nicht. Daher mündete die Debatte nicht nur in Deutschland, sondern auch in der EU und den USA schnell in Forderungen nach Kennzeichnungspflicht sowohl für den Anbau als auch für die fertigen Produkte.

Vertrauen: Dem wachsenden Vertrauen in die rote Biotechnologie steht der Vertrauensschwund in die Regulierung von Lebensmitteln gegenüber. *Dies ist der politisch wirksamste Diskurs-Unterschied zwischen roter und grüner Biotechnologie.* In der EU wie in den USA wird in der Literatur einhellig der Rinderwahnsinn (BSE, mad cow disease) als Auslöser dieser Vertrauenskrise genannt (vgl. Schomberg 2000:117; Hanrahan 2001:4, Patterson/Josling 2001:6, EFSA 2005b:1, Embassy 2005b:9). Die Lebensmittelagentur EFSA wurde laut EU ausdrücklich als Reaktion auf das durch Lebensmittelskandale erschütterte Vertrauen der europäischen Öffentlichkeit gegründet, um dieses Vertrauen wiederherzustellen (vgl. Abels 2002:8). Die Debatte wird auch von der Vermutung, dass die grüne Biotechnologie anderen Zielen als nur dem besseren Ackerbau dient, beeinflußt, nämlich die Entwicklungsländer von gentechnischem Landbau abhängig zu machen.

Aber auch die Biotechnologiebefürworter werfen ihren Gegnern *Profitinteressen* vor. Die Amerikaner sehen hinter den Bedenken der EU in Wahrheit die Agrarlobby am Werk, die die Risikodebatte nur vorschiebt, um sich ähnlich wie in der Frage der Hormone im Kalbfleisch auf elegante Weise die lästige Konkurrenz aus den USA vom Hals zu schaffen (Hanrahan 2001:6). Es wurde jedoch gezeigt, dass das Auseinanderfallen der roten und grünen Biotechnologie auch nach vorwiegender Ansicht in den USA tatsächlich mit der BSE-Vertrauenskrise zusammenhing und nicht nur Vorwand oder günstige Gelegenheit war. Da die USA von der BSE-Krise praktisch verschont blieben, fand dort kein vergleichbarer Diskurs und Politikprozess statt.

Die jüngsten Entwicklungen im Bereich der Gendiagnostik und der Klon- und Stammzelltechnologie haben jedoch eine neue soziale und ethische Debatte angestoßen, die in der EU auf der nationalen Ebene eine große Vielfalt von zum Teil sehr kurzfristig implementierten Einzelregelungen hervorgebracht hat. Die EU bemüht sich, die Diskussion und nach Möglichkeit auch die regulative Kontrolle an sich zu ziehen. Es konnte gezeigt werden, dass die US-Bundesstaaten sich in der Materie ebenso uneinig sind wie die europäischen Staaten, die USA agieren in dieser Frage also nicht als einheitlicher Block.

Nachdem das technische System, die Wahrnehmung und die Diskurse entwickelt wurden, konnte die Entwicklung der Gesetzgebung untersucht werden. Zunächst wurde gezeigt, dass die Patentgesetzgebung in der Anfangszeit einen großen Einfluss auf die Biotechnologie ausübte und der Vorsprung der USA bei der Regelung von Biopatenten maßgeblich an der Entstehung der ersten großen Biotechfirmen mitgewirkt hat. Das Patentrecht der Biotechnologie wurde im Rahmen des allgemeinen Patentrechts weiterentwickelt. Die USA sind seit Jahrzehnten Vorreiter im Patentwesen, mit dem sie in den Augen der Kritiker ihren technologischen Vorsprung zu konservieren versucht.

Die Bestrebungen der EU, die Situation mit der EU-Biopatentrichtlinie unter Kontrolle zu bekommen, werden gleich von zwei Seiten unterminiert, zum einen durch das Europäische Patentamt, das sich nach dem Patentübereinkommen EPÜ richtet und zum anderen die Nationalstaaten, die ihre Patentphilosophien durch nationale Auslegungen der EU-Richtlinie wieder durchsetzen konnten. Die EMEA versuchte durch Regelungen, die man als *'kaltes Patent'* bezeichnen könnte, zumindest für die rote Biotechnologie eine eigene informelle Patentpolitik zum Zwecke der Informationsförderung durchzusetzen, die eigentlich nicht zu ihren Zuständigkeiten gehört, nämlich die Orphan-Drug-Regelung, die PUMA-Regelung und die Biogenerika-Debatte. Da die USA immer noch einen erdrückenden Weltmarktanteil haben und überdies alle etablierten Biotech-Präparate mit auslaufendem Patent aus den USA stammen, wurde klar, dass die Biogenerika-Regelung zunächst nur die USA treffen wird, während die EU lediglich Kostenersparnisse verbuchen kann. Da kann es nicht mehr überraschen, dass die EMEA hier ausnahmsweise der FDA vorauseilt. Darüber hinaus bieten die EMEA und FDA immer weitreichendere Beratungsleistungen, die bei der Protocol Assistance und dem Scientific Advice mehr und mehr darauf hinauslaufen, die Forschung *anstelle der Firmen* selbst zu steuern.

Die Errichtung von Datenbanken wie CIDSC dient auf der anderen Seite dazu, die Informationsassymmetrien gegenüber den Herstellern zu brechen. Da CDISC jedoch auch Personaleinsparungen auf Firmenseite ermöglichen wird, wehren sich die Firmen gegen die herannahende totale Kontrolle nicht, sondern fördern das Projekt sogar noch. Die *diffuse Gemengelage aus Kontroll- und Profitinteressen* läßt erwarten, dass der Plan, CIDSC bis 2015 fertig zu stellen, Erfolg haben wird.

Schon relativ bald nach Arbeitsbeginn der EMEA zeigte sich, dass ein gewisses Spannungsverhältnis zwischen dem Ziel der Marktschaffung und der Innovationsförderung bestand. Die Marktschaffung begünstige umsatzstarke Medikamente von großen Firmen, die ihre Skalen- und Verbundvorteile im europäischen Maßstab erst richtig ausschöpfen können. Für kleine Firmen und weniger rentable Medikamente für seltene Krankheiten erwies sich diese Ausrichtung jedoch als Hindernis. Für die Orphan Drugs standen ökonomische Rentabilität und medizinischer Nutzen in direktem Gegensatz zueinander. Die Anreizsysteme der EMEA sind innovationsfördernde Marktkorrekturen, bei dem der Anbieter medizinisch wichtiger Medikamente gegenüber seinen Wettbewerbern besser gestellt wird, indem er einen Zeitvorsprung, evtl. zusammen mit einer Kostenreduktion, erhält (conditional/accelerated approval) oder gar eine vorübergehende Monopolstellung (Orphan Drug, ab 2007 auch PUMA). Ein weiteres Spannungsverhältnis ergibt sich aus *Service- und Kontrollzielen.* Die EMEA reagierte mit dem Ausbau der Kontrolle nach der Zulassung auf die Probleme, die die Anwendung des *precautionary principle* in diesem Sektor aufwirft. Da seltene Nebenwirkungen erst im Laufe der breiten Anwendung *nach* der Zulassung beobachtet werden können, war die bisherige Schwerpunktsetzung auf die Phase vor der Zulassung mit intensiver Prüfung nicht ausreichend.

Daran knüpfte sich ein Vergleich der Institutionen der EU und USA, sprich der Agenturen EMEA und EFSA auf der einen Seite und der FDA, USDA und EPA auf der anderen Seite an. Fink verweist darauf, dass in den Analysen der Biotechnologie drei Sichtweisen der Entwicklung miteinander konkurrieren, nämlich eine Globalisierungsthese, eine Europäisierungsthese, und eine National Differences These, bei der die Unterschiede zwischen den einzelnen Nationalstaaten im Vordergrund steht (Fink 2003:11). Der erste Blick auf Entwicklung und Gestaltung der Agenturen erlaubte keine unmittelbare Antwort, welche These richtig ist, weshalb es notwendig war, diesen Sachverhalt nach der Untersuchung der Agenturen nochmals aufzugreifen. Tatsächlich ist sowohl für die EMEA wie auch die EFSA die USA der zentrale Bezugspunkt, so dass im Grunde nicht die Triade, sondern nur eine Dyade hier relevant ist. Die EU strebt auf Agenturebene nach Größenadäquanz zu dem Nationalstaat USA, die Japaner spielen hier schlicht *keine Rolle*.

Auch wenn die USA insgesamt eine weniger restriktive Linie bei der Zulassung von Produkten gentechnischer Produkte fahren, so muß man doch verschiedene Einschränkungen machen. Zunächst einmal darf man das wesentlich strengere amerikanische Haftungsrecht nicht außer Acht lassen, dass den Betroffenen ganz andere Zugriffsmöglichkeiten gibt als in Europa. Außerdem hat sich gezeigt, dass die Behörden sich nicht einfach über jede Kritik hinwegsetzen, sondern beim *Bt-Gen* sowie dem *Star-Link-Vorfall* auf die Kritik reagiert hat. Berücksichtigt man noch den Befund, dass die EU mit der EFSA ein System entwickelt hat, dass die Zulassung grüner Biotechnologieprodukte wieder möglich gemacht hat, sogar gegen den Widerstand der Mitgliedsstaaten, so relativiert sich der Gegensatz der Regulierungsphilosophien der EU (precautionary principle) und der USA (scientifc based) in der Realität doch etwas. Auch ein Blick auf das Konsumentenverhalten zeigt, dass mit der EU und den USA nicht zwei Welten aufeinanderprallen, sondern durchaus ähnliche Probleme diskutiert werden. Angesichts dessen ist also durchaus denkbar, dass sich die EU und die USA in der grünen Biotechnologie doch noch aufeinander zu bewegen werden.

Schließlich wurde die Frage angegangen, wie Regulation der Zukunft vorgreifen kann, wozu insbesondere die von der EMEA favorisierte Kontextsteuerung durch institutionellen Isomorphismus untersucht wird. Die EU nutzte in der Verordnung für das *Advanced Therapy Committee*, das die zu schlecht definierte Grauzone zwischen Gentherapie, Gewebszüchtung und Stammzellen so abdeckt, dass die Zuständigkeiten auch unerwartete Technikvarianten einfangen können, einen

Isomorphismus, bei dem neue Institutionen stets nach dem Muster „*Guideline plus Komitologie*“ gebildet werden (EU 2007c). Dies entspricht der Beobachtung von Eberlein/Grande (2003:177), nach der die Leistungsfähigkeit politischer Systeme nicht nur davon abhängt, welche Entscheidungsregel vorgesehen ist, sondern vor allem, wie gut diese Regel mit anderen Entscheidungsregeln vereinbar ist. Diese Veränderungen der Rahmenbedingungen zwangen die industriellen Verbände zu einer Neuformierung, bei der die Verbände sich in ‘rot’ und ‘grün’ (rote EBE, grüner EuropaBio) auftrennten und mit der Ökonomisierung der Fokus von einer ‘Gemeinnützigkeit’ zu einer klar formulierten Interessenpolitik erfolgte. Die Verbändelandschaft durchlief also eine *taktische Anpassung* an die veränderten Umstände (vgl. Bandelow 1999:141).

Breit angelegte Verbände mögen zwar die Kommunikation nach außen leichter machen, haben aber immer das Risiko, das die Interessen von Teilen der Akteuren zugunsten irgendwelcher Paketlösungen im politischen Verhandlungsprozess geopfert werden. *Capacity building im Sinne einer Schaffung einer leistungsfähigen Kommunikationsplattform und Interessenvertretung* ist mehr als das Anhäufen von Mitgliedern, Fachpersonal und Geldern; wirkungsvolle Interessenvertretung ist eine *Frage der Ressourcen in Relation zu den zu lösenden Problemen.* Kleine Verbände können also bei hinreichend präzisen Zielen effektiver sein als ein Verband ‘von allen für alles’.

Die Politik ist auch allgemein an einer fortschrittsorientierten Ausrichtung des regulativen Systems interessiert. Dies erforderte eine Analyse der deutschen und insbesondere der europäischen Innovationspolitik.

Die FuT-Politik erwies sich als komplexes Politikfeld, in dem mehrere Ebenen und Konkurrenzen zwischen verschiedenen Wissenschaftssektoren verknüpft sind, was kurzfristige und radikale Reformen erschwert, wenn nicht gar verhindert. Die Ebenen sind zum Teil unverbunden, zum Teil konkurrieren sie, insbesondere, wenn regionalpolitische Interessen ins Spiel kommen. Die begrenzten materiellen und rechtlichen Möglichkeiten der EU machen es schwer, alle Akteure auf eine wie auch immer geartete forschungspolitische Linie einzuschwören. Die USA sieht in der EU noch viel ungenutztes Potential, das die deutsche bzw. europäische FuT-Politik ausschöpfen sollten. Die USA sehen jedoch zugleich die Entwicklung *im eigenen Land* mit Sorge, sie fürchten einen brain drain nach China und Indien. Dies wiederum sollte Anlaß zu der Überlegung sein, ob die in vielen EU-Papieren sichtbare Fixierung auf die USA nicht zu einseitig ist. Eine Anpassung an die USA, wenn sie denn stattfände, könnte vom Rückstand auf die USA in einen Rückstand auf Asien führen. Eine vorausschauende Auseinandersetzung mit der Entwicklung in Asien wäre daher eine der aktuellen Herausforderungen an die FuT-Politik der EU.

Die Forschungsförderung der Biotechnologie befindet sich in der Krise: In der Grundlagenforschung fehlt nach wie vor das Gemeinschaftspatent der EU, in der roten Biotechnologie wird die Biopatentrichtlinie schleppend und mit großen nationalen Varianzen umgesetzt, die grüne Biotechnologie befindet sich schon gemessen an der Forschungsaktivität (Freilandversuche) im ständigen Abwärtstrend (Bünder 2004:19). Und obwohl in der innovationstheoretischen Debatte große Einigkeit darüber besteht, dass kleine und mittlere Unternehmen als Innovationsträger förderungswürdig sind, gehen im biowissenschaftlichen Schwerpunkt gerade nur ein Zehntel(!) der Gelder an solche Unternehmen (ebenda). Die ESF beklagte schon 2000 eine Tendenz in der Forschungsförderung zu rigiden und bürokratischen Prozeduren, die intransparent seien und auch einen Mangel an Zurechenbarkeit von Entscheidungen zeigten (ESF 2000:3).

In der Forschungsförderung fiel zudem auf, dass die rote Biotechnologie deutlich stärker als die grüne Biotechnologie gefördert wird, was den politischen und nicht naturwissenschaftlichen Wertungen entspricht. Sektorale und regionale Egoismen wirken gerade in der kapitalschwachen roten Biotechnologie als Hemmnisse einer gezielten und schwerpunktmäßigen Förderung, in der Praxis sind auch einleuchtende innovationspolitische Forderungen schwer zu realisieren. Die Analyse der Klon- und Stammzellpolitik hatte jedoch gezeigt, dass es derartige Phänomen auch in den USA gibt. Die Forderung nach Förderung verwertbarer Ansätze führt gerade in der roten Biotechnologie in ein Dilemma. Die profitabelsten Ansätze werden von der Industrie lieber in die eigenen Hände genommen, für den Staat bleibt oft nur das, was sich nicht oder zumindest nicht sofort bezahlt macht. Insofern ist es auch nicht unlogisch, wenn der Staat sich bisher mehr auf die weniger profitable Grundlagenforschung konzentriert hat. Die folgende Abbildung stellt nochmals einige der wichtigsten Befunde zusammen.

Abbildung 15: Verarbeitung der Biotechnologie durch Öffentlichkeit und Politik

Technische Entwicklung
=> Öffentliche Wahrnehmung
=> Verarbeitung im politischen System

Rote Biotechnologie
- *Zielsetzung: Marktschaffung und Innovation*
- institutionelle Isomorphie mit Anpassung von Strukturen und Regeln an trilaterale und US-Vorbilder
- Verschiebung ungelöster Probleme in 'Appendices' => national kompensierte Harmonisierung
- Größenzuwachs (europäischer Maßstab)
- Verlagerung von politischer auf technische Ebene (Agenturmodell) mit Expertendominanz, Eigendynamik und Entpolitisierung

Grüne Biotechnologie
- *Zielsetzung: Sicherheit*
- Etablierung des europäischen Risikobegriffs (precautionary principle)
- bewußte Nichtanpassung und Abgrenzung von den USA
- restriktive regulative Handhabung
- *keine* (echte) Verlagerung von politischer auf technische Ebene (Agenturmodell), um die politische Kontrolle zu behalten (Eingriffe in EFSA-Entscheidungen)

Klon- und Stammzellen
- *Zielsetzung: Ethische Aspekte*
- wiss.-technische Entwicklung und Debatten noch ergebnisoffen und national dominiert (heterogene Gesetzgebung)
- Versuch, die Debatte auf europäischer Ebene zu koordinieren und zu bündeln
- Aufbau von europäischen Patientenverbänden (capacity building process)
- Teil des EU-Versuches, einen normativen Überbau zu errichten (Wertegemeinschaft)

Dilemmata der Politik

Magisches Dreieck aus Sozialpolitik (billigere Medikamente und Produkte), Marktpolitik (Standortsicherung, profitable Firmen) und Innovation (in der Biotechnologie sind bis auf die weltweit ersten 10 nahezu alle Firmen unrentabel, die Medikamente häufig sehr teuer und nur in Ausnahmefällen für die breite Anwendung vorgesehen)

EU kontrolliert nur einen Teil der Ressourcen (Patentrecht wird von EPO gesteuert, Großforschungsförderung wird von eigenen Organisationen beherrscht, z.B. EMBO), nationale Firmen und Politiken sind jedoch häufig zu klein

Biotechnologie ist ein kleines Politikfeld, das im Rahmen großer Politiken (IPR, FuT-Politik, Wirtschaftspolitik am Rande mit betrieben wird =>**kein biotechnologisches Gesamtkonzept**

Verarbeitung u.a. durch
- mehrgleisige Strategie (Generika, Förderpolitik, Patentschutz)
- administrative Reparaturzyklen statt großer Reformen
- *zunehmende Tendenz zur aktiven Marktsteuerung durch Anreiz und Kontrolle*, Abkehr vom 'freiem' im Sinne von deregulierten Markt
- Abkehr von Einzelprojekten, hin zur Kontextsteuerung
- 'kompensierte Harmonisierung' zur Ausweitung der EU-Kompetenzen
- ständiger Ausbau der Vielfalt der Steuerungsinstrumente (einschließlich *soft instruments* wie Beratung = scientific advice, Information, Koordination)
- Anpassungsdruck auf nationale Behörden, Verbände und Biotechfirmen im Sinne einer institutionellen Isomorphie

Sich rasch wandelnde Technologien können offenbar durch inkrementale, schnelle Anpassungen besser bewältigt werden als durch visionäre, aber schnell überholte 'große Reformen'. Dies hat sich sowohl in den ständigen Anpassungen der EMEA, aber auch in der raschen nationalen Gesetzgebung bei der Stammzelltechnologie gezeigt. Aber dies war mit ständig wachsenden Markteingriffen verbunden, Regelungsdichte und Markteingriffe nahmen selbst in der roten Biotechnologie, die von den Politikern immer mehr unterstützt und gefördert wird, in den 90er Jahren exponentiell zu.

In der grünen Biotechnologie hat sich die Entwicklung *insgesamt als statischer* erweisen, auch 2006 dominieren noch dieselben Technologien wie in den Neunziger Jahren. Demzufolge war es der EU hier möglich und auch wirksam, einen großen Wurf zu wagen mit der Errichtung der EFSA. Dennoch könnte z.B. durch arzneimittelproduzierende Pflanzen das politische und regulative Koordinatensystem verschoben werden, so dass auch hier das letzte Wort noch nicht gesprochen ist.

6.4 Probleme der Steuerung technischen Wandels durch die EU

Die EU-Politik im allgemeinen wie die Bio(technologie)politik im speziellen werden in einem nicht-hierarchischen Mehrebenensystem betrieben. In jeder dieser Ebenen gibt es eigene institutionelle Arrangements, d.h. Rechtsetzungen (Verordnungen, Gesetze, Leitlinien, Verträge, Konventionen usw.) und Organisationen. Zum Teil sind die Ebenen rechtlich, politisch und organisatorisch miteinander verknüpft, z.B. über EU-Richtlinien, die von den Nationalstaaten in nationale Gesetze umgesetzt werden, aber keine der Ebenen ist der nächstniedrigeren letztlich im hierarchischen Sinne vorgesetzt, man kann hier von einer *losen Koppelung* sprechen. Dies hängt zum einen mit der fehlenden Kompetenz-Kompetenz der EU zusammen, d.h., die EU kann nicht selbsttätig Befugnisse an sich ziehen, zum Teil ist es historisch gewachsen, z.B. die europäischen Großforschungsorganisationen, die schon lange vor dem ersten EU Forschungsrahmenprogramm ihre Arbeit aufgenommen hatten. Hinzu kommt die *Binnenstruktur* der EU, in der der Ministerrat als Repräsentant der Nationalstaaten, die Kommission als Vertreter der europäischen Interessen und das Parlament mit länderübergreifenden Fraktionen aus nationalen Parteien interagieren (vgl. Benz 2004:99ff.).

Zum Teil überlappen sich Regime, so finden sich z.B. Forderungen nach der Einwilligung von Betroffenen in biomedizinische Forschungen in UNO, Europarat und EU und Gesetzen wie EU-GCP, AMG und der ärztlichen Deklaration von Helsinki wieder). Zum Teil konkurrieren die Regime auch, wie z.B. die oben gezeigten Anreizsysteme der EMEA für Orphan Drugs oder die auch die ab 2007 wirksame PUMA, die Marktmonopole *am Patentrecht vorbei* konstruieren zu versuchen.

Die EU erkennt ihre unzureichenden Steuerungsmöglichkeiten als defizitär und befindet sich hier mit im Einklang mit Zentralisierungsbefürwortern. So bemüht sich die EU insbesondere in der FuT-Politik um die Schaffung eines konzeptionellen (Europäischer Forschungsraum) und institutionellen Rahmens (Europäischer Forschungsrat), um die Zügel in die Hand zu bekommen; nicht umsonst schwebt einigen Akteuren schon die Gründung einer *European Funding Agency* vor. Ob dies jedoch für die Forschung von Nachteil ist, sei dahingestellt, denn es wird auch die Auffassung vertreten, dass dezentrale, lose gekoppelte Systeme letztlich innovativer als eine zentralisierte Forschung seien (vgl. auch Gottschalk/Janz 2001:1). Die Europäisierung der institutionellen Arrangements fördert die Entstehung europäischer bzw. international agierender Akteure. Dies gilt für Firmen und ihre Verbände, die wiederum die Nachfrage an übergreifenden Arrangements und ihrer Weiterentwicklung fördern (vgl. auch Kohler-Koch 1996 199). Auf der anderen Seite stellen kleinen und mittlere Unternehmen nicht nur in der Theorie, sondern gerade in der Biotechnologie einen zentralen Innovationsträger dar und ausgerechnet diese kleinen Firmen sehen sich immer größeren Strukturen gegenübersehen. Die EU versucht einen Brückenbau zwischen Groß und Klein durch Vernetzung und durch die Aufforderung, Konsortien für die Teilnahme an Forschungsprogrammen zu bilden, dies begünstigt jedoch in der Praxis die Großen gegenüber den Kleinen, wie die Mittelverteilung in der Forschungsförderung der Biotechnologie zeigt. Die Europäisierung ist nicht nur Wandel zu mehr Integration, sondern auch ein politisches und bürokratisches Größenwachstum. Andererseits hat die EMEA durch die Errichtung ihres SME office und die stark erweiterten Beratungsleistungen die bürokratischen Hürden insbesondere in den Jahren 2005 und 2006 deutlich abgebaut.

Grande wies auf das Paradox der Schwäche hin, das aus der unzureichenden Ressourcenkontrolle durch die EU resultiert. Die einzelne Ebene hat zwar wenig Einfluß, ist aber im Gegenzug auch nicht für alles zuständig bzw. verantwortlich. Der Staat kann sich auf diese Weise freischwimmen und Handlungsfreiheit zurückgewinnen. Das Mehrebenensystem bietet also auch mehr Möglichkeiten, Konflikten aus dem Weg zu gehen, man kann es theoretisch immer noch ‚woanders' versuchen. Insofern ist es völlig ungewiß, ob ein europäischer Forschungsrat oder gar eine Funding Agency der richtige Weg sind, denn sie müßte neben den Ressourcen auch all die Konflikte bewältigen, die die FuT-Politik mit sich bringt.

In der IPR-Politik sind alle Formen von Schutzrechten für geistiges Eigentum auf dem Vormarsch. Diese Entwicklung wird weltweit von den USA forciert, aber auch in der europäischen Industrie und Wissenschaft finden sich viele Befürworter. Durch Patente werden nach Ansicht der Befürworter Forschung und Innovation belohnt, die Forschungseinrichtung kann ihre Einnahmen für weitergehende Forschung nutzen. Mit Patenterteilung ist nicht nur das Risiko eines Plagiats beseitigt, sondern die Innovation kann auch veröffentlicht werden, die früher häufige Doppelarbeit entfällt ebenso wie die früher notwendige Erfordernis der Geheimhaltung wichtiger Forschungserkenntnisse. Kritisch hingegen ist die konkrete Interpretation von Erfindungen, wobei die Abgrenzung von einer Entdeckung, die Neuheit (im Sinne von nicht naheliegend sein) und ihre praktische Anwendbarkeit (Nützlichkeit; utility) die drei Streitpunkte sind. Die USA tendieren in allen drei Punkten zur großzügigen Interpretation, während die Europäer eine eher restriktivere Linie bevorzugen. Die Biopatente sind darüber hinaus wegen ihres Bezugs auf Lebewesen bzw. ihre Produkte ethisch umstritten, die Auswirkungen auf die Entwicklungsländer auch ökonomisch. Die empirische Prüfung des Problems hat gezeigt, dass z.B. das Aufkommen der von der EU zunächst nicht rezipierten computerisierten Analyse und Interpretation der Gene *bereits automatisierte Patente möglich macht*, weshalb strengste Anforderungen an die Kriterien der Patenterteilung gestellt werden sollten. Insgesamt befindet sich die EU jedoch gegenüber der USA in der Defensive, insgesamt ist die EU eher Getriebener als Akteur. In der Bildungspolitik liegt die Initiative bei den Akteuren des Bologna-Prozesses und den Nationalstaaten, was auch für den Umgang mit der Benachteiligung von Frauen im Beruf gilt. Die Analyse der Gender Mainstreaming-Problematik hat zudem gezeigt, dass es große Unterschiede zwischen den

Nationalstaaten gibt, was ein koordiniertes europäisches Vorgehen nicht leichter machen wird.

Zusammenfassend hat sich gezeigt, dass die Fähigkeit der EU, Innovation zu fördern und zu steuern, insgesamt sehr begrenzt ist, die Krise des Lissabon-Prozesses hat dies allen Akteuren deutlich vor Augen geführt. Wenn Wim Kok an die Mitgliedsstaaten appellieren muß, die Maßnahmen des Prozesses auch tatsächlich durchzuführen, zeigt dies auch, dass der beste Plan nichts nützt, wenn die Akteure aus welchen Gründen auch immer nicht kooperieren. Das Problem ist somit umrissen, nun jedoch ist zu fragen, welche Einflussmöglichkeiten die EU hätte, um Innovationen verstärkt zu fördern. In vielen Gebieten der EU, so zum Beispiel auch der Biotechnologie, dominiert die regulative Politik.

Nach Lütz/Czada (2000:15) kann man regulative Politik als eine spezifische Form meist staatlicher Aufsicht und Kontrolle über private Marktakteure ansehen. Die wichtigsten Instrumente sind Gebote, Verbote und Anreizprogramme, wobei es nicht nur um Regelbildung (rule-building), sondern auch die Regelüberwachung (monitoring) und Sanktionierung von Regelverstössen (enforcement) geht. Majone erklärt das Wachstum regulativer Aktivitäten auf europäischer Ebene interessengeleitet mit den Handlungsrationalitäten der beteiligten Akteure, die daran interessiert sind, unterschiedlich stringente und inkonsistente Regeln auf EU-Ebene zu verhindern (Czada/Lütz/Mette 1999). Dies trifft in vollem Umfang auf die international agierenden Pharmahersteller und die Biotechfirmen zu, aber letztenendes auch für die Behörden, für die inkonsistente Regelungen nur das Risiko von Umgehungsreaktionen seitens der Hersteller bewirken könnten. Regulative Politik bietet die Möglichkeit der Überwachung und Steuerung, was gerade bei einer innovationsorientierten Verknüpfung von Politikfeldern, wie sie der EU vorschwebt, ein ideales Instrument darstellt.

Ein zweiter Grund ist, dass der EU gerade in der Innovationspolitik schlicht das Geld fehlt, um eine großangelegte Förderpolitik zu betreiben. Das gesamtes Fördervolumen der EU im RP6 für die Biotechnologie ließe sich im Jahresumsatz eines erfolgreichen herkömmlichen Cholesterinsenkers *gleich mehrfach unterbringen.* Theoretisch kann die EU natürlich niemals genug Geld haben, um alle politischen Forderungen zufrieden stellen zu können, die man an sie richtet, dies bedeutet aber im Umkehrschluss, dass die Konkurrenz der Politikfelder untereinander um die Mittel nicht enden wird.

Zusammenfassend ist die regulative Politik trotz aller Förderprogramme der weiterreichende und dominante Politikmodus in der Innovationspolitik. Warum jedoch wird dieses Instrument nicht wenigstens im Rahmen der EU-Möglichkeiten im Sinne einer konsequenten Innovationspolitik ausgereizt, so, wie es Forschung und Industrie unentwegt verlangen?

Hier hat sich gezeigt, dass die EU zwar versuchen kann, mittels Entkoppelung isolierte Politik zu betreiben, indem viele Interdependenzen für bestimmte politische Interaktionen ignoriert oder als Teil einer feststehenden Umwelt behandelt werden (vgl. Hasse/Krücken/Scharpf 2001:182), jedoch erweist sich das Dreieck aus Sozialpolitik, Wirtschaftspolitik und Innovationsförderung *oft als magisches Dreieck*, bei dem man alle drei Aspekte nicht unter einen Hut bekommt, obwohl das zentrale Argument der Innovationspolitik, nach der die Innovation den Aufschwung, der Aufschwung die Arbeitsplätze und somit auch mehr Geld in die Sozialkassen bringt, den Gleichschritt aller drei Aspekte nahe legt.

Das Integrationsgefälle zwischen Wirtschafts- und Sozialpolitik führt zunächst einmal dazu, dass Maßnahmen der europäischen Marktförderung in die Sozialsysteme hinein wirken. Die Förderung des europäischen Arzneimittelmarktes machte sich in der Sozialpolitik als Kostendruck auf die Gesundheitssysteme bemerkbar und noch extremer gilt dies für die zumeist sehr hochpreisigen Biotechpräparate. Standortsicherung und die Senkung der Gesundheitskosten kollidieren hier direkt miteinander. Die High Level Group on Innovation and Provision of Medicines (‘G10-Gruppe’) wurde im Dezember 2000 von den EU-Kommissaren der Generaldirektionen III und V, Liikannen und Byrne, angeregt, um unter Federführung der EU insbesondere Gesundheitsminister (aus 5 Staaten, u.a. auch Gesundheitsministerin Schmidt), Herstellerverbände (EFPIA, EGA, AESGP) und Krankenversicherungen (AIM) zu einer gemeinsamen Position zu bringen (vgl. G10 2002). Der Abschlussbericht enthielt von allem etwas: Forschende Industrie und Biotechnologie sollen gefördert werden, innovative Medikamente sollen nach Zulassung schneller erstattungsfähig werden, aber auch Generika gefördert werden, zugleich aber auch mehr freiverkäufliche Präparate. Somit wurden alle Akteursziele der konkurrierenden Industriezweige gleichzeitig empfohlen, was das Dilemma mehr unterstrich als zu lösen. Inzwischen wurde mit der Initiative „Innovative Arzneimittel“ (*Innovative Medicines Initiative IMI*) ein neuer Anlauf gestartet, bei der im Rahmen des 7. Froschungsrahmenoprogrammes öffentlich-private

Partnerschaften mit insgesamt 2 Mrd. Euro bis 2014 gefördert werden sollen (Geursen 2007:251).

Noch extremer hat sich dies jedoch in der Arbeitsmarktpolitik bemerkbar gemacht, wo mit dem Herkunftslandprinzip die Eintrittshürden in die Arbeitsmärkte anderer EU-Länder niedergerissen werden sollten. Dieses Prinzip hatte bereits in der Entsenderichtlinie Platz gefunden, seine Stärke entfaltete sich jedoch erst nach der EU-Osterweiterung, wo das große Sozial- und Kostengefälle Entleihungen im großen Stil rentabel und sinnvoll machte. Dieser Schockeffekt, bei dem faktisch fremde Sozialsysteme mit dem Arbeitnehmer quasi importiert wurden, hat vor allem Deutschland und Frankreich dazu motiviert, dieses Prinzip für die im Juni 2006 verabschiedete Dienstleistungsrichtlinie in vielen Punkten zu kippen, die die vierte Säule der EU, die Dienstleistungsfreiheit, vollenden sollte.

Die integrative Teillösung einer fortgeschrittenen ökonomischen und geldpolitischen Verbindung der EU- und speziell der Euroländer hinsichtlich Wechselkurs, Zinssatz, Geldmenge und den Maastricht-Kriterien für die Verschuldung erscheint wegen des engen Zusammenhanges von Wirtschafts-, Finanz-, Fiskal- und Sozialpolitik inkonsequent und langfristig unzureichend, denn das Steueraufkommen hängt direkt mit Wirtschaftskraft und Finanzbedarf zusammen, beides wiederum steht in direkter Wechselwirkung mit den Sozialausgaben. Sozialausgaben hängen wiederum auch mit der Lohnhöhe zusammen, die wiederum auch mit dem nationalen Preisniveau zusammenhängt. Die Wirtschaftskraft ist jedoch wiederum relevant für die Höhe der Forschungsausgaben. Der Dienstleistungsrichtliniendiskurs hat gezeigt, dass isolierte Arbeitsmarktreformen durch die EU ohne eine begleitende Sozialpolitik die nationalen Sozialsysteme vor unlösbare Probleme stellen könnte. Eine im Sinne der obigen Definition „entkoppelte" Innovations- und Wachstumspolitik ist in der EU-Wirklichkeit nicht realisierbar, denn dies würde erfordern, dass sich die Akteure auch zu einer europäischen Sozialreform durchringen, die aber immer noch nicht das Problem der unterschiedlichen nationalen Lebenshaltungskosten gelöst hätte. Zu den Spannungen zwischen Markt und Sozialpolitik, Sozialpolitik und Kostendruck auf Gesundheitssysteme durch Innovationen treten noch die Spannungen zwischen Markt und Innovation.

In der Biotechnologie zeigte sich die Notwendigkeit zu marktkorrigierenden Eingriffen, um Innovationen zu fördern, insbesondere durch Modifikationen des

Patentwesens und durch patentartige Eingriffe. Diese marktkorrigierenden Eingriffe sind in vieler Hinsicht paradox: Zunächst einmal sollte durch die EMEA ein Markt geschaffen werden, dieser erwies sich jedoch als *strukturkonservativ*, da große Firmen und umsatzstarke Medikamente in bewährten Indikationen schon wegen der Skalen- und Verbundvorteile um so mehr im Vorteil sind, je größer der Markt ist. Der Markt begünstigt Größenwachstum und Fusionen, während innovationstheoretisch und auch in der Praxis der Biotechnologie gerade die kleinen und zunächst lange Zeit unrentablen Firmen der Hauptinnovationsträger sind. Außerdem besteht das Risiko von *Förderartefakten*: Die großen und erfolgreichen Biotech-Firmen stammen im wesentlichen schon aus der frühesten Phase, bevor es eine Biotech-Förderpolitik gab. Es ist nicht einmal ganz auszuschließen, dass die EMEA mit ihrer ursprünglichen Orientierung auf große Firmen und große Präparate *recht behalten könnte*, denn in der Biotechbranche ist ein Konsolidierungsprozess im Gange, bei dem vielversprechende Biotechfirmen von großen Firmen absorbiert werden. Die Anreizsysteme der EMEA setzen für den jeweils Begünstigten durch Monopolgarantien *auch den Preiswettbewerb außer Kraft* und verringern durch die Alleinstellung auf dem Markt auch den innovativen Druck durch *fast follower*-Firmen. Mit Verboten oder Drohungen wäre die Forschung von wenig wirtschaftlichen Arzneimitteln jedoch nicht zu motivieren gewesen, worin sich gewisse Grenzen von Regulierungsmethoden zeigen (vgl. auch Mayntz/Nedelmann 1996).

Zusammenfassend stehen Wirtschaftspolitik, Sozialpolitik und Innovationsförderung in einem latenten Spannungsverhältnis zueinander, die in der Realpolitik einer wie auch immer gearteten isolierten Innovationsorientierung im Weg stehen können.

Die Förderung von Innovationen und Forschung ist nur eines der Ziele, die Politiker im Auge behalten müssen. Gesellschaftliche Diskurse wirken ebenso in die Politik hinein, werden von der Politik wahrgenommen und verarbeitet. Die Politik muß also auch Zielkonflikte verarbeiten, sie kann die administrativen Settings nicht nur auf Innovation und Wachstum ausrichten. Dies wäre jedoch erforderlich, wenn man sich zum Ziel gesetzt hat, die führende Wissenschafts- und Wirtschaftsmacht der Welt zu werden, wie es im Lissabon-Prozess gedacht war. Würde man fordern, sich über die Bedenken der Öffentlichkeit hinwegzusetzen, würde dies den Eindruck des Demokratiedefizits der EU nur noch vergrößern. Dies wirft andererseits die Frage auf, wie realistisch die Zielsetzungen des Lissabon-Prozesses überhaupt waren.

6.5 Institutioneller Isomorphismus und Kontextsteuerung

Das Mehrebenensystem der EU sowie die Existenz überlappender internationaler Regime mit dem Wettstreit der Akteure untereinander um die Ressourcen (z.B. welche Forschungsschwerpunkte erhalten wieviel Unterstützung) ein mehrstufiges Kompromißhandeln mit einem Abstimmungsbedarf, der bis zur konkreten Umsetzung Jahre benötigen kann. Eine rigorose Harmonisierung herbeizuführen, z.B. durch eine Reform in einem Schritt, ist unter diesen Bedingungen praktisch zum Scheitern verurteilt (vgl. auch Prange 2004:75). Ein Beispiel hierfür ist die Bildungspolitik, in der nach der im *Dahrendorf-Memorandum* von 1973 konstatierten Krise der Harmonisierung erst mit der Hochschuldiplomrichtlinie von 1989 ein größerer Reformschritt erreicht werden konnte.

Der Problemlösungsbedarf in der EU ist seit den neunziger Jahren enorm gewachsen, zum eine durch die Erweiterung, die nicht nur die sprachliche Vielfalt und die Zahl der Akteure, sondern auch die strukturelle Heterogenität sehr vergrößert hat, zum anderen durch die zunehmende Ausdehnung der EU-Politik über die Wirtschaft hinaus. Die EU hat darauf mit einer erhöhten Flexibilität reagiert und zwar sowohl in der Art der politischen Instrumente als auch ihrer Handhabung, kurzum mit einer veränderten Form der politischen Steuerung und Koordination (Governance; EU 2001). Diese Strategie soll fünf Ziele erreichen: *Offenheit, Partizipation, Verantwortlichkeit, Effektivität und Kohärenz.* Die EU greift in diesem Zusammenhang verstärkt zurück auf

- *Rahmenrichtlinien:* Dabei sollte mehr auf "primäre" Rechtsvorschriften zurückgegriffen werden, die sich auf das Wesentliche (grundlegende Rechte und Pflichten und die Bedingungen ihrer Umsetzung) beschränken und es der Exekutive überlassen, technische Einzelheiten durch "sekundäre" Durchführungsbestimmungen auszufüllen (EU 2001:7f.). Ein Vorteil dieses Ansatzes ist die zügigere Verabschiedung durch die EU-Instanzen.

- *Ko-Regulierung:* Kombination von EU-Regeln mit solchen von nachgeordneten Ebenen. Die EU betont aber sogleich, dass dieses Instrument wegen der drohenden uneinheitlichen Rechtsetzung nur in einzelnen Fällen angewandt werden soll.

- *Offene Methode der Koordinierung:* Die Methode der offenen Koordinierung ist ein neues, im Rahmen des Maastrichtvertrages und des Vertrages von Amsterdam formuliertes Instrument zur strukturierten Zusammenarbeit zwischen

Mitgliedsstaaten und Kommission zur Weiterentwicklung von Politikfeldern außerhalb der vorgesehenen Koordinierungs- und Harmonisierungsinstrumente, sie erweitert die gemeinschaftlichen Aktionsbereiche auch auf Politikfeldern, für die keine oder nur geringe Gemeinschaftskompetenzen bestehen, insbesondere in der Sozialpolitik (Scharpf 2002:1; KGM 2002:11; Behning 2004:1f.).

- Die Schaffung *autonomer EU-Regulierungsagenturen* in klar festgelegten Bereichen insbesondere zur Nutzung sektoral hochgradig entwickelten technischen Know-hows. Die Verlagerung von Aufgaben auf die mehr technische Expertenebene entlastet die EU-Kommission (Prange 2004:77).

Dabei kommt es gerade in der Biopolitik zu einem *institutionellen Isomorphismus*, d.h., der Anpassung eines institutionellen Musters an politische Vorgaben oder andere bereits bestehende und als erfolgreich wahrgenommene Muster (vgl. Büschges 1981:III/15ff.).

Ein solcher Isomorphismus kann durch Zwang erfolgen, z.B. durch die Einführung einer Sicherheitsvorschrift, durch normativen Druck, bei dem z.B. Professionen ein bestimmtes Organisationsmuster erzwingen (wie z.B. die Verkammerung des Handwerks im späten 19. Jahrhundert mit dem Meister-Gesellen-Betrieb), aber auch als mimetischer Isomorphismus, bei dem *best practices* über die Sachgebietsgrenzen hinweg in Industrie und Behörden diffundieren. Die folgende Abbildung zeigt ein Erfolgsmuster, das in der Biopolitik (Patentwesen und Arzneimittelpolitik) eine entscheidende Rolle spielt:

Abbildung 16: Institutioneller Isomorphismus

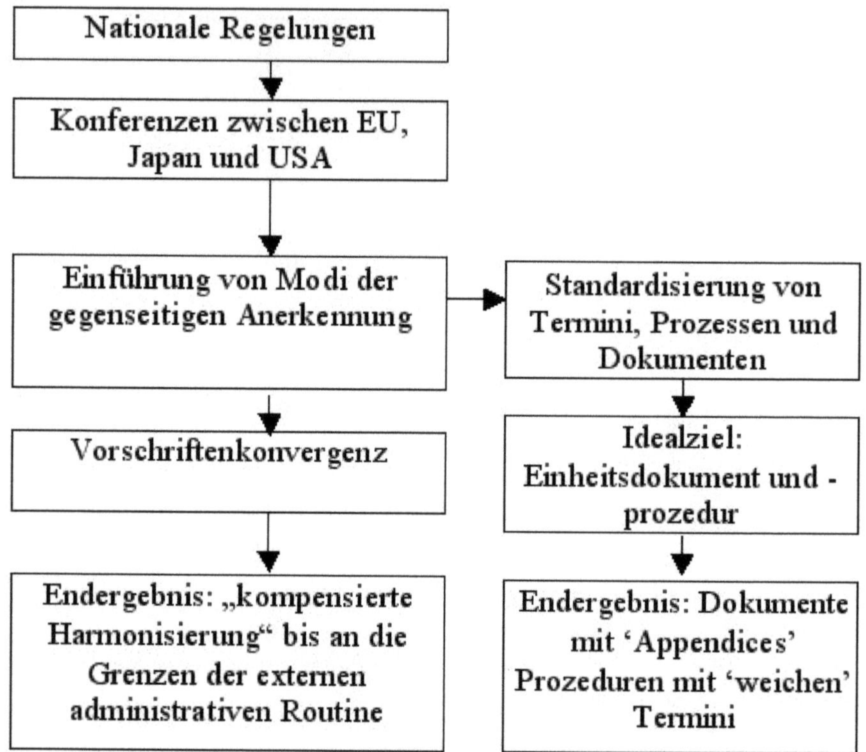

Bei der trilateralen Anpassung von Prozeduren wird häufig übersehen, dass es nicht nur darum geht, drei unterschiedliche Prozesse aneinander anzugleichen. Die Prozesse, die angeglichen werden sollen, sind oft nur Teile größerer Apparate mit eigenen administrativen Routinen. Insofern hat die Angleichung eines Einzelprozesses Grenzen, jenseits derer die Harmonisierung *kontraproduktiv* wird. Der Kompromiß sieht in der Regel so aus, dass der Dachprozess bzw. das Dachdokument einheitlich gestaltet sind, aber im Detail dann durch ‘Appendices’ oder weiche Termini, die unterschiedlichen administrativen Routinen Raum geben, der Druck auf die beteiligten lokalen Systeme kompensiert wird. Dies entspricht der Beobachtung von Scharpf (1996:116), der beobachtet hat, dass die nationalen Akteure um so zustimmungsfreudiger sind, je mehr ein Beschluss ihren eigenen administrativen Routinen entspricht.

Beispiele:

Bei der seit 2004 einheitlichen Anmeldung von klinischen Studien bei der Zulassungsbehörde in Europa, die sog. CTA (Clinical Trial Application) hat sich jedes Land Variationen bei den beizufügenden Begleitdokumenten vorbehalten, so dass die lokalen Unterschiede nun im Anhang versteckt sind. Die Japaner mußten bei der Schaffung des einheitlichen Zulassungsdokuments CTD akzeptieren, dass das Dokument englischsprachig ist. Japan fügt jedoch für sich noch ein eigenes japanischsprachiges Dokument, das 'Gaiyo', *dazu.* Nachdem bis 2004 vor klinischen Studien in den deutschen Bundesländern jeweils jede lokale Ethikkommission für ihren Einzugsbereich gesondert befragt wurde, wozu es eine große Vielzahl lokaler Varianten gab, gibt es nun ein Einheitsformular, das an die Ethikkommission des Prüfungsleiters geht, die anderen Ethikkommissionen werden jedoch im *Umlaufverfahren* eingebunden, so das zumindest in Grenzen alle weiterhin mitreden können.

Bei der Behandlung der Arzneimittel im Allgemeinen handelt es sich um triadische Muster, während im Spezialgebiet der roten Biotechnologie die EMEA-FDA[102] und die EFSA-FDA/(EPA/USDA) faktisch nur noch als *Dyaden* operieren.

Diese Muster der *kompensierten Harmonisierung* greift in Gestalt 'weicher' Formulierungen in EU-Richtlinien um sich: Was das Weißbuch der EU als Flexibilität und zügige Verabschiedung beschreibt, ist genau genommen *das Aussparen von Konflikten und die Verlagerung der Probleme auf nachgeordnete Ebenen,* entweder durch Schaffung von Agenturen, in denen Sachverhalte dem Expertendiskurs übergeben werden oder auf die nationale Ebene, die genau jene Auslegungsprobleme, die die EU ausgespart hat, lösen muß. Dieser Effekt wurde bei der Biopatentrichtlinie deutlich, bei der dann nicht nur in Deutschland jahrelang auf nationaler Ebene weitergestritten wurde. Die EU ist sich dieser Problematik vollauf bewußt und versucht häufig, derartige Unterschiede in einem weiteren Politikschritt *wieder einzuebnen,* hierfür sind Übergangsfristen ebenso erfolgreich wie nachgeschobenen Vereinbarungen: Die Arzneimittelbehörde EMEA gräbt den nationalen Behörden zunächst Marktanteile ab, nimmt ihnen dann mit der 2004 beschlossenen EMEA-Reform weitere Kompetenzen und kann schon 2005 die vorher undenkbare Forderung aufstellen, auf die nationalen Zulassungsbehörden zu

---

[102] Ein praktisches Beipsiel ist die FDA Form 3671, mit der man sich gleichzeitig bei der FDA und EMEA um den Orphan Drug Status bewerben kann (FDA:2007).

verzichten, um statt dessen 6-10 nachgeordnete 'Centers of Excellence' zu errichten[103].

Eine spezielle Form des Isomorphismus wurde mit großem Erfolg im Arzneimittelbereich angewandt: Als amerikanisches Erfolgsmuster wird von allen Akteuren gerade in der Biopolitik die Durchführung *beschleunigter Verfahren* oder das Erteilen *vorläufiger Genehmigungen* diskutiert, um die Spannungen aus notwendiger administrativer Kontrolle und Zeitdruck seitens der Wirtschaft zu lösen, angesehen. Die Europäer waren lange Zeit wesentlich zurückhaltender, haben in den Jahren 2004 bis 2006 aber dann doch auf ganzer Linie nachgegeben. Die Kritiker sahen hier eine Risikoscheu der Europäer, wobei jedoch übersehen wird, dass die Europäer versuchen, Risiken *im Vorfeld* auszuräumen, während die Amerikaner eine *nachgelagerte Strategie* mit einem wesentlich schärferen und kostspieligeren Haftungsrecht fahren.

6.6 Capacity building

Die Rechtslage in der EU ist im Fluß und alle Beteiligten wissen das. Dabei geht jedoch generelle Trend eindeutig zur Verlagerung der Kompetenz auf die europäische Ebene und die Akteure passen sich an diese Entwicklung an, um weiterhin erfolgreich Politik treiben zu können. Dabei wird sowohl von Befürwortern und Gegnern der EU eine Doppelstrategie gefahren, nämlich marktlich zu argumentieren, wenn die europäische Politik in die von einem selbst gewünschte Richtung läuft und nicht–marktlich, wenn die Europäisierung geblockt werden soll. Ungeachtet aller politischen Differenzen unterliegt die EU-Politik einer Prozesslogik, die letztenendes demjenigen Akteur größere Erfolgschancen gibt, der in der Lage ist, europäisch zu denken und zu handeln. Dieser Prozess hat nicht nur, aber insbesondere in der Bio(technologie)politik einen *Capacity building*

[103] Nicht nur Europa steht hier unter Druck. In Japan sind Zulassungsbehörden und Pharmaindustrie zersplittert und Japan, dass sich gegenüber der USA und der EU im Rückstand sieht, setzt nun auf eine große Behörde mit einem billigeren und schnelleren Zulassungsverfahren. Am 1. April 2004 wurde die PDMA Pharmaceuticals and Medical Devices Agency aus den Vorläufern Pharmaceuticals and Medical Devices Evaluation Center PDMEC, Organization for Pharmaceutical Safety and Research (OSPR) und Japan Association for the Advancement of Medical Equipment (JAAME) gegründet, zudem wird ein beschleunigtes Verfahren eingeführt, das auch nur 6.900 $ kosten soll (vgl. auch CRA 2004).

process in Gang gesetzt, der nicht nur die Industrie und die klassischen Verbände, sondern auch NGOs und Patientenorganisationen erfasst hat. Die EU-Politik wird zunehmend auch von Akteuren betrieben, die man früher als zersplittert oder ohnmächtig wahrnahm: Verbraucher, Patienten, Betroffene. Die zwiespältigen Effekte aus der Vermehrung schlagkräftiger Akteure und der verstärkten Bürgerbeteiligung gilt es zu diskutieren.

Im Bereich der Pharma- und Biotechverbände konnte gezeigt werden, dass die Vorstellung, es handele sich dabei um einheitliche Akteure mit klar definierten Interessen, abwegig ist, man vielmehr von einer Akteurfiktion sprechen muß. Besonders deutlich wurde dies bei der Biogenerikadebatte, die 2006 in Europa, aber noch nicht den USA zugunsten der Generikahersteller entschieden wurde. Der Streit zwischen Originalherstellern und Generikaanbietern ist ein Konflikt in der Industrie, wobei paradoxerweise manche Firmen theoretisch *auf beiden Seiten gleichzeitig kämpfen* müßten, so z.B. der große Originalpräparatehersteller Novartis, der im Februar 2005 den großen Generikahersteller Hexal übernahm, wobei Hexal zum Übernahmezeitpunkt ja schon in Richtung Biotechnologie vorstieß. Die Politiker sind zwischen Standortpolitik zugunsten der forschenden Hersteller und der Kostenersparnis durch Generika hin- und hergerissen, eine eindeutige Politikempfehlung gibt es in dem Konflikt also nicht. Insgesamt lassen sich folgende allgemeinen Prozesslogiken festhalten.

Prozesslogik 1: Die Frage, ‘wer gegen wen’ agiert, ist nicht von festen Konfliktlinien wie z.B. ‘Verbraucher’ gegen ‘Wirtschaft’ abhängig, sondern wird von der konkreten politischen Einzelfrage bestimmt.

Prozesslogik 2: Der Terminus ‘wirtschaftliche Interessen’ ist in der EU nicht allein entscheidend, denn häufig vertreten beide oder mehrere Konfliktparteien unterschiedliche wirtschaftliche Interessen.

Prozesslogik 3: Für die Politiker ist die Situation ebenfalls kompliziert: Es muss rechtlichen und ökonomischen, aber auch sozialen und strukturpolitischen Gesichtspunkten Rechnung getragen werden.

Prozesslogik 4: Demzufolge stellt weder ‘die Politik’, geschweige denn ‘die EU’ einen monolithischen Block, der eine einseitige Position vertreten und durchsetzen kann, dar.

Prozesslogik 5: Die EU ist kein einheitlicher Akteur, aber selbst wenn sie es wäre, kann die EU ihre Angelegenheit nicht frei von äußeren Einflüssen regeln, sie muss vielmehr die Folgen im Verhältnis zu anderen Wirtschaftsgruppen, aber insbesondere der USA im Auge behalten. Der Spielraum der EU ist demnach nicht nur durch nationale Interessen beschränkt.

Prozesslogik 6: Die wachsenden Politikdimensionen (europäisch wie global) begünstigen die Bildung von europaweit und weltweit agierenden Interessengruppen. Rein national orientierte Interessenverbände oder gar Einzelpersonen haben faktisch kaum noch Möglichkeiten, politische Interessen wirksam vorzutragen. Kleine Verbände wären auch kaum in der Lage, die Kosten für eine effektive Interessenvertretung in solchen Politikdimensionen aufzubringen (vgl. Webster 2000:7).

Umgekehrt sind die großen Verbände eine wichtige Voraussetzung nicht-hierarchischer Regelungen, denn z.B. gemeinsame Institutionen wie die ICH mit Behörden und Verbänden wären mit einer zersplitterten Verbändelandschaft gar nicht möglich (vgl. Mayntz 2003:77).

Diese Prozesslogiken legen zunächst nahe, dass sich immer größere Verbände und Organisationen bilden müßten. Anpassungsleistungen werden aber nicht nur auf der quantitativen Ebene erbracht, sondern auch auf der *qualitativen* Ebene, d.h. die Anpassung erfolgt auch bezüglich der inhaltlichen Ausrichtung, wie das Beispiel der Biotechverbände besonders deutlich gezeigt hat.

6.7 Zusammenfassung und Ausblick

In einer vergleichenden Untersuchung der drei großen Teilgebiete der Biotechnologie, nämlich der auf den Menschen und Tiere bezogenen 'roten' Biotechnologie, der agrarischen 'grünen' Biotechnologie und der Stammzelltechnologie. wurde die Hypothese geprüft, dass die unterschiedliche Entwicklung in diesen Teilgebieten zu entsprechend unterschiedlichen Wahrnehmungen, Diskursen und einer unterschiedlichen Reaktionsweise der politischen Akteure geführt hat, obwohl alle Anwendungen im Kern immer noch auf einer einheitlichen Basis fußen, nämlich der Analyse und Veränderung der Erbsubstanz DNA in biologischen Systemen. Die unterschiedliche Reaktionsweise der politischen Akteure schlug sich wiederum in einer Auseinanderentwicklung des Verbändewesens und der zunächst recht homogenen Biotechnologieregime nieder.

Dabei zeigte sich, dass die Technik das politische Handeln unter Umständen erheblich beeinflussen, aber nicht determinieren kann. Dies wurde in einem Vergleich der Biotechnologieregime der EU und der USA deutlich, die bei der roten Biotechnologie große Parallelen aufweisen, während die EU und die USA bei der grünen Biotechnologie sehr unterschiedliche Regulierungsphilosophien ('precautionary principle' vs. 'scientific-based principle') vertreten. Die Rolle der internationalen Zulassungsagenturen EMEA und EFSA in der EU und der FDA auf US-Seite wurde in dem Zusammenhang bislang nur wenig beforscht.

Dabei zeigte sich in der roten Biotechnologie, dass die ursprünglich für die Schaffung eines einheitlichen Pharmamarktes konzipierte EMEA einen tiefgreifenden Wandel durchlaufen hat, um die Zulassung von medizinisch erwünschten Biotechpräparaten aktiv zu fördern (u.a. durch Regelungen, die de facto den Patentschutz einer Substanz modifizieren) und sie nun sogar damit beginnt, die Erforschung der ihr zur Zulassung vorgelegten Substanzen durch einen erweiterten 'Protocol and Scientific Advice' selbst zu lenken.

Dabei zeigte sich ein Spannungsverhältnis zwischen Innovationsförderung und ökonomischen Zielsetzungen, da die medizinisch erwünschten Biotechpräparate entweder nicht wirtschaftlich oder für die Sozialversicherungsträger (zu) teuer sind. Die politische Analyse zeigte, dass sich rasch wandelnde Technologien offenbar durch inkrementale, schnelle Anpassungen besser verarbeitet werden können als durch 'große' Reformen, die aufgrund ihrer langen Planungs- und Diskussionszeit schon bei der Umsetzung wieder überholt sein können.

In der grünen Biotechnologie wiederum zeigte sich, dass nicht allein der technische Wandel, sondern die Wahrnehmung der Technologie maßgeblich für das Verhalten der Akteure war, insbesondere das durch den BSE-Skandal erschütterte Vertrauen in die Fähigkeit der EU, die Lebensmittelsicherheit zu regulieren. Die häufig auch in EU- und US-Papieren sehr betonten Gegensätze zwischen den USA und der EU erwiesen sich jedoch bei einer genauen Prüfung der behördlichen Praxis als geringer als erwartet.

Bei den Stammzellen erwiesen sich sowohl die EU als auch die US-Regierung gegenüber den nachgeordneten Ebenen (Nationalstaaten bzw. US-Bundesstaaten) als nicht in der Lage, den heterogenen Diskurs und die daraus resultierenden Gesetze zu steuern und zu vereinheitlichen. Hier wie auch in den anderen Biotechnologiebereichen erwiesen sich die USA nicht als einheitlich agierender und argumentierender Akteur.

Zusammenfassend kam es nicht auf den technischen Wandel allein, sondern auch auf seine *Wahrnehmung* durch die Akteure an. Die Diskursanalyse zeigte, dass neue Techniken auch auf Wahrnehmungslücken stoßen können, wie u.a. anhand der EU-Förderung eines Projektes zur Schaffung künstlicher Lebensformen gezeigt werden konnte.

Die Entwicklung der Biotechnologie ist ebenso ergebnisoffen wie die der begleitenden Diskurse. Gleichwohl hat die Politik mit der Errichtung der Agenturen EMEA und EFSA Wege gefunden, zumindest die angewandte Forschung und die marktreifen Produkte zu beeinflussen. Je rascher der Wandel vor sich geht, desto sinnvoller ist es aufgrund der bisherigen Erfahrungen, mit schnellen und inkrementalen Politikschritten zu reagieren statt sich auf das Gelingen einer großen Reform zu verlassen.

Insbesondere die rote Biotechnologie und die Stammzellforschung sind im Fluß, wohingegen sich die grüne Biotechnologie eher langsam wandelt. Die größte Herausforderungen der Zukunft könnten jedoch nicht aus der roten oder grünen Biotechnologie, sondern aus der genetischen Diagnostik und dem PACE-Projekt kommen. Jedoch hat das PACE-Projekt trotz signifikanter Fortschritte bei der Schaffung von künstlichen Hüllen (Vesikeln) und einer passenden Mikroumgebung keine selbstreproduzierenden, und selbsterhaltenden künstlichen Zellen hervorbringen können (McCaskill 2008:3).

Auf die Politik warten hier weitere große Aufgaben. Die bisherige Entwicklung hat gezeigt, dass ein Nationalstaat, ja nicht mal die EU gemeinsam in der Lage ist, die Entwicklung zu kontrollieren, hierzu wäre zumindest die Kooperation mit den USA erforderlich.

Andererseits haben die EMEA und die FDA in der roten Biotechnologie im Rahmen des *Scientific Advice* schon gezeigt, dass die Bewältigung technischer und somit auch politischer Unsicherheit die Kooperationsbereitschaft zwischen den Akteuren fördert.

Insofern steht auch in Zukunft zu vermuten, dass das politische System zwar immer wieder mit unerwarteten Durchbrüchen konfrontiert wird, aber dann auch in der Lage sein wird, diese Herausforderungen zu verarbeiten. Die Politik- und Sozialwissenschaften können durch eine aktive und kritische Begleitung des technischen Wandels einen Beitrag zur Bewältigung der zukünftigen Entwicklung liefern.

Abschließend soll noch auf die großen Herausforderungen für die Politik- und Sozialwissenschaften hingewiesen werden, die die Biotechnologie in absehbarer Zeit bringen wird. Ulrich Beck hatte 1986 die Frage gestellt, ob sich die Gesellschaft auf dem Wege in eine andere Moderne befindet. Diese Überlegungen soll hier wieder aufgenommen werden unter dem Gesichtspunkt, dass sich durch die neuen Erkenntnisse der Genomik möglicherweise ein erkenntnistheoretischer Trend in Richtung eines mehr deterministisch-kausal-linearen Denkens entfalten *könnte*, kurzum die Vielfalt, Subjektivität und Unübersichtlichkeit des postmodernen Denkens zumindest in Teilbereichen wieder auf den Prüfstand kommen könnte. Diese andere Moderne könnte aus Sicht des postmodernen Denkens durchaus *als Schritt zurück* in Richtung der 'alten' technisch-industriellen Moderne gesehen werden. Die Sozialwissenschaften können jedoch auch diese Entwicklung durch kritische Analysen und Diskurse aktiv beeinflussen.

7. Abkürzungsverzeichnis

ADKÄ	Arzneimittelkommission der Deutschen Ärzteschaft
AESGP	Association Européenne de Spécialités Pharmaceutiques Grand Public
AILAB	Artificial Intelligence Laboratory
AIM	Association Internationale de Mutalité
AMG	Arzneimittelgesetz
APHIS	Animal and Plant Health Inspection Service
BÄK	Bundesärztekammer
BAH	Bundesverband der Arzneimittelhersteller
BBA	Biologische Bundesanstalt für Land - und Forstwirtschaft
BCG	Boston Consulting Group
BDP	Bundesverband deutscher Pflanzenzüchter
BfArM	Bundesinstitut für Arzneimittel und Medizinprodukte
BfN	Bundesamt für Naturschutz
BfR	Bundesinstitut für Risikobewertung
BGVV	Bundesinstitut für gesundheitlichen Verbraucherschutz und Veterinärmedizin
BIA	Biomolekulare Interaktionsanalyse
BIO	Biotechnology Industry Organisation
BMBF	Bundesministerium für Bildung und Forschung
BMFT	Bundesministerium für Forschung und Technik
BMG	Bundesministerium für Gesundheit
BMGS	Bundesministerium für Gesundheit und Soziale Sicherung
BMBW	Bundesministerium für Bildung und Wissenschaft

BMVEL	Bundesministerium für Verbraucherschutz, Ernährung und Landwirtschaft
BNI	Bernhard-Nocht-Institut für Tropenmedizin
BPI	Bundesverband der pharmazeutischen Industrie
BRS	Biotechnology Regulatory Services
BSE	Bovine Spongiforme Encephalopathie („Rinderwahnsinn")
BVL	Bundesministerium für Verbraucherschutz und Lebensmittelsicherheit
CAP	Centrum für angewandte Politikforschung
CAT	Committee for Advanced Therapies
CBER	Center for Biologics Evaluation and Research
CDER	Center for Drug Evaluation and Research
CDISC	Clinical Data Interchange Standards Consortium
CDU	Christlich Demokratische Union
CEEC	Central Eastern European Countries
CFR	Code of Federal Regulation
CFSAN	Center for Food Safety and Applied Nutrition
CHMP	Committee for Medicinal Products for Human Use
CIA	Central Intelligence Agency
COE	Council of Europe
COMP	Committee for Orphan Medicinal Products
CP	Comité Permanent
CPMP	Committee for Proprietary Medicinal Products
CPWP	Working Party on Cell-Based Product
CRA	Charles River Associates
CSU	Christlich Soziale Union

CTD	Common Technical Document
CVMP	Committee for Proprietary Veterinary Products
DAMA	Deutsche Arzneimittelagentur
DBF	Dedicated Biotechnology Firms
DFG	Deutsche Forschungsgemeinschaft
DHGP	Deutsches Human Genom Projekt
DIB	Deutsche Industrievereinigung Biotechnologie
DKFZ	Deutsches Krebsforschungszentrum
DM	Deutsche Mark
DNA	Desoxyribonucleic acid (Desoxyribonukleinsäure)
DPI	Disabled People International
DRFZ	Deutsches Rheuma-Forschungszentrum
EAB	European Association for Biotechnology
EBE	Emerging Biotechnological Enterprises
ECLT	European Center for Living Technology (Europäisches Zentrum für Lebenstechnologie)
ECU	European Currency Unit
EFPIA	European Federation of Pharmaceutical Industries' Associations
EFSA	Europan Food Safety Authority (Europäische Behörde für Lebensmittelsicherheit)
EFTA	European Free Trade Area
EG	Europäische Gemeinschaft
EGA	European Generic Association
EGE	European Group on Ethics
ELISA	Enzyme Linked Immunosorbent Assay

EMBL	European Molecular Biology Laboratory
EMEA	European Agency for the Evaluation of Medicinal Products (bis 2004)
EMEA	European Medicines Agency (seit 2004)
EPA	Europäisches Patentamt (Europa)
EPA	Environmental Protection Agency (USA)
EPAR	European Public Assessment Report
EPHA	European Public Health Alliance
EPLA	European Patent Ligitation Agreement
EPO	European Patent Office
ESchG	Embryonenschutzgesetz
EU	Europäische Union (European Union)
EUGH	Europäischer Gerichtshof
EUR-LEX	Gesetze der Europäischen Union
EWG	Europäische Wirtschaftsgemeinschaft
EWR	Europäischer Wirtschaftsraum
FBI	Federal Bureau of Investigation
FDA	Food and Drug Administration
FDP	Freie Demokratische Partei
F+E	Forschung und Entwicklung
FFDCA	Federal Food Drug and Cosmetic Act
FIFRA	Federal Insecticide, Fungicide and Rodenticide Act
FLI	Friedrich-Löffler-Institut
FONSI	finding no significant impact
GBF	Gesellschaft für biotechnologische Forschung
GCP	Good Clinical Practice

GEHA	Genetics of Healthy Aging
GenDG	Gendiagnostikgesetz
GenTG	Gentechnikgesetz
GenTPflEV	Gentechnik-Pflanzenerzeugungsverordnung
GLP	Good Laboratory Practice
GMO	Genetically modified organism
GMP	Good Manufacturing Practice
GRAS	Generally accepted as safe
GVO	Gentechnisch veränderter Organismus
HL-7	Health Level 7
HGP	Humanes Genom Projekt
HHS	Human Health Service
HIV	Humanes Immunschwäche-Virus
HMP	Human Microbiome Project
HMPC	Committee for Herbal Medicinal Products
HTA	Health Technology Assessment
HUGO	Human Genome Organisation
HUPO	Human Proteome Organisation
ICDRA	International Conference of Drug Regulatory Authorities
ICH	International Conference on Harmonisation
IFPMA	International Federation of Pharmaceutical Manufacturers
IMI	Innovative Medicines Initiative
IMS	Institut für medizinische Statistik
IPS	induzierte pluripotente Stammzellen
ISCI	Intrazytoplasmatische Spermieninjektion
ISO	International Standardisation Organisation

IVF	In vitro fertilisation
JAAME	Japan Association for the Advancement of Medical Equipment
JPMA	Japanese Pharmaceuticals Manufacturers Association
MCA	Medical Control Agency
MDC	Max-Delbrück-Centrum für molekulare Medizin
MHLW	Ministry of Health, Labour and Welfare
MHW	Ministry of Health and Welfare
Mips	Molecularly imprinted polymers
MIPS	Munich Information Center of Protein Sequences
MPG	Max-Planck-Gesellschaft
MPI	Max-Planck-Institut
MPIfG	Max-Planck-Institut für Gesellschaftsforschung
NABU	Naturschutzbund
NaWaRo	nachwachsende Rohstoffe
NBF	New Biotechnology Firms
NGFN	Nationales Genomforschungsnetz
NIH	National Institute of Health
NSABB	National Science Advisory Board for Biosecurity
OSPR	Organization for Pharmaceutical Safety and Research
PA	Protocol Assistance
PACE	Programmable Artificial Cell Evolution
PDCO	Paediatric Committee
PDMA	Pharmaceuticals and Medical Devices Agency
PDMEC	Pharmaceuticals and Medical Devices Evaluation Center
PDS	Partei des Demokratischen Sozialismus
PEI	Paul-Ehrlich-Institut

PERF	Pan-European Regulatory Forum
PGEU	Pharmaceutical Group of the European Union
PGP	Personal Genome Project
'Ph.+C'	Pharmaceuticals and Cosmetics Division
PhRMA	Pharmaceutical Research and Manufacturers Association
PID	Präimplantationsdiagnostik
PIP	Plant Incorpaorated Protectant
PLA	Patent- und Lizenzagentur
PMI	Plant Made Industrials
PND	Pränataldiagnostik
PRCA	Pure Red Cell Aplasia
PSRO	Public sector research organisations
PUMA	Paediatric use Market Authorization
R&D	Research and Development
RKI	Robert-Koch Institut
RNA	Ribonucleic acid (Ribonukleinsäure)
RZPD	Deutsches Ressourcenzentrum für Genomforschung GmbH
SA	Scientific Advice
SAWG	Scientific Advice Working Group
SME	Small and medium enterprises
SPD	Sozialdemokratische Partei Deutschlands
SÜG	Sicherheitsüberprüfungsgesetz
TRIPS	Agreement on the Trade related aspects of intellectual property rights
TSC	The SNP Consortium
TSCA	Toxic Substances Control Act

UAW	Unerwünschte Arzneimittelwirkung
USDA	U.S. Department of Agriculture
USA	United States of America
USPTO	US Patent Office
VAP	Verband aktiver Pharmaunternehmen
VCI	Verband der chemischen Industrie
VFA	Verband forschender Arzneimittelhersteller
WGL	Wissenschaftsgemeinschaft Gottfried Wilhelm Leibniz
WHO	World Health Organisation (Weltgesundheitsorganisation)
WMA	World Medical Association (Weltärztebund)
WTO	World Trade Organization
ZEW	Zentrum für Europäische Wirtschaftsforschung
ZIB	Zuse-Institut für Informationstechnik
ZKBS	Zentrale Kommission für Biologische Sicherheit

8. Literatur

AA (2003): Auswärtiges Amt: Deutsche Außenpolitik 2003/2004, 291 S.

Abels, G. (2000): Das globale Genom. Forschung und Forschungspolitik zum menschlichen Genom zwischen Kooperation und Konkurrenz. In: Barben, D., Abels, G. (2000): (Hrsg.): Biotechnologie - Globalisierung – Demokratie. Politische Gestaltung transnationaler Technologieentwicklung. Edition sigma, Berlin 2000, 434 Seiten:85-110.

Abels, G. (2002): Experts, Citizens und eurocrats - Towards a policy shift in the Governance of Biopolitics in the EU. European Integration online Papers (EIoP) Vol. 6 (2002) No. 19, 26 pages.

Abels, G. (2003): Das Humangenomprojekt. Genese und Konstruktion von Großforschung in der Biomedizin. In: Hornschuh, T., Meyer, K., Rüve, G., Voß, M. (2003): Schöne-gesunde, neue Welt? Das humangenetische Wissen und seine Anwendung aus philosophischer, soziologischer und historischer Perspektive. IWT-Paper 28 des Graduiertenkollegs „Genese, Strukturen und Folgen von Wissenschaft und Technik". Institut für Wissenschafts- und Technikforschung (IWT), 196 Seiten:31-56.

Abgenix (2004): Firmenwebsite. http://www.abgenix.com, S.1. Aufrufdatum 31.10.2004.

Ackfeld, S. (2008): Die Gene in der Glaskugel. Unicum Magazin März 2008, S.8-9.

Acquis (2001): The Acquis of the European Union under the Management of the Enterprise DG. List of Measures:1-135. 31 December 2001

Anhäuser, M. (2007): Der fremde Wille. In: Süddeutsche Zeitung Nr. 100 vom 22. Mai 2007:22.

Ärztezeitung (2000): Nachweis der Vorteilhaftigkeit-Industrie lehnt das ab. ÄrzteZeitung vom 24.10.2000 (online-version). http://www.aerztezeitung.docs/2000/10/24/190a0601.asp?cat=/politik/arzneimittelversorgung:1-2.

Ärzteblatt (2007): FDA will Interessenkonflikte bei Gutachtern beschränken. Dt. Ärzteblatt online Nachrichten vom 23. März 2007 (online-version). http://www.aerzteblatt.de/v4/news/news.asp?id=279222:1-2.

ÄZ (2003): EU will die Zulassung neuer Arzneien beschleunigen. In: Ärzte Zeitung online, 10.06.2003:1.

AILAB (2006): Artificial Intelligence Laboratory. Programmable Artificial Cell Evolution. http//ailab.ch/projects/pace Letztes Aufrufdatum: 02.05.2006

AIM (2001): Globalisierung und Gesundheitsversorgung. Erklärung von Montevideo:1-5

Akne, J. van, Johannsen, S., Kollek, R. (2004): Die Terror-Angst und ihre Folgen. In: Dt. Ärzteblatt, Jg. 101, H.45, S.C2429-C2430

Albrecht, S. (1997): TA zur Biotechnik. So what? In: Martinsen, R. (1997): (Hrsg.): Politik und Biotechnologie. Die Zumutung der Zukunft. Nomos Verlagsgesellschaft Baden-Baden, 1. Auflage 1997; 358 Seiten:169-189.

Alemann von, U., Czada, R. (1998): Kongressbeiträge zur Politischen Soziologie, Politischen Ökonomie und Politikfeldanalyse. Hrsg. Vom Institut für Politikwissenschaft der FernUniversität – Gesamthochschule Hagen- FB Erziehungs-, Sozial- und Geisteswissenschaften, 58084 Hagen polis 39/1998

Albrecht, H. (2004a): Rund und gesund. In: Die Zeit 41/2004:37-38.

Albrecht, H. (2004b): Im Paradies der Stammzellzüchter. In: Die ZEIT Nr.45/2004:51.

Albrecht, H. (2004c): Schatz im Erbgut. In: Die ZEIT Nr.45/2004:39.

Allansdottir, A., Bonaccorsi, A., Gambardella, A., Mariani, M., Osenigo, L., Pammoli, F., Riccaboni: Innovation and competitiveness in European Biotechnology. Enterprise papers No 7, 2002.

Altmeyer, M. (2001): Die Wiedergeburt des Menschen aus der Petrischale. In: Kommune Nr. 06/01, S.6-10.

Altvater, E. (1996): Westeuropäische Integration und osteuropäische Transformation in der globalen Standortkonkurrenz. In: Jachtenfuchs, M; Kohler-Koch, B. (1996): Europäische Integration. Leske + Budrich Verlag, Opladen, 1996:531-558.

AMF (2002): Arzneimittelforum: Galenik. http://www.arzneimittel-forum.de/Galenik/body_galenik.html:1/2-2/2.

AMG (2004): Zwölftes Gesetz zur Änderung des Arzneimittelgesetzes vom 30. Juli 2004, BGBL Jg. 2004, Teil 1, Nr.41, 2031-2053.

AMZ (2006): Health Claims-Verordnung verabschiedet. Arzneimittelzeitung vom 26. Mai 2006:3.

Amgen (2004): Top 25 Biotechfirmen 2002. In: http://www.amgen.de/Investoren/Top25-Biotechfirmen-2002.html. Letztes Aufrufdatum: 09.12.2004.

Amman, K. (2004): Die Risikodebatte zur grünen Gentechnologie und neue Lösungswege. In: Mietzsch, A. (Hrsg.): Kursbuch Biopolitik, Biocom AG Verlag, Berlin 2004:18-24.

APHIS (2005) APHIS Factsheet - Permitting Engineered Plants that Produce Pharmaceutical Compounds, July 2005:1-2.

Appel, K. (2000): Zwischen Geschäft und Ethik: über die Abhängigkeit der "freien“ Arzneimittelforschung. Deutsche Medizinische Wochenzeitschrift (DMW) aktiv http://www.thieme.de/dmw/inhalt/dmw2000/dmw0014/akb/akb03.htm:1.

Arnold, V. (1991): Allokationstheorie. FernUniversität Hagen 1991, 233 S.

Arzneimittelzeitung (1998): Rein nationale Zulassungen weiter möglich. Arzneimittelzeitung vom 27. August 1998:5.

Arzneimittelzeitung (1999): Konvergenz der EU-Gesundheitssysteme schreitet voran. Arzneimittelzeitung vom 16.09.99:3.

Arzneimittelzeitung (2004): Forschungsprojekt für Pflanzen als Pharmafabrik. Arzneimittelzeitung Nr.13/2004:12.

Arzneimittelzeitung (2004b): Pro Generika. Arzneimittelzeitung Nr.16/2004:1

Arzneimittelzeitung (2004c): Jetzt drei Biotech-Verbände. Arzneimittelzeitung Nr.17/2004:6

Ashurst; Morris; Crisp; Executive Perspective S.A. (1998): Impact Of Electronic Commerce On The European Pharmaceutical Sector - An Overview. Executive Perspective .S.A., Brussels, November 1998, 82 Seiten.

Astonia, R. (2003): Biologischer Fundamentalismus behindert die Wissenschaft. Disput über Chancen und Risiken der Gentests. In: Die WELT 25.09.03.

Astor, M., Bovenschulte, M. (2001): Innovations- und Technikanalyse. Zukunftschancen erkennen und realisieren. Bundesministerium für Bildung und Forschung, 24 S

AT (1997): Im Blickpunkt – Unlautere Strategien zur Indikationserweiterung. Arznei-telegramm 12/97 vom 05. Dezember 1997:121-122.

AT (2001a): Für den Patenterhalt: Desloratadin (Aerius) und Levocetirizin (Xusal). In: arznei-telegramm 2001; Jg. 32, Nr.3:30.

AT (2001b): Imatinib (Glivec) gegen Chronisch Myeloische Leukämie. In: arznei-telegramm 2001; Jg.32, Nr.12:117-118.

Attorney General (2004): Proposition 71. Stem Cell Research - Funding - Bonds Initiative - Constitutional Amendment and Statute:68-72.

Atzor, S. (2007): Die Europäischen Einrichtungen - aus pharmazeutischen Blickwinkel betrachtet. In: Pharm. Ind. 69, Nr.,1:42-47.

Auer, J. (2005): Energie Spezial - Bio-Energien für die Zeit nach dem Öl. DB Research 20. Juli 2005, Nr. 327, 8 S.

Aventis (2001): Dokumentation des Aventis Triangle Forum 2000. Zukunftspfade - für eine nachhaltige Gesellschaftsentwicklung, Dokumentation des Aventis Triangle Forum am 19.-21. Juli 2000 im Watermill Center auf Long Island, USA, München 2001.

AZ (2004a): Unterlagenschutz künftig nur 8+2+1. In Arzneimittelzeitung Januar 2004.

AZ (2004b): Branchenprimus ratiopharm gründet neuen Generikaverband. In Arzneimittelzeitung Mai 2004:1.

BÄK (1995): Richtlinien zum Gentransfer in menschliche Körperzellen vom 20.01.1995. In: Dt. Ärzteblatt 92, H. 11:A789-A794.

BÄK (1997): Richtlinien zur Transplantation peripherer Blutstammzellen. In: Dt. Ärzteblatt 94, H. 23:A-158.

BÄK (1998): Richtlinien zur Diagnostik der genetischen Disposition für Krebserkrankungen. In: Dt. Ärzteblatt 95, H. 22:A-1396.

BÄK (1999): Richtlinien zur Transplantation von Stammzellen aus Nabelschnurblut. In: Dt. Ärzteblatt 96, H. 19: A-1297-1304.

BÄK (1999): Stellungnahme des Wissenschaftlichen Beirates der Bundesärztekammer zur Xenotransplantation. In: Dt. Ärzteblatt 96, H. 28-29 vom 19.07.1999:A-1920-1926.

BÄK (2001) Bundesärztekammer - Positionen zur internationalen Gesundheitspolitik. Kap. 27. Gesundheitspolitik in der Europäischen Union:1-5. http:/www.bundesärztekammer.de/30/Gesundheitspolitik/13Programm/Kapitel_GPP/2.

BÄK (2002): Richtlinien zur pränatalen Diagnostik von Krankheiten und Krankheitsdispositionen. In: Dt. Ärzteblatt 99, H. 13:A-875.

BÄK (2003): Stellungnahme zur Biopatentrichtlinie. http://www.bundesaerztekammer.de/10/007biopatentrichtlinie.html:1-6. Zuletzt geändert am 06.06.2003.

BÄK (2003): Richtlinien zur prädiktiven genetischen Diagnostik. In: Dt. Ärzteblatt 100, H. 19:A1297-1305.

BAH (2006): BAH-News 101/2006 des Bundesverbandes der Arzneimittel-Hersteller 09.08.2006:1-2.

Bahnsen, U. (2000): Menschen nach Maß. Der Spiegel 15/2000:184-187.

Bahnsen, U. (2002): Kopierfehler im Bioreaktor. Die Zeit Nr.51, 12.12.2002:35-36.

Bahnsen, U. (2004): Lahmender Klonschutz. Die Zeit Nr.8, 12.02.2004:29.

Bahnsen, U. (2006a): Hoffnung im Hoden. Die Zeit Nr.8, 12.02.2006:39.

Bahnsen, U. (2006b): Das Taschenbuch des Lebens. Die Zeit Nr.25, 14.06.2006:33.

Bahnsen, U. (2008): Erbgut in Auflösung. Die Zeit Nr.25, 12.06.2008:33.

Baier, T. (2005a): Das Phantom aus dem Erbgut. Süddeutsche Zeitung Nr. 17 vom 22. Januar 2005:6.

Baier, T. (2005b): Gentech-Mais für Deutschland. In: Süddeutsche Zeitung Nr.290:11 vom 16.12.2005.

Baier, T. (2006): Parasiten auf der Überholspur. In: Süddeutsche Zeitung Nr.179 vom 5.August 2006:22.

Balser, M. (2004): Der Pillenknick. In: Süddeutsche Zeitung vom 31.01./01.02.04:19.

Balser/Bauchmüller (2003) Neue Kinderschutznorm für Arzneimittelverpackungen: Streit um die Pillenschachtel. Süddeutsche Zeitung Nr. 3:18 vom 04./05./06.01.2003.

Balser, M. (2004): Streit um Europäisches Patentamt. In: Süddeutsche Zeitung vom 22./23. April 2006:23.

Bamelis, P. (2004): Rede anläßlich der Festsitzung der Gründung der Deutschen Industrievereinigung Biotechnologie (DIB) am 21. August 1997 in Bonn. S.1-3.

Bancherau, J. (2003): Impfen gegen Krebs. In: Spektrum der Wissenschaft 4/2003:3845ff.

Bandelow, N.C. (1999): Lernende Politik. Advocacy-Koalitionen und politischer Wandel am Beispiel der Gentechnologiepolitik. Berlin, Edition Sigma.

Bandelow, N.C. (2001): Systeme der Zulassung und Überwachung riskanter Techniken: Machtverluste diskursiver Verwaltung und Gegenstrategien. In: Simonis, G., Martinsen, R. und Saretzki, T. (Hrsg.) Politik und Technik. Analysen zum Verhältnis von technologischem, politischem und staatlichen Wandel am Anfang des 21. Jahrhunderts. Deutsche Vereinigung für Politische Wissenschaft, Westdeutscher Verlag, 1. Auflage, 547 Seiten:302-318.

Bangemann, M. (1998): A Users' Guide for SMEs in the Biotechnology field. First Edition. Hrsg.: Direction Generale (DG) III, 198 S.

Barben, D., Abels. G. (2000a): Biotechnologie - Globalisierung -Demokratie Zur Gestaltung transnationaler Technologieentwicklung. Edition sigma, 1. Auflage, 547 Seiten:349-367.

Barben, D., Abels. G. (2000b): The Generation and Shaping of Biotechnology: The neo-liberal configuration of Functions and Forms of Technological Regimes in Comparative Perspective (USA-Germany/EU). Institute for Advanced Studies on Science, Technology and Society, Graz 26 June 2000, 4 pages.

Barben, D., Behrens, M. (2001a): Internationale Regime und Technologiepolitik. In: Simonis, G., Martinsen, R. und Saretzki, T. (Hrsg.) Politik und Technik. Analysen zum Verhältnis von technologischem, politischem und staatlichen Wandel am Anfang des 21. Jahrhunderts. Deutsche

Vereinigung für Politische Wissenschaft, Westdeutscher Verlag, 1. Auflage, 547 Seiten:349-367.

Barben, D. (2001b): The Global Configuration of the Biotechnology Regime in Comparative Perspective. In: Bammé, A., Getzinger, G. Wieser, B. (Hrsg.): Yearbook 2001 of the Institute for Advanced Studies on Science, Technology and Society. München, Wien 2001: Profil Verlag: 41-86.

Barben, D. (2007): Politische Ökonomie der Biotechnologie. Frankfurt 2001: campus Verlag:331 S.

Barrow, J.D. (1993): Die Natur der Natur: Wissen an den Grenzen von Raum und Zeit. Heidelberg: Spektrum 1993:410-412.

Bartmann, P. (2001): Biopatente - Schürfrechte am menschlichen Erbgut. In: Dt. Ärzteblatt, 98 Jg., H.30:A1923-A1926.

Batelle (2004): Laboratories of Invention: State Bioscience Initiative 2004.

Baxter (2004): BioScience. In: http://www.baxter.de/unternehmen/u_p2004.html:1.

Bauer, H., Fischer, M., Verspagen, R. (1999): Determinanten des „Line extension"-Erfolges. Pharm. Ind. 61, Nr. 9 (1999):796-802.

Bauer, S. (2000): Pharma-Fusionen: Der Zwang zur Hochzeit. In: Wirtschaftsjournal. Verlagsbeilage zur Medical Tribune 6 (2000):4-5.

Bauer, S., Brand, B. (2001): Fallstudien zum Risikomanagement - Der Fall „Vanlev" von Bristol-Myers-Squibb http://www.krisennavigator.de/rifa1-d.htm:1-5.

Baumheier, U. (1994): Staat und Pharmaindustrie. Sicherheitskontrolle, Preisregulierung und Industrieförderung im internationalen Vergleich. In: Konstanzer Schriften zur Politik- und Verwaltungswissenschaft. Hrsg.: Alber, J., Klimecki, R.G., Lehmbruch, G., Seibel, W. Band 1:1-245.

Bayreuther, K. (2004): Das Jahr der Innovationen ist schon vorbei. In Frankfurter Allgemeine Zeitung vom 10.11.2004:N2.

BCG (2001): Wettbewerbsfähigkeit Deutschlands als Standort für Arzneimittelforschung und -entwicklung. The Boston Consulting Group. Studie vom November 2001:1-108.

BCODP (2000): The New Genetics and Disabled People. By British Council of Disabled People BCODP, United Kingdom, February 2000.

BDP et al. (2002): Vielfalt fördern - Innovationspotential wahren. Thesenpapier zur Grünen Gentechnik. Oktober 2002, 12 S.

Becel (2007): Becel pro activ. KHK vermeiden, Gesundheitskosten reduzieren. Broschüre des Becel Beratungsdienstes, Langenfeld:1-11.

Beck, U. (1986): Risikogesellschaft. Auf dem Weg in eine andere Moderne, insbes. Kap V und VI. Suhrkamp Verlag, Frankfurt im Nachdruck von 2000.

Becker, G.S., Cowan T. (2006): CRS Report Order Code RL32809 Agricultural Biotechnology: Background and Recent Issues. Updated September 5, 2006

Beckmann, R. (2004): Wachsender Embryo – wachsendes Lebensrecht? In: Mietzsch, A. (Hrsg.): Kursbuch Biopolitik, Biocom AG Verlag, Berlin 2004:56-66

Behning, U. (2004): Die Neue Methode der offenen Koordinierung. Versuche der integrationstheoretischen Klassifizierung einer neuen Form des sozialpolitischen Regierens in der Europäischen Union. In: ÖZP 2004/2, 127-136.

Beise, M., Gehrke, B. (1998): Zur regionalen Konzentration von Innovationspotentialen in Deutschland. Discussion Paper 98-09:1.

Behrens, M. (2000): Nationale Innovationssysteme im Gentechnikkonflikt: Ein Vergleich zwischen Deutschland, Großbritannien und den Niederlanden. In: Barben, D., Abels, G. (2000): (Hrsg.): Biotechnologie - Globalisierung – Demokratie. Politische Gestaltung transnationaler Technologieentwicklung. Edition sigma, Berlin 2000, 434 Seiten:205-227.

Behrens, M. (2003): Global Governance. In: Benz, A. (2003): Governance. Eine Einführung. Dreifachkurseinheit der FernUniversität Hagen:111-134.

Benda, E. (2004): Entwicklungen und Folgen in der Humangenetik. In: Mietzsch, A. (Hrsg.): Kursbuch Biopolitik, Biocom AG Verlag, Berlin 2004:7-17

Bengel, W. (1982): Übergewicht als Risikofaktor - Möglichkeiten der verhaltenstherapeutischen Beeinflußung. In: Abholz, H.H., Borgers, D., Karmaus, W., Korporal, J. (1982): Risikofaktorenmedizin. Berlin-New York: de Gruyter 1982:219-225.

Benisheva-Dimitrova, T. (2006): Challenges For The Pharmaceutical Legislative Implementation In Terms Of An Accelerated Market Access After October

2005. Wissenschaftliche Prüfungsarbeit zur Erlangung des Titels Master of Drug Regulatory Affairs der Mathematisch-Naturwissenschaftlichen Fakultät der Rheinischen Friedrich-Wilhelms-Universität Bonn. Vorgelegt von Dr. Tatyana Benisheva-Dimitrova aus Sofia (Bulgarien) Bonn 29 Januar, 2006, 68 Seiten

Benz, A. (2003a): Governance – Modebegriff oder nützliches sozialwissenschaftliches Konzept? In: Benz, A. (2003): Governance. Eine Einführung. Dreifachkurseinheit der FernUniversität Hagen:13-32.

Benz, A. (2003b): Multilevel Governance – Governance in Mehrebenensystemen. In: Benz, A. (2003): Governance. Eine Einführung. Dreifachkurseinheit der FernUniversität Hagen:135-155.

Benz, A. (2004): Mehrebenenverflechtung in Deutschland und der EU. Kurseinheit der FernUniversität Hagen, Hagen 2004, 171 S.

Berndt, C. (2000): Passende Handschuhe. In: Spiegel 15/2000:196-198.

Berndt, C. (2003): Das Werk eines Profis. In: Süddeutsche Zeitung Nr.274:13 vom 28.11.2003.

Berndt, C. (2005): Gute Zellen, schlechte Zellen. In: Süddeutsche Zeitung Nr.92 vom 28.April.2006:13.

Berndt, C. (2006a): Moral für Annette. In: Süddeutsche Zeitung Nr.148 vom 30 Juni 2006:11.

Berndt, C. (2006b): 20.000 Euro für ein Versprechen. In: Süddeutsche Zeitung Nr. 219:18.

Berndt, C. (2006c): Das Schweigen der Gene. In: Süddeutsche Zeitung Nr.228 vom 4. Oktober 2006:18.

Bergstedt, U. (2003): Grundlagen der Gentechnik, Kurseinheit des Interdisziplinären Fernstudiums Umweltwissenschaften, 2. Auflage, Hagen 2003, 101 S.

Bergstedt, U., Merrettig-Bruns, U. (2003): Grundlagen der Umweltbiotechnologie, Kurseinheit des Interdisziplinären Fernstudiums Umweltwissenschaften, 2. Auflage, Hagen 2003, 86 S.

Bergstedt, U. (2004): Anwendungen der Gentechnik, Kurseinheit des Interdisziplinären Fernstudiums Umweltwissenschaften, 1. Auflage, Hagen 2004, 101 S.

Berresheim, U. (2003): Life Science Informatics: Efficient analysis of bio-medical data. In New Drugs, 5/2003:18-20.

Bertelè, V., Garattini, S. (1997): Wie bewertet man die Wirksamkeit von Arzneimitteln? In: Spektrum der Wissenschaft, Spezial 6, Pharmaforschung:97-107. Heidelberg.

Bertelsmann-Stiftung (1993): Hochschulpolitik im internationalen Vergleich. Verlag Bertelsmann Stiftung, Gütersloh 1993, 428 S.

Bethge, P. (2004): Gentechnik. Neue Bäume für das Land. In: Der Spiegel 47/2004:176-179.

BfArM (1999): Bundesinstitut für Arzneimittel und Medizinprodukte - Informationen zu Medizinprodukten. Homepage des BfArM, http://www.bfarm.de/de_ver/medizinprod/ (Stand vom 30. November 1999):1-3/3.

BfArM (2004): Das Bundesinstitut für Arzneimittel und Medizinprodukte. Arzneimittel: Zulassung, Registrierung und Risikoüberwachung. Homepage des BfArM, http://www.bfarm.de/de/Arzneimittel/index.php:1. Letztes Aufrufdatum: 09.11.2004.

BfR (2003a): Bundesinstitut für Risikobewertung (2003): Lebensmittel. http://www.bgvv.de/cms/detail.php?template=internet_de_index_js:1

BfR (2003b): Bundesinstitut für Risikobewertung (2003): Novel food. http://www.bgvv.de/cms/detail.php?template=internet_de_index_js:1.

BfS (2004a): Stellungnahme des BfS zur "Naila-Mobilfunkstudie". http://www.bfs.de/elektro/papiere/Stellungnahme_Naila. Letztes Aufrufdatum:09.11.2004

BfS (2004b): Stellungnahme des BfS zum Artikel "Machen Handys ihre Nutzer unfruchtbar?" in der Zeitung "Die Welt" vom 29.06.2004. http://www.bfs.de/elektro/papiere/Stellungnahme_Naila. Letztes Aufrufdatum:09.11.2004

BfS (2004c): Was versteht man unter "Elektrosmog"? http://www.bfs.de/elektro/faq/faq_emf.html Letztes Aufrufdatum:09.11.2004

Bialojan, S., Schuler, J. (2003): Zeit der Bewährung. In der Biotech-Branche trennt sich die Spreu vom Weizen mit Textkasten: Ausgeblökt. Und nun? In:

Biotechnologie. Pharma & Life Science. Beilage der Frankfurter Allgemeinen Zeitung Nr.232, 7.10.2003:B1.

Bieling, H.J., Deppe, F. (1996): Internationalisierung, Integration und politische Regulierung. In: Jachtenfuchs, M; Kohler-Koch, B. (1996): Europäische Integration. Leske + Budrich Verlag, Opladen, 1996:481-512.

Biesalski, H.K. (2000): Gesünder leben mit functional food? In: Spektrum der Wissenschaft 2000:82-86.

Biller-Andorno, N. (2003a): Arzneimittelforschung an Schwangeren. Besonderer Schutz – aber kein Ausschluß aus der Forschung. In: Dt. Ärzteblatt, 100. Jg, H. f15, 11.04.2003:A970-A971.

Biller-Andorno, N. (2003b): Ethische Begleitforschung -zwischen Anpassung und Wirkungslosigkeit? Das ELSI-Programm am National Human Genome Research Institute als Fallstudie der Institutionalisierung von Bioethik. In: Hornschuh, T., Meyer, K., Rüve, G., Voß, M. (2003): Schöne-gesunde, neue Welt? Das humangenetische Wissen und seine Anwendung aus philosophischer, soziologischer und historischer Perspektive. IWT-Paper 28 des Graduiertenkollegs „Genese, Strukturen und Folgen von Wissenschaft und Technik". Institut für Wissenschafts- und Technikforschung (IWT), 196 Seiten:56-71.

Binder, E. (2006): Lügner haben rote Flecken. In: Financial Times Deutschland, 10. Februar 2006:33.

BIO (2004a): There's more to biotechnology than science and business –bioethics. Hrsg.: Biotechnology Industry Organisation BIO, 8 S.

BIO (2004b): Bio Grassroots Handbook 2004, 16 S.

BIO (2004c): Intellectual property –bioethics. http://www.bio.org/ip/

BIO (2004d): History of BIO. About BIO: Partner to a Dynamic Industry Coming of Age, 9 S.

BIO (2004e): Milestones 2004: Partner to a Dynamic Industry Coming of Age, 9 S. http://www.bio.org/speeches/pubs/milestone04/healthcare.asp.

BIO (2004f): What are the attitudes held by religious leaders toward gene patents?. http://www.bio.org/ip/primer/attitudes.asp.

BIO (2004g): Can living things be patented?. http://www.bio.org/ip/primer /livingthings.asp.

BioCentury (2005): Biotech-Landschaft weltweit/Biopharmazeutika 2005. Jahresumsätze 2005:1-2.

Biodeutschland (2004): Biotechnologie-Industrie-Organisation Deutschland. Unabhängiger Verband der deutschen Biotech-Branche. http://www.biodeutschland.org/5kontakt.htm.

Bioethics (2002): Human Cloning and Human Dignity. An Ethical inquiry. The President's Council on Bioethics. Washington DC, 10 July 2002, 297 pages

Bioethics (2004): Reproduction and Responsibility. The regulation of New Biotechnologies. A report of the President's Council on Bioethics. Washington DC, March 2004, 249 pages

Biogen Idec (2004): Firmenwebsite http://www.biogenidec.com:1-2.

Biojudiciary (2004): biojudiciary, Page 1-7 12.08.2004-10-27 History and Introduction to the U.S: Patent System

Biologielexikon (2004a): Stichwort: Knockout-Mäuse. http://www.wissenschaft-online.de/abo/lexikon/bio/36458, 1 S. Letztes Aufrufdatum: 01.11.2004.

Biologielexikon (2004b): Stichwort: gene farming. Spektrum Akademischer Verlag. http://www.wissenschaft-online.de/abo/lexikon/bio/27219, 1 S. Letztes Aufrufdatum: 01.11.2004.

Biologielexikon (2004c): Stichwort: Nacktmäuse. Spektrum Akademischer Verlag http://www.wissenschaft-online.de/abo/lexikon/bio/45060, 1 S. Letztes Aufrufdatum: 01.11.2004.

Biologielexikon (2004d): Stichwort: gene targeting. Spektrum Akademischer Verlag. http://www.wissenschaft-online.de/abo/lexikon/bio/27255, 1 S. Letztes Aufrufdatum: 01.11.2004.

Biologielexikon (2004e): Stichwort: homologe Rekombination. Spektrum Akademischer Verlag. http://www.wissenschaft-online.de/abo /lexikon/bio/32436, 1 S. Letztes Aufrufdatum: 01.11.2004.

Bio-Pro (2008): Bundestag beschließt neues Gentechnik-Gesetz. Http://www.bio-pro.de/de/life/magazin/04433/index.html. Letztes Aufrufdatum: 14.08.2008.

Biozentrum (2004a): Vorlesung des Biozentrums Frankfurt zur Transgenesis. http://www.biozentrum.uni-frankfurt.de/PharmBiol/Vorlesungen/Transgenesis.html:1-9. Letztes Aufrufdatum: 31.10.2004.

Biozentrum (2004b): Vorlesung des Biozentrums Frankfurt Rekombinante Arzneimittel, http://www.biozentrum.uni-frankfurt.de/PharmBiol /Vorlesungen/Rec/Recdrugs2.html:1-11. Letztes Aufrufdatum: 31.10.2004.

Bischofskonferenz (2001): Der Mensch: Sein eigener Schöpfer? Wort der Deutschen Bischofskonferenz zu Fragen von Gentechnik und Biomedizin. Sekretariat der Deutschen Bischofskonferenz, 7. März 2001, 13 S.

Bläske, S. (2005): Frankreichs Industriepolitik verärgert Nachbarn. Süddeutsche Zeitung Nr.42:23.

Blasberg, A. (2004): Ufo mit Solarantrieb. In: Der Spiegel 53/2004:63.

Blasius, H., Cranz, H. (1998): Arzneimittel und Recht in Europa. Wissenschaftliche Verlagsgesellschaft mbH Stuttgart 1998, 164 S.

Blech, J. (2004): Giftkur ohne Nutzen. In: Der Spiegel 41/2004:160-162.

Blech, J. (2006): Die Neuerfindung des Lebens. In: Der Spiegel 33/2006:126-128.

Blech, J. (2008a): Biotechnik –Elixier des Lebens. In: Der Spiegel 15/2008:146-148.

Blech, J. (2008b): Bruch des bösen Zaubers. In: Der Spiegel 32/2008:110-112.

Blumberg H., Conklin D., Xu W.F., Grossmann A., Brender T., Carollo S., Eagan M., Foster D., Haldeman B.A., Hammond A., Haugen H., Jelinek L., Kelly J.D., Madden K., Maurer M.F., Parrish-Novak J., Prunkard D., Sexson S., Sprecher C., Waggie K., West J., Whitmore T.E., Yao L., Kuechle M.K., Dale B.A., Chandrasekher Y.A. (2001): Interleukin 20: discovery, receptor identification, and role in epidermal function. Cell. 2001 Jan 12;104(1):9-19.

BMFT/BMBW (1988): Gemeinsame Stellungnahme zu Leistungsstand und Perspektiven von Wissenschaft, Forschung und Technologie in der Bundesrepublik Deutschland. Gemeinsamer Bericht des Bundesministeriums für Bildung und Wissenschaft und des Bundesministeriums für Forschung und Technologie: Leistungsstand und Perspektiven von Wissenschaft, Forschung und Technologie in der Bundesrepublik Deutschland. In: Dreher, A.M. (1990): Reader zu

Gesellschaft-Politik-Technik. Perspektiven der Technikgesellschaft, FernUniversität Hagen 1990:17-48.

BMBF (2001): Rahmenprogramm Biotechnologie - Chancen nutzen und gestalten. Informationsschrift des BMBF, Bonn, 2001, 47 S.

BMBF (2002a): Beschäftigungspotentiale im Bereich Bio- und Gentechnologie, Informationsbroschüre des BMBF 2002, 99 S.

BMBF (2002b): Systembiologie. Eine Broschüre des BMBF, 34 S.

BMBF (2003a): Proteomforschung - Die Werkzeuge des Lebens nutzen. Bonn, Juli 2003, 36 S.

BMBF (2003b): GenoMik – Genomforschung an Mikroorganismen. Bonn, Juli 2003, 42 S.

BMBF (2003c): Das nationale Genomforschungsnetz. NGFN 2003, 57 S.

BMBF (2005a): Pakt für Forschung und Innovation. http://www.bmbf.de/de/3215.php:1-4.

BMBF (2005b): Spitzenuniversitäten für Deutschland – Wettbewerb Exzellenzinitiative. http://www.bmbf.de/de/1321.php:1-3.

BMBF (2006a): Erste Kopien von Biotech-Medikamenten drängen auf den Markt. http://www.biotechnologie.de Meldung vom 26.06.2006:1-2.

BMBF (2006b): Zahlen auf einen Blick: Biotechnologie in Deutschland. http://www.biotechnologie.de Statistik:1-2.

BMBF (2007a): Bundesministerium für Bildung und Forschung. Bioethische Regelung im 7. Forschungsrahmenprogramm. http://www.bmbf.de/de/6435.php:1-2. Aufrufdatum 18. März 2007.

BMBF (2007b): Bundesministerium für Bildung und Forschung. Das 7. Europäische Forschungsrahmenprogramm (2007 - 2013). http://www.bmbf.de/de/959.php:1-3. Aufrufdatum 18. März 2007.

BMBF (2008): Die deutsche Biotechnologie-Branche. Daten und Fakten, 20 S.

BMG (1999): Medizinprodukterecht. Homepage des Bundesgesundheitsministeriums BMG. http://www.BMGesundheit.de/arznei/recht/übersi2_.htm:1.

BMG (2003a): Referentenentwurf für ein Zwölftes Gesetz zur Änderung des Arzneimittelgesetzes, 34 S.

BMG (2003b): Begründung zum Referentenentwurf der 12. Novelle des Arzneimittelgesetzes, 31 S.

BMGS (2004a): Gesetz über Medizinprodukte. Ausfertigungsdatum: 2. August 1994 Verkündungsfundstelle: BGBl I 1994, 1963; Sachgebiet: FNA 7102-47, GESTA R33; Stand: Neugefasst durch Bek. v. 7. 8.2002 I 3146; geändert durch Art. 109 V v. 25.11.2003 I 2304 Homepage des Bundesgesundheitsministeriums http://bundesrecht.juris.de/bundesrecht/mpg/:1.

BMGS (2004b): Bericht und Aktionsplan der Task Force zur Verbesserung der Standortbedingungen und der Innovationsmöglichkeiten der pharmazeutischen Industrie in Deutschland Berlin, im Juni 2004.

BMG (2008a): Entwurf eines Gendiagnostikgesetzes -01.Juli 2008 http://www.bmg.bund.de/cln_043/nn_1168682/SharedDocs/Standardartikel/DE,
2 S.

BMG (2008b): Eckpunkte für ein Gendiagnostikgesetz, 10 S.

BMG (2008c): Referentenentwurf - Entwurf eines Gesetzes über genetische Untersuchungen beim Menschen, 85 S, Satnd vom 30. Juni 2008.

BMWA/BMBF (2002): Innovationspolitik. Mehr Dynamik für zukunftsfähige Arbeitsplätze. Informationsbroschüre des BMBF 2002, 68 S.

BMWA (2005): http://www.bmwa.bund.de/Navigation/Aussenwirtschaft-und-Europa/europapolitik,did=7990.html:1.

Bodderas, E. (2001): Achtung Nebenwirkungen. In: VDI-Nachrichten, 6. April 2001:32.

Bodily, E., Allen, M.S. (1999): A Dialogue Process for Choosing Value-Creating Strategies, 23 S.

Böckenförde, E.W. (2004): Die Würde des Menschen war unantastbar. In: Frankfurter Allgemeine Zeitung vom 03. September 2003, Nr.204:33

Boehringer (2001): Geldwerte Hoffnung auf den Code zum Heilen. Süddeutsche Zeitung Nr.171:20.

Boeing, N. (2004): Die virale Fabrik. In: Die Zeit Nr.35/2004 vom 19. August 2004:30.

Boeing, N. (2006): Projekt Genesis. In: Die Zeit Nr.8/2006 vom 16. Februar 2006:35.

Boeing, N. (2007): Die Schöpfer von Rockville. In: Süddeutsche Zeitung Nr. 147:18.

Bölsche, J., Dahlkamp, J., Deggerich, M., Hipp, D., Repke, I., Schiessl, M., Schrep, B. (2005): Seins oder nicht seins. In: Der Spiegel 4/2005:40-46.

Bössmann, E. (1981): Warum gibt es Unternehmungen?, in: Zeitschrift für die gesamte Staatswissenschaft/ Journal of Institutional and Theoretical Economics, Vol.137:666-674.

Bogdandy, A. von (2005): Auswertung der rechtswissenschaftlichen Projekte. In: Mayntz, R., Bogdandy, A. von, Genschel, P. und Lütz, S. (2005): Globale Strukturen und deren Steuerung. Auswertung der Ergebnisse eines Förderprogramms der Volkswagenstiftung. Max-Planck Institut für Gesellschaftsforschung Köln 2005, 177 Seiten:1-62.

Bogdanski, A. (2007): Der Fliegenfänger im Mais. In: Frankfurter Allgemeine Sonntagszeitung Nr.48/2007 vom 2.Dezember 2007:76.

Bogumil, J., Jann, W. (2004): Einführung in die Verwaltungswissenschaft. Kurseinheit der Fernuniversität Hagen, Hagen 2004, 273 S.

Bohl, E. (2001): Die Pharmakonzerne wollen ihre Rolle als Entdecker nicht aufgeben. Frankfurter Allgemeine Zeitung Nr. 91 vom 19.04.2001:13.

Bongert, E. (1997): Towards a “European Society”? Zur Europäisierung der neuen Biotechnologie. In: Martinsen, R. (1997): (Hrsg.): Politik und Biotechnologie. Die Zumutung der Zukunft. Nomos Verlagsgesellschaft Baden-Baden, 1. Auflage 1997; 358 Seiten:117-134.

Borchardt, K.P. (2000): Einführung in das Recht der europäischen Gemeinschaften. Kurseinheit 1. Fernuniversität Hagen, Hagen, 2000, 116 S.

Bolesch, C. (2004): Leitlinien für Integration. In: Süddeutsche Zeitung Nr.270 vom 20./21.November 2004:6.

Bolz, A. (2002): Das Risiko, eine Frau zu sein. Frankfurter Allgemeine Sonntagszeitung Nr. 1 vom 06.01.2002:61.

Boselli, E. (2001): Urheberrechte in der Informationsgesellschaft. Gemeinsamer Standpunkt des Rates im Hinblick auf den Erlaß einer Richtlinie des Europäischen Parlaments und des Rates zur Harmonisierung bestimmter

Aspekte des Urheberrechts und der verwandten Schutzrechte in der Informationsgesellschaft. Aussprache: 13.02.2001 Dok.: A5-0043/2001.

BPI (1999a): Hoffnungsträger Bio- und Gentechnik. Homepage des Bundesverbandes der Pharmazeutischen Industrie BPI http://www.bpi.de/internet/Pharma%20innovativ/hoffnung/htm:1/2-2/2.

BPI (1999b): BPI-Report 1999: Bewährtes bewahren. Argumente gegen eine Ausgrenzung wichtiger Indikations- und Arzneimittelgruppen. Bundesverband der pharmazeutischen Industrie (Hrsg.), 4.Auflage, 563 S.

BPI (1999c): Die Galenik: Suche nach der optimalen Darreichungsform. http://www.bpi.de/internet/Pharmainnovativ/galenik.htm:1/2-2/2.

BPI (2001): Pharma-Daten 2001. Bundesverband der pharmazeutischen Industrie:1-103.

BPI (2003): Bundesverband der Pharmazeutischen Industrie: Pharma-Daten 2003, 51 S.

Brabeck-Letmathe, P. (2007): Raubbau am kostbarsten Gut. In: Die ZEIT Nr. 15 vom 4. April 2007:25.

Brake, B. (2004): Generische Zulassung von Bio-Tech-Arzneimitteln? Präsentation des BfArM beim DGRA-Mitgliederworkshop vom 17. Nov. 2004.

Brandt, A, Kraft, S., Meyer, C., Neumann, C. (2006): Die Frauen-Falle. In: Der Spiegel 17/2006:34-44.

Braun, A. (2006): Spätabbrüche nach Pränataldiagnostik: Der Wunsch nach dem perfekten Kind. In: Dt. Ärzteblatt 103, H. 40 vom 06.10.2006:C-2184-C2188.

Braun, T. (2006): Knorpel aus der Retorte. In: Spektrum der Wissenschaft Juni 2006:20-22.

Braun, T. (2008): DNA wie einen Strichkode lesen. In: Spektrum der Wissenschaft Juni 2008:16-17.

Bredow von, R. (2007): Psychologie. Das gleiche Geschlecht. In: Der Spiegel 6/2007:142-145.

BReg (1997): Gesetz zu dem Übereinkommen vom 5. Juni 1992 über die biologische Vielfalt. In der Fassung der Bekanntmachung vom 30. August 1997 – BGBl. II S. 1741

BReg (2004): Erster Stammzellbericht. Erster Erfahrungsbericht der Bundesregierung über die Durchführung des Stammzellgesetzes, 18 S.

BReg (2006): Entwurf eines Gesetzes über Qualität und Sicherheit von menschlichen Geweben und Zellen (Gewebegesetz), 58 S.

Brehmer, B. (1987): The Psychology of Risk. In: Singleton, W.T., Hovden, J. (1987): Risk and Decisions. John Wiley and Sons Verlag.

Brenn, J. (2005): Ist eine europäische Gesundheitspolitik nötig? In: Rheinisches Ärzteblatt 1/2005:19-20.

Breyer, A. (2007): Die Pathologie des Normalen. Frankfurter Allgemeine Sonntagszeitung Nr. 43 vom 28.10.2007:80.

Brink, C. (2005): Anders von Anfang an. In: Die Zeit Nr.10/05:33.

Brinkmann, B. (2004): Forensische DNA-Analytik. In: Dt. Ärzteblatt Jg.101, H.34-35, 23 August 2004:A.2329-2234.

Bringezu, S. (1998): Umweltpolitik – Grundlagen, Strategien und Ansätze ökologisch zukunftsfähigen Wirtschaftens. Postgradualer Fernstudiengang angewandte Umweltwissenschaften der Universität Koblenz, Modul 5: Allgemeine Umweltplanung, 118 S.

Brock, D.W. (2004): Auch ein Klon ist frei geboren. In: Die Zeit Nr.35/2004:9.

Broekman, J.M. (2000): Die Europäisierung des Rechts. Grundlagen des werdenden europäischen Rechts. Fernuniversität Hagen 2000.

Bronsema, V. (2007): Wir holen auf allen Gebieten auf. Interview durch Ute Pütz. In: mobil 01/2007:80-81.

Brow, K. (2000): Das Wettrennen um die Gene. In: Spektrum der Wissenschaft 2000:31-36.

Bruhns, A. (2007): „Houst" gegen „Dickkopf". In: Der Spiegel 01/2007:34-35.

Bruppacher, R. (1998): Epidemiologische Studien als Elemente der Nutzen/ Risiko-Abwägung. In: Arzneimittel und Medizinprodukte. Bewertung-Verfahren-Perspektiven. Ott, T., Hefendehl, F.-W., Grosdanoff, P. (Hrsg.), Bundesinstitut für Arzneimittel und Medizinprodukte, Berlin, 1998:37-46.

Brunner, R. (2004): Grünes Licht für Spezialisten. In Süddeutsche Zeitung Nr.264 vom 13. November 2004:T5.

BSGEV (2004) Novel Food: Neuartige Lebensmittel auf dem Markt. Bayerisches Staatsministerium für Gesundheit, Ernährung und Verbraucherschutz online. http://www.vis-ernaehrung.bayern.de/de/left/fachinformationen/lebensmittelkunde/novelfood/novelfood.htm. Letztes Aufrufdatum: 03.Januar 2004.

Bude, H. (2006): Politik des Bauchs. Wie das Biologische das Soziale unterwandert. Süddeutsche Zeitung Nr. 231 vom 7/8. Oktober 2006:13.

Bünder, H. (2004): Brüssel sucht nach neuen Rezepten zur Förderung der Biotechnologie. In: Frankfurter Allgemeine Zeitung Nr.109:19.

Büning, S. (2007): Dutch die Hintertür. In: Die Zeit Nr17/2007:33.

Büschges, G. (1999): Einführung in die Organisationssoziologie. 5 Kurseinheiten. Fernuniversität Hagen 1981, in der Bearbeitung von 1999. Hagen 1999

Büschemeyer, G. (2005): Meine Gene, deine Gene. Frankfurter Allgemeine Sonntagszeitung Nr. 1 vom 16.10.2005:41.

Büttrich, A. (2004): Schutz für Line extensions? Präsentation beim DGRA-Mitgliederworkshop vom 17. Nov. 2004.

Bullinger, H.J. (2004): Wenn wir nur mittelmäßig investieren, bekommen wir nur mittelmäßige Ergebnisse. In: BMBF (Hrsg.): Heute schon das Morgen denken. Beiträge zur Innovationsdebatte, Berlin 2004, 51 S.

Bulmahn, E. (2003) Statement von Edelgard Buhlmahn, Bundesministerin für Bildung und Forschung zur klinischen Forschung 2003.

Bundestag (2002): Schlußbericht der Enquete-Kommission „Recht und Ethik der modernen Medizin“ Drucksache 14/9020 14. Wahlperiode 14.05.2002, 280 S.

Burger, K. (2001): Molekulare Medizin: Neubesinnung in der Gentherapie. Die Arzneimittelforschung in Deutschland. In: Deutsche Zeitschrift für klinische Forschung 1/2-2001:40-44.

Burghardt, P. (2007): Schnaps-Idee für Autos. In: Süddeutsche Zeitung Nr. 81 vom 7./8./9.April 2007:8.

Burrows, B. (2004): Conquest by patents. In: New Internationalist 349, 4 S.

Bugg, E.C., Carson, W.M., Montgomery, J. (1995): Medikamente vom Reißbrett. In: Pharmaforschung (1995). Spektrum Akademischer Verlag, Heidelberg-Berlin-Oxford:12-19.

Burtscheid, C. (2005): Klammheimlich ernannt. Die Mitglieder des European Research Council stehen fest. Süddeutsche Zeitung Nr. 167 vom 22. Juli 2005:11.

Busch, K. (1996): Spill-over-Dynamik and Spill-back-Potential in der europäischen Währungsintegration – ein Beitrag zur Integrationstheorie. In: Jachtenfuchs, M; Kohler-Koch, B. (1996): Europäische Integration. Leske + Budrich Verlag, Opladen, 1996:281-313.

Busch, A. (2006): Wo ohne Alkohol nichts mehr läuft. In: Handelsblatt Nr. 234 vom 4. Dezember 2006:26.

Busse, R. (2004): Die offene Methode der Koordinierung (OMK) im Gesundheitswesen. Präsentation beim European Health Care Congress (EHCC) - Neuer Leitkongress zur europäischen Gesundheitspolitik und grenzüberschreitenden Gesundheitsversorgung im Vorfeld der MEDICA in Düsseldorf, 21 Seiten

BVMA (2003): Bundesverband medizinischer Auftragsforschungsinstitute. Homepage http://www.bvma.de

BVerfG (2007): Urteil des Ersten Senats vom 13. Februar 2007 , 1 BvR 421/05 vom 13.2.2007, Absatz-Nr. (1 - 102), http://www.bverfg.de/entscheidungen/rs20070213_1bvr042105.html.

BVL (2005): Die Aufgaben des BVL (Bundesministerium für Verbraucherschutz und Lebensmittelsicherheit) bei Freisetzung und Inverkehrbringen von GVO und dem Inverkehrbringen von Lebens- und Futtermitteln, die GVO enthalten oder daraus hergestellt wurden. Website des BVL http://www.bvl.bund.de/cln_007/nn_491798_Gentechnik/bedingung_freisetzung:1-2.

BMELV (2008): Das neue Gentechnikrecht 2008, 2 S.

BMVEL (2002): Diskurs Grüne Gentechnik. Ergebnisbericht. Durch den Lenkungsausschuss am 27. August 2002 verabschiedet. hammerbacher gmbh, Osnabrück.

BWP (2004): CPMP Biotechnology Working Party Work Programme 2004-2005. In http://www.emea.eu.int/pdfs/human/bwp/509203en.pdf.

Cahill, L. (2006): Sein Gehirn, ihr Gehirn. In: Spektrum der Wissenschaft, März 2006:29-35.

Calfee, J.E. (2000): The Increasing Necessity for Market-Based Pharmaceutical Prices. In: PharmacoEconomics 2000, Vol. 18, Supplement 1, p.47-57.

Caplan, R.; Spitzer, R. (2001): Regulation of Genetically Engineered Crops and Foods in the United States. March 2001, Genetically Engineered Food Alert Group, 14 pages

Carstens, P. (2005): Viel Aufregung um ein Indiz. In Frankfurter Allgemeine Zeitung Nr. 29 vom 04.02.2005:10.

Cartagena (2000): Cartagena Protocol on Biosafety to the Convention on Biological Diversity.

Caplan, R., Spitzer, R. (2001): Regulation of Genetically Engineered Crops and Foods in the United States. March 2001, Genetically Engineered Food Alert Group, 14 pages.

Casper, S., Lehrer, M. Soskice, M. (1999): Can High-Technology Industries Prosper in Germany? Institutional Frameworks and the Evolution of the German Software and Biotechnology Industries. In: Industry and Innovation 6:5–24.

CC (2004): Commission consultation on a draft proposal for a European Parliament and Council Regulation (EC) on medicinal products for paediatric use, 17 S.

CD (2002): Commission Decision of 19 March 2002 laying down case definitions for reporting communicable diseases to the Community network under Decision No 2119/98/EC of the European Parliament and of the Council (notified under document number C(2002) 1043) (2002/253/EC).

CDER (1999): Center for Drug Evaluation and Research - Guidance for Industry, 12 S.

CDISC (2004): Clinical Data Interchange Standards Consortium http://www.cdisc.org/about/index.html.

CDU (2002): Bundesausschuss Forschung und Innovation, 50 S. Berlin 5. März 2002

Celgene (2004): Firmenwebsite http://www.celgene.com/pharmaceuticals.htm:1-2. Aufrufdatum 31.01.2004.

CEP (2001): Gutachten Schweitzer/Selmayr/Kamann/Ahlers zu den Gesetzgebungskompetenzen der Europäischen Gemeinschaft im Bereich Humangenetik und Fortpflanzungsmedizin erstattet von Professor Dr. Michael Schweitzer, Passau; Rechtsanwalt Dr. Martin Selmayr, Brüssel; Rechtsanwalt Dr. Hans-Georg Kamann, Frankfurt am Main; Wissenschaftliche Assistentin Sabine Ahlers, Passau am Centrum für Europarecht an der Universität Passau (CEP) im Auftrag der Fraktion der Europäischen Volkspartei (Christdemokraten) und europäischer Demokraten (EVP-ED-Fraktion) im Europäischen Parlament August 2001

CFA (2004a): Thesenpapier gegen die Wissensflucht aus Deutschland, 15.08.2004 http://www.chancenfueralle.de/Presse/Pressemeldungen/Pressemeldung__Brain_Drain_-Wissenschaftsexperten_fordern_Autonomie_und_Subventionsabbau__15.8.2004.html

CFA (2004b): Die besten Köpfe halten, den Wohlstand von morgen sichern - Teil I Brain Drain: Bestandsaufnahme 15.08.2004 http://www.chancenfueralle.de/Bildung/Hochschulen/Brain_Drain__Bestandsaufnahme.html

CFA (2004c): Die besten Köpfe halten, den Wohlstand von morgen sichern - Teil II Brain Drain: Studienergebnisse und Berichte 16.08.2004 http://www.chancenfueralle.de/Bildung/ Hochschulen/Brain_Drain__Studienergebnisse_und_Berichte.html

CFA (2004d): Die besten Köpfe halten, den Wohlstand von morgen sichern - Teil III Brain Gain: Mentaler und struktureller Wandel 16.08.2004 http://www.chancenfueralle.de/Bildung/ Hochschulen/Voraussetzungen_fuer_Brain_Gain__Mentaler_und_struktureller_Wandel.html

CFA (2004e): Brain Drain stoppen – Brain Gain forcieren. Thesenpapier führender Wissenschaftsexperten. Round Table-Gespräch vom 11. August 2004 in Berlin

CFSAN (1995): FDAs Policy for Food Developed by Biotechnology. Center for Food Safety and Applied Nutrition Handout 1995, also presented as Series No. 605, 1995 in the American Chemical Society Symposium, 10 pages.

CFSAN (2001): FDA Guidance on Consultation Procedures. Foods derived from Plant Varieties. Effective June 18, 2001, 7 pages.

Champenois, C., Engel, D., Heneric, O. (2004): The Birth of the German Biotechnology Industry: Did Venture Capital run the show? Discussion Paper 04-09 des Zentrums für Europäische Wirtschaftsforschung.

Chiron (2004): Firmenwebsite http://www.chiron.com:1. Aufrufdatum 31.10.2004.

CHMP (1995a): Note for Guidance on Quality of biotechnological products: Stability Testing of Biotechnological/Biological Products ICH Topic Q5D. CPMP/ICH/138/95, 9 pages

CHMP (1995b): Note for Guidance on Quality of biotechnological products: Analysis of the Expression Construct in Cell Lines used for Production of r-DNA derived Protein products ICH Topic Q5B. CPMP/ICH/139/95.

CHMP (1997): Note for Guidance on Quality of biotechnological products: Derivation and Characterisation of Cell Substrates Used for Production of Biotechnological/Biological Products ICH Topic Q5D. CPMP/ICH/294/95, 13 pages

CHMP (1999a): CPMP/BWP/3088/99 Note for Guidance on the Quality, Preclinical and Clinical Aspects of Gene Transfer Medicinal Products (Adopted April 2001).

CHMP (1999b): CPMP/BWP/3326/99 Concept Paper on the Development of a CPMP Points to Consider on Xenogeneic Cell Therapy.

CHMP (1999c): CPMP/BWP/1765/99 Concept Paper on the Development of a CPMP Points to Consider on Live Attenuated Influenza Vaccines.

CHMP (2000a): CPMP/BWP/1711/00 Concept Paper on the Development of a CPMP Points to Consider on the Use of Transgenic Plants in the Manufacture of biological Medicinal Products for Human Use.

CHMP (2000b): CPMP/BWP/4310/00 Concept Paper on the Development of a CPMP Points to Consider on Stability and Traceability Requirements for Vaccine Intermediates.

CHMP (2001a): CPMP/BWP/BPWG/4080/00 EMEA Workshop (13th Sept. 2000) on Viral Safety of Plasma-derived Medicinal Products with particular focus on Non-enveloped Viruses (Published May 2001).

CHMP (2001b): CPMP/BWP/819/01 Questions and Answers on Bovine Spongiform Encephalopathies (BSE) and Vaccines.

CHMP (2001c): CPMP/BWP/41450/98 Points to Consider on the Manufacture and Quality Control of Human Somatic Cell Therapy Medicinal Products (Adopted, May 2001).

CHMP (2002a): CPMP/BWP/764/02 Points to Consider on Quality aspects on medicinal products containing active substances produced by stable transgene expression in Higher Plants (Adopted, April 2002).

CHMP (2002b): CPMP/BWP/6622/02 Concept Paper on the Development of a CPMP Note for Guidance on the on requirements for the evaluation of new adjuvants in vaccines.

CHMP (2003a): CPMP/BWP/3207/00 Rev. 1 Guideline on Comparability of Medicinal Products containing Biotechnology-derived Proteins as Active Substance - Quality Issues London 11 December 2003, 11 pages.

CHMP (2003b): CPMP/3097/02 Guideline on Comparability of Medicinal Products containing Biotechnology-derived Proteins as Drug Substance - Non Clinical and Clinical Issues (CPMP adopted December 2003).

CHMP (2003c): CPMP/BWP/3068/03 Guidance on the Description of Composition of Pegylated (Conjugated) Proteins in the SPC (Adopted by CPMP July 2003).

CHMP (2003d): CPMP/BWP/3752/03 Position Statement on West Nile Virus and Plasma-Derived Medicinal Products.

CHMP (2003e): CPMP/BWP/6011/03 Final EU Recommendation for Influenza Vaccine Composition for the Season 2003/2004.

CHMP (2003f): EMEA/CPMP/5136/03 Discussion Paper on the Investigation of Manufacturing Processes for Plasma-Derived Medicinal Products with Regard to VCJD risk.

CHMP (2004): Guideline on similar biological products ICH topic S6 - Note for guidance on Non-clinical Safety Evaluation of Biotechnology-Derived Pharmaceuticals. CPMP/ICH/363/96

CHMP (2005a):Guideline on similar medicinal products EMEA/CHMP/437/04 London 30 October 2005, 7 pages.

CHMP (2005b):Guideline on the procedure for accelerated assessment pursuant to Article 14(9) of Regulation No 726/2004. EMEA/419127/2005, 7 pages.

CHMP (2006a): Guideline on similar biological medicinal products containing biotechnology-derived proteins as active substance: non-clinical and clinical issues. EMEA/CHMP/BMWP42832/2005 London 22 February 2006, 8 pages.

CHMP (2006b): Concept Paper on Guideline on Comparability of Biotechnology-derived Products after a change in the manufacturing process. Non-clinical and clinical issues. EMEA/CHMP/BMWP/9437/2006/corr London 22 February 2006, 3 pages.

CHMP (2006c): Concept Paper on Guideline on Immunogeneicity Assessment of Therapeutic Proteins. EMEA/CHMP/BMWP/246511/2005 London 22 February 2006 3 pages.

CHMP (2006d): Annex to Guideline on similar biological medicinal products containing biotechnology-derived proteins as active substance: non-clinical and clinical issues. Guidance on similar medicinal products containing recombinant Granulocyte-Colony Stimulating Factor EMEA/CHMP/BMWP/31329/2005 London 22 February 2006, 6 pages.

CHMP (2006e): Annex to Guideline on similar biological medicinal products containing biotechnology-derived proteins as active substance: non-clinical and clinical issues. Guidance on similar medicinal products containing Somatropin EMEA/CHMP/BMWP/94285/2005 London 22 February 2006, 6 pages.

CHMP (2006f): Annex to Guideline on similar biological medicinal products containing biotechnology-derived proteins as active substance: non-clinical and clinical issues. Guidance on similar medicinal products containing recombinant human soluble insulin EMEA/CHMP/BMWP/32775/2005 London 22 February 2006, 6 pages.

CHMP (2007): Guideline on Requirements for first-in-man clinical trials for potential high-risk medicinal products. EMEA/CHMP/SWP/28367/2007 London 22 February 2006, 6 pages.

Church, M. (2005): The Personal Genome Project. In: Molecular Systems Biology online 1, doi:10.1038/msb410040:1-5.

Church, M. (2006): Das Projekt persönliches Genom. In: Spektrum der Wissenschaft Juni 2006:30-39.

Cichutek, K. (2005): Klinische Prüfung von Advanced Therapy-Arzneimitteln und Vorschlag der Europäischen Kommission zu einem neuen Zulassungssystem inklusive der Tissue-Engineering-Arzneimittel. Paul-Ehrlich-Institut PEI, Langen 09.09.2005.

CIOMS (2002): Der Rat der internationalen Organisationen auf dem Gebiet der medizinischen Wissenschaften (CIOMS).

Claus, J.C. (1985): Medizingeschichte. Wiesbaden: Medical Tribune 1985.

Coase, R.H. (1937): The Nature of the Firm, in: Economica 4:386-405.

COM (1998): Mitteilung der Kommission über den Binnenmarkt für Arzneimittel. Dokument COM(98)588final. Brüssel, 25.11.98, 39 S.

Cox, P.A., Balick, M.J. (1995): Neue Medikamente durch ethnobotanische Forschung. In: Pharmaforschung (1995). Spektrum Akademischer Verlag, Heidelberg-Berlin-Oxford:20-27.

CP (2000a): Handbook of Policy Statements 1959-2000 Standing Committee of European Doctors (CP). Section 12.18 Self-medication in Europe adopted at Athens, November 1996, (CP 96/36 Final)

CP (2000b): Stellungnahme des Comite Permanent vom 08.04.2000 zur Frage der Patentierbarkeit von Genen.

CPMP (2000): CPMP/BWP/1711/00 Concept Paper on the Development of a CPMP Points to Consider on the Use of Transgenic Plants in the Manufacture of biological Medicinal Products for Human Use

CPMP (2002): CPMP/BWP/764/02 Points to Consider on Quality aspects on medicinal products containing active substances produced by stable transgene expression in Higher Plants (Adopted, April 2002)

CPMP (2003a): CPMP/3097/02 Guideline on Comparability of Medicinal Products containing Biotechnology-derived Proteins as Drug Substance - Non Clinical and Clinical Issues (CPMP adopted December 2003)http://www.emea.eu.int/pdfs/human/ewp/078801en.pdf.

CPMP (2003b): CPMP/BWP/3207/00 Rev. 1 Guideline on Comparability of Medicinal Products containing Biotechnology-derived Proteins as Active Substance - Quality Issues (CPMP adopted December 2003), 11 S.

CPWP (2006): Work plan for the Working Party on Cell-Based Product (CPWP) for 2006-2007 EMEA/CHMP/CPWP/414659/2005 London 26 January 2006, 2 pages

CRA (2004): Innovation in the pharmaceutical sector. A study undertaken for the European Commission by Charles River Associates. ENTR/03/18 from 08 November 2004, 138 pages plus appendices.

CRE (1999): Joint declaration of the European Ministers of Education convened in Bologna on the 19th of June 1999 in: The Bologna Declaration on the European space for higher education: an explanation, 10 pages

Cyberonics (2007a): Study Comparing Outcomes for Patients With Treatmens Resistant Depression Who Receive VNS Therapy at Different Doses. ClinicalTrials.gov Nr. NCT00305565

Cyberonics (2007b): VNS Therapy – Seizure disorder FAQ. http://www.vnstherapy.com/epilepsy/patient/Seiure_FAQ.asp:1-3.

Czada, R. (1997a): Hierarchie und regulativer Wettbewerb. Vortrag auf dem Kongreß der Deutschen Vereinigung für Politische Wissenschaft, Sektion „Politik und Ökonomie“, 13.-17. Oktober 1997 in Bamberg:19-46.

Czada, R. (1997b): Neuere Entwicklungen der Politikfeldanalyse. Vortrag auf dem Schweizerischen Politologentag am 14. November 1997 in Balsthal:47-66.

Czada, R. (1997c): Angewandte Politikfeldanalyse Die Politik der deutschen Vereinigung und ihre Folgen. Dreifachkurseinheit FernUniversität Hagen 1997.

Czada, R. (1998a): Interest Groups Self-Interest and the Institutionalization of Political Action. In: Czada, R., Héritier, A., Keman, H. (eds.): 1998: Institutions and Political Choice. On the limits of rationality. Amsterdam: VU Press, pp. 229-256 (first published 1991, Campus-Verlag, Frankfurt).

Czada, R. (1998b): Verhandeln und Interorganisationslernen in demokratischen Mehrebenenstrukturen. Erschienen in: Hepert, U., Holtmann, E. (1998): Regieren und intergouvernementale Strukturen in http://www.fernuni-hagen.de/POLAD/ hypertexte/regier11.htm:1-18.

Czada, R. (1998c): Vortrag auf der Tagung „Kooperative Politikverfahren", Universität Witten-Herdecke, 8.-10.Oktober 1998. in http://www.fernuni-hagen.de/POLAD/ hypertexte/Czada_Entdeckungsverfahren.html:1-9.

Czada, R., Lütz:, Mette (1999): Regulative Politik. Kurseinheiten 1 bis 3. FernUniversität Hagen 1999

Czada, R. (2000): Institutionelle Theorien der Politik aus Nohlen/Schultze (Hrsg.) 1995: Lexikon der Politik, Bd.I, München: Beck-Verlag:205-213.

Czada, R., Schimank, U. (2003): Institutionendynamiken und politische Institutionengestaltung. Überarbeitung (unveröff.) des gleichnamigen Artikels in: Werle, R./ Schimank, U. (eds.) Gesellschaftliche Komplexität und kollektive Handlungsfähigkeit. Frankfurt a.M.: Campus, 2000. Schriften des Max-Planck-Instituts für Gesellschaftsforschung, Bd. 39:1-25.

Czada, R., Schimank, U. (2001a): Vorwort zum Gesamtkurs. In: Hasse, R., Krücken, G., Scharpf, F.W. (2001): Der Neue Institutionalismus. Kurseinheiten 1 und 2 zusammengestellt von Czada, R.., Schimank, U. FernUniversität Hagen 2001, 208 S.

Czada, R. (2001b): Legitimation durch Risiko - Gefahrenvorsorge und Katastrophenschutz als Staatsaufgaben. In: Simonis, G., Martinsen, R. und Saretzki, T. (Hrsg.) Politik und Technik. Analysen zum Verhältnis von technologischem, politischem und staatlichen Wandel am Anfang des 21. Jahrhunderts. Deutsche Vereinigung für Politische Wissenschaft, Westdeutscher Verlag, 1. Auflage, 547 Seiten:318-348.

Czada, R., Dorloff, A. (2006): Kamingespräche statt große Reformprojekte. Roland Czada über den „Rat für Innovation und Wachstum". http://www.heute.de/ZDFheute/drucken/1,3733,3936781,00.html, Druckversion:1-3.

Czarnitzki, D., Kraft, K. (2002): Measuring the Impact of Innovation on Firm Value: A New Approach. Discussion Paper 02-73 des Zentrums für Europäische Wirtschaftsforschung.

Czarnitzki, D., Fier, A. (2003): Publicly Funded R&D collaborations and Patent Outcome in Germany. Discussion Paper 03-24 des Zentrums für Europäische Wirtschaftsforschung.

DÄ (2000): Europäisches Patentamt: Eine überforderte Behörde. In: Dt. Ärzteblatt, 97 Jg., H.9:511-512.

DÄ (2002): PID, PND, Forschung an Embryonen. Aufsätze, Berichte, Diskussionsbeiträge, Kommentare, im Deutschen Ärzteblatt vom 3. März 2000 (Heft 9/2000) bis zum 3. Mai 2002 (Heft 18/2002). 2., erweiterte Auflage der Dokumentation http://www.bundesaerztekammer.de/30/Ethik/10FortGenetik/20PID.pdf, 139 S.

Dams, J. (2000): Biotechnologie als Zukunft der Medizin. Süddeutsche Zeitung Nr.207:27.

Dahl, E. (2006): Kein Verbot von Wunschkindern! In: Spektrum der Wissenschaft, Oktober 2006:116-120. Heidelberg.

Danner, G. (1999): Wandelt sich die Brüsseler Gesundheitspolitik? Tendenzen, Absichten und Reibungsflächen im gesundheitspolitischen Geschehen der EU. In: Die Krankenversicherung (KrV), Januar 1999:359-362.

Davidow, W.H./Malone, M.S. (1993): Das virtuelle Unternehmen: Der Kunde als Co-Produzent, Frankfurt/Main-New York 1993 (Übersetzung aus dem Englischen).

Davidoff, M.D., DeAngelis, C.D., Drazen, J.M., Hoey, J., Hojgaard, L., Horton, R., Kotzin, S.: Sponsorship, Authorship and Accountability. N Engl J Med, Vol. 345, No 11 September 13, 2001:825-826.

De Beuckelaer, A. (2004): Magnet für Innovatoren. In Frankfurter Allgemeine Zeitung vom 09.November 2004:B3.

Dechema (2004): Wir über uns. http://www.dechema.de/Die_DECHEMA.html.

DeCode (2004): Firmenwebsite. In: http://www.decode.com/:1

deCodeME (2007): Firmenwebsite. In: http://www.decodeme.com/:1. Letztes Aufrufdatum 26.11.2007

Degele, N. (2002): Einführung in die Techniksoziologie. Wilhelm Fink Verlag München, 224 S.

Deichmann, T. (2006) GVO-Zulassungsprozedere erneut in der Diskussion. Http://www.gruene-biotechnologie.de/inhalte/tdgvozulmehr.html:1-3.

Deng, R., Kaitin, K.I. (2004): The Regulation and Approval of New Drugs in China. In: Drug Information Journal, Vol.37, pp.29-39, 2004.

Der Spiegel (2004a): Gesetze: Gentest für Jobsuchende. In: der Spiegel 42/2004:19.

Der Spiegel (2004b): Gefährliche Versuche mit dem Jahrhundert-Killer. In der Spiegel 44/2004:194.

Der Spiegel (2004c): Dem Tumor den Saft abdrehen. In: Der Spiegel 43/2004.

Der Spiegel (2004d): Sparzwang bei künstlicher Befruchtung. In: Der Spiegel 51/2004:20.

Der Spiegel (2007): Spenden für das Labor. In: Der Spiegel 9/2007:168.

Dethlefs, S., Hehner, S., Nederegger, G. (2002): Genetik und Diagnostik – ein Wachstumsmarkt. In: McKinsey Health 2002, Nr.1:55-62.

De:Trans (2000): Transhumanismus. Website der deutschen Vereinigung für Transhumanismus. In: Http://www.transhumanismus.de.de/transhumanism.html.:1-5.

De:Trans (2002): Die Transhumanistische Erklärung vom 01.12.2002. Website der deutschen Vereinigung für Transhumanismus. In: http://www.transhumanismus.de.de/transhumanism.html:1-5.

Dettmer, M., Hackenbroich, V., Ramspeck, S. (2006): Biotechnologie: Zwischen Himmel und Hölle. Der Spiegel 12/2006:98-100.

DFG (2001): Empfehlungen der Deutschen Forschungsgemeinschaft zur Forschung mit menschlichen Stammzellen 3. Mai 2001.

DFG (2003a): Prädiktive genetische Diagnostik. Wissenschaftliche Grundlagen, praktische Umsetzung und soziale Implementierung. Stellungnahme der Senatskommission für Grundsatzfragen der Genforschung, 64 S.

DFG (2003b): Deutsche Forschungsgemeinschaft Jahresbericht 2003, Aufgaben und Ergebnisse, 287 S.

DG III (1998a): Volume 4 Good Manufacturing Practices (Council Directive 91/356/EEC) 1998 edition of the European Commission:1-136.

DG III (1998b): Richtlinie 92/73/EWG des Rates vom 22. September 1992 zur Erweiterung des Anwendungsbereiches der Richtlinien 65/65/EWG und 75/319/EWG zur Angleichung der Rechts- und Verwaltungsvorschriften über Arzneimittel und zur Festlegung zusätzlicher Vorschriften über homöopathischer Arzneimittel:1/6-6/6. In Europäische Kommission - Generaldirektion III - Industrie Arzneimittel und Kosmetika, Arzneimittelrecht Band 1: Humanarzneimittel:125-130.

DHGP (2002): Stammzellforschung. http://www.dhgp.de/deutsch /ehtik/d_ethik9.html:1-6.

DHGP (2004a): Deutsches Humangenomprojekt - Geschichte. http://www.dhgp.de/deutsch/intro/geschichte/geschichte/html.html:1-6.

DHGP (2004b): Progress Report 1999-2004 German Human Genome Project. German Human Genom Project (Hrsg.). Berlin, 2002, 184 S.

DiaPat (2003): Geschichte der DNA: Biotechnologie-eine Chronologie http://www.diapat.com/chronologie.php?target=chronologie:1-2.

DIB (2002): Eine nationale Biotechnologie-Strategie - Anforderungen an die Bundesregierung - von Seiten der Deutschen Industrievereinigung Biotechnologie (DIB), August 2002, 21 S. http://www.basf.de/basf/img/biotech/de/anforderungen.pdf.

DIB (2004): BioTech2004. Die wirtschaftliche Bedeutung von Biotechnologie und Gentechnik in Deutschland, 48 S.

Die Grünen (2000): „Grüne Gesundheitspolitik". Beschluss des Parteirats von Bündnis 90/Die Grünen vom 6.November 2000:1-2

Die Grünen (2003): Mängel bei Biopatenten. Http://www.gruene-fraktion.de/cms/gentechnik/doc/12205/maengel_bei_biopatenten vom 07. Mai 2003

Dierkes, M. (1988): Organisationskultur und Leitbilder als Einflußfaktoren der Technikgenese. Thesen zur Strukturierung eines Forschungsbildes. In: Dreher, A.M. (1990): Reader zu Gesellschaft-Politik-Technik. Perspektiven der Technikgesellschaft, FernUniversität Hagen 1990:122-132.

Dietrich, E.S. (2001): Analogpräparate: Nicht neu, aber teuer. In: Dt. Ärzteblatt, Jg.98, H.36:A2230.

DiMasi JA, Hansen RW, Grabowski HG, Lasagna L. (1995): Research and development costs for new drugs by therapeutic category. A study of the US pharmaceutical industry. In: Pharmacoeconomics. 1995 Feb;7(2):152-69.

DiMasi JA, Hansen RW, Grabowski HG. (2003): The price of innovation: new estimates of drug development costs. A study of the US pharmaceutical industry. In: Health Econ. 2003 Mar;22(2):151-85.

Die Welt (2007): Wissenschaftler klonen erstmals Affen. In: Die Welt kompakt, 15. November 2007:24

DNA (2000): DNA-Identitätsfeststellungsgesetz vom 7. September 1998 (BGBl. I, S.2646), zuletzt geändert durch Artikel 4 Strafverfahrensänderungsgesetz 1999 (StVÄG 1999) vom 02.08.2000.

DNA-Diagnosis (2004): http://www.dna-diagnose.de/de/index.php?setpartnerid=default&setcookies=none&setlang g=de:1 Letztes Aufrufdatum 01.02.2004.

Döhmen, G., Reis, H.E. (2002): Stammzellen: Forschung im Überblick. Dt. Ärzteblatt 99, H. 41 vom 11.10.2002:A-2680-A-2684.

Döhler; M., Manow, P. (1997): Strukturbildung von Politikfeldern. Das Beispiel bundesdeutscher Gesundheitspolitik seit den fünfziger Jahren. Band 13 der Reihe Gesellschaftspolitik und Staatstätigkeit Hrsg.: Blanke, B; Czada, R., Heinelt, H., Héretier, A., Lehmbruch, G., Schmid, T., M.G., Leske und Budrich Verlag, Opladen 1997, 198 S.

Döhler, M. (2002): Gesundheitspolitik in der Verhandlungsdemokratie. In: Gellner, W./Schön, M. (Hrsg.): Paradigmenwechsel in der Gesundheitspolitik? Nomos Verlag 2002: 9-25.

Doerfler (2000): Foreign DNA in mammalian systems. Wiley-VCH, Weinheim.

Dolata, U. (2000): Konkurrenz, Kooperation und Netzwerke in der Biotechnologie In: Barben, D., Abels, G. (2000): (Hrsg.): Biotechnologie - Globalisierung – Demokratie. Politische Gestaltung transnationaler Technologieentwicklung. Edition sigma, Berlin 2000, 434 Seiten:181-204.

Dolata, U. (2001): Risse im Netz - Macht, Konkurrenz und Kooperation in der Technikentwicklung und -regulierung. In: Simonis, G., Martinsen, R. und Saretzki, T. (Hrsg.) Politik und Technik. Analysen zum Verhältnis von technologischem, politischem und staatlichen Wandel am Anfang des 21. Jahrhunderts. Deutsche Vereinigung für Politische Wissenschaft, Westdeutscher Verlag, 1. Auflage, 547 Seiten:37-53.

Dosi, G. (1988): Sources, Procedures, and Microeconomic Effects of Innovation. In: Journal of Economic Literature 26:1120–1171.

Dougherty, D., Forger, D. (1999): Die Bio-Branche boomt. In: die Welt vom 6.November 1999:33.

Douglas, M., Wildavsky (1982): Risk is a collective construct. In: Douglas, M., Wildavsky (1982) Risk and Culture, University of California Press, S.186-199.

DPA (2003): Deutsche Biotech-Industrie leidet unter Kapitalmangel. Pressemeldung vom 07.10.2003 (dpa-AFX), Hannover 2003:1.

DPI (2003): Disabled people speak on the new genetics. Disabled Peoples International (DPI) Europe Position Statement on Bioethics and Human Rights.

Dreier, H. (2004): Stufungen des vorgeburtlichen Lebensschutzes. In: Mietzsch, A. (Hrsg.): Kursbuch Biopolitik, Biocom AG Verlag, Berlin 2004:25-38

Dröll, D. (1994): FAZ-Serie 'Erfolgreich bewerben'. Societäts-Verlag 1994:153-158.

Dt. Ärzteblatt (2004): Biopatent-Gesetz verabschiedet. In: Dt. Ärzteblatt, Jg. 101, H.50, 10. Dezember 2004:A3377

Dworschak, M. (2007): Kaninchen im Tank. In: Der Spiegel 31/2007:126-127.

Duffy, D.T. (2002): Background and Legal Issues Related to Stem Cell Rearch. CRS Report for Congress. Updated June 12, 2002, CRS Report for Congresss Order Code RS2 1044

Dunn, J.C., Plosker, G.L., Keating, G.M., McKeage, K., Scott, L.J. (2003): Insulin glargine. An updated review of its use in the management of Diabetes mellitus. In: Drugs 2003:63 (16):1743-1778.

Eberhard-Metzger, C. (2001): Die neuen Medikamente gegen Krebs. In: Spektrum der Wissenschaft 12/2001:46-54.

Eberlein, B. (2000): Regulierung und die Konstitution von Märkten in Europa. In: Czada, R., Lütz, S. (2000): Die politische Konstitution von Märkten. Westdeutscher Verlag, Wiesbaden, 2000:89-106.

Eberlein, B., Grande, E. (2003): Entscheidungsfindung und Konfliktlösung. In: Schubert, K., Bandelow N.C. (2003): Lehrbuch der Politikfeldanalyse:175-201.

EC (1999): European Commission: Survey on the current status of „Genomes" research in the European Union by the Ad Hoc Advisory Committee on coordination of RTD policies:1-58.

EC (2001): Provisions of a directive on traditional medicinal products. Dokument F4/AN D(0) der Europäischen Kommission:1-8.

EC (2003a): 2002 European Innovation Scoreboard Technical Paper No.7. Biotechnology Innovation Scoreboard, March 2003, 33 S.

EC (2003b): Commission Staff Working Paper. Report on Human Embryonic Stem Cell Research. Commission of the European Communities. Brussels, 3.4.2003 SEC(2003)441, 82 S.

EC (2004a): Commission Regulation (EC) No 772/2004 of 27 April 2004 on the application of Article 81(3) of the Treaty to categories of technology transfer agreements (Text with EEA relevance):L123/11-L123/17.

EC (2004b): Commission notice. Guidelines on the application of Article 81 of the EC Treaty to technology transfer agreements (2004/C 101/02): C101/02-C101/42.

EC (2005a): Consultation Paper. Human Tissue Engineering and Beyond: Proposal for a Community Regulatory Framework on Advanced Therapies. Brussels, 04 May 2005 DG Enterprise and Industry, 15 S.

EC (2005b): Verordnung des Europäischen Parlaments und des Rates über Arzneimittel für neuartige Therapien und zur Änderung der Richtlinie 2001/83/EG und der Verordnung Nr. 726/2004. Brüssel, den 16.11.2005 KOM(2005)567 endgültig, 53 S.

EC (2005c): Commission Regulation No. 2049/2005 of 15 December 2005 laying down, pursuant to Regulation (EC) No 726/2004 of the European Parliament and of the Council, rules regarding the payment of fees to, and receipt of administrative assistance from, the European Medicines Agency by micro, small and medium-sized enterprises. Official Journal of the European Union:L329/4-LL329/7.

EC (2005d): Commission Recommendation 2003/361/EC of 6 May 2003 concerning the definition of micro, small and medium-sized enterprises (notified under document number C(2003) 1422): Official Journal of the European Union:L124/36-L124/41.

EC (2006): Regulation (EC) No 1901/2006 of the European Parliament and of the Council of 12 December 2006 on medicinal products for paediatric use L378/1-18.

ECLT (2006): European Center for Living Technology. Homepage http://bruckner.biomip.rub.de/bmcmyp/Data/ECLT/Public

EFB (1997): What is what in biotechnology? Briefing Paper 6 April 1997:1-4.

EFB (2003): European Federation of Biotechnology. Serving Biotechnologists throughout Europe http://www.efbweb.org/

EFGCP (2003): EMEA/EFGCP Workshop on Ethics in Clinical Development. From Legislation to Implementation, 11. Dez. 2003

EFPIA (1999): Regulation 2000 - An Efpia perspective on the future of Medicines' Regulation in Europe:1-14.

EFPIA (2000): About the industry. Homepage der EFPIA http://www.efpia.org/2_indust/:1-10. Stand vom 25.04.00.

EFPIA (2002): Review of EU Pharmaceutical Legislation. Delay puts Commission key onjectives at risk:1. EFPIA issue December 2002.

EFSA (2003a): European Food Safety Authority. http://www.efsa.eu.int/about_en.html

EFSA (2003b): Gutachten des Wissenschaftlichen Gremiums für genetisch veränderte Organismen zu einer Anfrage der Kommission bezüglich der Anmeldung (Referenz CE/ES/00/01) über das Inverkehrbringen des herbizidtoleranten, genetisch veränderten NK603-Maises für Import- und Weiterverarbeitungszwecke gemäß Teil C der Richtlinie 2001/18/EG durch Monsanto. Gutachten angenommen am 25. November 2003 http://www.efsa.eu.int/about_en.html

EFSA (2005a): Wissenschaftliche Arbeit der EFSA. http://www.efsa.eu.int/science/catindex_de.html

EFSA (2005b): Guidance Document on the Scientific Panel of Genetically Modified Organisms for the Risk Assessment of Genetically modified plants and derived food and feed. Adopted on 24 September 2004. Final, edited version of 8 November 2004. Publication in March 2005, 57 S.

EFSA (2005c): Europäische Behörde für Lebensmittelsicherheit. Über EFSA. Last updated 14 April 2005, 2 pages.

EFTA (2003): European Free Trade Association. http://www.efta.int/:1.

EG (1997): Verordnung (EG) Nr. 258/97 über neuartige Lebensmittel und neuartige Lebensmittel (Novel Food-Verordnung) am 15. Mai 1997 in der Europäischen Gemeinschaft

EG (2001): Entscheidung 2001/204/EG des Rates vom 8. März 2001 zur Ergänzung der Richtlinie 90/219/EWG hinsichtlich der Kriterien für die Feststellung, ob Typen genetisch veränderter Mikroorganismen sicher für die menschliche Gesundheit und die Umwelt sind. (Text von Bedeutung für den EWR) (ABl. Nr. L 73 vom 15.3. 2001 S. 32)

EG (2003): Verordnung Nr. 1964/2003 des Europäischen Parlaments und des Rates vom 15. Juli 2003 über grenzüberschreitende Verbringungen genetisch veränderter Organismen: Amtsblatt der Europäischen Union: L287/1-L287/10.

EGA (2001): EGA discussion paper. Promoting Innovation and Competition in the European Pharmaceutical Market June 2001:1-12.

EGA (2004): About the EGA–Membership. In: Website: http://.www.egagenerics.com/ega-membership.com: 1-4.

EGE (2000): General report on the activities of the European Group on Ethics in Science and New Technologies to the European Commission 1998-2000, 163 S.

EGE (2003a): Stellungnahme der Europäischen Gruppe für Ethik in Naturwissenschaften und Neue Technologien bei der Europäischen Kommission. Ethische Aspekte von Gentests am Arbeitsplatz. Nr. 18 Endgültige Fassung – 28. Juli 2003.

EGE (2003b): Stellungnahme der Europäischen Gruppe für Ethik in Naturwissenschaften und Neuen Technologien bei der Europäischen Kommission. Ethische Aspekte von Gentests am Arbeitsplatz. Nr. 17 Endgültige Fassung –4 .Februar 2003

EGGenTDurchfG (2004): Gesetz zur Durchführung von Verordnungen der Europäischen Gemeinschaften auf dem Gebiet der Gentechnik und Änderung der Neuartige Lebensmittel- und Lebensmittelzutatenverordnung vom 22. Juni 2004, Bundesgesetzblatt S.1244-1247.

Egler, M., Geursen, R.G. (1998a): Preisfestsetzungsmethoden für Arzneimittel - Teil I. Pharm. Ind. 60, Nr. 5 (1998):373-375.

Egler, M., Geursen, R.G. (1998b): Preisfestsetzungsmethoden für Arzneimittel - Teil II. Pharm. Ind. 60, Nr. 6 (1998):477-481.

Eglen, J, Gottschalk, S., Rammer, C., Spielkamp, A. (2002): Spinoff-Gründungen aus der öffentlichen Forschung in Deutschland. Gutachten des ZEW für das BMBF, 63 S.

EGMA (1998e): Encouraging greater use of generic medicines in the European healthcare market. Report by the Health Economics Committee of the European Generic Medicines Association 15 October 1998:1-6.

Eichenberg, K. (2004): Hoffnung für Blinde. Frankfurter Allgemeine Zeitung Nr. 272 vom 20.November 2004:B2.

Eichener, V. (1996): Die Rückwirkungen der europäischen Integration auf nationale Politikmuster. In: Jachtenfuchs, M; Kohler-Koch, B. (1996): Europäische Integration. Leske + Budrich Verlag, Opladen, 1996:249-280.

EKD (1997a): Evangelische Kirche in Deutschland: Wieviel Wissen tut uns gut? Gemeinsames Wort der Deutschen Bischofskonferenz und des Rates der Evangelischen Kirche in Deutschland zur Woche für das Leben, 1997

EKD (1997b): Organtransplantation: Erklärung des Vizepräsidenten der EKD; Dr. Hermann Barth, zu dem vom Deutschen Bundestag verabschiedeten Transplantationsgesetz, 1997

EKD-Rat (2002): Restriktionen für Stammzellen -Import nicht aufweichen www.ekd.de 22 Februar 2002

EKD (2004): Bioethik. Ethische Fragen im Bereich von Medizin, Biotechnik und Gentechnik, 7 S. http://www.ekd.de/EKD-Texte/2086_2047.html

Elmer, C. (2004): Die unscheinbaren Strippenzieher. In: Frankfurter Allgemeine Sonntagszeitung Nr.16/2004 vom 24. September 2006:71.

Embassy (2005a): Biotechnology Issues. Last Modified 24 January 2005:1-8.

Embassy (2005b): Biotechnology Issues. Argumentationspapier der Amerikanischen Botschaft in Stockholm. Last Modified 24 January 2005:1-15.

EMEA (1999): CPMP Note for Guidance on clinical investigation of Medicinal Products in the Treatment of Epileptic Disorders. EMEA-Document CPMP/EWP/566/98 London, Draft 6, Rev. 1 from 21 Oct 99.

EMEA (2001): Position paper on terminology in pharmacogenetics. EMEA/CPMP/3070/01 from 13 December 2001:1-6.

EMEA (2001): PERF II Programme Proposal. Dokumenten-Nr. EMEA/PERF/sc/5/01, rev.2.

EMEA (2002): EMEA/CPMP/4048/01 - Guidance document on use of medicinal products for treatment and prophylaxis of biological agents that might be used as weapons of bioterrorism. Last Update: 31 July 2002, Revision 3, 62 S.

EMEA (2003a): EMEA Organigram. Version from 03-06-2003:1.

EMEA (2003b): Medical Products with a Community Marketing Authorization. Status October 2003, 41 S.

EMEA (2003c): EMEA/CPMP/1255/03 - Guidance Document on the Use of Medicinal Products for the Treatment of Patients Exposed to Terrorist Attacks with Chemical Agents (NEW 13/05/2003). http://www.emea.eu.int/pdfs/human/chemicalterrorism/125503en.pdf 29 Seiten

EMEA (2003d): EMEA Press Release. First meeting of EMEA patients' working group London 20 May 2003, 12 S.

EMEA (2003e): Paper on Gene therapy. Document EMEA/22880/03/Final:1-7.

EMEA (2003f): Press Release. First meeting of EME patients' working group London 20 May 2003, 12 S.

EMEA (2004a): EMEA/CPMP Working Group with Patients Organisations. Outcome of Discussions: Recommendations and Proposals for action London, 20. April 2004, EMEA/CPMP/5819/04/final, 21 S

EMEA (2004b): Discussion Paper. The European Medicines Agency Road Map to 2010: Preparing the Ground for the Future. Document EMEA/H/34163/03/Rev. 2.0, 25 pages.

EMEA (2004c): EMEA/CPMP Working Group with Patients Organisations. Outcome of Discussions: Recommendations and Proposals for action London, 20. April 2004, EMEA/CPMP/5819/04/final, 21 S.

EMEA (2005a): New Framework for Scientific Advice and Protocol Assistance. EMEA/267187/2005 London, September 2005, 11 pages.

EMEA (2005b): SME Office: Addressing the needs of small and medium-sized enterprises. http://www.emea.eu.int/SME/SMEoverview.htm, 11 pages.

EMEA (2006a): Press Release: Committee for Orphan Medicinal Products April 2006 Meeting EMEA/COMP/125572/2006, 4 pages.

EMEA (2006b): Committee for Orphan Medicinal Products. Summary of positive opinion for ATRYN 1 June2006 Meeting EMEA/CHMP/202489/2006, 4 pages.

EMBL (2004): About EMBL. http://www.embl.org/aboutus/generalinfo/index.html. Letztes Aufrufdatum: 06.11.2004.

EMBO (2001): EMBO Position Paper: Working together to achieve equal representation of men and women in the life science, December 2001, 2 S.

EMBO (2003): EMBO + EMBC Annual Report 2003, 136 S.

Endres, A., Quermer, I. (1991): Wissenschaft für die Praxis!? Anmerkungen zum Nobelpreis 1991 für Ronald H. Coase, in: Wirtschaftsdienst 11/91: 586-592.

Engel, S. (2001): Top50Pharma: fundamentally sound. In: PharmaBusiness 2001 November/December 2001 issue:1-19.

Entorf, H. Fegert, J., Kölch, M. (2004): Children in Need of medical Innovation. Darmstadt EPA (2003): Die EPA. Jahresbericht 2003 des Europäischen Patentamtes. Fakten und Zahlen.

ENTR (2004a): Detailed guidance for the request for authorisation of a clinical trial on a medicinal product for human use to the competent authorities, notification of substantial amendments and declaration of the end of the trial, ENTR/CT 1, Revision 1 (April 2004).

ENTR (2004b): Detailed guidance on the application format and documentation to be submitted in an application for an Ethics Committee opinion on the clinical trial on medicinal products for human use, ENTR/CT 2, Revision 1 (April 2004).

ENTR (2004c): Detailed guidance on the collection, verification and presentation of adverse reaction reports arising from clinical trials on medicinal products for human use, ENTR/CT 3, Revision 1 (April 2004).

ENTR (2004d): Detailed guidance on the European database of Suspected Unexpected Serious Adverse Reactions (Eudravigilance – Clinical Trial Module), ENTR/CT 4, Revision 1 (April 2004).

ENTR (2004e): Detailed guidance on the European clinical trials database (EUDRACT Database), ENTR/CT 5 (April 2003).

EP (2000): Europäisches Parlament. Bericht über die Zusatzkrankenversicherung (2000/2009(INI)). Ausschuß für Beschäftigung und soziale Angelegenheiten. Dokument: A5-0266/2000:1-29.

EP (2000): Entschließung des Europäischen Parlaments zu der Zusatzkrankenversicherung. Bulletin EU - 11-2000.

EP (2001a): Technologische Voraussetzungen für Lösungen zu Erhaltung und Schutz von Denkmälern und archäologischen Ausgrabungen. Generaldirektion Wissenschaft - Direktion A. STOA – Technikfolgenabschätzung. PE Nr. 303.120 Oktober 2001, 4 S.

EP (2001b): Entwurf eines Berichts über die sozialen, rechtlichen, ethischen und wirtschaftlichen Auswirkungen der Humangenetik. Teil 1: Entschließungsantrag. Nichtständiger Ausschuss für Humangenetik und andere neue Technologien in der modernen Medizin. Berichterstatter: Francesco Fiori. 24. Juli 2001:22.

EP (2004): 3.4.4. Intellectual, industrial and commercial property. Legal Basis. http://www.europarl.eu.int/facts/3_4_4_en.htm, 4 pages

EPA (2000): Die EPA- Neugestaltung des europäischen Patentsystems. Jahresbericht 2000 des Europäischen Patentamtes.

EPA (2001a): Die EPA- die Patenterteilungsbehörde für Europa. Jahresbericht 2001 des Europäischen Patentamtes.

EPA (2001b): Environmental Protection Agency 40 CFR Parts 152 and 174 Thursday July 19, 2001, page 37772-37817.

EPA (2003): Broschüre: Das Europäische Patentamt 2003, 23 S.

EPHA (2004): EPHA Response to the European Commission's Paper: "Enabling Good Health for all: A reflection process for a new EU Health Strategy"

EPÜ (2002): Europäisches Patentübereinkommen. Hrsg.: Europäisches Patentamt, Druck: Mediengruppe Universal, 11. Auflage 2002, 382 S.

EPÜ-AO (2004): Ausführungsverordnung zum Übereinkommen über die Erteilung europäischer Patente vom 5. Oktober 1973 zuletzt geändert durch den Beschluss des Verwaltungsrats der Europäischen Patentorganisation vom 9. Dezember 2004, Kapitel VI, Regeln 23 bis 23f.

ERA (2004a): Stärkung des Grundpfeiler des Europäischen Forschungsraumes. 11. Unterstützung der Koordinierung der Tätigkeiten auf nationaler, regionaler und europäischer Ebene im Bereich Forschung und Innovation (einschließlich ERA-NET). Arbeitsprogramm 2003-2004. Fassung vom 14.12.2003, 39 S.

ERA (2004b): Spezifisches Programm im Bereich der Forschung, technologischen Entwicklung und Demonstration: Stärkung des Grundpfeiler des Europäischen Forschungsraumes. Arbeitsprogramm 2004 (SP1-10), Annex 7, 47 S.

ERC (2007): European Research Council. ERC Grant Schemees Guide for Applicants. 31.January 2007, 53 S.

Eser, A., Koch, H.G. (2003): Forschung mit Humanen embryonalen Stammzellen in In- und Ausland. Rechtsgutachten zu den strafrechtlichen Grundlagen der Gewinnung, Verwendung und des Imports sowie der Beteiligung daran durch Veranlassung, Förderung und Beratung. Freiburg Mai 2003, 199 S, Zusammenfassung ab S.109.

ESF (2003): Science communication in Europe. European Science Foundation Policy Briefing No.20, 6 S.

ESchG (1990): Embryonenschutzgesetz – EschG Gesetz zum Schutz von Embryonen (Embryonenschutzgesetz – EschG) In der Fassung der Bekanntmachung vom 13. Dezember 1990 – BGBl. I S. 2747 http://www.bba.de/gentech/eschg.htm. Letztes Aufrufdatum: 31.01.2004.

ESHG (2001a): Euroscience letter to the EuroMPs. Tuesday 27th November 2001 http://www.euroscience.org/UEVENTS/Fiori.htm

ESHG (2001b): Report on the ethical, legal, economic and social implications of human genetics. Temporary Committee on Human Genetics and Other

New Technologies in Modern Medicine. Comments and recommended changes from the European Society of Human Genetics.

ESHG (2004): The Society: history, organization and status, Website der European Society of Human Genetics www.eshg.org:1-2

ESHRE (2006): European Society of Human Reproduction & Embryology. Http://www.eshre.com/emc.aps?pageID=191

ESRC (1999): ESRC Global Environmental Change Programme The politics of GM food: Risk, science & public trust. A research-based analysis that reveals why controversies such as BSE and genetically modified food seem to throw British Governments and business off balance how to get out of the GM impasse and how to avoid these problems in future. Special Briefing No 5 October 1999

ETAN (1999): Working Paper Strategic Dimensions of Intellectual Property Rights in the context of Science and Technology Policy Prepared by an independent ETAN Expert Working Group for the European Commission Directorate General XII - Science, Research and Development Directorate AP - Policy Co-ordination and Strategy. Final Report - June 1999, 76 S.

Ethikrat (2001): Nationaler Ethikrat. Stellungnahme zum Import menschlicher embryonaler Stammzellen. Stellungnahme, 207 S.

Ethikrat (2003): Nationaler Ethikrat. Genetische Diagnostik vor und während der Schwangerschaft. Stellungnahme, 188 S.

EU (1990): Council Directive (90/219/EEC) on the contained use of genetically modified micro-organisms 23 April 1990.

EU (1991): Richtlinie 91/250/EWG des Rates vom 14. Mai 1991 über den Rechtsschutz von Computerprogrammen. Dokument 31991L0250. Amtsblatt Nr. L 122 vom 17/05/1991 S. 0042 – 0046.

EU (1992): Richtlinie 92/100/EWG des Rates vom 19. November 1992 zum Vermietrecht und Verleihrecht sowie zu bestimmten dem Urheberrecht verwandten Schutzrechten im Bereich des geistigen Eigentums. Dokument 31992L0100. Amtsblatt Nr. L 346 vom 27/11/1992 S. 0061 - 0066

EU (1993a): Council Directive 93/42/EEC of 14 June 1993 concerning Medical Devices, 46 pages.

EU (1993b): Richtlinie 93/98/EWG des Rates vom 29. Oktober 1993 zur Harmonisierung der Schutzdauer des Urheberrechts und bestimmter verwandter Schutzrechte. Dokument 31993L0098. Amtsblatt Nr. L 290 vom 24/11/1993 S. 0009 – 0013.

EU (1996a): Richtlinie 96/9/EG des Europäischen Parlaments und des Rates vom 11. März 1996 über den rechtlichen Schutz von Datenbanken. Dokument 31996L0009. Amtsblatt Nr. L 077 vom 27/03/1996 S. 0020 – 0028

EU (1996b): Richtlinie 96/17/EG des Europäischen Parlaments und des Rates vom 16. Dezember 1996 über die Entsendung von Arbeitnehmern im Rahmen der Erbringung von Dienstleistungen.

EU (1997): Verordnung EG Nr. 118/97 des Rates vom 2. Dezember 1996 zur Änderung und Aktualisierung der Verordnung EWG Nr. 1408/71 zur Anwendung der Systemen der sozialen Sicherheit auf Arbeitnehmer und Selbständige sowie deren Familienangehörige, die innerhalb der Gemeinschaft zu- und abwandern, und der Verordnung (EWG) 574/72 über die Durchführung der Verordnung (EWG) Nr. 1408/71:1-11 (Titel 1:1-4 (Titel II) und S.1-23 (Titel III). Dokument 397R0118.

EU (1998): Entwurf: Mitteilung der Kommission an den Rat, das Europäische Parlament, den Wirtschafts- und Sozialausschuß und den Ausschuß der Regionen über die Entwicklung der Gemeinschaftspolitik im Bereich der öffentlichen Gesundheit vom 14.04.1998:1-6.

EU (1998b): Richtlinie 98/44/EG des Europäischen Parlamentes und des Rates vom 6.Juli 1998 über den rechtlichen Schutz biotechnologischer Erfindungen vom 30.Juli 1998, _213/13-L213/30

EU (1999a): Ausschuß für Wirtschaft, Währung und Industriepolitik: Bericht über die Mitteilung der Kommission über den Binnenmarkt für Arzneimittel. Dokumentencode: A4-0205/99 (KOM(98)0588 – C4-0127/99):1-19.

EU (1999b): Entschliessung des Rates vom 28. Oktober 1999 über die Einbeziehung der Geschichte in die kulturelle Tätigkeit der Gemeinschaft (1999/C 324/01), 1 S.

EU (1999c): Gemeinsamer Standpunkt des Rates im Hinblick auf den Erlaß der Richtlinie des Europäischen Parlaments und des Rates über die absichtliche Freisetzung genetisch veränderter Organismen in die Umwelt und zur Aufhebung der Richtlinie 90/220/EWG des Rates Brüssel, den 26. November 1999.

EU (2000a): Research: What's covered by biomedicine and Health? In: http://europa.eu.int/comm/research/biomed/biomed2.html:1.

EU (2000b): Verordnung (EG) Nr.141/2000 des Europäischen Parlamentes und des Rates vom 16. Dezember 1999 über Arzneimittel für seltene Leiden: L18/1-L18/5.

EU (2000c): Bericht über die soziale Sicherheit in Europa 1999. Dokument KOM(2000) 163 endgültig:1-32.

EU (2000d): Mitteilung der Kommission. Leistungen der Daseinsvorsorge in Europa. Dokument KOM(2000) 580 endgültig:1-32.

EU (2000e): Mitteilung der Kommission an den Rat, das europäische Parlament, den Wirtschafts- und Sozialausschuss und den Ausschuß der Regionen. Dokument KOM(2002) 285 endgültig:1-55.

EU (2000f): Richtlinie des Europäischen Parlamentes und des Rates zur Schaffung eines Gemeinschaftskodexes für Humanarzneimittel. Endgültige Fassung KOM(2000)830, 147 S. plus Anhänge

EU (2000g): Commission of the European Communities. Communication from the Commission on the precautionary principle. Brussels, 02.02.2000

EU (2001a): Vorschlag für eine Verordnung des europäischen Parlaments und des Rates zur Festlegung von Gemeinschaftsverfahren für die Genehmigung, Überwachung und Pharmakovigilanz von Human- und Tierarzneimitteln und zur Schaffung einer Europäischen Agentur für die Beurteilung von Arzneimitteln. Dokument KOM(2001)404 endgültig, Brüssel, 26.11.2001:1-23.

EU (2001b): Entscheidung des Rates vom 8.März 2001 zur Ergänzung der Richtlinie 90/219/EWG hinsichtlich der Kriterien für die Feststellung, ob Typen genetisch veränderter Mikroorganismen sicher für die menschliche Gesundheit und die Umwelt sind.

EU (2001c): Richtlinie 2001/18/EG des Europäischen Parlaments und des Rates zur Aufhebung der Richtlinie 90/220/EWG des Rates, 38 S.

EU (2001d): Richtlinie 2001/20/EG des europäischen Parlaments und des Rates vom 4. April 2001 zur Angleichung der Rechts- und

Verwaltungsvorschriften der Mitgliedsstaaten über die Anwendung der Guten Klinischen Praxis bei der Durchführung von klinischen Prüfungen mit Humanarzneimitteln: L121/34-44.

EU (2001e): Mitteilung der Kommission. Die regionale Dimension des Europäischen Forschungsraums. Brüssel, den 03.10.2001, KOM(2001) 549 endgültig, 31 S.

EU (2001f): Europäisches Regieren. Ein Weissbuch. Kommission der Europäischen Gemeinschaften. Brüssel, den 25.7.2001, KOM(2001) 428 endgültig http://europa.eu.int/comm/governance/governance/index_en.htm

EU (2001g): Bericht über die Existenz eines globalen Abhörsystems für private und wirtschaftliche Kommunikation (Abhörsystem Echelon) (2001/2098 (INI) Dokument A5-0264/2001, 11. Juli 2001, 192 S.

EU (2001h): EN Official Journal of the European Communities 14.7.2001 L 192/21 Commission Decision of 27 June 2001 on establishing the European Research Advisory Board (notified under document number C(2001) 1656), 3 S.

EU (2001i): Fragen und Antworten zur GVO-Regelung in der EU Memo/01/277 Überarbeitete Fassung

EU (2001j): Richtlinie 2001/29/EG des Europäischen Parlaments und des Rates vom 22. Mai 2001 zur Harmonisierung bestimmter Aspekte des Urheberrechts und der verwandten Schutzrechte in der Informationsgesellschaft. Dokument 32001L0029. Amtsblatt Nr. L 167 vom 22/06/2001 S. 0010 - 0019, 18 S.

EU (2002a): Vorläufige Fassung. Mitteilung der Kommission. Der europäische Forschungsraum: Ein neuer Schwung. Brüssel, den 16 Oktober 2002, KOM(2002)565, 25 S.

EU (2002b): Vorschlag für eine Entscheidung des Europäischen Parlaments und des Rates über die Beteiligung der Gemeinschaft an einem Forschungs- und Entwicklungsprogramm zur Entwicklung neuer klinischer Interventionen zur Bekämpfung von HIV/AIDS, Malaria und Tuberkulose im Rahmen einer langfristigen Partnerschaft zwischen Europa und den Entwicklungsländern, getragen von mehreren EU-Mitgliedsstaaten und Norwegen. Brüssel, den 28.8.2002, KOM(2002) 474 endgültig, 18 S.

EU (2002c): Vorschlag für eine Richtlinie des europäischen Parlaments und des Rates zur Änderung der Richtlinie 2001/83/EG im Hinblick auf traditionelle pflanzliche Arzneimittel. Dokument KOM(2002) 1 endgültig:1-19.

EU (2002d): Life sciences and biotechnology – A Strategy for Europe. Communication for the Commission to the Council, the European Parliament, the economic and social Committee and the Committee of the Regions, Brussels, 23.1.2002, COM(2002) 27 final

EU (2002e): Participating in European Research. Guide for applicants under the Sixth Framework Programme for European Research & Technological Development (2002-2006), 85 S.

EU (2002f): Ethische Regeln für das RP6. In: http://europa.eu.int/comm/research/science-society/ethics/rules_de.html

EU (2002g): Vorläufige Fassung. Mitteilung der Kommission. Mehr Forschung zu Europa. Hin zu 3% des BIP. Brüssel, den 11.9.2002, KOM(2002) 499 endgültig, 26 S.

EU (2002h): Verordnung Nr. 178/2002 des Europäischen Parlamentes und des Rates vom 28. Januar 2002 zur Festlegung der Allgemeinen Grundsätze und Anforderungen des Lebenmittelrechts, zur Errichtung der Europäischen Behörde für Lebensmittelsicherheit und zur Festlegung von Verfahren zur Lebensmittelsicherheit, Amtsblatt S.L31/1-L31/24.

EU (2003a): Commission Directive 2003/63/EC of June 2003 amending Directive 2001/83 of the European Parliament and of the Council on the Community code relating to medicinal products for human use, Amtsblatt S.L159/46-L159/94.

EU (2003b): Mitteilung der Kommission an das europäische Parlament, den Rat und den europäischen Wirtschafts- und Sozialausschuss - Biowissenschaften und Biotechnologie: eine Strategie für Europa - Fortschrittsbericht und Künftige Ausrichtung KOM(2003) 96 endg.

EU (2003c): Life sciences and biotechnology – A Strategy for Europe. Progress Report and Future Orientations. Communication for the Commission to the Council, the European Parliament, the economic and social Committee and the Committee of the Regions, Brussels, 5.3.2003, COM(2003) 96 final, 22 S.

EU (2003d): Mitteilung der Kommission eine strategische Vision für Biowissenschaften und Biotechnologie: Konsultationspapier. KOM(2001) 0454 endg.

EU (2003e): European Commission: Towards a European Research Area Science, Technology and Innovation Key Figures, 2003-2004 EUR 20735 EN

EU (2003f): Mitteilung der Kommission an den Rat, das europäische Parlament, den Wirtschafts-, und Sozialauschuss der Europäischen Gemeinschaft und den Ausschuss der Regionen. Innovationspolitik: Anpassung des Ansatzes der Union im Rahmen der Lissabon-Strategie. Brüssel, den 11.3.2003. KOM(2003) 112 endgültig:30 S.

EU (2003g): Mitteilung der Kommission an das europäische Parlament, den Rat und den europäischen Wirtschafts- und Sozialausschuss. Die Durchführung der Richtlinie 96/71/EG in den Mitgliedsstaaten KOM(2003) 458 endg.

EU (2003h): Richtlinie 2003/94/EG der Kommission zur Guten Herstellungspraxis für Humanarzneimittel und für die zur Anwendung am Menschen bestimmten Prüfpräparate. Dokument L262/22-L262/26.

EU (2003i): Mitteilung der Kommission über die Anwendung der Vorschriften über Staatliche Beihilfen auf den öffentlich-rechtlichen Rundfunk (2001/C 320/04). (Text von Bedeutung für den EWR) DE 15.11.2001 Amtsblatt der Europäischen Gemeinschaften C 320/5, 6 S.

EU (2003j): Verordnung Nr. 1829/2003 des Europäischen Parlaments und des Rates vom 22. September 2003 über genetisch veränderte Lebensmittel und Futtermittel. Amtsblatt der Europäischen Union L268/1-286/23.

EU (2004a): Directive 2004/27/EC of the European Parliament and of the Council of 31 March 2004 amending Directive 2001/83/EC on the Community code relating to medicinal products for human use Document L136/34, 24 S. http://www.egagenerics.com/doc/ec_2004_27_dir.pdf

EU (2004b): Regulation (EC) No 726/2004 of the European Parliament and of the Council of 31 March 2004 laying down Community procedures for the authorisation and supervision of medicinal products for human and veterinary use and establishing a European Medicines Agency. Document L136/1, 33 pages. http://pharmacos.eudra.org/F2/review/doc/final_publ/Reg_2004_726_2004 0430_EN.pd

EU (2004c): Directive 2004/24/EC of the European Parliament and of the Council of 31 March 2004 amending, as regards traditional herbal medicinal products, Directive 2001/83/EC on the Community code relating to medicinal products for human use, 6 pages.

EU (2004d): Vorschlag für eine Verordnung des Rates über das Gemeinschaftspatent vom 11.März 2004, 18 S.

EU (2004e): Bericht der Kommission an das Europäische Parlament, den Rat und den Europäischen Wirtschafts- und Sozialausschuss: „Biowissenschaften und Biotechnologie: eine Strategie für Europa" - zweiter Fortschrittsbericht und Orientierungen für die Zukunft KOM (2004) 250 endg. SEK (2004)438

EU (2004f): Tagung des Europäischen Rates (Brüssel) vom 4./5. November 2004. Schlussfolgerungen des Vorsitzes. Brüssel, den 5. November 2004, Dokument 14292/04, 48 S.

EU (2004g): Vorschlag für eine Richtlinie des Europäischen Parlaments und des Rates über Dienstleistungen im Binnenmarkt. Dokument SEK(2004)21 endgültig, Brüssel, 13.01.2004:1-89.

EU (2004h): Richtlinie 2004/9/EG des Europäischen Parlaments und des Rates vom 11. Februar 2004 über die Inspektion und Überprüfung der Guten Laborpraxis (GLP). Dokument L50/28-L50/43.

EU (2004i): Richtlinie 2004/10/EG des Europäischen Parlaments und des Rates vom 11. Februar 2004 zur Angleichung der Rechts- und Verwaltungsvorschriften für die Anwendung der Grundsätze der Guten Laborpraxis und zur Kontrolle ihrer Anwendung bei Versuchen mit chemischen Stoffen (kodifizierte Fassung). Dokument L50/44-L50/59.

EU (2004j): Background: The Conventional Wisdom. In: http://europa.eu.int/comm/dgs/policy_advisers/publications/docs/second_d ialogue_index_en.htm

EU (2004k): Richtlinie 2004/23/EG des Europäischen Parlaments und des Rates vom 31.März 2004. Dokument L102/48-L102/58, 11 pages.

EU (2004l): Verordnung (EG) Nr. 641/2004 mit Durchführungsbestimmungen zur Verordnung (EG) Nr. 1829/2003 des Europäischen Parlaments und des Rates hinsichtlich des Antrags auf Zulassung neuer genetisch veränderter Lebensmittel und Futtermittel, der Meldung bestehender Erzeugnisse und des zufälligen oder technisch unvermeidbaren Vorhandenseins genetisch veränderten Materials, zu dem die Risikobewertung befürwortend ausgefallen ist: L102/14-L102/25.

EU (2005a): Der Bologna-Prozess – Nächste Station: Bergen 2005. http://europa.eu.int/comm/education/policies/educ/bologna/bologna_de.html

EU (2005b): Guideline on the data fields from the European clinical trials database (EudraCT) that may be included in the European database on Medicinal Products. ENTR draft 6, 13 S.

EU (2005c): 7.Commission Directive 2005/28/EC of 8 April 2005 laying down principles and detailed guidelines for good clinical practice as regards investigational medicinal products for human use, as well as the requirements for authorisation of the manufacturing or importation of such products. Official Journal ppL 91/13-L 91/19.

EU (2006): Verordnung 507/2006 der Kommission vom 29. März 2006 über die bedingte Zulassung von Medikamenten, die unter die Verordnung Nr. 726/2004 des Europäischen Parlaments und des Rates fallen, Amtsblatt der Europäischen Union:L92/6-9. ENTR draft 6, 13 S.

EU (2007a): Verordnung 1924/2006 des Europäischen Parlamentes und des Rates vom 20. Dezember 2006 über nährwert- und gesundheitsbezogene Angaben über Lebensmittel, berichtigte Fassung vom 30. Dezember 2006, Amtsblatt der Europäischen Union vom 18.01.2007:L12/3-18 und L404.

EU (2007b): Richtlinie 2007/65/EG des Europäischen Parlamentes und des Rates vom 11. Dezember 2007 zur Änderung der Richtlinie 89/552/EWG des Rates zur Koordinierung bestimmter Rechts- und Verwaltungsvorschriften des Mitgliedsstaaten über die Ausübung der Fernsehtätigkeit, Amtsblatt der Europäischen Union vom 18.12.2007:L332/27-44.

EU (2007c): Verordnung 1394/2007 des Europäischen Parlamentes und des Rates vom 13. November 2007 über Arzneimittel für neuartige Therapien und zur Änderung der Richtlinie 2001/83/EG und der Verordnung Nr.726/2004, Amtsblatt der Europäischen Union vom 10.12.2007:L324/121.

EUREKA (2000): EUREKA 2000plus adopted by the 18th Ministerial Conference in Hanover on 23 June 2000. In: http://www.eureka.be /ifs/files/public/eureka/ official_documents/guidelines2000plus.pdf.

EUUS (2000): The EU-U.S. Biotechnology Consultative Forum, Final Report, December 2000:34

EuropaBio (2003a): Europabio Comments for guidance on Comparability of Medical Products containing Biotechnology Derived Proteins as Drug Substance - Annex on clinical and non-clinical considerations, 2 S.

EuropaBio (2003b): Stellungnahme zu biologischen Arzneimitteln, die im wesentlichen einem bereits zugelassenen Arzneimittel gleichen, wie sie im gemeinsamen Standpunkt zur Änderung der Richtlinie 2001/83/EG zur Schaffung eines Gemeinschaftskodexes für Humanarzneimittel geregelt sind:1-4.

Europabio (2004a): http://www.europabio.org/pages/module_16.asp An Introduction to the applications of industrial (white) biotechnology. Letztes Aufrufdatum: 31.01.2004.

Europabio (2004b): Healthcare Biotech. http://www.europabio.org /pages/healthcare.asp:1-5.

Europabio (2004c): Green biotechnology. http://www.europabio.org /pages/green_biotech.asp Letztes Aufrufdatum: 31.01.2004.

Europabio (2004d): White biotechnology. http://www.europabio.org /pages/white_biotech.asp:1-3. Letztes Aufrufdatum: 31.01.2004.

Europabio (2004e): What are enzymes? http://www.europabio.org/pages/module 14.asp:1-7. Letztes Aufrufdatum: 31.01.2004.

Europabio (2004f): Development and Regulatory Aspects of the Use of Xenogeneic Cells: A EuropaBio Position Paper:1-7. http://www.europabio.org /upload/articles/article_45_EN.pdf.

Europabio (2004g): Human Cell and Tissue Based Products: A EuropaBio Position Paper:1-4.

Europabio (2004h): Information Paper on ethical, social and public awareness issues in gene therapy, 9 S.

EuropaBio (2004i): EuropaBio Position Paper on the draft Commission Regulation (EC) on the application of Article 81 (3) of the Treaty to categories of technology transfer agreements, the draft Guidelines on the application of Article 81 of the EC Treaty to technology transfer agreements. February 06, 2004, 4 pages.

Eur-Lex (1989): Council-Directive 89/48/EEC of 21 December 1988 on a general system for the recognition of higher-education diplomas awarded on completion of professional education and training of at least three years' duration. Document 389L0048, 10 S.

Eur-Lex (1999a): Geltendes Gemeinschaftsrecht Dokument L365L0065. Richtlinie 65/65/EWG des Rates vom 26 Januar 1965 zur Angleichung der Rechts- und Verwaltungsvorschriften über Arzneimittelspezialitäten:1/6-6/6.

Eur-Lex (1999b): Geltendes Gemeinschaftsrecht. Dokument 375L3019. Zweite Richtlinie 75/319/EWG des Rates vom 20. Mai 1975 zur Angleichung der Rechts- und Verwaltungsvorschriften über Arzneispezialitäten:1/12-12/12.

Eur-Lex (1999c): Geltendes Gemeinschaftsrecht Dokument 392R1768. Verordnung (EWG) Nr. 1768/92 des Rates vom 18. Juni 1992 über die Schaffung eines ergänzenden Schutzzertifikates für Arzneimittel:1/6-6/6.

Eur-Lex (2001a): Council Directive 87/18/EEC of 18 December 1986 on the harmonisation of laws, regulations and administrative provisions relating to the application of the principles of good laboratory practice and the verification of their application for tests on chemical substances. Document 387L0018:1-3.

Eur-Lex (2001b): Directive 2001/83/EC of the European Parliament and of the council of 6 November 2001 on the Community code relating on medicinal products for human use: L311/67-L311/128.

Europarat (1997): Council of Europe. European Treaty Series ETS No. 164 Convention for the Protection of Human Rights and Dignity of the Human

Being with regard to the Application of Biology and Medicine: Convention on Human Rights and Biomedicine; Oviedo, 04.IV.1997 38 Artikel, 7 S.

Europarat (1998): Zusatzprotokoll zum Übereinkommen zum Schutz der Menschenrechte und der Menschenwürde im Hinblick auf die Anwendung von Biologie und Medizin über das Verbot des Klonens von menschlichen Lebewesen von 12. Januar 1998.

Europarat (2001): Europäischer Rat von Barcelona: Kommission legt Vorschlag für umfassende Biotechnologiepolitik vor (24.01.2002). http://www.europa-web.de/europa/03euinf/54WISSEN/biotech.htm:1.

Europarat (2002): Zusatzprotokoll über die Transplantation von Organen und Geweben menschlichen Ursprungs zum Übereinkommen über Menschenrechte und Biomedizin vom 24. Januar 2002 ETS Nr. 186.

Evers, M. (2004): Biotechnologie. Schmoozing in San Francisco. In: Der Spiegel 25/2004:92.

Evers, M., Traufetter, G. (2004): Lauf übers Mienenfeld. Der Spiegel 33/2004:116-117.

Evers, M. (2005): Schutzlose Patienten. In: Der Spiegel 6/2005:139-141.

Evers, M. (2007): Katalog des Lebens. In: Der Spiegel 40/2007:166-167.

EVP (2002): Medienpolitik in der Europäischen Union. Schriften zur Europäischen Integration 06/02. CDU/CSU-Gruppe im Europäischen Parlament / EVP/ED-Fraktion des Europäischen Parlaments, 32 S.

EV-TIG (2001): Committee for Proprietary Medicinal Products /CPMP) & EudraVigilance Technical Implementation Group (EV-TIG): Joint Pharmacovigilance Plan for the Implementation of the E2B, M1 and M2 requirements related to the electronic transmission of Individual Case Safety Reports in the Community. London, 8 March 2001. CPMP/PhVWP/2058/99 rev1.

EWG (1992): Richtlinie 92/25/EWG des Rates vom 31.März 1992 über den Großhandelsvertrieb von Humanarzneimitteln (Abl. Nr. L113 vom 30.4.1992:97-102).

EWG (1993): Verordnung (EWG) Nr. 2309/93 des Rates vom 22. Juli 1993 zur Festlegung von Gemeinschaftsverfahren für die Genehmigung und Überwachung von Human- und Tierarzneimitteln und zur Schaffung einer

Europäischen Agentur für die Beurteilung von Arzneimitteln (Abl. Nr. 214 vom 24.08.1993).

Ezzell, C. (2000): Was kommt nach den Genen? In: Spektrum der Wissenschaft 2000:37-42.

Fach, W. (2001): Der umkämpfte Fortschritt – Über die Codierung des Technikkonflikts. In: Simonis, G., Martinsen, R. und Saretzki, T. (Hrsg.) Politik und Technik. Analysen zum Verhältnis von technologischem, politischem und staatlichen Wandel am Anfang des 21. Jahrhunderts. Deutsche Vereinigung für Politische Wissenschaft, Westdeutscher Verlag, 1. Auflage, 547 Seiten: 167-185.

Falcone, F.H. (2001): Die Interdisziplinären Zentren für Klinische Forschung (IZKF) an deutschen Hochschulen. In: Deutsche Zeitschrift für klinische Forschung 9/10-2001:4-7.

FÄPI (1999): EU-Kommission zu Orphan Drugs. Mitteilung aus: FÄPI-intern 1/1999:35.

FAS (2004): Die deutsche Biotechnologie auf Kapitalsuche. In Frankfurter Allgemeine Sonntagszeitung 16.Mai 2004, Nr.20:46.

FAS (2004): Amgen + Biogen mutieren zu Pharmafirmen. In: Frankfurter Allgemeine Sonntagszeitung Nr.5/04.

FAZ (2000): Der Forschung eine Gasse. Frankfurter Allgemeine Zeitung Nr. 153 vom 09.06.2000:20.

FAZ (2001): Genomprojekt Estland. In: Frankfurter Allgemeine Zeitung online vom 27.10.2001:1.

FAZ (2002a): Pharmaindustrie kämpft gegen steigende Datenflut. In Frankfurter Allgemeine Zeitung Nr. 174/2002:17.

FAZ (2002c): Ein tödliches Quintett. Frankfurter Allgemeine Zeitung Nr. 49 vom 27.02.2002:N1.

FAZ (2004a): Elegante Grüne Gentechnik. Frankfurter Allgemeine Zeitung Nr. 23 vom 28.01.2004:N1.

FAZ (2004b): Synthelabo und Aventis könnten sich gut ergänzen. In: Frankfurter Allgemeine Zeitung Nr.20:15.

FAZ (2004c): Aspirin als Muster der Markenpflege. In Frankfurter Allgemeine Zeitung vom 27.09.2004, Nr.225:18.

FAZ (2004e): Google überdenkt e-mail-Service. In Frankfurter Allgemeine Zeitung vom 15.04.2004, Nr.225:18.

FAZ (2004f): Der deutschen Biotechnologie-Branche geht es wieder besser. Frankfurter Allgemeine Zeitung vom 02.Septemebr 2004:12

FAZ (2004g): Bush hilft Pharma, Kerry der Biotechnologie. Frankfurter Allgemeine Zeitung vom 09.September 2004 Nr. 210:23/25.

FAZ (2004h): Irgendwie geht es immer um Microsoft. Frankfurter Allgemeine Zeitung vom 14.September 2004 Nr. 214:19.

FAZ (2004i): Ratiopharm berichtet über schmerzhafte Einbußen. Frankfurter Allgemeine Zeitung vom 02.Oktober 2004 Nr. 230:17.

FAZ (2004j): DIW bestreitet These der Basar-Ökonomie. In: Frankfurter Allgemeine Zeitung Nr.232 vom 05.Oktober 2004:12

FAZ (2004k): Umgedeuteter genetischer Code. In: Frankfurter Allgemeine Zeitung vom 06.Oktober 2004, Nr.233:N2.

FAZ (2004l): GPC Biotech weist höheren Verlust aus. In Frankfurter Allgemeine Zeitung vom 10.11.2004:23.

FAZ (2004m): Pharma-Mittelstand in Sorge über Biotech-Unternehmen. In: Frankfurter Allgemeine Zeitung Nr.117:12.

FAZ (2004n): Vernetzung der DNA-Dateien gefordert. In: Frankfurter Allgemeine Zeitung Nr.252/2004 vom 28. Oktober 2004:5

FAZ (2004o): Medizin für Gesunde. In: Frankfurter Allgemeine Zeitung Nr. 251:N1.

FAZ (2004p): Am Ball bleiben. In: Frankfurter Allgemeine Zeitung, Nr.239:N1.

FAZ (2004q): Gen-Patente begrenzen. Berlin 29.09.2004, Frankfurter Allgemeine Zeitung, Dienstag 30 September 2004, Nr.228:4.

FAZ (2004r): Vermont will Arzneiimport aus Kanada erzwingen. Berlin 12.08.2004, Frankfurter Allgemeine Zeitung, Dienstag 12 August 2004, Nr.186:11.

FAZ (2004s): Neue Offenheit. Frankfurter Allgemeine Zeitung vom September 2004:N1.

FAZ (2004t): Lion Bioscience halbiert Personal. Frankfurter Allgemeine Zeitung vom 19. November 2004:22.

FAZ (2004u): Lissabon ist tot - Es lebe Lissabon. In: Frankfurter Allgemeine Zeitung Montag, 1. November 2004, Nr.255, S.13.

FAZ (2005a): Arzneimittelzulassung soll effizienter werden. Frankfurter Allgemeine Zeitung vom 22. Februar 2005:13.

FAZ (2005b): EU setzt sich bescheidenere Ziele. Frankfurter Allgemeine Zeitung vom 24. März 2005:2.

FAZ (2005c): Biotechnologie im Rückstand. Ernüchternde Bilanz: Wo bleiben die versprochenen Medikamente? Frankfurter Allgemeine Zeitung vom 16. November 2005:N2.

FAZ (2005d): Noch fehlt den Biotechnologiefirmen die Schlagkraft. Frankfurter Allgemeine Zeitung vom 2. Juni 2005:15.

FAZ (2005e): Junge oder Mädchen? Ärzte streiten über Zulässigkeit biotechnologischer Wahl Frankfurter Allgemeine Zeitung vom 2. August 2005:31.

FAZ (2006a): Gen-Abdruck von Hooligans nehmen. Frankfurter Allgemeine Sonntagszeitung vom 20. April 2006:2.

FAZ (2006b): Schwarz-Rot und die grüne Gentechnik. Frankfurter Allgemeine Sonntagszeitung vom 30. April 2006:17.

FAZ (2006c): WTO kritisiert die Gentechnikzulassung in Europa. Frankfurter Allgemeine Sonntagszeitung vom 09 Februar 2006:12.

FAZ (2006d): Weiter Streit um den Umgang mit der Gentechnik. Frankfurter Allgemeine Sonntagszeitung vom 25 April 2006:23.

FAZ (2006e): Gentechnik - Die WTO trifft einen Schiedsspruch. Frankfurter Allgemeine Zeitung vom 07 Februar 2006 online www.faz.net:1-3.

FAZ (2006f): Genreis von Bayer in Amerika. Frankfurter Allgemeine Zeitung vom 21. August 2006:13.

FAZ (2006g): Regierung will Empfänger von Agrarhilfen offen legen. Frankfurter Allgemeine Zeitung vom 31 Juli 2006:9.

FAZ (2006h): Neue Wege für das Patent. Frankfurter Allgemeine Zeitung vom 8. August 2006:17.

FAZ (2007a): Kabinett beschließt Gentechnikregeln. In: Frankfurter Allgemeine Zeitung Nr. 51 vom 1. März 2007:4.

FAZ (2007b): Landwirtschaft nicht für Biokraftstoff mißbrauchen. In: Frankfurter Allgemeine Zeitung Nr. 51 vom 01. März 2007:20.

FAZ (2007b): Vielversprechend, aber heikel. In: Frankfurter Allgemeine Zeitung Nr. 51 vom 15. März 2007:17.

FAZ (2007c): GPC Biotech steht am Abgrund. In: Frankfurter Allgemeine Zeitung Nr. 254 vom 01. November 2007:17.

FAZ (2008): Der rüpelhafte Präsident. In: Frankfurter Allgemeine Zeitung Nr. 51 vom 26. Februar 2008:7.

FDA (1998): Guidance for Industry Fast Track Drug Development Programs - Designation, Development and application Review. Procedural 9 des CDER (Center for Drug Evaluation and Research) der Food and Drug Administration (FDA):1-22.

FDA (2004): CDISC Refines Standards as it Forges Close Ties with HL7, FDANews, Part 11 Compliance Report, Vol. 4, No. 12, June 9, 2004, 4 pages http://www.cdisc.org/pdf/PCR060904.pdf

FDA/EMEA (2006): Public Statement EU (European Commission and EMEA) and FDA extend confidentiality arrangements for five more years. London, 9. November 2005 Ref. EMEA/329559/2005.

FDA (2006): Omnitrope Questions and Answers CDER document created 30 May 2006.

FDA (2007): Common EMEA/FDA Application for Orphan Medicinal Product Designation. FDA Form 3671, 11/07, 10 S.

Feder, J. (2005): State Laws on Human Cloning. Congressional Research Service (CRS) Report for Congress. Updated 14 May 2003, Order Code RS21517 23 Seiten.

Federal Register (1992): Federal Register: May 29, 1992 Department of Health and Human services - FDA -Statement of Policy: Foods derived from New Plant Varieties; Notice p22984-23001.

Federal Register (2001): January 18, 2001 Volume 66, Number 12, Proposed Rules Page 4706-4738- Department of Health and Human services - FDA -21 Code of Federal Regulation Parts 192 and 592

Feick, J. (2000): Marktzugangsregulierung: Nationale Regulierung, europäische Integration und internationale Harmonisierung in der Arzneimittelzulassung. In: Czada, R., Lütz: (2000): Die politische Konstitution von Märkten. Westdeutscher Verlag, Wiesbaden, 2000:228-247.

Feick, J. (2002): Regulatory Europeanization, National Autonomy and Regulatory Effectiveness: Marketing Authorization for Pharmaceuticals. Max-Planck-Institut für Gesellschaftsforschung, MPIfG Discussion Paper 02/6.

Felberbaum, R.E., Küpker, W., Diedrich, K. (2004): Fortpflanzungsmedizin: Methoden der assistierten Reproduktion werden sicherer. In: Dt. Ärzteblatt, 101 Jg., H.3, 16. Januar 2004:95-101.

Feldenkirchen, M., Nelles, R., Schmidt, C., Stark, H., Ulrich, A. (2005): Riskante Aufrüstung. In: Der Spiegel 4/2005:48-50.

Feyerabend, E. (1999): Die Ökonomie des Codes - Gen-Ressourcen der gesamten Bevölkerung Islands wurden vermarktet. ak - analyse & kritik, Zeitung für linke Debatte und Praxis / Nr. 422 / 21.01.1999 http://www.trend.partisan.net/trd0199/t330199.html:1.

Fink-Anthe, C. (1999a): Arzneimittelmarkt in Europa. Pharm. Ind. 61, Nr. 2:II/30-II/32.

Fink-Anthe, C. (1999b): Kosten und Risiken der forschenden Pharmaindustrie. Pharm. Ind. 61, Nr. 7:VII/140-VII/142.

Fink-Anthe, C. (2001a): Pharmaindustrie -Wettbewerbsfähigkeit Europa versus USA. Eine Übersicht modifiziert nach Pammoli et al. DGPharMed News 2/2001:55.

Fink-Anthe, C. (2001b): Biotechnologie im europäischen Rahmen. Pharm. Ind. 63, Nr. 9 (2001):IX/180-182.

Fink, S. (2003): Politikwissenschaft und Biotechnologie - ein Überblick über die Konzeptionelle Landschaft. Discussion Paper. Workshop des Graduiertenkollegs „Märkte und Sozialräume in Europa", Otto-Friedrich-Universität Bamberg, 16.-18.10.2003, 32 Seiten

Fiori, F. (2001): Report on the ethical, legal, economic and social implications of human genetics. Temporary Committee on Human Genetics and Other

New Technologies in Modern Medicine. Final A5-0391/2001, RR\453921EN.doc 1/6 PE 300.127/rev 8 November 2001, 118 pages

FIP (2002): About FIP http://www.fip.org/aboutfip/about_fip_what_is-fip.htm Federation of World wide national pharmaceutical Associations:1-4.

Fischermann, T. (2005): In der Grauzone. In: Die Zeit Nr.9/2005 vom 24.Februar 2005:31.

Fischhoff, B., Lichtenstein, S., Slovic, P., Derby, S.L., Keeney, R.L. (1981): Accptable Risk. Cambridge University Press 1981, Chapters 1 and 2, p.1-46

Flax, J. (1998): Postmoderne und Geschlechter-Beziehungen in der feministischen Theorie. In: Der Mensch als soziales Wesen. Sozialpsychologisches Denken im 20. Jahrhundert. Hg. v. Heiner Keupp. 2. A. München: Piper, 1998. S. 262-271.

Fleischhauer, J. (1999): System ohne Steuerung. In: Der Spiegel 44 /1999:32-46.

Fleissner, P.C. (1999): Was lange währt, wird nicht immer gut. In: Gen-ethisches Netzwerk e.V. (GeN), Mitgliederzeitschrift Umweltnachrichten Ausgabe: 85/99, elektronische Fassung vom 01.11.2004.

Flintrop, S. (2001): Pharmaindustrie - Nur noch zehn Forschungsstätten. In: Dt. Ärzteblatt, Jg. 98, H.51-52:A3461.

Flöhl, R. (1999): Arzneimitteltests oft geschönt. In: Frankfurter Allgemeine Zeitung Nr. 274 vom 24.11.1999:N2.

Flöhl, R. (2000): Arzneimittelforschung am Fließband. In: Frankfurter Allgemeine Zeitung Nr. 207 vom 06.09.2000:N1.

Flöhl, R. (2007): Gene des Babys auf riskanten Abwegen. In: Frankfurter Allgemeine Zeitung Nr. 188 vom 15.08.2007:N1.

FN (2004): Amgen investiert in kleine Biotech-Firmen. In: Finanznachrichten.de vom 27.12.2004, artikel-4069389.asp:1

Förger, P., Dougherty G. (1999): Die Bio-Branche boomt. In: Die WELT vom 06. November 1999:33.

Förstermann, U. (2003): Gentherapie - Erste Erfolge - viele noch unerfüllte Hoffnungen Dt. Ärzteblatt, Jg. 100, H.6 vom 07.Februar 2003:A314-318.

Folkers, G., Kubinyi, H. (1997): Der gezielte Weg zum Arzneimittel. Spektrum der Wissenschaft, Spezial 6: Pharmaforschung:17-27.

Fox, J.M. (1999): Gibt es in Deutschland zu viele Arzneimittel? Pharm. Ind. 61, Nr. 9:774-779.

Franken, A. (2002): Better Medicines for Children. Deutsche, Europäische und Internationale Initiativen zur Verbesserung der Arzneimitteltherapie für Kinder. Vortrag des BAH bei der 38. DGPharMed-Arbeitskreissitzung in Bayern, 39 Slides

Franz, W. (2004): Die Forschung fördern. Eine Wirtschaftspolitik für mehr Innovationsdynamik. In: Zukunft entdecken. Eine Sonderveröffentlichung von Thyssen-Krupp vom 15.August 2004:3.

Fransman, M. (2004): Biotechnology: Generation, diffusion and policy. http:/www.unu.edu.unupress/unupress/unupbooks/unupbooks/uu31te/uu31 te06.thm, 11 pages.

Freisler, H. (1999): Die pharmazeutische Industrie im „Euroland". Pharm. Ind. 61, Nr. 2:97-100.

Frese, E. (1993): Grundlagen der Organisation. Konzepte-Prinzipien-Strukturen. Gabler Verlag, 578 S.

Freudenberg, J., Cichon, S., Nöthen, M.M., Propping, P. (2002a): Variabilität im menschlichen Genom. In: Dt. Ärzteblatt, 99. Jg., H.46, 15.Nov.2002:A-3091-3101.

Freudenberg, J., Cichon, S., Nöthen, M.M., Propping, P. (2002b): Blockstruktur des menschlichen Genoms. In: Dt. Ärzteblatt, 99. Jg., H.47, 22.Nov.2002:A-3190-3195.

Frichtel, H. (1998): Changing of the Guard – Neue Vorgehensweise in Bezug auf internationale CROs. In: Deutsche Zeitschrift für klinische Forschung, Dezember 1998:23-29.

Friebe, R. (2004): Trauerfälle, auf Eis gelegt. In: Frankfurter Allgemeine Sonntagszeitung Nr.36/2004 vom 5. September 2004:59.

Friedrich, T.A. (2006): Pläne für ein europäisches MIT liegen auf Eis. In: Die Welt vom 28. März 2006:31.

Friemel, K. (2004): Chinesischer Forschergeist. in: Financial Times Deutschland vom 3. Dezember 2004:29.

Frost, H., von Graffenried, B., Stoller, R. (2002): Erythroblastopenie (Pure Red Cell Aplasia) durch induzierte Antikörper. In: Schweizerische Ärztezeitung 2002; 83: Nr.49:2692-2693.

Fruijtier, A. (1999): Elektronische Zulassung bei der EMEA noch die Ausnahme. Arzneimittelzeitung Nr. 20:2-3 vom 25.11.99.

FSI (2004): New Products and Services: analysis of Regulations Shaping New Marktes. Final Report for the DG Enterprise/European Commission by the Fraunhofer Institute - Systems and Innovations Research (Fraunhofer ISI). For the FS: Knut Blind, Karlsruhe, February 2004, 241 pages

FTD (2000): Pfizer: EU-Kommission genehmigt Fusion mit Warner-Lambert. in: Website der Financial Times Deutschland, www.ftd.de vom 22.02.2000:1-2.

FTD (2004): Auch Bush wird den Pharmafirmen kaum helfen. In: Financial Times Deutschland vom 1.10.2004:19

Fuchs-Henritz, W., König, A. (2003): Pierre Bourdieu - Einführung in das Werk. Kurseinheit der Fernuniversität Hagen, 308 S.

Fuhr, C. (2003): Ein Klotz am Bein. In: Ärzte Zeitung online, 15.04.2003:1.

Furubotn, E.G., Pejovich, S. (1972): Property Rights and Economic Theory: A Survey of Recent Literature, In: The Journal of Economic Literature, Vol.10:1137-1162.

Gabler-Sandberger, E. (2001): Immunmodulation. Asthmatherapie mit anti-IgE-Antikörper:A.342. In: Dt. Ärzteblatt 97, H. 18 vom 05.05.2000:A1228-1232.

Galenik (2002): Pharmazeutische Technologie im Internet. http://www.galenik.de/firmen.html:1.

Gambardarella, A., Orsenigo, L. Pammmoli, F. (2000): Global Competitiveness in Pharmaceuticals. A European Perspective. Report prepared for the Directorate General Enterprise of the European Commission:1-100.

Ganten, D. (2004): Gezielte Zellvermehrung und spezifische Zelltransplantation. In: Mietzsch, A. (Hrsg.): Kursbuch Biopolitik, Biocom AG Verlag, Berlin 2004:67-78

GAP (2004): Website der Group of Policy Advisers der EU. Letztes Aufrufdatum: 01.11.2004.

Garcia, J. (2006): Zeitarbeit in der klinischen Forschung. In: Deutsche Zeitung für Klinische Forschung DZKF vom 11.12.2006:24-27.

Garthoff, B. (2004): Biotechnology in Agriculture: Shaping the Future. Presentation by Dr. Bernward Garthoff, Chief Technology Officer Bayer Corp Sciences, 18 pages 17 December 2004.

Gartner, B. (2006a): Dreck im Stock. In: Die Zeit Nr. 45 vom 02. November 2006:39.

Gartner, B. (2006b): Schlechte Noten im Erbgut. In: Die Zeit Nr. 48 vom 14. Dezember 2006:51.

GBE (2004): Selbsthilfe im Gesundheitsbereich Heft 23 der Gesundheitsberichterstattung des Bundes, Autorinnen: Jutta Hundersmark-Mayser, Möller, B., unter Mitarbeit von: Klaus Balke und Wolfgang Thiel, Robert-Koch-Institut Berlin 2004, 35 S.

GCPV (2004): Verordnung über die Anwendung der Guten Klinischen Praxis bei der Durchführung von klinischen Prüfungen mit Arzneimitteln zur Anwendung am Menschen (GCP-Verordnung – GCP-V) Vom 9. August 2004 Bundesgesetzblatt Jahrgang 2004 Teil I Nr. 42, ausgegeben zu Bonn am 12. August 2004

Geisler, L. (2004): Enquete-Kommission und Biopolitik. In: Mietzsch, A. (Hrsg.): Kursbuch Biopolitik, Biocom AG Verlag, Berlin 2004:42-55

Gelinsky, K. (2004): „1984" unter der Haut. Der VeriChip ist freigegeben. Frankfurter Allgemeine Zeitung Nr.242:9

Gelinsky, K. (2005): Bevor das Beweismaterial zerstört ist. Frankfurter Allgemeine Zeitung Nr.23:8

Gelinsky, K. (2006): Das Bank-Geheinmis. Frankfurter Allgemeine SonntagsZeitung Nr.26:66.

GeneWatch (2002): Genetic Technologies: A review of developments in 2002. In: Briefing Number 22. February 2003, 12 S.

Gellner, W./Schön, M. (2002): Gesundheitspolitische Alternativen: Ein internationaler Vergleich gesundheitspolitischer Strukturen und Prozesse. In: Gellner, W./Schön, M. (Hrsg.): Paradigmenwechsel in der Gesundheitspolitik? Nomos Verlag 2002: 9-25.

Genentech (2004): Firmenwebsite http://www.gene.com:1. Aufrufdatum 31.10.2004.

Genschel, P. (2005): Auswertung der wirtschaftswissenschaftlichen Projekte. In: Mayntz, R., Bogdandy, A. von, Genschel, P. und Lütz, S. (2005): Globale Strukturen und deren Steuerung. Auswertung der Ergebnisse eines Förderprogramms der Volkswagenstiftung. Max-Planck Institut für Gesellschaftsforschung Köln 2005, 177 Seiten:63-85.

GenTG (2002): Gesetz zur Regelung der Gentechnik (Gentechnikgesetz -GenTG), zuletzt geändert durch 2.Gesetz zur Änderung des Gentechnikgesetzes (2.GenTG-ÄndG) vom 16.August 2002, BGBL 2002, Teil I Nr.59:3220-3244.

GenTG (2004): Das neue Gentechnikgesetz entsprechend der Beschlussempfehlung des Ausschusses für Verbraucherschutz, Ernährung und Landwirtschaft, angenommen vom Deutschen Bundestag am 18.06.2004. Auszug aus der Greenpeace-Synopse zur Neuordnung des Gentechnikrechts. http://www.biosicherheit.de/pdf/ recht/gentg_synopse_gp.pdf

GenTG (2005a): Das neue Gentechnikgesetz entsprechend der Beschlussempfehlung des Ausschusses für Verbraucherschutz, Ernährung und Landwirtschaft, angenommen vom Deutschen Bundestag am 18.06.2004. Nicht amtliche Lesefassung, 57 Seiten

GenTG (2005b): Gesetz zur Neuordnung des Gentechnikrechts vom 21. Dezember 2004, Bundesgesetzblatt S.186-196.

GenTG (2008): Gesetz zur Regelung der Gentechnik (Gentechnikgesetz -GenTG), zuletzt geändert durch Artikel 1 des Gesetzes vom 01. April 2008, BGBL 2008, Teil I:499.

Genzyme (2004): Firmenwebsite http://www.genzyme.com/:1. Aufrufdatum 31.10.2004.

Geocities (2003): Stock Recommendation ImClone Systems Incorporated (IMCL) Recent Financial Summary. http://www.geocities.com/male10036 /stock_recommendation.htm, Datum: für den 30.09.2002

Gerhardt, V. (2003): Die Frucht der Freiheit. In: Die ZEIT Nr.49/2003 vom 27.November 2003.

Germing, U., Gattermann, N., Strupp, C., Awado, M., Hossfeld, D.K., Haas, R., Aul, C. (2001): Myelodysplastische Syndrome. Dt. Ärzteblatt, Jg. 98, H.36:A2272-2278.

Gerstein, M., Zheng, D. (2007): Das heimliche Wirken der Pseudogene. In: Spektrum der Wissenschaft 4/2007:58-64.

Geyer, C. (2005): Hört auf mit der Effekthascherei. In: Frankfurter Allgemeine Zeitung Nr. 205 vom 16. Juni 2005:40.

Gibbs, W.W. (2004): Preziosen im DNA-Schrott. In: Spektrum der Wissenschaft, Februar 2004:68-75.

Gibbs, W.W. (2004): Epigenetik. DNA ist nicht alles. In: Spektrum der Wissenschaft, März 2004:68-75.

Giesberts, L., Sieberg, C. (2005): Ämter offenbaren Betriebsdaten. Frankfurter Allgemeine Zeitung Nr. 51/05:25.

Gilead (2004): Firmenwebsite http://www.gilead.com:1-2. Aufrufdatum 31.10.2004.

Genzyme (2004): Corporate structure. http://www.genzyme.com/ir/cs.htm:1-4. Stand vom 03.11.2004.

Gerhardt, V. (2004): Die angeborene Würde des Menschen. In: Mietzsch, A. (Hrsg.): Kursbuch Biopolitik, Biocom AG Verlag, Berlin 2004:118-146.

Germis, C. (2004a): Kampf um Köpfe. In: Frankfurter Allgemeine Sonntagszeitung Nr.33/2004 vom 15.August 2004:33.

Germis, C. (2004b): Wo kommen die Kinder her? In: Frankfurter Allgemeine Sonntagszeitung vom 07. November 2004:38.

Germund, W. (2007): Klimaschutz killt Orang-Utans. In: Financial Times Deutschland, 13. März 2007:17.

Gethmann-Siefert, A. (1996): Einleitung. In: Gethmann-Siefert, A. (Hrsg.). Wissenschaft und Technik als Gegenstand philosophischer Reflexion. Fernuniversität Hagen, 191 S.

Gethmann, C.F. (2004): Ethische Probleme der Verteilungsgerechtigkeit beim Handeln unter Risiko, In: Gethmann-Siefert, A. (Hrsg.). Wissenschaft und Technik als Gegenstand philosophischer Reflexion. Fernuniversität Hagen:50-70

Gesundheitswesen (2001): Arzneimittel-Entwicklung Systematisiertes Glücksspiel. http://www.gesundheitswesen.de/forschung/arzneimittelentwicklung.html: 1-2.

G 10 (2002): High Level Group on Innovation and Provision of Medicines G10 Medicines Report 26 Februar 2002:1-20.

Geursen, R.G. (2007): Initiative „Innovative Arzneimittel"- Pharm. Ind. 69, Nr. 7 (2007):749-751.

Gibbs, W.W. (2004): Künstliche Biomaschinen. In Spektrum der Wissenschaft, Oktober 2004:68-75.

Gibbs, W.W. (2006): Nützliche Biomaschinen. In Spektrum der Wissenschaft, Mai 2006:62-69.

Giddens, A. (1981): Theorie der Strukturierung. In: Jäger, W. (2002): Reader Sozialer Wandel - Theorien zur Dynamik der Gesellschaft, hier: Seite 142-161.

Gillmann, B. (2004): Wenn die Struktur nicht stimmt, verpufft viel Geld. In: Handelsblatt Nr.188/2004:6 vom 28.09.2004.

Glynn, D. (2000): Reimbursement for New Health Technologies. PharmacoEconomics 2000, Vol. 18, Supplement 1, p.59-67.

Glogger, B. (2008): Die DNAthleten. In: Die ZEIT Nr.32/2008 vom 31.Juli 2008:28.

Glover, D. (2004): The Biotechnology Revolution. In: CR Focus, Volume 15, Number 5, June 2004:61-63.

GM (2003): GM Science review First report. An open review of the science relevant to GM crops and food based on the interests and concerns of the public. Prepared by the GM science review panel (July 2003). http://www.gmsciencedebate.org.uk/report/pdf/gmsci-report1-full.pdf, 296 S.

Godard, B., Ten Kate, L., Evers-Kiebooms, G., Aymé, S. (2003a): Population genetic screening programs: principles, techniques, practices, and policies. In: European Journal of Human genetics (2003) 11, Suppl 2, page S49-S87

Godard, B., Schmidtke, J., Cassiman J.J., Aymé, S. (2003b): Data storage and DNA banking for biomedical research: informed consent, confidentiality, quality issues, ownership, return of benefits. A professional perspective. In: European Journal of Human genetics (2003) 11, Suppl 2, page S88-S122

Godard B, Raeburn S, Pembrey M, Bobrow M, Farndon P, Ayme S. (2003c): Genetic information and testing in insurance and employment: technical, social and ethical issues. In: European Journal of Human genetics (2003) 11, Suppl 2, page S123-42.

Görs, D. (1994): Berufliche Aus- und Weiterbildung und Berufsbildungspolitik. FernUniversität Hagen. Hagen 1994, 122 S.

Götte, M. (2004): Privatsache Erbgut. Süddeutsche Zeitung Nr. 275 vom 26. November 2004:13

Götte, P., Weihrauch, T. (2004): Klinische Forschung mit Arzneimitteln in Deutschland. Der Internist 2004, Suppl.1:48-51.

Göttingen (2004): Göttinger Erklärung zum Urheberrecht für Bildung und Wissenschaft vom 5. Juli 2004. http://www.urheberrechtsbuendnis.de/

Gottschalk, S., Janz, N. (2001): Innovation dynamics and Endogenous Market Structure. Innovationsaktivitäten von KMU im verarbeitenden Gewerbe: Was zeichnet Imitatoren und originäre Innovatoren aus? Discussion Paper 01-39 des Zentrums für Europäische Wirtschaftsforschung.

Gottweis, H., Melchior, J. (1998): Gentechnik und Politik. In: Österreichische Zeitschrift für Politikwissenschaft 1998 online, www.oezp.at/oezp/online/981_ed.htm.

Gowers, A. (2007): Jagd auf geistige Werte. In: Handelsblatt Nr. 88 vom 8. Mai 2007:9.

Grabowski, H.G., Vernon, J. (1996): Longer Patents for Increased Generic Competition in the US. PharmacoEconomics 1996, Vol. 10, Supplement 2, p.110-123.

Grabowski, H.G., Vernon, J. (2000): The Distribution of Sales Revenues from Pharmaceutical Innovation. In: PharmacoEconomics 2000, Vol. 18, Supplement 1, p.21-32.

Grande, E. (1994): Vom Nationalstaat zur europäischen Politikverflechtung. Universität Konstanz März 1994. Habilitationsschrift (Original).

Grande, E. (1996): Das Paradox der Schwäche. Forschungspolitik und die Einflußlogik europäischer Politikverflechtung. In: Jachtenfuchs, M;

Kohler-Koch, B. (1996): Europäische Integration. Leske + Budrich Verlag, Opladen, 1996:373-400.

Grande, E. (2001): Von der Technologie- zur Innovationspolitik - Europäische Forschungs- und Technologiepolitik im Zeitalter der Globalisierung. In: Simonis, G., Martinsen, R. und Saretzki, T. (Hrsg.) Politik und Technik. Analysen zum Verhältnis von technologischem, politischem und staatlichen Wandel am Anfang des 21. Jahrhunderts. Deutsche Vereinigung für Politische Wissenschaft, Westdeutscher Verlag, 1. Auflage, 547 Seiten:368-387.

Graumann, S. (2000): Bioethics or biopolitics? Biomedical Ethics 5, 3, 2000, p. 120-124.

Graupner, H. (2005): Ein Mosaik des Menschen. Süddeutsche Zeitung Nr. 17 vom 22. Januar 2005:6.

Grefe, C. (2001): Lizenz auf Leben. In: Die ZEIT, Nr.46/2001:35-36.

Grefe, C. (2004): Zeit-Dossier: Mais für die Welt. In: Die Zeit Nr.35, 19. August 2004:11-14.

Grönemeyer, D.H.W. (2002): Die Potentiale deutscher Medizin und Medizintechnik - Med. in Germany. In: Gellner, W./Schön, M. (Hrsg.): Paradigmenwechsel in der Gesundheitspolitik? Nomos Verlag 2002: 103-122.

Gronewald, V. (2003): Neue Rheuma-Medikamente stoppen Gelenkzerstörung. In: Die Welt, 18.09.2003:31.

Grolle, J. (2000): Menschen nach Maß. Der Spiegel 15/2000:174-182.

Gross J. (2004): Eine offene Kampfansage an das Weiße Haus. In: Frankfurter Allgemeine Sonntagszeitung, Nr.41/2004:69.

Grüne (2002): Gentechnik: Politik in Verantwortung vor Mensch und Natur. Bundestagsfraktion Heft kompakt und fündig 14-19, Stand Mai 2002, S.1-7.

Grüne (2003): Grundsätze der Gen- und Biotechnik vom 4. November 2003. http://www.gruene-fraktion.de/cms/gentechnik/rubrik/1/1467.gen_biotechnologie.htm:1-7

Grunwald, A. (1996): Ethik als Orientierungshilfe in technikpolitischen Entscheidungen. In: Gethmann-Siefert, A. (Hrsg.). Wissenschaft und

Technik als Gegenstand philosophischer Reflexion. Fernuniversität Hagen:100-127.

Gutjahr, G. (1999): Pharmamarkt 2020. IFM Mannheim. Befragungsergebnisse aus 119 europäischen Pharmaunternehmen, 45 S.

Härtinger (2003): Bromelain http://www.preventnetwork.com/orthomolekular /naehrst-mono-bromelain.html.

Häusler, T., Wüsthof, A. (2002): Patienten am Drücker. In: Die Zeit Nr.2, 2002:25.

Hagen, P. (2007): Künstliche DNA entlarvt Fälscher. In Financial Times Deutschland vom 16. April 2007:A3.

Haignerè, H. (2004): 'plan innovation'. In: BMBF (Hrsg.): Heute schon das Morgen denken. Beiträge zur Innovationsdebatte, Berlin 2004, 51 S.

Hamann, G. (2005): Geld für gute Worte. In: Die ZEIT Nr. 4 vom 20. Januar 2005:19-20.

Handelsblatt (2005): Biotech-Marktführer kauft zu. Kalifornischer Konzern Amgen übernimmt Konkurrenten für 2.2 Milliarden Dollar, Nr.1224:6.

Hanimann, J. (2006): Aggressive Embryos – Frankreich streitet: Ist Gewaltbereitschaft erblich? In Frankfurter Allgemeine Zeitung vom 10.04.2006:35.

Hanrahan (2001): U.S: European Agricultural Trade: Food Safety and Biotechnology Issues. Congressional Research Service (CRS) Report for Congress. Updated 17 January 2001, Order Code 98-861

Hardy, A. (2008): Die Natur steht Pate für Implantate. Frankfurter Allgemeine Zeitung vom 19.03.08 - Beilage Natur und Wissenschaft:N1

Hartmann, G., Endres, S. (2003): Therapeutische Oligonukleotide. In: Dt. Ärzteblatt 100, H. 47 vom 21.11.2003:A-3102-A-3108.

Hasse, R., Krücken, G., Scharpf, F.W. (2001): Der Neue Institutionalismus. Kurseinheiten 1 und 2 zusammengestellt von Czada, R., Schimank, U. FernUniversität Hagen 2001.

Häusling, M. (2005): Weg vom Öl – auch in Hessen. Bündnis 90/Die Grünen Landtagsfraktion Hessen, 16 Seiten

Healthcare Economics (1999): Comparative Data. Pharmaceutical products - worldwide trade. International Pharma News 02/99:1-36.

Health (2000): Sternbilder am Himmel der Gene. Genetische Unterschiede weisen den Weg. Health – Das Magazin von GlaxoSmithKline December 2000:4-9.

HealthandAge (2003): Zentrum für Hauterkrankungen http://www.healthandage.com/DPHome/gm=0gc=38!gid2=1535:1-4.

Hegarty, C. (2004): Drug or device –Who Decides?. In: CR Focus, Volume 15, Number 5, June 2004:52-54.

Heier, M. (2006): Bitte etwas Kuschelhormon. In: Frankfurter Allgemeine Sonntagszeitung vom 19. November 2006:71.

Hein, C. (2007): Indische Pharmafirmen lieben das Risiko. In: Frankfurter Allgemeine Sonntagszeitung vom 23. März 2007:18.

Heine/Heyer/Pickardt (2002): Basisreader der Moderation zum Diskurs Grüne Gentechnik des Bundesministeriums für Verbraucherschutz, Ernährung und Landwirtschaft – BMVEL. hammerbacher gmbh, Osnabrück

Heinrichs, W./Klein, A (1994): Kulturpolitik, FernUniversität Hagen 1994, 147 S.

Heisig, U., Littek, W. (1998): Soziologie der Dienstleitungsarbeit. Dreifachkurseinheit. Fernuniversität Hagen 1993, in der Bearbeitung von 1998. Hagen 1998.

Helbig, H. (1995): Grundlagen der künstlichen Intelligenz, Kurseinheit 2, FernUniversität Hagen 1994, 110 S.

Helsinki-Gruppe (2001): Frauen und Wissenschaft in Europa –Nationale Politiken. Ein Bericht der Helsinki-Gruppe „Frauen und Wissenschaft" für die EU, Zusammenfassung, 5 S.

Hengge, U. (2000): Dermatologie: Gentherapie der Haut. Dt. Ärzteblatt 97, H. 46 vom 17.11.2000:A-3066-A-3067.

Hengge, U., Ruzicka, T. (2004): Fortschritte in der dermatologischen Molekulardiagnostik und Gentherapie. In: Dt. Ärzteblatt 101, H. 1-2 vom 05.01.2004:A-50.

Henkel, H.-O. (2004): Braucht Deutschland Grüne Gentechnik? In: Mietzsch, A. (Hrsg.): Kursbuch Biopolitik, Biocom AG Verlag, Berlin 2004:39-41

Heiderich, H. (2003): Ideologischer Feldzug zur Hemmung der Gentechnik. In: http://www.politikerscreen.de/standpunkt/2003/10/26639/

Heins, V. (2000): Modernisierung als Kolonialisierung? Interkulturelle Konflikte um die Patentierung von “Leben”. In: Barben, D., Abels, G. (2000): (Hrsg.): Biotechnologie - Globalisierung – Demokratie. Politische Gestaltung transnationaler Technologieentwicklung. Edition sigma, Berlin 2000, 434 Seiten:131-154.

Henne, G. (2000): Bioprospektierung: Auf dem Weg zu einem neuen Nord-Süd-Verhältnis? In: Barben, D., Abels, G. (2000): (Hrsg.): Biotechnologie - Globalisierung – Demokratie. Politische Gestaltung transnationaler Technologieentwicklung. Edition sigma, Berlin 2000, 434 Seiten:155-180.

Hepp, H. (2000): Präimplantationsdiagnostik – medizinische, ethische und rechtliche Aspekte In DÄ (2002): PID, PND, Forschung an Embryonen. Aufsätze, Berichte, Diskussionsbeiträge, Kommentare, im Deutschen Ärzteblatt vom 3. März 2000 (Heft 9/2000) bis zum 3. Mai 2002 (Heft 18/2002). 2., erweiterte Auflage der Dokumentation, http://www.aerzteblatt.de./pid.pdf:30-37.

Hèretier, A. (1995): Die Koordination von Interessenvielfalt im europäischen Entscheidungsprozess und deren Ergebnis: Regulative Politik als „Patchwork“. MPIfG Discussion Paper 95/2 des MPIfG = Max-Planck-Institut für Gesellschaftsforschung:1-29.

Hertfelder, H.J. (2004): MTHFR-Polymorphismus C677T, In: Dt. Ärzteblatt 2004, Jg. 101, H.46, A3101-3103

Hess, R. (2004): Therapiehinweise nach Nr.14 der Arzneimittelrichtlinien: Imiglucerase bei Morbus Gaucher Typ I. In: Dt. Ärzteblatt, Jg.101, H.21:C1222-1223.

Hibbeler, B. (2006): Gewebegesetz: Fragwürdige Logik mit weitreichenden Folgen In: Dt. Ärzteblatt 101, H. 10:A1345.

Hiddemann, W., Stein, H. (1999): Die neue WHO-Klassifikation der malignen Lymphome: Endlich eine weltweit akzeptierte Einteilung. Dt. Ärzteblatt 96, H. 49 vom 10.12.1999, S.A3168-A3175.

Highfield, R. (2004): After mavericks and cults, this cloning could be a turning point. The Daily Telegraph, February 13th, 2004, p.4.

Hinze, S., Reiß, Th., Dominguez-Lacasa, I., Wörner, S. (2001): Einfluss der Biotechnologie im Innovationssystem der pharmazeutischen Industrie.

Bericht an das Bundesministerium für Bildung und Forschung. Referat Z25. Fraunhofer-Institut für Systemtechnik und Innovationsforschung (Fraunhofer ISI), Breslauer Str. 48, 76139 Karlsruhe, 77S.

HLCH (2000): Pharmaceuticals and Public Health in the EU: Proposals to the High Level Committee on Health for Policies and actions in the framework of the treaty of Amsterdam. Executive Summary:1-11.

Hobom, B. (2000): Ultra-Hochdurchfluss-Tests in der Arzneimittelforschung unverzichtbar, Frankfurter Allgemeine Zeitung Nr. 145 vom 26.06.2000:25.

Hobom, B. (2004): Die wahren Herrscher über das Erbgut sind echte Zwerge. In: Frankfurter Allgemeine Zeitung Nr. 269 vom 17.11.2004:1.

Hobom, B. (2005): Präzisionsmedizin aus den Werkstätten der Nanotechnik. In: Frankfurter Allgemeine Zeitung Nr. 184 vom 10.08.2005:N1.

Hobom, B. (2007a): Hochgepriesenes Herbizid verliert an Glanz. In: Frankfurter Allgemeine Zeitung Nr. 134 vom 13.06.2007:N1.

Hobom, B. (2007b): Die Ende der Laborsklaven. In: Frankfurter Allgemeine Zeitung Nr. 297 vom 21.12.2007:N1.

Hölscher, U. (1997): Arzneimittelzulassung und der Standort Europa. Spektrum der Wissenschaft, Spezial 6: Pharmaforschung:113-114.

Hönel, A. (2000): Vom soft law zur Rechtsvorschrift: Ein kurzer Überblick zur internationalen Entwicklung der rechtlichen Basis der klinischen Arzneimittelprüfung. In: www.aventis.at/med/diplomarbeitjus.pdf.

Hoffmann, S. (2000a): Das Fusionsfieber bleibt virulent. In: Standpunkt des BPI. http://www.bpi.de/internet/mm/2000/01/0303.htm:1-2.

Hoffmann, U. (2000b): In jede Fusion ist eine Zeitbombe eingebaut. Frankfurter Allgemeine Zeitung vom 19.04.2000.

Hoffmann, S. (2001): Pharmakonzerne werfen Ballast ab und konzentrieren sich auf Arzneimittel. In: Handelsblatt vom 21.November 2000:19.

Hoffmann, C. (2002): Von Ärzten und Analysten empfohlen. In: Frankfurter Allgemeine Sonntagszeitung Nr.3 vom 20.02.2002:48.

Hofmann, S. (2003): Die Luft bleibt dünn für kleine Biotechfirmen. In: Handelsblatt vom 26.03.2003:B1 mit Textkasten: Im Schatten der US-Industrie.

Hoffmann, C. (2005): Bullen, Bären, Biotechnik. In: Frankfurter Allgemeine Sonntagszeitung Nr.3 vom 30.01.2005:47.

Hoffmann, C. (2006): Der Triumph der Biotechnologie. In: Frankfurter Allgemeine Sonntagszeitung Nr.16/2004 vom 24. September 2006:49.

Hofmann, S. (2008): Neuer Schub für die Biotechforschung. In: Handelsblatt vom 16.06.2008:1.

Hoffritz, J. (2000): Abschied vom Hund. Wie kleine deutsche Bio-Tech-Unternehmen bei der Arzneimittelforschung Anschluss an die Amerikaner finden. In: Die Zeit Die Zeit Archiv 5/2000:1-3.

Hoffritz, J. (2002): In appetitlichen Happen. In: Die Zeit Nr.4, 2002:20.

Hoffritz, J. (2005): Das Ende der Blockbuster. In: Die Zeit Nr.9, 2005:25.

Hohlfeld, R. (2003): Zur Dynamik des Humangenomprojektes und seiner Folgeprojekte. In: Hornschuh, T., Meyer, K., Rüve, G., Voß, M. (2003): Schöne-gesunde, neue Welt? Das humangenetische Wissen und seine Anwendung aus philosophischer, soziologischer und historischer Perspektive. IWT-Paper 28 des Graduiertenkollegs „Genese, Strukturen und Folgen von Wissenschaft und Technik". Institut für Wissenschafts- und Technikforschung (IWT), 196 Seiten:84-96.

Holland, D., Reiß, Th. (1997): Evaluation von biotechnologischen Fördermaßnahmen – am Beispiel des Programms "Förderung der Biotechnologie in der Wirtschaft" . In: Martinsen, R. (1997): (Hrsg.): Politik und Biotechnologie. Die Zumutung der Zukunft. Nomos Verlagsgesellschaft Baden-Baden, 1. Auflage 1997; 358 Seiten:189-208.

Hoppe, J.-D. (2000): Grenzziehung der Biomedizin-Ethische und rechtliche Aspekte der Fortpflanzungsmedizin. Symposium "Fortpflanzungsmedizin in Deutschland" des Bundesministeriums für Gesundheit in Zusammenarbeit mit dem Robert-Koch-Institut (24. bis 26. Mai 2000). Rede von Prof. Dr. med. J.-D. Hoppe Präsident der Bundesärztekammer und des Deutschen Ärztetages. http://www.bundesaerztekammer.de /30/Ethik/10FortGenetik/20PID.pdf, 139 S.

Hoppe, J. (1999): Auf dem Weg nach Europa. Rheinisches Ärzteblatt 9/99:3.

Hornschuh, T., Meyer, K., Rüve, G., Voß, M. (2003): Schöne-gesunde, neue Welt? Das humangenetische Wissen und seine Anwendung aus philosophischer, soziologischer und historischer Perspektive. IWT-Paper 28 des Graduiertenkollegs „Genese, Strukturen und Folgen von Wissenschaft und Technik". Institut für Wissenschafts- und Technikforschung (IWT), 196 Seiten

Hossfeld, D.K., Germing, U., Gattermann, N., Strupp, C., Aivado, M., Haas, R., Aul, C. (2001): Myelodysplastische Syndrome: Neue WHO-Klassifikation und Aspekte zur Pathogenese, Prognose und Therapie. Dt. Ärzteblatt 98, H. 36 vom 07.09.2001:A-2272-A2277.

Hove, A. (2003): Symbiose von Groß und Klein bietet neue Chancen. In: Handelsblatt vom 26.03.2003:B2.

Hsu, A., Naughton, B. (2007): 23andMe White Paper 23-03. Guideline on Vetting Genetic Associations. 18 November 2007, 7 S.

Huber, W. (2004): Leben ist ein Geschenk. In: Mietzsch, A. (Hrsg.): Kursbuch Biopolitik, Biocom AG Verlag, Berlin 2004:168-179

Hubig, C. (1994): Das Risiko des Risikos. Das Nicht-Gewußte und Nicht-Wißbare. Universitas, 49/1994, S.310-318.

Hüfner, J. (1989): Wie sicher ist sicher genug? Zur Definition, Abschätzung und Bewertung von Risiken. In: Schmidt, M. (1989): Leben in der Risikogesellschaft. Verlag C.F. Müller Karlsruhe, S.33-44.

Huhndorf, S., Hügler, S. (2006): Akku aus Viren. In: Spektrum der Wissenschaft Juni 2006:14.

Hupertz, H. (2006): 500.000 eingefrorene Embryos. In Frankfurter Allgemeine Zeitung 4.September 2006, Nr.205:38.

HUPO (2004): Human Proteome Organisation, http://www.hupo.org/hpp/hppp.htm, 2 S.

Hurrelmann, K. (1996): zitiert In: NBP-Informationen-Selektion 4/96 Nationales Blutdruckprogramm der Hochdruckliga:3.

Howard M., Burgess A., McPhee D., Metcalf D. (1979): T-cell hybridoma secreting hemopoietic regulatory molecules: granulocyte-macrophage and eosinophil colony-stimulating factors. In: Cell. 1979 Dec; 18(4): 993-9.

IAPO (2003): Capacity Building Initiative (2003-2005) Progress and Planning in 2003, 15 S.

IAPO (2004): Website der International Alliance of Patients' Organizations (IAPO). http://www.patientsorganizations.org/

IBM (2003): Zusammenfassung der Studie über die Rolle der nationalen Patentämter, des Europäischen Patentamts und der Patentämter der USA und Japans bei der Förderung des Patentsystems von IBM Business Consulting Services B.V., Almere, Niederlande, 14. Februar 2003.

IBMT (2001): Biochip-Reader reduces costs for genome reserach. Http//www.ipm.fhg.de/english/press/pressmit_akt/biochip-reader.html:1

IBMT (2004): Biochip-Scanner. Http//www.ipm.fhg.de/english/index_scanner_en.html:1

ICON (2001): Icon Clinical Research. Presentation at the Goldmann Sachs & Co. 22nd Annual Healthcare Conference June 2001 http://www.iconclinical.com

Icos (2004): Firmenwebsite http://www.icos.com:1. Aufrufdatum 10.09.2004.

IFOK (2003): Governance des Europäischen Forschungsraums: Die Rolle der Zivilgesellschaft (Juni 2003) Bericht über die Einbindung der Öffentlichkeit in wissenschaftliche und technologische Entwicklungen in Europe und weltweit. 107 S.

IFPMA (1999): The ICH Process for Harmonisation of Guidelines. Homepage der IFPMA http://www.ifpma.org/ich4.html. p.1-2 of 4. Stand vom 07.06.99.

Illinger, P. (2004): Der große Plan. In: Süddeutsche Zeitung Nr.52:13.

Imhalsy, P. (2004): Mobilfunk und Gesundheit. Spielen mit der Angst - Daten im Überfluss. Der Bund (Schweiz) vom 29.09.2004:2

ImaB (1996): About us. Website of The Institute of Marine Biotechnology e.V. (IMaB) http://www.marine-biotechnologie.de/index.html

Innovationsreport (2003): Fraunhofer-Forscher für den deutschen Zukunftspreis nominiert. Http://www.innovations-report.de/html/berichte/preise_foerderungen/special-2720.html:1-3

Innovationsreport (2004): Gewöhnliche Schmerzmittel gegen Alzheimer-Plaques. Http://www.innovations-report.de/html/berichte/medizin_gesundheit-17079.html:1-2

Imclone (2004): Firmenwebsite. http://www.imclone.com:1-2. Aufrufdatum 01.10.2004.

IMS HEALTH (2001): IMS Health Deutschland Site http://www.imshealth.de. Stand vom 28.12.2001.

Incyte (2004): Firmenwebsite. http://www.incyte.com:1. Aufrufdatum 01.10.2004.

Invitrogen (2004): Firmenwebsite. http://www.corporate-ir.net/:1. Aufrufdatum 30.09.2004.

ISB (2001): Informationssekretariat Biotechnologie. Pressemitteilung Nr. 0139. http://www.i-s-b.org/aktuelles/presse/0139.htm:1. Letztes Aufrufdatum: 29.02.2004.

ISB (2003): Informationssekretariat Biotechnologie. Stichwort: Transgene Tiere. http://www.i-s-b.org/wissen/broschuere/gleicheit.htm:1-3. Letztes Aufrufdatum: 31.12.2003.

ISB (2004a): Geschichte der Biotechnologie. http://www.i-s-b.org/wissen/timeline/timeline.htm Letztes Aufrufdatum: 01.02.2004.

ISB (2004b): Informationssekretariat Biotechnologie. Stichwort: Mapping http://www.i-s-b.org/wissen/broschuere/mapping.htm Letztes Aufrufdatum: 01.02.2004.

ISB (2004c):1 Informationssekretariat Biotechnologie. Stichwort: Ein Fingerabdruck von den Genen? http://www.i-s-b.org/wissen/broschuere/finger.htm Letztes Aufrufdatum: 01.02.2004.

ISB (2004d): Informationssekretariat Biotechnologie. Stichwort: Von geizigen Genen und Biochips. Die Methode des Transcript Imaging. http://www.i-s-b.org/wissen/broschuere/geiz.htm Letztes Aufrufdatum: 01.02.2004.

ISB (2004e): Informationssekretariat Biotechnologie. Stichwort: Proteomics oder 'Auf die Proteine kommt es an'. http://www.i-s-b.org/wissen/broschuere/proteom.htm:1-4. Letztes Aufrufdatum: 01.02.2004.

ISB (2004f): Informationssekretariat Biotechnologie. Stichwort: Somatische Gentherapie. http://www.i-s-b.org/wissen/broschuere/somat.htm:1-3. Letztes Aufrufdatum: 01.02.2004.

ISB (2004g): Biotechnologie wieder im Aufwind. http://www.i-s-b.org/aktuelles/news/news02a.htm#dib

ISB (2004h): Biotechnologie 2020. Von der gläsernen Zelle zum maßgeschneiderten Prozess. http://www.i-s-b.org/2020/index.htm

ISCF (2003): Key advancements in stem cell research, International Stem Cell Forum, gegründet 2003:1-2.

ISCU (2003): ISCU An introduction to International Council for Science: ISCU 30 April 2003

ISE (2004): Initiative for Science in Europe. http://.www.initiative-science-europe.org/about_us.html/ S1-2

Isenegger, U.M. (2001): Biotechnologie: Schlüsselindustrie. In: Supplement zum Deutschen Ärzteblatt, 98. Jg, H 44:3.

Isis (2004a): Firmenwebsite http://www.isis.com:1-3. Aufrufdatum 31.10.2004.

Isis (2004b): Firmenwebsite http://www.isis.com/product_pipeline:1-8. Aufrufdatum 31.10.2004.

IPTS (2003): Human-tissue-engineered products. Today's market markets and future prospects. Report of the Institute for Propsetive Technological Studies. Bock, A., Ibarretta, Rodriguez-Cerezo, E. October 2003.

IZWE (2004): Institution zur Bündelung von Informationen und Literatur zur Ethik in der Biotechnologie. Interfakultäres Zentrum in den Wissenschaften. ww.izew.uni-tuebingen.de/bib/biotech.html:1-4

Jachtenfuchs, M; Kohler-Koch, B. (2003): Governance in der Europäischen Union. In: Benz, A. (2003): Governance. Eine Einführung. Dreifachkurseinheit der FernUniversität Hagen:85-110.

Jachertz, N (2000): Präimplantationsdiagnostik: Am Rande der schiefen Bahn. In DÄ (2002): PID, PND, Forschung an Embryonen. Aufsätze, Berichte, Diskussionsbeiträge, Kommentare, im Deutschen Ärzteblatt vom 3. März 2000 (Heft 9/2000) bis zum 3. Mai 2002 (Heft 18/2002). 2., erweiterte Auflage der Dokumentation, http://www.aerzteblatt.de./pid.pdf:9.

Jachertz, N. (2004): Wissenschaftliches Publizieren oder die Zukunft der Fachzeitschrift. In: Dt. Ärzteblatt, Jg.101, Heft 43, 22. Oktober 2004:A-2853-2854.

Jaenichen, H.R. (2000): Erfindergeist braucht Sicherheit. In: Biotechnologie. Verlagsbeilage der Frankfurter Allgemeinen Zeitung Nr. 250 vom 04.09.2000:B8.

Jann, W./Wegrich, K. (2003): Governance und Verwaltungspolitik – Governance in Organisationen. In: Benz, A. (2003): Governance. Eine Einführung. Dreifachkurseinheit der FernUniversität Hagen:219-242.

Jahn, A. (2004): Proteomik. Mehr als vier Buchstaben. In Sonderteil: Innovation in Deutschland in: Spektrum der Wissenschaft November 2004, 30 Seiten:12-14.

Jardine, A. (2007): Die Kinder von 5010. In: NZZ-Folio April 2007:44-55.

Javitt, G.H., Suthers, K., Hudson, K. (2005): Cloning: A Policy Analysis. Genetics and Public Policy Center, Washington 2005, 75 pages.

Jennen, B. (2004): EU stimmt über Softwarepatente ab. In Financial Times Deutschland online, http://www.ftd.de/tm/it/106044984638.html:1-3.

Jeschek, M. (1999): Umsetzung der EG-Richtlinie über Medizinprodukte in das nationale Recht. Pharma-Recht (1999), H.4:102-110.

Joerges, C. (1996): Das Recht im Prozeß der europäischen Integration. In: Jachtenfuchs, M; Kohler-Koch, B. (1996): Europäische Integration. Leske + Budrich Verlag, Opladen, 1996:73-108.

Johnson, J.A., Williams, E.D. (2005a): Human Cloning. Congressional Resaerch Service (CRS) Report for Congress. Updated 20 May 2005, Order Code RL31015 23Seiten

Johnson, J.A., Williams, E.D. (2005b): Stem Cell Research. Congressional Research Service (CRS) Report for Congress. Updated 10 August 2005, Order Code RL31015 39 Seiten

Jones, A. (2004): Health Technology Assessment goes International. In: CR Focus, Volume 15, Number 7, June 2004:7-12.

Joop, J. (2004): Steh auf, Du kannst es! In: BMBF (Hrsg.): Heute schon das Morgen denken. Beiträge zur Innovationsdebatte, Berlin 2004, 51 S.

Juncker, J.C. (2003): Gespenstische Wanderung. In: Der Spiegel 25/2003:46-48.

Junker, A. (2002): Onkologische Therapie: Auf einzelne Moleküle zielen. Dt. Ärzteblatt 99, 2002, A339-341.

Junker, A. (2004): Krebstherapie: Molekulare Onkologie auf dem Vormarsch. In: Dt. Ärzteblatt, 101 Jg., H.4:163-164.

Junne, G. (1996): Integration unter den Bedingungen von Globalisierung und Lokalisierung. In: Jachtenfuchs, M; Kohler-Koch, B. (1996): Europäische Integration. Leske + Budrich Verlag, Opladen, 1996:513-530.

Kafsack, H. (2005): Eine politische Einigung ist eine politische Einigung. Frankfurter Allgemeine Zeitung, Donnerstag, 4. Januar 2005, Nr.2:15.

Kachel, V., Grimm S. (2002): Neue Wege zur automatisierten Hochdurchsatzpipettierung. In: Fb-Werbeservice (Hrsg.). Biotechnologie in Bayern: Profile-Portraits-Perspektiven:25-34.

Kafsack, H., Stabenow, M. (2005): Beruhigungspille für Chirac und Schröder. Frankfurter Allgemeine Zeitung, Donnerstag, 24. März 2005:2.

Kaiser, T., Franz, H., Jenen, E., Kleepsies, C., Krones, R., Waltering, A., Sawicki, P.T. (2004): Institut für Evidenzbasierte Medizin: Methodik der Erstellung evidenzbasierter Entscheidungsgrundlagen Version 2/2004:1-7.

Kamperman Sanders, A. et al. (2003): Directorate-General for Research. Knowledge Based Society and Economy Expert Group Report on Strategic Use and Adaptation of Intellectual Property Rights Systems in Information and Communications Technologies-based Research Prepared by the Rapporteur Anselm Kamperman Sanders in conjunction with the chairman Ove Granstrand and John Adams, Knut Blind, Jos Dumortier, Rishab Ghosh, Bastiaan De Laat, Joost Kircz, Varpu Lindroos, Anne De Moor. EUR 20734 EN 2003, 75 S.

Kahn, H., Wiener, A.J. (1967): A Framework for speculation of next thirty-three years. In der deutschen Übersetzung. Bertelsmann Verlag, Gütersloh 1967, 620 S.

Kahnemann, D; Tversky, A. (1979): Propsect Theory: An Analysis of Decision under Risk. In: Econometria 3/79, S.263-291.

Karberg, S. (2004a): Über Ihre Hautfarbe informiert Sie Ihr Apotheker. In: Frankfurter Allgemeine Sonntagszeitung Nr.33/2004 vom 15. August 2004:57.

Karberg, S. (2004b): Gute Gene, schlechte Gene. In: Frankfurter Allgemeine Sonntagszeitung Nr.33/2004 vom 22. November 2004:63.

Karberg, S., Stollorz, V. (2004): Epigenetik- Verpackung ist das halbe Leben. In Frankfurter Allgemeine Sonntagszeitung, 12.12.2004, Nr.50:72.

Karberg, S. (2006a): Ich will so bleiben, wie ich bin. In: Frankfurter Allgemeine Sonntagszeitung Nr.16/2004 vom 23. April 2006:79.

Karberg, S. (2006b): Orakeln für das Mutterglück. In: Frankfurter Allgemeine Sonntagszeitung Nr.16/2004 vom 01. Oktober 2006:75.

Karberg, S. (2006c): Mach doch mal das Gen aus. In: Die Zeit vom 05. Oktober 2006:38-39.

Kastilan, S. (2000): Impfstoff schützt Mäuse vor Ebola. In: Die Welt, 10.12.2003:31.

Kastilan, S. (2006): Stammzellen aus Mäuse-Hoden. In: Die Welt, 27.03.2006:31.

Kastilan, S. (2007): Im Land der ewigen Jugend. In: Frankfurter Allgemeine Sonntagszeitung Nr.16/2004 vom 25. November 2007:74.

Kaube (2005): Wem gehört die Wurzel aus minus 1?. In: Frankfurter Allgemeine Sonntagszeitung Nr.10/05:76.

Kaulen, H. (2004): Ins Gesicht geschriebene Mutationen. In Frankfurter Allgemeine Zeitung vom 10.11.2004:N2

Kaulen, H. (2005): Mangelnde Verbindung zwischen Lauten und Buchstaben. In Frankfurter Allgemeine Zeitung vom 09.03.2005:N1.

Kehler, E. (2000): Kein moralischer Protest wird Fortschritt stoppen, In DÄ (2002): PID, PND, Forschung an Embryonen. Aufsätze, Berichte, Diskussionsbeiträge, Kommentare, im Deutschen Ärzteblatt vom 3. März 2000 (Heft 9/2000) bis zum 3. Mai 2002 (Heft 18/2002). 2., erweiterte Auflage der Dokumentation, http://www.aerzteblatt.de./pid.pdf:17.

Keller, M. (2007): Alles, was geht?. In: Die ZEIT Nr.37/2007:17-21.

Keitel, S. (2001): Manual Understanding of Quality. GMP in the Current Regulatory Environment - EMEA Perspective. Presentation at the IFPMA Asian Regulatory Conference 20-22 March 2001, 19 S.

Kerschgens, B., Pfützner, A. (2006): Orphan Drug Gesetzgebung. Deutsche Zeitschrift für Klinische Forschung 1/2-2006:44-49.

Kessler, M. (2006): Insel der Leistungsträger. Süddeutsche Zeitung - Beilage Beruf und Karriere Nr.220, 23./24. September 2006:V1.

Kettner, M. (2003): Zwischen „Eugenik von unten“ und „reproduktiver Freiheit“ - ein Dilemma im liberalen Staat. In: Hornschuh, T., Meyer, K., Rüve, G., Voß, M. (2003): Schöne-gesunde, neue Welt? Das humangenetische Wissen und seine Anwendung aus philosophischer, soziologischer und historischer Perspektive. IWT-Paper 28 des Graduiertenkollegs „Genese, Strukturen und Folgen von Wissenschaft und Technik". Institut für Wissenschafts- und Technikforschung (IWT), 196 Seiten:148-164.

KGM (2002): Grundlinien einer europäischen Gesundheitspolitik - Die Position der Länder TOP 7.3.der 75. Konferenz der für das Gesundheitswesen zuständigen Ministerinnen und Minister, Senatorinnen und Senatoren der Länder am 20./21.06.2002 in Düsseldorf:1-24.

Kidd, B., Frenzel, W. (1996): A Multicenter, randomized, double blind study comparing lornoxicam with diclofenac in osteoarthritis. In: The Journal of Rheumatology 1996: 23:9.

Kim, S. (2000): Rising Drug costs: identifying and managing the cost drivers. In: PharmacoEconomics, Weekly Issue Nr.260:3-4.

Kimball, J (2004a): Kimball's Biology Pages. Online biology textbook. users.rcn.com/jkimball.ma.ultranet/BiologyPages, Harvard 2004. Letztes Aufrufdatum: 31.01.2004. Stichwort: DNA-Replication:1-3.

Kimball, J (2004b): Kimball's Biology Pages. Online biology textbook. users.rcn.com/jkimball.ma.ultranet/BiologyPages, Harvard 2004. Letztes Aufrufdatum: 31.01.2004. Stichwort Polymerase Chain Reaction:1-3.

Kimball, J (2004c): Kimball's Biology Pages. Online biology textbook. users.rcn.com/jkimball.ma.ultranet/BiologyPages, Harvard 2004. Letztes Aufrufdatum: 31.01.2004. Stichwort Recombinant DNA and Gene Cloning:1-6.

Kimball, J (2004d): Kimball's Biology Pages. Online biology textbook. users.rcn.com/jkimball.ma.ultranet/BiologyPages, Harvard 2004. Letztes Aufrufdatum: 31.01.2004. Stichwort Viruses:1-6.

Kimball, J (2004e): Kimball's Biology Pages. Online biology textbook. users.rcn.com/jkimball.ma.ultranet/BiologyPages, Harvard 2004. Letztes Aufrufdatum: 31.01.2004. Stichwort The Cell Cycle:1-5.

Kimball, J (2004f): Kimball's Biology Pages. Online biology textbook. users.rcn.com/jkimball.ma.ultranet/BiologyPages, Harvard 2004. Letztes Aufrufdatum: 31.01.2004. Stichwort Preliminary Findings of the Human Genome Projects:1-4.

Kimball, J (2004g): Kimball's Biology Pages. Online biology textbook. users.rcn.com/jkimball.ma.ultranet/BiologyPages, Harvard 2004. Letztes Aufrufdatum: 31.01.2004. Stichwort Antisense RNA:1-5.

Kimball, J (2004h): Kimball's Biology Pages. Online biology textbook. users.rcn.com/jkimball.ma.ultranet/BiologyPages, Harvard 2004. Letztes Aufrufdatum: 31.01.2004. Stichwort Transposons: Mobile DNA:1-6.

Kimball, J (2004i): Kimball's Biology Pages. Online biology textbook. users.rcn.com/jkimball.ma.ultranet/BiologyPages, Harvard 2004. Letztes Aufrufdatum: 31.01.2004. Stichwort Telomeres:1-5.

Kimball, J (2004j): Kimball's Biology Pages. Online biology textbook. users.rcn.com/jkimball.ma.ultranet/BiologyPages, Harvard 2004. Letztes Aufrufdatum: 31.01.2004. Stichwort Apoptosis:1-6.

Kimball, J (2004k): Kimball's Biology Pages. Online biology textbook. users.rcn.com/jkimball.ma.ultranet/BiologyPages, Harvard 2004. Letztes Aufrufdatum: 31.01.2004. Stichwort T Helper Cells:1-4.

Kiper, M. (2001): Biopatente und Politik. In: Kommune Nr. 06/01, S.11-15.

Kirchgessner, K. (2005): Der Optimismus kehrt zurück. In: Die Zeit 2005:93.

Kissler, A. (2004b): Die Wallfahrt zu Neu-York. Bundesrat ermahnt Bundesregierung in Sachen Klonverbot. In Frankfurter Allgemeine Zeitung Nr. 228:13.:1-4.

Kissler, A. (2005): UN beschließen Klonverbot. Süddeutsche Zeitung Nr. 422:17.

Klawitter, N.; Neubacher, A.. (2007): Hohle Verheißung. In: Der Spiegel 14/2007:50-51.

Kleeberg, B., Walter, T. (2003): Der vorprogrammierte Mensch? Menschenbilder der Verhaltensgenetik im Umfeld des Humangenomprojektes. In: Hornschuh, T., Meyer, K., Rüve, G., Voß, M. (2003): Schöne-gesunde, neue Welt? Das humangenetische Wissen und seine Anwendung aus philosophischer, soziologischer und historischer Perspektive. IWT-Paper 28 des Graduiertenkollegs „Genese, Strukturen und Folgen von Wissenschaft und Technik". Institut für Wissenschafts- und Technikforschung (IWT), 196 Seiten:113-125.

Kleist, H. (1993): Pharma Recht Europa. Pmi-Verlagsgruppe, Frankfurt am Main.

Klimpel, A. (2004): Krankheit im System. Süddeutsche Zeitung Nr. 222:52.

Kloiber, O. (2003): Patente auf Gene - keine patente Idee. Beitrag von Dr. med. Otmar Kloiber, stellvertretender Hauptgeschäftsführer der Bundesärztekammer, erschienen im Rheinischen Ärzteblatt 6/2003. http://www.bundesaerztekammer.de/30/Ethik/15Gen/ 007Biopatentrichtlinie.html

Kochte-Clemens, B. (2003): Fragen und Antworten zur Roten Gentechnik, Online-Bericht, 28 S.

Klinkhammer, G. (2003a): Ethikkommissionen: Verwirrende Vielfalt. Dt. Ärzteblatt 100, H. 6 vom 07.02.2003:A304-A306.

Klinkhammer, G. (2003b): Der Umgang mit vorgeburtlichem Leben: Regeln und Ausnahmen. Beilage des Deutschen Ärzteblattes PP 2, H. Dezember 2003:554-555.

Klinkhammer, G. (2004): Dossier zur Embryonenforschung: PID, PND, Forschung an Embryonen. Dt. Ärzteblatt 101, H. 9 vom 27. Februar 2004:A547.

Klinkhammer, G. (2005): Biomedizin: Präzisere Vorschriften. Dt. Ärzteblatt 102, H. 4 vom 28. Januar 2005:A176-A177.

Klinkhammer, G. (2006): Für Lockerungen beim Embryonenschutz. Rheinland-pfälzische Kommission plädiert für die Zulassung der Präimplantationsdiagnostik und die Aufhebung der im Stammzellgesetz vorgeschriebenen Stichtagsregelung. Dt. Ärzteblatt 103, H. 5 vom 3. Februar 2006:A270.

Kluge, J. (2004): Investitionen in Bildung lohnen sich. In: BMBF (Hrsg.): Heute schon das Heute schon das Morgen denken. Beiträge zur Innovationsdebatte, Berlin 2004, 51 S.

Knappe, E., Neubauer, G., Seger, T., Sullivan, K. (2001): Die Bedeutung von Medizinprodukten im deutschen Gesundheitswesen. Teil 2. In: Deutsche Zeitschrift für klinische Forschung 1/2-2001:42-47.

Knechtli, P. (2002): Wenn das Herz schlägt, klingelt die Kasse. http://www.onlinereports.ch/Volkswirtschaft.htm vom 14.Oktober 2001:1-5.

Knieps, F. (2004): Ist Europas Osten schon up to date? In: Gesundheit und Gesellschaft, Ausgabe 04/04: 24-30.

Knop, K. (2001a): Jetzt müssen aus Gendaten brauchbare Medikamente werden, Frankfurter Allgemeine Zeitung Nr. 37 vom 13.02.2001:32.

Knop, C. (2001b): Amgen plant offenbar den teuersten Zukauf in der Biotechnologie, Frankfurter Allgemeine Zeitung Nr. 292 vom 15.12.2001:16.

Knop, K. (2003): Die deutsche Pharmaindustrie ist in die zweite Liga abgestiegen. In: Frankfurter Allgemeine Zeitung Nr.155 vom 8. Juli 2003:U8.

Knop, C. (2004a): Der deutschen Biotechnologie geht es wieder besser. In: Frankfurter Allgemeine Zeitung Nr.110 vom 12. Mai 2004:11.

Knop, C. (2005): 2005 wird ein dramatisches Jahr für die Biotechnologie. In: Frankfurter Allgemeine Zeitung Nr.3 vom 05. Januar 2005:15.

Knop, C. (2006): Hohe Verwechslungsgefahr. In: Frankfurter Allgemeine Zeitung Nr.214 vom 14.Septmber 2006:18.

Koch, B. (2001): F.A.Z.-Institut: „Die Zeit der ganz großen Margen bei Pharma ist vorbei“. F.A.Z. vom 18.Juli.2001 http://www.chemicalnewsflash.de /de/news/240701/news2.htm

Koch, K. (2002): Klinische Leitlinien. Die Pharmaindustrie schreibt mit. In: Deutsches Ärzteblatt, Jg.99, H.7:A393.

Koch, K. (2003): Kardiologie: Adulte Stammzellen als Hoffnungsträger. In: Dt. Ärzteblatt 100, H. 50 vom 12.12.2003: A-3293

Kohler-Koch, B. (1992): Interessen und Integration. Die Rolle organisierter Interessen im westeuropäischen Integrationsprozeß. In: Politische Vierteljahresschrift, 33 Jg., Sonderheft 23/1992:81-119.

Kohler-Koch, B. (1996): Europäische Integration. Leske + Budrich Verlag, Opladen, 1996:225-248.

Kohler-Koch, B. (1996): Die Gestaltungsmacht organisierter Interessen. In: Jachtenfuchs, M; Kohler-Koch, B. (1996): Europäische Integration. Leske + Budrich Verlag, Opladen, 1996:193-224.

Kohler-Koch, B., Conzelmann, Th., Knodt, M. (2002): Europäische Integration - Europäisches Regieren. FernUniversität Hagen 2002, Dreifachkurseinheit.

Koivisto, J. (1998): Anaylzing Neoliberalism with Gramsci: Founding Conference of Berliner Institut für kritische Theorie. International Gramsci Society Newsletter. Number 8, May 1998:14-16.

Korzilius, H. (2001): Europäische Union. Aus dem Osten viel Neues In: Deutsches Ärzteblatt, Jg.98, H.21:A1371-1372.

Korzilius, H., Richter-Kuhlmann, E. (2005): Von der Behörde zum Dienstleister. In: Deutsches Ärzteblatt, Jg.102, H.21:A713-715.

Korzilius, H. (2007): Sorge um die Unabhängigkeit. In: Deutsches Ärzteblatt, Jg.104, H.13:B725.

Kori-Lindner, C. (2001): Novellierung des europäischen Arzneimittelrechts. DGPharMed News 4/2001:37-38.

Kori-Lindner, C. (2002): Vorschläge zur Novellierung des EU-Arzneimittelrechts veröffentlicht. DGPharMed News 1/2002:47-51.

Kok, W. (2003): Jobs, Jobs, Jobs. Mehr Beschäftigung in Europa schaffen. Bericht der Taskforce Beschäftigung, Vorsitz: Wim Kok, November 2003, 57 S.

Korzilius, H. (2001): Arzneimittelkommission: Beratung mehr denn je gefragt. In: Deutsches Ärzteblatt, Jg.98, H.50:A3351.

Korzilius, H. (2004): Europäische Dienstleistungsfreiheit. Herausforderung für die freien Berufe. In: Deutsches Ärzteblatt, Jg.101, H.11:A683.

Krach, W., Mascolo, G. (1999): Geheimdienste: Lauscher abgestellt. In: Der Spiegel 47/1999:32-33.

Krämer, I. (2006): Biopharmazeutika sind unnachahmlich.. In: Dt. Ärzteblatt, 103 Jg., H.6:C261-263.

Krämer, T. (2007): Kommt die gesteuerte Persönlichkeit? In: Spektrum der Wissenschaft, September 2007:42-49. Heidelberg.

Kraft, U. (2004): Schöne neue Neuro-Welt. In: Gehirn und Geist 6/2004:20-29.

Krebsinformationsdienst (2003): Monoklonale Antikörper. 1-6 Zuletzt aktualisiert: August 2003.

Krei, G.A. (1997): Von der Laborsynthese zum Produktionsverfahren. Spektrum der Wissenschaft, Spezial 6: Pharmaforschung:38-47.

Krempl, S: (2005): Privat war gestern. In: Die Zeit Nr. 8:23.

Krimsky, S., Plough, A. (1993): Communicating Risks as a Social Process. In: Krimsky, S., Plough, A. (1993) Environmental hazards:1-12.

Krimsky, S., Plough, A. (1993): Conclusion: Bridging the technical and cultural perspectives on risk. In: Krimsky, S., Plough, A. (1993) Environmental hazards:298-307.

Krüger-Brand, H.E. (2004): Forschung in Europa. Verstärkte Anstrengungen. In: Dt. Ärzteblatt, Jg.101, H.50:A3394

Kruse, L. (1978): Ökologische Perspektiven in der Allgemeinen Psychologie. In: Graumann, C.F. (1978): Ökologische Perspektiven in der Psychologie, Hans Huber Verlag:98-104.

KSG (1995): Kommission Somatische Gentherapie. http://www.bundesaerztekammer.de/30/Ethik/80Themen/85KomSomGen/ Richtlinien zum Gentransfer in menschliche Körperzellen, 16 S.

KSG (2003): Kommission Somatische Gentherapie. http://www.bundesaerztekammer.de/30/Ethik/80Themen/85KomSomGen/, 6 S.

KSTA (2004): Freiheit kommt vor Kinderwunsch, In: Kölner Stadt-Anzeiger Nr.239, Dienstag 12. Oktober 2004, 44 S.

Kröll, W. (2004): Aufbruch zum Innovationsstandort Deutschland. In Sonderteil: Innovation in Deutschland in: Spektrum der Wissenschaft November 2004:14-15.

Kubicek, H. (1989): Entwicklungspfade der Telekommunikation. In: Alexander Rossnagel (Hrsg.): Freiheit im Griff. Informationsgesellschaft und Grundgesetz. Stuttgart (Hirzel Wissenschaftliche Verlagsgesellschaft) 1989:147-164.

Kuchenbuch, P. (2004): Tops + Flops 2004: Biotech-Branche auf dem Weg der Besserung. Financial Times Deutschland online, http://www.ftd.de/ub/in/1072525178496.html?nv=5wn.

Kuchenbuch, P. (2005): Generikafirmen stürzen sich auf Biotech. Financial Times Deutschland 30. Dezember 2005:10-11.

Künast, R. (2004): Billige Stimmungsmache. In: Die Zeit Nr.39:38.

Kuhn, K.M. (2000): Message Format and Audience Values: Interactive Effects of Uncertainty Information and Environmental Attitudes on Perceived Risk. In: Journal of Environmental Psychology (2000), 20, 41-51.

Kuhn, J. (2004): Biologische Waffen. In: Mietzsch, A. (Hrsg.): Kursbuch Biopolitik, Biocom AG Verlag, Berlin 2004:147-161.

Kuhrt, N. (2006): Die Schöpfung zweiter Versuch. In: Financial Times Deutschland vom 27.April 2006:30.

Kuls, N. (2002): Verdacht auf Insiderhandel bei Imclone weitet sich aus. In: Frankfurter Allgemeine Zeitung Samstag, 15. Juni 2002, Nr. 136:24.

Kutter, S., Kuhn, L. (2000): Neue Spielregeln. In: Wirtschaftswoche Nr. 47 vom 16.11.2000:188-195 mit Interview Wolfgang Hartwig (Bayer) S.197-198.

Kyprianou, M. (2006): Kommissar Kyprianou begrüßt Zustimmung des Europäischen Parlaments zur Verordnung über Nährwert- und Gesundheitsangaben. Pressemitteilung der EU IP/06/625. Brüssel, 16. Mai 2006:1-2.

Langer, R. (2004): Medikamente direkt zum Ziel. In: Spektrum der Wissenschaft, März 2004:42-48.

Langman, J. (1985): Medizinische Embryologie. Die normale menschliche Entwicklung und ihre Fehlbildungen. Thieme Verlag Stuttgart - New York 1985, 438 S.

Lanza, R., Rosenthal, N. (2004): Die Verheißung von Stammzellen. Spektrum der Wissenschaft, Dezember 2004:34-41.

Laschet, H. (2001): Aufbruch in ein neues Zeitalter? EU reformiert das Arzneimittelrecht. In: ÄrzteZeitung vom 15.06.2001 (Online-Version), http://www.aerztezeitung.de/docs/2001/06/15/109a0801.asp?cat=/politik/arzneimittelversorgung:1-3.

Lau, J. (1998): Abschied von der Panikmache. In: Die Zeit 13.05.2004, Nr.21.

Lau, J. (2005): Armer Papa. In: Die ZEIT Nr. 4 vom 20. Januar 2005:51-52.

Lazarus, I.R. (2002): Clinical Research Organizations must switch from paper-based to all-digital trials. In: http://www.creative-healthcare.com/articles/cro.html:1-4.

Lehmann-Horn, F., Lerche, H., Mitrovic, N., Jurkat-Rott, K. (2000b): Ionenkanalerkrankungen – Krankheitsbilder. In: Dt. Ärzteblatt 97, H. 27 vom 07.07.2000:A1902–1907.

Lehmann-Horn, F., Lerche, H., Mitrovic, N., Jurkat-Rott, K. (2000b): Ionenkanalerkrankungen – allgemeine Charakteristika und Pathomechanismen. In: Dt. Ärzteblatt 97, H. 26 vom 30.06.2000:A-1826-1831.

Lehmann, K. (2000): Pressebericht des Vorsitzenden der Deutschen Bischofskonferenz, Bischof Dr. Karl Lehmann, im Anschluss an die Frühjahrs-Vollversammlung vom 13. bis 16. März 2000 in Mainz:1-12.

Lehne, R.. (1997): Marktregimes, Interessenvertretung und Biotechnologie in den Vereinigten Staaten. In: Martinsen, R. (1997): (Hrsg.): Politik und Biotechnologie. Die Zumutung der Zukunft. Nomos Verlagsgesellschaft Baden-Baden, 1. Auflage 1997; 358 Seiten:99-116.

Lehrach, H, Blöcker, H., Platzer, M. (2004): Prägnante Gene. In: Frankfurter Allgemeine Zeitung, Donnerstag, 21. Oktober 2004, Nr.246:31.

Leibfried, S.: (1996): Wohlfahrtsstaatliche Perspektiven der Europäischen Union. Auf dem Wege zu positiver Souveränitätsverflechtung? In: Jachtenfuchs, M; Kohler-Koch, B. (1996): Europäische Integration. Leske + Budrich Verlag, Opladen, 1996:455-480.

Leibfried, S., Pierson, P. (1999): European Social Policy. In: ZeS-Arbeitspapier 15/1999 des Zentrums für Sozialpolitik, Univ. Bremen, 41 S.

Leinmüller, R. (2003): Biotechnologie: Der Überlebenskampf hat begonnen. Dt. Ärzteblatt 100, H. 25 vom 20.06.2003:A-1717.

Leinmüller, B. (2004): Nanotechnologie. Zwischen Science und Science-Fiction. In: Dt. Ärzteblatt, Jg.101, H.40, 1.Oktober 2001:C2154-C.2155.

Leithäuser, J. (2008): Gordon Brown war uneingeschränkt dafür. In: Frankfurter Allgemeine Zeitung, Mittwoch, 21. Mai 2008, Nr.117:3.

Le Monde (2006): Falsche Versprechen - Gentechnik in der Landwirtschaft. In: Atlas der Globalisierung, Oktober 2006; Kapitel 1:32-33.

Lemaux/Frey (2002): University of California Division of Agricultural and Natural Resources. Biotechnology information accessed May 2002. http://ucbiotech.org

Lembke, J. (2006): Strapazierte Geduld Frankfurter Allgemeine Zeitung, 13. August 2007, Nr.186:21.

Lemke, T. (2004): Gesunde Körper – kranke Gesellschaft? In: Mietzsch, A. (Hrsg.): Kursbuch Biopolitik, Biocom AG Verlag, Berlin 2004:91-97.

Lenk, C. (2003): Gesundheit im Zeiten des Humangenomprojektes. In: Hornschuh, T., Meyer, K., Rüve, G., Voß, M. (2003): Schöne-gesunde, neue Welt? Das humangenetische Wissen und seine Anwendung aus philosophischer, soziologischer und historischer Perspektive. IWT-Paper 28 des Graduiertenkollegs „Genese, Strukturen und Folgen von Wissenschaft und Technik". Institut für Wissenschafts- und Technikforschung (IWT), 196 Seiten:165-175.

Lenzen-Schulte, M. (2003): Krank aus der Retorte, Spektrum der Wissenschaft Dezember 2003:36-44.

Lenzen-Schulte, M. (2004): Gestörter Rhythmus läßt zur Flasche greifen. Frankfurter Allgemeine Zeitung, 22. Dezember 2004, Nr.2:N2.

Leshner, A. (2004): Fragile Supermacht. Die USA schaden sich mit ihrer Wissenschaftsdominanz selbst. Süddeutsche Zeitung:10

Leth (2001): Statement concerning the proposal for new pharmaceutical legislation (Author: Dr. Leth), 22/09/01, CP 2001/118 Final EN/fr. S.1

Leube, B. (2000): Anregungen. In DÄ (2002): PID, PND, Forschung an Embryonen. Aufsätze, Berichte, Diskussionsbeiträge, Kommentare, im Deutschen Ärzteblatt vom 3. März 2000 (Heft 9/2000) bis zum 3. Mai 2002 (Heft 18/2002). 2., erweiterte Auflage der Dokumentation, http://www.aerzteblatt.de./pid.pdf:30-37.

LifeScience (2000): Estland will gesamte Bevölkerung erfassen / http://www.lifescience.de/news/article/05122:1-2. Aufrufdatum:31.12.2003.

Ligand (2004): Firmenwebsite http://www.ligand.com/research:1-2. Aufrufdatum 31.10.2004.

Lill, U. (1999): An der Strategie scheiden sich die Geister. Frankfurter Allgemeine Zeitung Nr. 153 vom 06.07.1999:B8.

Lilly (2004): Firmenwebsite. http://www.lilly.com/ -Letztes Aufrufdatum: 01.02.2004.

Linde (2004): Das ist krasser Unsinn. In: Der Spiegel 42/2004:89.

Lindinger, M. (2004) Freies Wissen für jedermann. In: Frankfurter Allgemeine Zeitung Nr. 251:N1

Lindner, R. (2000a): Die Pharmakonzerne wollen ihre Rolle als Entdecker nicht aufgeben. Frankfurter Allgemeine Zeitung Nr. 108 vom 10.05.2000:W2.

Lindner, R. (2000b): Noch sind unendlich viele Krankheiten nicht zu beherrschen. Frankfurter Allgemeine Zeitung Nr. 290 vom 13.12.2000:33.

Lindner, R. (2001a): Der Präzedenzfall wird vermieden. Frankfurter Allgemeine Zeitung Nr. 101 vom 19.04.2001:13.

Lindner, R. (2001b): In jeder Sekunde werden 4 Potenzpillen geschluckt. Immer mehr Pharmaunternehmen wollen Viagra Konkurrenz machen. Frankfurter Allgemeine Zeitung Nr. 101 vom 02.05.2001:32.

Lindner, R. (2001c): Aventis schraubt die Prognosen nach oben. Frankfurter Allgemeine Zeitung Nr. 178 vom 03.08.2001.

Lindner, R. (2002): Die Pharmaindustrie muß härter um Wachstum kämpfen. Frankfurter Allgemeine Zeitung Nr. 48 vom 26.02.2002.

Lindner, M. (2006): Versuchskaninchen. Die Zeit, 31. August 2006, Nr.36:31.

List, M., Reichhardt, W., Simonis, G. (1994): Internationale Politik - Probleme und Grundbegriffe. FernUniversität Hagen, 1994, 297 S.

List, M. (1998): Baustelle Europa - Einführung in die Analyse europäischer Kooperation und Integration. FernUniversität Hagen, 1998, 317 S.

Löll, C. (2002): Die Lust im Kopf. In: Die Zeit Nr.3, 2002:27.

Lönngren, T. (2006): High cost of new therapies will overbruden healthcare budgets, says EMEA director. In: Scrip Magazine Nr.3203 October 2006:4.

Lösch, A. (2003): Genomprojekt und Selbsterkenntnis. In: Hornschuh, T., Meyer, K., Rüve, G., Voß, M. (2003): Schöne-gesunde, neue Welt? Das humangenetische Wissen und seine Anwendung aus philosophischer, soziologischer und historischer Perspektive. IWT-Paper 28 des Graduiertenkollegs „Genese, Strukturen und Folgen von Wissenschaft und Technik". Institut für Wissenschafts- und Technikforschung (IWT), 196 Seiten:97-112.

Löscher, Th./Hölscher, M. (2001): Neue Impfstoffe in der Reisemedizin. In: Bayrisches Ärzteblatt 3/2001; S.1-5.

Löwer, C. (2004): Pflanzen produzieren Impfstoff. In: Handelsblatt Nr.37/2006:17 vom 21.02.2006.

Lorenz/Wackernagel (1994a): Review. Bacterial gene-transfer by natural genetic transformation in the environment. Microbiological Reviews 58 (3): 563-602.

Lorenz/Wackernagel (1994b): Bacterial gene transfer by natural genetic transformation in the environment. Microbiological Reviews, 58, 563-602.

Lossau, N. (2003): Spermien aus Stammzellen. In: Die Welt, 17.09.2003:31.

Lozoya, X. (1997): Pflanzliche Arzneimittel gestern und heute. Spektrum der Wissenschaft, Spezial 6: Pharmaforschung, S.28-34.

LSE (2005): Fast Track Options as a fundraising mechanism to support R&D into Neglected Diseases. The Pharmaceutical R&D Policy Project, 14 pages.

Ludwig, B. (2001): Technikfolgenabschätzung, Kurseinheit des Interdisziplinären Fernstudiums Umweltwissenschaften, 2. Auflage, Hagen 2003, 101 S.

Lütz, S. (1998): Wenn Banken sich vergessen. Risikoregulierung im internationalen Mehr-Ebenen-System. MPIfG Discussion Paper 98/5 des MPIfG = Max-Planck-Institut für Gesellschaftsforschung:1-32

Lütz, S. (2000): From Managed to Market Capitalism?. MPIfG Discussion Paper 98/5 des MPIfG = Max-Planck-Institut für Gesellschaftsforschung:1-32.

Lütz, S., Czada, R. (2000): Einleitung: Marktkonstitution als politische Aufgabe: Problemskizze und Theorieüberblick. In: Czada, R., Lütz: (2000): Die politische Konstitution von Märkten. Westdeutscher Verlag, Wiesbaden, 2000:9-37.

Lütz, S. (2003): Governance in der politischen Ökonomie. In: Benz, A. (2003): Governance. Eine Einführung. Dreifachkurseinheit der FernUniversität Hagen:159-194.

Lütz, S.. (2005): Auswertung der sozialwissenschaftlichen Projekte. In: Mayntz, R., Bogdandy, A. von, Genschel, P. und Lütz, S. (2005): Globale Strukturen und deren Steuerung. Auswertung der Ergebnisse eines Förderprogramms der Volkswagenstiftung.

Max-Planck. Institut für Gesellschaftsforschung Köln 2005, 177 Seiten:89-167.

Luhmann, N. (1996): Wissenschaft als soziales System. Vierfachkurseinheit. Hagen 1996, 346 S.

Lutterotti, N. von (2005): Winkelzüge der Medizinforschung. Frankfurter Allgemeine Zeitung Nr. 9 vom 12.01.2005:N2.

MacDonald, L. et al. (2004): Expert Group Report. Guidelines for the Management of Intellectual Property in Publicly-funded Research Organisations. Prepared by the Rapporteur Laura MacDonald in conjunction with the chairman Gilles Capart and Bert Bohlander, Michel Cordonnier, Lars Jonsson, Lorenz Kaiser, Jeremy Lack, John Mack, Cino Matacotta, Thomas Schwing, Thierry Sueur, Paul van Grevenstein, Louise Van den Bos, Nicholas S. Vonortas Directorate-General for Research. 2003 EUR 20915 EN, 61 S.

Macpherson, M., Naughton, B., Hsu, A., Mountain, J. (2007): 23andMe White Paper 23-01. Estimating Genotype-Specific Incidence for One or Several Loci. 18 November 2007, 4 S.

Mäder, W. (1994): Bausteine Europas: Integrations- und Gesundheitspolitik der europäischen Gemeinschaft. Dümmler Verlag Bonn 1994, 206S.

Mahler, H., Martens, H. (2000): Die Sucht nach Grösse. In: Der Spiegel 33/2000:142-145.

Mai, C. (2007): McCreevy stößt Debatte um Patente an. In: Financial Times Deutschland vom 4. April 2007:12.

Majone, G. (1996): Redistributive und sozialregulative Politik. In: Jachtenfuchs, M; Kohler-Koch, B. (1996): Europäische Integration. Leske + Budrich Verlag, Opladen, 1996:225-248.

Manifest (2004): Das Manifest. Elf führende Neurowissenschaftler über Gegenwart und Zukunft der Hirnforschung. In: Gehirn und Geist 6/2004:30-37.

Marcinkowski, F. (2001): Öffentliche Kommunikation als präventive Risikoerzeugung – Politikwissenschaftlich relevante Ansätze der Risikokommunikationsforschung und neue empirische Befunde. In: Simonis, G., Martinsen, R. und Saretzki, T. (Hrsg.) Politik und Technik. Analysen zum Verhältnis von technologischem, politischem und staatlichen Wandel am Anfang des 21. Jahrhunderts. Deutsche Vereinigung für Politische Wissenschaft, Westdeutscher Verlag, 1. Auflage, 547 Seiten: 147-166.

Marinos, I. (2000) Stellungnahme des Ausschusses für Wirtschaft und Währung am 21.Juni 2000 durch Ioannis Marinos. Appendix zu: EP (2000): Europäisches Parlament. Bericht über die Zusatzkrankenversicherung (2000/2009(INI)). Ausschuß für Beschäftigung und soziale Angelegenheiten. Dokument: A5-0266/2000:1-29.

Marks, G. (1996): Politikmuster und Einflußlogik in der Strukturpolitik. In: Jachtenfuchs, M; Kohler-Koch, B. (1996): Europäische Integration. Leske + Budrich Verlag, Opladen, 1996:225-248.

Martens, H. (2004a): Verlagerung des Kampfgebietes. In: Der Spiegel 22/2004:86.

Martens, H. (2004b): Den Markt gekapert. In: Der Spiegel 50/2004:100.

Martens, A., Neubacher, A., Sauga, M. (2004): Innovation: Blockierter Fortschritt. In: Der Spiegel 41/2004:114-119.

Maxeiner und Miersch (2003): Standpunkte. Anti-Tabak-Konvention. Http://ww.maxeiner-miersch.de/standp2003-04a.htm:1-4

Martinsen, R. (1997): Politik und Biotechnologie. Die Zumutung der Zukunft. Nomos Verlagsgesellschaft Baden-Baden, 1. Auflage 1997; 358 Seiten.

Martinsen, R. (1997): Einleitung: Politik und Biotechnologie. Zukunft als Bezugspunkt von Entscheidungen unter Ungewißheit. In: Martinsen, R. (1997): (Hrsg.): Politik und Biotechnologie. Die Zumutung der Zukunft.

Nomos Verlagsgesellschaft Baden-Baden, 1. Auflage 1997; 358 Seiten:9-12.

Mayntz, R. (1985): Die gesellschaftliche Dynamik als theoretische Herausforderung. In: Mayntz, R. et al. Differenzierung und Verselbständigung. Zur Entwicklung gesellschaftlicher Teilsysteme. Frankfurt am Main.: Campus, 11-44. Neu herausgegeben in: Mayntz, R. (1988): Soziale Diskontinuitäten: Erscheinungsformen und Ursachen. In: Hierholzer, K, Wittmann, H.-G. (Hrsg.): Phasensprünge und Stetigkeit in der natürlichen und kulturellen Welt. Wissenschaftskonferenz in Berlin 8.-10.Oktober 1987. Stuttgart: Wissenschaftliche Verlagsgesellschaft, 15-38. Neu herausgegeben in: Mayntz, R: (1997): Soziale Dynamik und politische Steuerung. Theoretische und methodologische Überlegungen. Campus-Verlag, 340 S., hier: S.115-142.

Mayntz, R. (1993): Policy-Netzwerke und die Logik von Verhandlungssystemen. In: Héretier, A. (Hrsg.): Policy-Analyse. Kritik und Neuorientierung. Politische Vierteljahresschrift, Sonderheft 24. Neu herausgegeben in: Mayntz, R: (1997): Soziale Dynamik und politische Steuerung. Theoretische und methodologische Überlegungen. Campus-Verlag, 340 S., hier: S.239-262.

Mayntz, R. (1995a): Zum Status der Theorie sozialer Differenzierung als Theorie sozialen Wandels. In: Müller, H.P.: Sozialer Wandel. Frankfurt 1995:139-151.

Mayntz, R. (1995b): Historische Überraschungen und das Erklärungspotential der Sozialwissenschaft. Heidelberger Universitätsreden, Bd.9. Heidelberg: Müller. Neu herausgegeben in: Mayntz, R: (1997): Soziale Dynamik und politische Steuerung. Theoretische und methodologische Überlegungen. Campus-Verlag, 340 S., hier: S.328-344.

Mayntz, R. (1997): Soziale Dynamik und politische Steuerung. Theoretische und methodologische Überlegungen. Campus-Verlag, 340 S., hier: S.15-37.

Mayntz, R. (1987): Politische Steuerung und gesellschaftliches Steuerungsproblem - Anmerkungen zu einem theoretischen Paradigma. In: Mayntz, R: (1997): Soziale Dynamik und politische Steuerung. Theoretische und methodologische Überlegungen. Campus-Verlag, 340 S., hier: S.115-142.

Mayntz, R., Nedelmann, B. (1996): Politische Steuerung: Aufstieg, Niedergang und Transformation einer Theorie. Neu herausgegeben in: Mayntz, R: (1997): Soziale Dynamik und politische Steuerung. Theoretische und methodologische Überlegungen. Campus-Verlag, 340 S., hier: S.263-292.

Mayntz, R. (2001): Triebkräfte der Technikentwicklung und die Rolle des Staates. In: Simonis, G., Martinsen, R. und Saretzki, T. (Hrsg.) Politik und Technik. Analysen zum Verhältnis von technologischem, politischem und staatlichen Wandel am Anfang des 21. Jahrhunderts. Deutsche Vereinigung für Politische Wissenschaft, Westdeutscher Verlag, 1. Auflage, 547 Seiten: 3-18.

Mayntz, R. (2003): Governance im modernen Staat. In: Benz, A. (2003): Governance. Eine Einführung. Dreifachkurseinheit der FernUniversität Hagen:71-84.

Mayntz, R., Bogdandy, A. von, Genschel, P. und Lütz, S. (2005): Globale Strukturen und deren Steuerung. Auswertung der Ergebnisse eines Forschungsprogramms der VolkswagenStiftung. Forschungsbericht aus dem Max-Planck-Institut für Gesellschaftsforschung, Köln 2005, 177 S.

Mayntz, R. (2005): Politische Steuerung – heute? MPIfG Working Paper 05/01, Januar 2005 des Max-Planck. Instituts für Gesellschaftsforschung Köln 2005, 12 Seiten

McCaskill, J. (2008): Publishable executive summary PACE - Evolving programmable artificial cells. August 2008, 3 S.

McInerney, J. (2006): Behavioral Genetics. Oak Ridge National Laboratory (ORNL). http://www.ornl.gov/sci/techresources/Human_Genome/elsi/behavior.shtml:1. Aufrufdatum: 01.10.2006

MDR (2002): Argumente für und wider Import embryonaler Stammzellen. Stimmen vor der Entscheidung am 30. Januar 2002. im Bundestag. http://www.mdr.de/kultur/168156.html, Zuletzt aktualisiert: 24. Dezember 2002.

MedImmune (2004): Firmenwebsite http://www.medimmune.com:1. Aufrufdatum 31.10.2004.

Meisner, Joachim Kardinal 2000: Präimplantationsdiagnostik: Mensch von Anfang an. In DÄ (2002): PID, PND, Forschung an Embryonen. Aufsätze, Berichte, Diskussionsbeiträge, Kommentare, im Deutschen Ärzteblatt vom 3. März 2000 (Heft 9/2000) bis zum 3. Mai 2002 (Heft 18/2002). 2., erweiterte Auflage der Dokumentation, http://www.aerzteblatt.de./pid.pdf:14-15.

MEMO (2001): MEMO 01/267 Reform der EU-Rechtsvorschriften für Arzneimittel, Brüssel, 18.Juli 2001: Die Kommission schlägt eine umfassende Reform der EU-Rechtsvorschriften für Arzneimittel vor.

MEMO (2003): MEMO 03/188 Die vorgeschlagene Verordnung über Nährwert- und gesundheitsbezogene Angaben: Mythen und Mißverständnisse, Brüssel, den 01. Oktober 2003:1-3.

Meran, J. (1993): Wirtschaftsphilosophie - Kurseinheiten I (141 S.) und II FernUniversität Hagen 1993, 107 S.

Merten, M. (2002): Grenzüberschreitende Gesundheitsversorgung. Harmonisierung in kleinen Schritten. In: Dt. Ärzteblatt Jg.99, H.49, 6. Dezember 2002:A3314-3316.

Mertens, S. (1998a): Patentierung von Genen konsensfähig. In: Dt. Ärzteblatt, Bd. 95, H.3:A98-A99.

Mertens, S. (1998b): Gentherapie: Steiniger Weg bis zur klinischen Anwendung. In: Dt. Ärzteblatt 95, H. 48 vom 27.11.1998:A-3073.

Mertens, S. (2001): Klinische Studien: Weniger wäre mehr. In: Deutsches Ärzteblatt, Jg.98, H.48:A3174-A3175.

Messplay, G.C., Heisey, J.D. (2006): Follow-on Biologics. In: Contract Pharma, June 2006:20-21.

Metcalf D. (1985): Molecular control of granulocyte and macrophage production. In: Prog Clin Biol Res. 1985; 191:323-37.

Metcalf D. (1981): Control of hemopoietic cell proliferation and differentiation. In: Prog Clin Biol Res. 1981; 66 Pt A:473-86.

Metcalf D., Johnson G.R., Burgess AW. (1980): Direct stimulation by purified GM-CSF of the proliferation of multipotential and erythroid precursor cells. In: Blood. 1980 Jan; 55(1): 138-47.

Meyer, R. (2003): Ärzte und Pharmaindustrie - Kritik an zu enger Verflechtung. Dt. Ärzteblatt, Jg. 100, H.25:A1705.

Meyer, R. (2005): Stammzellen – Verwandlung in Keimzellen gelungen. In: Deutsches Ärzteblatt, Jg. 103, H.38:C2034.

Meyer, R. (2006): Genom von Mamm- und Kolonkarzinom entschlüsselt. In: Deutsches Ärzteblatt, Jg. 102, H.30:A2057.

Meyer-Krahmer, F. (2004): Namensartikel zu Innovation. In: BMBF (Hrsg.): Heute schon das Morgen denken. Beiträge zur Innovationsdebatte, Berlin 2004, 51 S.

Mietzsch, A. (2004): Intro. In: Mietzsch, A. (Hrsg.): Kursbuch Biopolitik, Biocom AG Verlag, Berlin 2004:3-6.

Minx, E. (2004): Erfolgreiche Firmen entwickeln eine Erinnerung an die Zukunft. In: BMBF (Hrsg.): Heute schon das Morgen denken. Beiträge zur Innovationsdebatte, Berlin 2004, 51 S.

Millenium (2004): Firmenwebsite http://www.mlln.com:1. Aufrufdatum 31.01.2004.

MIPS (2004): Das deutsche humane cDNA Projekt bei MIPS. Munich Information Center of Protein Sequences. http://www.mips.biochem .mpg.de/projects/cdna/Abstract_in_German_html:1.

Mitrany, D. (2001): Lifestyle Drugs - Determining Their Value and Who should Pay. In: PharmacoEconomics 2001, Vol. 19, p.441-448.

Mohrbutter, K.P. (1999): Europas Arzneimittelzulassung zu schwerfällig. Frankfurter Allgemeine Zeitung vom 13.01.99 - Beilage Natur und Wissenschaft

Montgomery, F.U. (2000): Schöne Neue Welt: Muss man alles machen, was man kann? In DÄ (2002): PID, PND, Forschung an Embryonen. Aufsätze, Berichte, Diskussionsbeiträge, Kommentare, im Deutschen Ärzteblatt vom 3. März 2000 (Heft 9/2000) bis zum 3. Mai 2002 (Heft 18/2002). 2., erweiterte Auflage der Dokumentation, http://www.aerzteblatt.de ./pid.pdf:28-29.

Mosbach, S. (2007): Abdrücke von Molekülen in Plastik. In: Spektrum der Wissenschaft 4/2007:82-87.

Mountain, J., Hsu, A., Macpherson, M., Naughton, B. (2007): 23andMe White Paper 23-02. Estimating Genotype-Specific Incidence in the Context of Ethnic Variation. 16 November 2007, 7 S.

Moynihan, R., Heath, I. and Henry, D. (2004): The corporate construction of disease: the pharmaceutical industry and disease-mongering. www.biopolitics-berlin2003.org/doc_rt.asp?p=1&id=177:1-8.

Müller, C.P. (2003): Wir werden Leiharbeiter oder Berufsurlauber. Die Ärzte nach dem Urteil. In: Frankfurter Allgemeine Zeitung Nr.210 vom 10.09.2003:3.

Müller, M. (2005): Markt statt Moratorium. In: Der Bund, 16. März 2005:11.

Müller, Th. (2002): Phantomrisiken schleichen sich in Politik und Wirtschaft. Artikel erschienen in der Basler Zeitung, am 4. Januar 2002.

Müller-Jung, J. (2003): Gene in falschen Händen. Mit Gentests wird liderlich umgegangen. Frankfurter Allgemeine Zeitung vom 03.12.2003:N1.

Müller-Jung, J. (2004a): Die Verjüngungskur der Klone. In: Frankfurter Allgemeine Zeitung Nr.120:40.

Müller-Jung, J. (2004b): Das abgespeckte Federvieh. In: Frankfurter Allgemeine Zeitung Nr.288:36.

Müller-Jung, J. (2004c): Von Rassen kann die moderne Medizin nicht lassen. In: Frankfurter Allgemeine Zeitung Nr.281:N1.

Müller-Jung, J. (2006a): Mehr Gene und Chips, weniger Gift aus der Gießkanne. In: Frankfurter Allgemeine Zeitung Nr.75:N2.

Müller-Jung, J. (2006b): Die Trümmmerlandschaft der Tumorgene. In: Frankfurter Allgemeine Zeitung Nr.219:N1.

Müller-Jung, J. (2007): Ein Lehrjahr nach einem mißglückten Arzneimittelversuch. In: Frankfurter Allgemeine Zeitung Nr.219:N1.

Müller-Jung, J. (2008a): Versagen im Arzneitest.Ein Lehrjahr nach einem mißglückten Arzneimittelversuch. In: Frankfurter Allgemeine Zeitung Nr.77:N1.

Müller-Jung, J. (2008b): Das Übel an der Stammzellwurzel packen. In: Frankfurter Allgemeine Zeitung Nr.25:N1.

Muggenthaler, F. (2004): Die Tiefkühlreligion. In: Die Zeit Nr.42:38

Murray, F., Kaplan, S. (2001): The Role of Social Evidence in Shaping a Technological discontinuity: The Evolution of Biotechnology. MIT Sloan School of Managment, Draft dated 21 August 2001, 33 pages.

Nabi (2004): Firmenwebsite http://www.nabi.com:1-2. Aufrufdatum 31.10.2004.

NABU (2004): Die wichtigsten und häufigsten Fragen zum Thema Gentechnik. Stand: Oktober 2004:1-4

Nakayama T., Taback B., Nguyen D.H., Chi D.D., Morton D.L., Fujiwara Y., Hoon D.S.: Clinical significance of circulating DNA microsatellite markers in plasma of melanoma patients. Ann NY Acad Sci 2000; 906: 87–98.

Narr, W.D. (2000): Globalisierung – Demokratie- Technikentwicklung: Zur Notwendigkeit neuer organisatorischer Formen. In: Barben, D., Abels, G. (2000): (Hrsg.): Biotechnologie - Globalisierung – Demokratie. Politische Gestaltung transnationaler Technologieentwicklung. Edition sigma, Berlin 2000, 434 Seiten:35-62.

Naumann, J. (1993): Bildung zwischen Nationalstaat und Weltgesellschaft. In: Lingelbach, K.-C., Zimmer, H. (Red.) 1993: Jahrbuch für Pädagogik 1993: Öffentliche Pädagogik vor der Jahrhundertwende: Herausforderungen, Widersprüche, Perspektiven. Frankfurt/M.:251-268.

Nebel, A., Nikolaus, S., Schreiber, S. (2005): Gute Gene-langes Leben? In: Deutsches Ärzteblatt, Jg.102, H.1-2:A47-49.

Nektar (2004): Firmenwebsite http://www.nektar.com/pipeline:1-2. Aufrufdatum 31.10.2004.

Netherwood (2002): Netherwood T, Martin-Orue SM, O'Donnell AG, Gockling S, Gilbert H & Mathers J (2002) Transgenes in genetically modified soya survive passage through the human small bowel but are completely degraded in the colon. Technical report on Food Standards Agency project G010008.
http://www.food.gov.uk/multimedia/pdfs/gmnewcastlereport.PDF

Nettelbeck, J. (2004): Das wilde Forschen. Süddeutsche Zeitung Nr.180, 6.August 2004.

Neubacher, A. (2004): Bizarres Gefälle. In: Der Spiegel 41/2004:110.

NICE (2004): About technology appraisals. http://www.nice.org.uk /page.aspx?o=201855.

Nickolaus, B. (2005): Neurowissenschaften. Zur Lage der Hrinforschung. In: Dt. Ärzteblatt 102, Heft 11:A728.

Nicolai, C. (1998): Zulassung biotechnologischer Arzneimittel: Was ist zu beachten? Pharm. Ind. 60, Nr. 6 (1998):482-487.

Nieschlag, R., Dichtl, E., Hörschgen, H. (1991): Marketing 16. Auflage Duncker und Humblot, Berlin, 1064 S.

NIH (2008): Human Microbiome Project (HMP). http://nihroadmap.nih.gov/hmp/ Letztes Aufrufdatum 01. August 2008

Nikol, S. (2006): Gentherapie senkt Gefahr einer Amputation. Nachrichten des Universitätsklinikums Münster vom 10.März 2006:1.

Nipperdey, Th. (1994): Deutsche Geschichte 1800-1866. Bürgerwelt und starker Staat, C.H. Beck Verlag, München, 838 Seiten.

Nippert, I. (2006): Präimplantationsdiagnostik – ein Ländervergleich. Die aktuelle Situation der gesetzlichen Regelung, der Anwendung und der gesellschaftlichen Diskussion in Großbritannien, Belgien und Frankreich. Gutachten im Auftrag der Friedrich-Ebert-Stiftung. Printed in Germany 12/2006:107 S.

Nixon,.R. (2007): Genetic Tests may not tell the whole story. New York Times als Einlage der Süddeutschen Zeitung vom 10. December 2007:1-4.

Nobbe, M. (2005): Möglichkeiten und Grenzen des Schutzes von Erfindungen in der Bio- und Nanotechnologie. Viering, Jentschura & Partner. München - Oberhausen - Singapore - Los Angeles, 38 S.

North, D.C. (1992): Institutionen, institutioneller Wandel und Wirtschaftsentwicklung. In: Die Einheit der Gesellschaftswissenschaften, Bd.76, Tübingen.

North, M. (2000): Deutsche Wirtschaftsgeschichte. Ein Jahrtausend im Überblick. C.H. Beck Verlag, 530 Seiten.

Novartis (2004): Firmenwebsite. http://www.novartis.com/ - Letztes Aufrufdatum: 01.02.2004.

Nuffield Council (2002a): Genetics and human behaviour – the ethical context. Published by Nuffield Council on Bioethics, October 2002, 213 S.

Nuffield Council (2002b): The ethics of patenting DNA – a discussion paper of the ethical context. Published by Nuffield Council on Bioethics, October 2002, 80 S.

NZZ (2003): China genehmigt weltweit erste Gentherapie. Neue Zürcher Zeitung online, 27. November 2003 http://www.nzz.ch/2003/11/27/vm/page-newzzDNIC2GCV-12.html.

Obst, G. (2003): Regulation der Immunabwehr und der Antikörper-Produktion. In: Gesundes Leben 6/2003:46-49.

O'Donnell, P. (1994): Brussels steers ICH towards Quality. Applied Clinical Trials, Vol. 3, No. 11:60-66.

Oesterheld, J. (2004): PGP Introduction. Http://ww.mhc.com/PGP/PgpMain.html:1

Okhovat, R., Öller, R. (2000): Einführung in die Gentechnik. www.vobs.at/bio/gen-mol/g-gentec-01.htm:1-16

Oldag, A. (2004): Reich mit Pharma. Süddeutsche Zeitung Nr.240:29

Onim (2003): Interleukin 30. In: Online Mendelian Inheritance in Man (ONIM), Artikel 608273 vom 20.11.2003:1.

Osiris (2005): Prochymal Clinical Trial Information for Treatment of GVHD. Http:/www.osiristx.com/clinical_trials_prochymal.php:1-5.

Osiris (2008): ARS Defense. Http:/www.osiristx.com/ars-defense.php:1-2.

Osterloh, M., Frost, J., Hunziker; A., Weibel, A. (1997): Prozessmanagement. Kaiserslautern 1997, 212 S.

Ott, T. (1998): Epilog. In: Arzneimittel und Medizinprodukte. Bewertung-Verfahren-Perspektiven. Ott, T., Hefendehl, F.-W., Grosdanoff, P. (Hrsg.), Bundesinstitut für Arzneimittel und Medizinprodukte, Berlin, 1998:383-386.

PACE (2006): Programmable Artificial Cell Evolution. Project Pace - Project fact sheet from Sixth Framework Programme. http://134.147.93.66/bmcmyp/Data/PACE/Public Letztes Aufrufdatum: 02.05.2006.

Pache, T., Kuchenbuch, P. (2007): CSU kippt Reform der Arzneiaufischt. In Financial Times Deutschland vom 26. Oktober 2007:9.

Palastro, E.T., Tulcinsky, S. (2003): How far can pharma squeeze its suppliers? p.51-65.

Papadopoulos, I. (2003): Governance und Demokratie. In: Benz, A. (2003): Governance. Eine Einführung. Dreifachkurseinheit der FernUniversität Hagen:243-267.

Passarge, E. (1994): Taschenatlas der Genetik. Thieme Verlag, Stuttgart, 406 S.

Patterson, L.E., Josling, T. (2001): Regulating Biotechnology: Comparing EU and Us Approaches. Paper presented at Western Economic Association International 76th annual conference, San Franciso, 8 July 2001 by Patterson, Lee Ann, Center for West European Studies, University of Pittsburgh and Josling, Tim Professor at the Institute for International Studies, Stanford University.

Patzlaff, M. (2001a): Zulassung von Arzneimitteln in Europa 2001. Pharm. Ind. 63, Nr. 5:450-455.

Patzlaff, M. (2001b): Europäische Zulassungsbehörde-Trend zur Vereinheitlichung. In: Deutsches Ärzteblatt, Jg.96, H.8:A474-A476.

PDS (1998): PDS zur Gesundheitspolitik: Gesundheitspolitische Grundsatzpositionen der AG Gesundheitspolitik, Interessengemeinschaft für Arbeit, Gesundheit und Soziales bei der PDS:1-9 http://www.brangsch.de/projekt3/geunsd98.htm

Pearce, J., Rauscher, S., Leahey, M.I. (1998): Site Management organizations. ACRP White Paper. http://www.acrpnet.org/whitepaper2/html/iii_site_management_organizations.html:1-2.

Pearson, M., Scherer P. (1997): Balancing Security and Sustainability in Social Policy. The OECD-Observer No.205, p.6-9.

Pai, Gopalkrishna (2006): India: A Strageic Market for Outsorucing and Conducting Clinical Trials. In: GOR, Vol. 8, No.3:24-26.

PEI (1997): Amtsaufgaben des Paul-Ehrlich-Instituts. Homepage des PEI, http://www.pei.infos.com (Zuletzt aktualisiert am 09. September 1997).

PEI (2002): Forschungskonzept des Paul-Ehrlich-Instituts. Anhang 1 der Organisationsverfügung 2002-03 „Forschung am Paul-Ehrlich-Institut“, Stand: November 2002, 34 S.

PEI (2003): Gentherapie am PEI. http://www.pei.de/peitexte/genther.htm:1-2 Aufrufdatum: 31.12.2003.

PEI (2004): Klinische Studien unter Anwendung von Gentransfer-Arzneimitteln in Deutschland http://www.pei.de/themen/gentherapie/tabelle_klein_stud.htm:1-3 Aufrufdatum: 03.01.2004.

Peng, Zhaohui (2003): In the Bioprocessing Industry. In: Bioprocessing Journal online November 2003:1-2.

Pew (2004): Issues in the Regulation of genetically engineered plants and animals April 2004, Pew Inititavte on Food and Biotechnology Granted by University of Richmond, Washington, April 2004 147 Seiten plus appendices.

Pfirrmann, O. Feldman, M. P. (2000): How Science Comes to Life: Ein deutsch-amerikanischer Vergleich von Unternehmensgründungen in der Biotechnologie. In: Barben, D., Abels, G. (2000): (Hrsg.): Biotechnologie - Globalisierung – Demokratie. Politische Gestaltung transnationaler Technologieentwicklung. Edition sigma, Berlin 2000, 434 Seiten:229-250.

PGEU (1999): Pharmacists, Pharmaceuticals and health policy in the European Union: the position of the pharmaceutical group (PGEU), March 1999, approved in November 1998 S.1-10.

PHA (2001): World Genomics and World Health Organisation, June 2001: People's Health Assembly's position.

Pharmabusiness (2000): Annual Report: top 50 companies. In: Pharma Business November/December 2000:14-16.

Pharmabusiness (2002): R&D costs are staggering. In: Pharma Business January/February 2002:3.

Pharmacopeia (2004): Firmenwebsite http://www.pharmacopeia.com/ Letztes Aufrufdatum: 01.02.2004

Pharmacytimes (2002): The top 200 drugs of 1999. In: http://www.pharmacytimes.com/top200a.html:1-9.

PhRMA (2003a): Focus on Health Policy. Medicare Beneficiaries Cared for with Prescription Medicines, 7 S.

PhRMA (2003b): A Decade of Innovation. Informationsbroschüre der Pharmaceutical Research and Manufacturers of America, 20 S.

Pieper, R. (1992): Management Lexikon. Gabler Verlag, 1992:418.

Pieper, M., Knoefel, T. (2004): Erschwerte Bedingungen für Immuntherapien. In: Dt. Ärzteblatt, Jg.101, H.21:C1891-1892.

Piper, B. (2004): Mit Proteinchips dem Krebs auf der Spur. Frankfurter Allgemeine Zeitung Nr.272 vom 20.November 2004:B6.

Platz, H. (2003): Perspektiven der Biotechnologie aus marktwirtschaftlicher Sicht. Gutachten für die AG „Bioethik und Wissenschaftskommunikation“ am Max-Delbrück-Centrum für Molekulare Medizin Berlin 2003. Hilmar Platz Kayenburg AG München www.kayenburgag.de Unter Mitarbeit von Dr. M. J. Jacobs Vitro-Tec Entwicklungs-GmbH, www.vitro-tec.de, 39 S.

Pletter, R., Rabatta, S. (2002): Grüne Gentechnik. Chancen, aber keine Akzeptanz. In: Dt. Ärzteblatt, Jg.99, H.10:A606-A608.

Plunkett, J.M., Ellman, A. (1997): Neue Wirkstoffe durch kombinatorische Chemie. Spektrum der Wissenschaft, Spezial 6: Pharmaforschung:28-34.

Pobel, D., Viel, J.F.(1997): Case-control study of leukemia among young people near La Hague nuclear processing plant: the environmental hypothesis revisited. Brit. Med. J. 314, 1997:5-10.

Pöppe, C. (1997): Die unvermeidliche Langsamkeit des Seins. In: Spektrum der Wissenschaft 9/97,:25-27.

Polarisinstitute (2003): Say No to Genetically Engineered Seeds, Polaris Institute July 2003:1-2.

Pollack, M.A., Shaffer, G.C. (2005): Biotechnology Policy. Between National Fears and Global Disciplines. In: Wallace, H., Wallace W., Pollack M.A. (eds.): Policy-Making in the European Union. Oxford University Press, Oxford-New York, 2005:330-348.

Pollack.A. (2007): Consumer Fears slow demand for gene-modfied animals. New York Times als Einlage der Süddeutschen Zeitung vom 03. September 2007:1-4.

Pompidou, A. (1995): Research on the human genome and patentability - the ethical consequences. J. Med. Ethics Apr, 21(2):69-71.

Pongratz, H.J. (2001): Arbeitskraftunternehmer als Leittypus? In DIE, Ausgabe 1/2001, Bonn 2001, (online version:1-5) http://www.die-bonn.de/zeitschift/12001/positionen3.htm.

Prange, H. (2004): Enlarging the internal market: the role of dezentralization. Journal of International Relations and Developments, 2004, 7 73-93.

Propping, P. (2004): Genetische Diagnostik vor dem Hintergrund von Millionen Polymorphismen. In: Dt. Ärzteblatt 2004, Jg. 101, H.46, A3100-3101.

Protein Design Labs (2004): Firmenwebsite http://www.pdl.com/wt/home.php3:1. Letztes Aufrufdatum 31.01.2004.

PSG (2004): psg-serie: Gesundheitssysteme der EU-Beitrittsstaaten. AOK-Bundesverband. http://www.aok-bv.de/presse/presseservice/psgpolitik/index.html.

Pusztai, A. (2002): Submission of Evidence to the Clerk to the Health and Community Care Committee of the Scottish Parliament, November 2002. Report on inquiry into GM crops. HCCC, 1st report 2003.

Qiagen (2004): Firmenwebsite http://www1.qiagen.com:1-2. Aufrufdatum 31.10.2004.

QLT (2004): Firmenwebsite http://www.qltinc.com:1. Aufrufdatum 31.10.2004.

Rabbata, S., Richter-Kuhlmann, E. (2005): Heimliche Vaterschaftstests. Unethisch und bedenklich. Dt. Ärzteblatt Jg.102, H.3:A89-A90.

Rabbata, S. (2005): Elektronische Gesundheitskarte. Kein Start auf Knopfdruck. Dt. Ärzteblatt Jg.102, H.3:A96.

Ramachadran, V.S., Oberman, L.M. (2007): Der blinde Spiegel Autismus. In: Spektrum der Wissenschaft April 2007:43-49.

Radford, K. (2004): Lost in translation? In: Pharmafocus, Juni 2004:27-28.

Radin (1995): A short history of biotechnology. http://students.washington.edu/ radin/history.htm:1-2.

RÄ (2000): Ethnische Unterschiede. In: Rheinisches Ärzteblatt Nr.10/2006:9.

Rammert, W. (2004): Ideenschmiede Netzwerk. In Sonderteil: Innovation in Deutschland in: Spektrum der Wissenschaft November 2004, 30 Seiten:8-10

Randow, G., Spiewak, M. (2005): Geben ist seliger denn nehmen. In: Die ZEIT Nr. 4 vom 20. Januar 2005:4.

Rasche, U. (2005a): Niemand ist eine Insel. In: Frankfurter Allgemeine Sonntagszeitung Nr.53 vom 02.01.2005:53.

Rasche, U. (2005b): Am besten niemals heimlich testen. In: Frankfurter Allgemeine Sonntagszeitung Nr.2 vom 16.01.2005:56.

Rausch, M. (1999): Langfristiges Wachstumspotential für Pharma-Aktien. Frankfurter Allgemeine Zeitung Nr. 154 vom 07.07.1999:29.

Rawls, J. (1994): Eine Theorie der Gerechtigkeit. Übers. von H.Vetter. 8. Auflage, Frankfurt am Main 1994.

Reding, V. (2004): Ein Europäischer Bildungsraum braucht Zeit und Mut. In: BMBF (Hrsg.): Heute schon das Morgen denken. Beiträge zur Innovationsdebatte, Berlin 2004, 51 S.

Regal, P.J. (2000): A Brief History of Biotechnology Risk Debates and Policies in the United States, 27 S.

Reich, J. (2004a): Vernunft gebiert Monster. Die Zeit 36/2004:28

Reich, J. (2004b): Prädiktive Diagnostik und genetisches Design: Ein Blick in die Zukunft. In: Mietzsch, A. (Hrsg.): Kursbuch Biopolitik, Biocom AG Verlag, Berlin 2004:98-109

Reinberger, S. (2007): Molekularbiologie: Von wegen Müll. In: Spektrum der Wissenschaft 4/2007:19-20.

Reiß, T. et al.: (2004): Efficiency of innovation policies in high technologies sectors in Europe (EPOHITE). Final Report, September 2003, Dokumentennummer EUR 20904, 77 S.

Reiß, T. (2004): Wie wirkt Innovationspolitik in der Biotechnologie? In Sonderteil: Innovation in Deutschland in: Spektrum der Wissenschaft November 2004:11.

Relman, D. (2006): Working Group on Synthetic Genomics: Progress Report. National Science Advisory Board for Biosecurity NSABB Meeting March 3, 2006

Renn, O. (1992): Concepts of Risk. A Classification. In: Krimsky, S., Golding, D. (Hrsg.): Social theories of risk:117-152.

Renn, O., Rohrmann, B. (2000): Cross-Cultural Risk Perception. A Survey of Empirical Studies. In: Mumpower, J., Renn, O. (Hrsg.): Technology, Risk and Society. An international Series in Risk Analysis, Volume 13, six chapters, 234 S.

Renn, O., Dreyer, M., Klinke, A. Losert, C. (2002): The application of the Precautionary Principle in the European Union. Executive Summary, Stuttgart, 13 December 2002:1-19.

Richter, E.A. (2002): Biopatent und Gentechnikgesetz: Verabschiedung nicht in Sicht. In: Dt. Ärzteblatt, 99 Jg., H.13:819-820

Richter-Kuhlmann, E., Klinkhammer, G., Stüwe, H. (2004): Forschungsklonen: „Die Zeit arbeitet für die Wissenschaftler“ Dt. Ärzteblatt Jg.101, H.40, 1.10.2004:A2655-A2658

Richter-Kuhlmann, E. (2004): Gendiagnostikgesetz. Genbuden sollen nur als Horrorszenario existieren. Dt. Ärzteblatt Jg.101, H.49:A3305-A3306.

Richter-Kuhlmann, E. (2005): Forschungsförderung. Auf Eis gelegt. Dt. Ärzteblatt Jg.102, H.6:A313.

Richter-Kuhlmann, E. (2008): Patentierung von Stammzellen: Die höchste Instanz entscheidet. Dt. Ärzteblatt Jg.105, H.6:A1475.

Riekeberg, A., Gerstetter, C., Kaiser, G., Sundermann, J. (2005): Grüne Beute - Biopiraterie und Widerstand. Trotzdem Verlagsgesellschaft, Frankfurt 2005, 159.S.

Rögener, W. (2004): Das Herr Schmitz-Gen. In Süddeutsche Zeitung Nr.263 vom 12. November 2004:12

Rögener, W. (2006): Es gibt Genreis, Baby. In Financial Times Deutschland vom 25. August 2006:30.

Roethel, H. (1996): Die Geschichte der Wundheilung. In: Hartmann Wund-Forum 4/96:30-33.

Rieger, E., Leibfried, S. (1997): Die sozialpolitischen Grenzen der Globalisierung. In: PVS, 38.Jg.:771-796.

Rieser, S. (2007): Gewebegsetz-Ein Herz für Änderungswünsche. In: Dt. Ärzteblatt, Jg.104, Heft 23, 08. Juni 2004:B1435-1436.

Roche (2003): Chronische Myeloische Leukämie. http://www.roche.de/pharma/indikation/onkologie/cml/index.html?sid=c77e0329532b87a0863da51b00758c7a/ Letztes Aufrufdatum: 28.12.2003.

Roche Lexikon (2004a): Stichwort: Onkogene. http://www.gesundheit.de/roche/ro27500/r27909.html, letztes Aufrufdatum 01.11.2004.

Roche Lexikon (2004b): Stichwort: Tumorsuppressorgene. http://www.gesundheit.de/roche/ro37500/r39777.html, letztes Aufrufdatum 01.11.2004.

Roche Lexikon (2004c): Stichwort: Tumorsuppressorgene. http://www.gesundheit.de/roche/ro02500/r4650.html, letztes Aufrufdatum 01.11.2004.

Rohrmann, B. (1997): Risikoforschung. 2 Kurseinheiten. FernUniversität Hagen, Hagen, 1997.

Ronit, K. (1997): Wirtschaftsverbände in den Bioindustrie – Stabilität und Dynamik deutscher und europäischer Interessenvermittlung. In: Martinsen, R. (1997): (Hrsg.): Politik und Biotechnologie. Die Zumutung der Zukunft. Nomos Verlagsgesellschaft Baden-Baden, 1. Auflage 1997; 358 Seiten:81-98.

Ronzheimer, M. (2001): FDP-Positionspapier zur Gentechnik. BerliNews vom 11.April 2001:1.

Ropers, H.-H. (1998): Die Erforschung des menschlichen Genoms: Ein Zwischenbericht. in: Dt. Ärzteblatt 95, Heft 12 (20.3.1998):A-663-669.

Rosen, M. (2006): The world's leading biotech companies. Http://wistechnolgoy.com/articles/2748, 6 March 2006:1-5.

Rosenthal, E. (2006): European Biotech Questions Still have No Clear Answers. In New York Times (Articles selected für Süddeutsche Zeitung), Monday 3 July 2006:1-4.

Rost, M. (2000): Was soll dieser Umweg?, In DÄ (2002): PID, PND, Forschung an Embryonen. Aufsätze, Berichte, Diskussionsbeiträge, Kommentare, im Deutschen Ärzteblatt vom 3. März 2000 (Heft 9/2000) bis zum 3. Mai 2002 (Heft 18/2002). 2., erweiterte Auflage der Dokumentation, http://www.aerzteblatt.de./pid.pdf:18.

Rost, C. (2005): Spurensuche mit Mundschutz/Europäische Unterschiede. Süddeutsche Zeitung Nr. 17 vom 22. Januar 2005:6.

Rote Hand (2001): Rote-Hand Aussendung Vertriebseinschränkung Parkinsan 2001 vom 02.Januar 2001:1-3.

Roth, A. (2002): GLP in Forschung und Industrie. Umsetzung der Guten Laborpraxis in Forschungseinrichtungen, Pharmaindustrie und Auftragsinstituten. 7. November 2002, Forschungszentrum Jülich, 18 S.

Rothe, J. (2000): Die Aufholjagd hat begonnen. In: Biotechnologie. Verlagsbeilage der Frankfurter Allgemeinen Zeitung Nr. 250 vom 04.09.2000:B4.

Rothstein, M.A. (1999): The impact of behavioral genetics on the law and the courts. Genetic determinism and the law. In: Judicature Genes and Justice - The Growing Impact of the New Genetics on the Courts November-December 1999 Vol 83(3).

RP 6 (2004): Das 6. Rahmenprogramm - eine Kurzdarstellung. Europäische Kommission (Hrsg.), Broschüre vom Dezember 2002, ftp://ftp.cordis.lu/pub/documents_r5/natdir0000040/s_1926004_20030402_150456_6FPL021926de.pdf, 40 S.

Rüschemeyer, G. (2006): Der Feinstaub in der Sonnencreme. In: Frankfurter Allgemeine Sonntagszeitung, Nr.25/2004:68.

Ruff, K. (2005): Jede Behörde hat Zugriff auf Bürger-Daten. In: die Welt vom 21. Januar 2005:9.

Rybak, A. (2007): Malvinder Mohan Singh. Erfolgskopierer. In Financial Times Deutschland vom 30. März 2007:10.

Saalbach, K.P. (2004a): Medizinische und ökonomische Perspektiven der 'roten' Gen- und Biotechnologie. Master-Arbeit im Interdisziplinären Fernstudium Umweltwissenschaften der FernUniversität in Hagen, Hagen 2004, 136 S.

Saalbach, K.P. (2004b): Europäisierung des Arzneimittelsektors - Akteure und Institutionen, Dissertation in: Der Andere Verlag, Osnabrück ISBN 3-89959-218-2, Osnabrück 2004, 190 S.

Sahm, S. (2006): Nimm das Geld!. Frankfurter Allgemeine Zeitung Nr. 57 vom 08.03.2006:57.

Samerski, S. (2003): Die Freisetzung genetischer Begrifflichkeiten am Beispiel der genetischen Beratung - oder: Der Mythos von der informierten

Entscheidung. In: Hornschuh, T., Meyer, K., Rüve, G., Voß, M. (2003): Schöne-gesunde, neue Welt? Das humangenetische Wissen und seine Anwendung aus philosophischer, soziologischer und historischer Perspektive. IWT-Paper 28 des Graduiertenkollegs „Genese, Strukturen und Folgen von Wissenschaft und Technik". Institut für Wissenschafts- und Technikforschung (IWT), 196 Seiten:127-147.

Sandoz (2006): Sandoz begrüßt positive Empfehlung des CHMP zu Omnitrope. Pressemitteilung vom 27. Januar 2006:1-3.

Sankula, S., Marmon, G., Blumenthal, E. (2005): Biotechnology-Derived Crops Planted in 2004 - Impacts on U.S. Agriculture. National Center for Food and Agruicultural Policy (NCFAP), December 2005, 9 pages

Sansom, C. (2003): Protease inhibitors: The hype and the hope. Scrip Magazine October 2003:11-13.

Saretzki, T. (1997): Technisierung der Natur – Transformation der Politik? Perspektiven der politikwissenschaftliche Analyse zum Verhältnis von Biotechnologie und Politik. In: Martinsen, R. (1997): (Hrsg.): Politik und Biotechnologie. Die Zumutung der Zukunft. Nomos Verlagsgesellschaft Baden-Baden, 1. Auflage 1997; 358 Seiten:37-60.

Saretzki, T. (2001): Der umkämpfte Fortschritt – Über die Codierung des Technikkonflikts. In: Simonis, G., Martinsen, R. und Saretzki, T. (Hrsg.) Politik und Technik. Analysen zum Verhältnis von technologischem, politischem und staatlichen Wandel am Anfang des 21. Jahrhunderts. Deutsche Vereinigung für Politische Wissenschaft, Westdeutscher Verlag, 1. Auflage, 547 Seiten: 185-212.

Sauer, F. (1997): Zulassungsverfahren bei EMEA und FDA. Pharm. Ind. 59, Nr. 6 (1997):VI/144.

Sauerer, A. (2004): Das ethisch geprüfte Ei. In: Die Zeit 41/2004:39.

Sauter, A., Hüsing, B. (2005): TA-Projekt Grüne Gentechnik -Transgene Pflanzen der 2. und 3 Generation. Büro für Technikfolgenabschätzung beim Deutschen Bundestag. Abschlussbericht Nr. 104, Juli 2005, 319 S.

Sawicki, P.T. (2003): Das Märchen von der Innovation. Gesundheit und Gesellschaft Ausgabe 05/03:36-39.

Schäferl, S. (2007): Kein Kinderspiel. In: SZ Magazin vom 04.Mai.2007:9-12.

Schär, B. (2004): Jede vierte Antenne wird bekämpft. Der Bund (Schweiz) vom 29.09.2004:2.

Scharpf, F.W. (1985): Die Politikverflechtungs-Falle. Europäische Integration und deutscher Föderalismus im Vergleich. In: PVS, 26.Jg., H.4:323-356.

Scharpf, F.W. (1992): Versuch über Demokratie in Verhandlungssystemen. MPIfG Discussion Paper 92/9 des MPIfG = Max-Planck-Institut für Gesellschaftsforschung, Neue Quelle: Versuch über Demokratie im verhandelnden Staat. In: Czada, R., Schmidt, M.G. (Hrsg.), 1993: Verhandlungsdemokratie, Interessenvermittlung, Regierbarkeit. Opladen: Westdeutscher Verlag, 25-50.

Scharpf, F.W. (1996): Politische Optionen im vollendeten Binnenmarkt. In: Jachtenfuchs, M; Kohler-Koch, B. (1996): Europäische Integration. Leske + Budrich Verlag, Opladen, 1996:109-140.

Scharpf, F.W. (1997): Balancing Positive and Negative Integration. The Regulatory Options for Europe. MPIfG Working Paper 97/8.

Scharpf, F.W. (2002): MPIfG Working Paper 02/8, July 2002. The European Social Model: Coping with the Challenges of Diversity

Scheen, T. (2004): Die afrikanische Wahrheit. In: Frankfurter Allgemeine Sonntagszeitung, Nr.42/2004:69.

Schenkelaars (2004): Study - Means to improve the consistency and efficacy of the legislative framework in the field of biotechnology article 31 (7a, 7b and 7b) of Directive 2001/18/EC. Study contact no. B4-3040/2003/359058/MAR/C4. Final Report 06 April 2004. By the contractor Schenkelaars Biotechnolgoy Consultance, the Netherlands. In Cooperation with Risk and Policy Analysis Ltd, United Kingdom, 142 pages.

Schell-Frederick, E., Schell, J.S. (2000): Pflanzenbiotechnologie: Neuartige Lebensmittel (Novel Food) und Pharmazeutika. In: Dt. Ärzteblatt 97, Heft 28-29 vom 17.07.2000:A1971-1975.

Scherpenberg, J. van (1996): Ordnungspolitische Konflikte im Binnenmarkt. In: Jachtenfuchs, M; Kohler-Koch, B. (1996): Europäische Integration. Leske + Budrich Verlag, Opladen, 1996:345-372.

Schimank, U., Volkmann, U. (2002): Gesellschaftliche Differenzierung. Einleitung (Auszug). In: http://www.transcript-verlag.de/ts06pro.htm:1-3.

Schimmeck, Th. (2004): Zensur findet statt. In: Die Zeit Nr.13/2004:41-42.

Schinzel, A. (2007): Das Supermann-Syndrom. Ein Interview durch Lars Reichhardt. In: SZ Magazin vom 16.03.2007:43-46.

Schirmer, H. (2004): Medikamente für die Armen. Spektrum der Wissenschaft, Dezember 2004:110-113.

Schleicher, U. (1998): Gesundheitspolitik in Europa nach Amsterdam. In: http://www.europarl.eu.int/ppe/cdu-csu/themen/umwel_002.htm:1-11.

Schlingensief, K.H. (2003): Arzneimittelmarkt im Wandel. Strategische Herausforderungen für die Pharmaindustrie. Hoffmann-La Roche AG, Grenzach-Wyhlen, Mannheim, 30. Juni 2003. http://www.bwl.uni-mannheim.de/Homburg/studportal/download/roche03.pdf, 85 S.

Schmähl, W. (2003): Erste Erfahrungen mit der "Offenen Methode der Koordinierung": offene Fragen zur "fiskalischen Nachhaltigkeit" und "Angemessenheit" von Renten in einer erweiterten Europäischen Union. ZeS-Arbeitspapier, Bremen 2003, 27 S.

Schmidt, M.G. (=Schmidt 1999a): Die Europäisierung der öffentlichen Ausgaben. In: ZeS-Arbeitspapier 3/1999 des Zentrums für Sozialpolitik, Univ. Bremen:4-15.

Schmidt, M.G. (=Schmidt 1999b): Untersuchung des Wachstums der Gesundheitsausgaben. Befunde des Vergleichs demokratisch verfaßter Länder. In: PVS, 40. Jg., H.2:229-245.

Schmidt, K. (2002): Grenzüberschreitende Gesundheitsversorgung. Mit dem Euro nach Europa. In: Der Kassenarzt, 50/52 2002:18-20.

Schmidt, H. (2004): Freier Lauf für Innovationen. In: BMBF (Hrsg.): Heute schon das Morgen denken. Beiträge zur Innovationsdebatte, Berlin 2004, 51 S.

Schmidt, C., Ulrich, A. (2005): In dubio pro Papa. Der Spiegel 15/2005:54.

Schmitt, Th. (2004): Hallo, ich bin der Alex. In Frankfurter Allgemeine Sonntagszeitung, 19.09.2004, Nr.38:51.

Schmitz, N. (2006): Politik und Industrie im Dialog Wege zur Nachhaltigkeit – Nachwachsende Rohstoffe für die Industrie. Märkte für den stofflichen und energetischen Einsatz von Nachwachsenden Rohstoffen. DBU – BASF – Kongress Berlin, 15. Mai 2006 meó Consulting Team

Schmitz, S. (2006): Niemand weiß, ob eine Frau oder ein Mann das Werkzeug erfunden hat. In Die ZEIT, 24.08.2006, Nr.35:51.

Schmucker, R. (2005): Die deutsche Arzneimittelzulassung im deutschen Wettbewerb. Diskussionspapier 2005-1 des Institutes für Medizinische Soziologie der Universität Frankfurt am Main, Dezember 2005, 39 S.

Schmundt, H. (2004): Lebenslang Telefon für 999 Dollar. In: Der Spiegel 51/2004:162-165.

Schnabel, U. (2005): Knetmasse der Kultur. In: Die ZEIT Nr.7/2005 vom 10.Februar 2005:31.

Schnabel, U.; Spiewak, M. (2006): Die Topographie der Exzellenz. In: Die Zeit Nr. 43 vom 19. Oktober 2006:41.

Schneider, H. (1992): Europäische Integration: die Leitbilder und die Politik. In: Politische Vierteljahresschrift, 33 Jg., Sonderheft 23/1992:3-35.

Schneider, V. (2003): Organizational Governance – Governance in Organisationen. In: Benz, A. (2003): Governance. Eine Einführung. Dreifachkurseinheit der FernUniversität Hagen:195-218.

Schneider, V., Janning, F. (2005): Politikfeldanalyse. Akteure, Strukturen und Diskurse in der öffentlichen Politik. Dreifachkurseinheit der FernUniversität Hagen:1-220.

Schnorr, C., Brückner, M. (2001): Management von Auftragsforschungsinstituten im Zeitalter des Internet. Pharm. Ind. 63, Nr. 12 (2001):1231-1236.

Schockenhoff, E., Roth, G. (2004): Spiegel-Streitgespräch. Das Hirn trickst das Ich aus. In: Der Spiegel 52/2004:116-120.

Schönherr-Mann, H. M. (2000): Biotechnologie und Menschenwürde: Zum Wandel der Ethik im technologischen Zeitalter. In: Barben, D., Abels, G. (2000): (Hrsg.): Biotechnologie - Globalisierung – Demokratie. Politische Gestaltung transnationaler Technologieentwicklung. Edition sigma, Berlin 2000, 434 Seiten:375-388.

Schomberg, R. von (2000): Agricultural Biotechnology in the Trade-Environment Interface. Counterbalancing Adverse Effects of Globalisation. In: Barben, D., Abels, G. (2000): (Hrsg.): Biotechnologie - Globalisierung –

Demokratie. Politische Gestaltung transnationaler Technologieentwicklung. Edition sigma, Berlin 2000, 434 Seiten:111-130.

Schreyögg, G. (1994): Umwelt, Technologie und Organisationsstruktur: Eine Analyse des kontingenztheoretischen Ansatzes, 2.Auflage, Bern-Stuttgart-Wien 1994.

Schröder, R. (2002): Europa, was ist das? Von Richard Schröder, 3. April 2002. http://www.zeit.de/reden/bildung_und_kultur/schroeder_altphilologenverband_200217

Schröder, G. (2004): Perspektive für Deutschland - Vorsprung durch Innovation. Rede des Bundeskanzlers. In: BMBF (Hrsg.): Heute schon das Morgen denken. Beiträge zur Innovationsdebatte, Berlin 2004, 51 S.

Schubert, K. (1996): Politikfeldanalyse- Eine Einführung, Kurseinheiten 1-3. FernUniversität Hagen 1996

Schubert, H.J. (1997): Change Management. Kaiserslautern 1997, 132 Seiten.

Schubert, C. (1999): Auf der Warteliste lauert der Tod. Von Labours Wahlversprechen ist wenig geblieben. Frankfurter Allgemeine Zeitung Nr. 202/99:3.

Schuh, H, Sentker, A. (2004): Es grünt so grün. In: Die Zeit 39/2004:36-37.

Schuh, H. (2004): Die Akte Dolly. In: Die Zeit Nr.22/2004:36.

Schuh, H. (2005): Hüh! Brr! Die Signale der Innovationspolitik. In: Die Zeit Nr.11/2005:9.

Schuman, H. (2003): Jäger der Patent-Milliarden. In: Der Spiegel 14/2003:82-97.

Schwab, M., Marx, C., Zanger, U.M., Eichelbaum, M. (2002): Pharmakogenetik der Zytochrom-P-450-Enzyme. In: Dt. Ärzteblatt, Jg.99, H.8:A497-A504.

Schwägerl, C. (2004a): Protest kurz vor Toresschluss. Frankfurter Allgemeine Zeitung, Nr.211 vom 10.09.2004:36.

Schwägerl, C. (2004b): Ich wäre so gerne Nanobiotechnologe. Frankfurter Allgemeine Zeitung vom 21. September 2004:42.

Schwägerl, C. (2004d): Der Embryo als Rohstoff. In: Frankfurter Allgemeine Zeitung Nr.252/2004 vom 28. Oktober 2004:542.

Schwägerl, C. (2004e): Die Gefahr der Überbelohnung. Frankfurter Allgemeine Zeitung Nr. 253 vom 29.Oktober 2004:12.

Schwägerl, C. (2004f): Dampferfahrt ins Ungewisse. Frankfurter Allgemeine Zeitung Nr. 253 vom 29.Oktober 2004:38.

Schwägerl, C. (2004g): Biopolitisches Ringen in New York, Frankfurter Allgemeine Zeitung, Donnerstag, 21. Oktober 2004, Nr.246:4.

Schwägerl, C. (2004h): Ein Radiosender für die Innovation, Frankfurter Allgemeine Zeitung, Donnerstag, 11. Dezember 2004, Nr.290:4.

Schwägerl, C. (2004i): Stunde der unabhängigen Bürger. In: Frankfurter Allgemeine Zeitung Nr. 259 vom 5.11.2004:40.

Schwägerl, C. (2005a): Prinzip Selbstbestimmung, Frankfurter Allgemeine Zeitung vom Januar 2005, Nr.11:4.

Schwägerl, C. (2005b): Das Exodus-Dossier, Frankfurter Allgemeine Zeitung vom Februar 2005, Nr.39:44.

Schwägerl, C. (2005c): Der siebte Anlauf, Frankfurter Allgemeine Zeitung vom März 2005, Nr.51:N1.

Schwägerl, C. (2006a): Leben 2.0. Die synthetische Biologie beunruhigt ihre Vordenker. Frankfurter Allgemeine Zeitung vom 6. Juli 2006, Nr.43.

Schwägerl, C. (2006b): An der bisherigen Praxis ändert sich nichts. Frankfurter Allgemeine Zeitung vom 25. Juli 2006, Nr.170:4.

Schwägerl, C. (2006c): An der bisherigen Praxis ändert sich nichts. Frankfurter Allgemeine Sonntagszeitung vom 17. September 2006, Nr.37:12.

Schwägerl, C. (2006d): Ist Gentechnik unchristlich? In: Frankfurter Allgemeine Zeitung vom 31. Oktober 2006, Nr. 253:1-2.

Schwägerl, C. (2006e): Noch eckt Seehofer an. In: Frankfurter Allgemeine Zeitung Nr. 298 vom 31.Oktober 2006:12.

Schwägerl, C. (2007): Biopolitische Selbstgenügsamkeit. In: Frankfurter Allgemeine Zeitung Nr. 69 vom 22.März 2007:10.

Schwanitz, D. (2001): Ach, Amerika! In: NZZ Folio, Mai 2001:66-68.

Schwarz, A. (1998): Klinische Prüfungen von Arzneimitteln bei Jugendlichen, Kindern, Kleinkindern und Säuglingen. Pharm. Ind. 60, Nr. 5:387-394.

Schwarz, A., Bass, R. Holz-Slomczyk, M., Völler, R.H. und Wartensleben, H. (1999): Therapieversuche mit zugelassenen Prüfsubstanzen

(Compassionate Use) mit zugelassenen Arzneimitteln (Off-label-use). Pharm. Ind. 61, Nr. 4:309-315.

Schwarz, D. (2005): Regulatory requirements in Europe for the development of active pharmaceutical ingredients derived from transgenic plants. Masterarbeit im Studiengang Master of Drug Regulatory Affairs (Summary), 2 pages.

Schweim, H.G. (1999): Wissensmanagement in der Medizin. Präsentation des Deutschen Instituts für Medizinische Dokumentation und Information (DIMDI) 1999.

Schweim, H.G. (2001): Aufgaben und Herausforderungen des BfArM in einer globalisierten Pharmakovigilanz. Präsentation gmds/DGKPT/11.07.01/1 des Bundesinstituts für Arzneimittel und Medizinprodukte (BfArM) 2001:1-21.

Schwelm, H.G. (1999): Orphan Drugs - eine Standortbestimmung. Pharm. Ind. 61, Nr. 5:295-298.

Schwörer, M. (1999): Potentiale besser ausschöpfen. Pharmazie international - Beilage der Frankfurter Allgemeine Zeitung vom 27.04.99:1.

Scrip (2003): Scrip Magazine October 2003.

Scrip (2007a): US House passes embryonic stem cell bill for second time. Scrip Magazine January 2007:13.

Scrip (2007b): Biosimilar legislation gets second go-around in US. Scrip Magazine February 2007.

Scrip (2007c): EU to have embryonic stem cell registry. Scrip Magazine April 2007 No. 3284:4.

Scrip (2007d): Embryonic stem cell legislation vetoed again by US President Bush. Scrip Magazine No.3271:16.

Scrip (2008): Tiem to rethink committee structure, says EMEA. Scrip News Magazine June 2008:26.

SEC (2002): Report from the Commission to the European Parliament and Council. An assessment of the implications for basic genetic engineering research of failure to publish, or late publication of, papers on subjects which could be patentable as required under Article 16(b) of Directive 98/44/EC on the legal protection of biotechnological inventions Brussels, 14.01.2002 COM(2002) 2 final

Seewald, O. (2002): Einfluss des Europarechts auf das nationale Gesundheitswesen. In: Gellner, W./Schön, M. (Hrsg.): Paradigmenwechsel in der Gesundheitspolitik? Nomos Verlag 2002: 75-102.

Seidel, M. (1998): Der Wettbewerb der Rechts- und politischen Systeme in der Europäischen Union.

Seifert, F. (2000): Österreichs Biotechnologiepolitik im Mehrebenensystem der EU: Zur Effektivität öffentlichen Widerstands im supranationalen Gefüge. In: Barben, D., Abels, G. (2000): (Hrsg.): Biotechnologie - Globalisierung – Demokratie. Politische Gestaltung transnationaler Technologieentwicklung. Edition sigma, Berlin 2000, 434 Seiten:313-334.

Sentker, A. (2004): Klon des Erfolgs. Die Zeit Nr.9, 19.02.2004:33.

Sepracor (2004): Firmenwebsite http://www.sepracor.com:1-2. Aufrufdatum 30.09.2004.

Serono (2004): Firmenwebsite http://www.serono.com:1. Aufrufdatum 30.09.2004.

Sesin, C.-P. (2004): Tissue Engineering. Segensreiche Fügung. In Sonderteil: Innovation in Deutschland in: Spektrum der Wissenschaft November 2004, 30 Seiten:4-6.

Seyberth, H.W. (2000): Arzneimittelprüfungen: Arzneimittelsicherheit in der Pädiatrie verbessern. In: Deutsches Ärzteblatt, Jg. 97, H.27:1877-A1880.

SGB (2003): SGB V - Gesetzliche Krankenversicherung – Viertes Kapitel. Beziehungen der Krankenkassen zu den Leistungserbringern. Neunter Abschnitt: Sicherung der Qualität der Leistungserbringung - § 139a Institut für Qualität und Wirtschaftlichkeit im Gesundheitswesen.

Sharpe, P.T., Young, C.S.: Neue Zähne aus der Retorte. In Spektrum der Wissenschaft Mai 2006:54-62.

Shendure, J, Mitra, R.D., Varma, C., Church, G.M.: Advanced Sequencing Technologies: Methods and Goals. In: Nature Reviews Genetics, Volume 5, May 2005:335-342.

Siegmund-Schultze, N. (2006): Razzia im Erbgut. Die USA schaden sich mit ihrer Wissenschaftsdominanz selbst. Süddeutsche Zeitung:143/2006:18.

Siegrist, J. (1988): Medizinische Soziologie.4. Auflage, Urban&Schwarzenberg-Verlag, München-Wien-Baltimore, 263 S.

Sigurdsson, S. (2003): Bioethics Lite: Two Aspects of the Health Sector Database deCode Controversy. In: Hornschuh, T., Meyer, K., Rüve, G., Voß, M. (2003): Schöne-gesunde, neue Welt? Das humangenetische Wissen und seine Anwendung aus philosophischer, soziologischer und historischer Perspektive. IWT-Paper 28 des Graduiertenkollegs „Genese, Strukturen und Folgen von Wissenschaft und Technik". Institut für Wissenschafts- und Technikforschung (IWT), 196 Seiten:72-83.

Siehoff, J. (2007a): Die zweite Erfindung des Lebens. In: Frankfurter Allgemeine Sonntagszeitung Nr. 2 vom 14. Januar 2007:56-57.

Siehoff, J. (2007b): Was heißt hier schon trivial? In: Frankfurter Allgemeine Sonntagszeitung Nr. 3 vom 21. Januar 2007:66-67.

Simm, M. (2004): Gezielter Schuss ins Wasser. Genpionier Craig Venter erforscht jetzt komplette Ökosysteme. In: Süddeutsche Zeitung Nr.54:12.

Simon, H.A. (1984): On The Behavioral And Rational Foundations Of Economic Dynamics, in: Journal of Economic Behaviour and Organization, Vol.5:35-55, besonders S.47-53.

Simonis, G. (1990a): Technikinnovation im ökonomischen Konkurrenzsystem. In: Gesellschaft-Politik-Technik. FernUniversität Hagen, 1990:31-62.

Simonis, G. (1990b): Bleiben die neuen Technologien sozial beherrschbar? In: Gesellschaft-Politik-Technik. FernUniversität Hagen, 1990:154-164.

Simonis, G. (1993): Studium und Arbeitstechnik der Politikwissenschaft. Kurseinheiten 1 und 2. FernUniversität Hagen, 1993, 130 S.

Simonis, G., Martinsen, R. und Saretzki, T (2001): Einleitung. In: Simonis, G., Martinsen, R. und Saretzki, T. (Hrsg.) Politik und Technik. Analysen zum Verhältnis von technologischem, politischem und staatlichen Wandel am Anfang des 21. Jahrhunderts. Deutsche Vereinigung für Politische Wissenschaft, Westdeutscher Verlag, 1. Auflage, 547 Seiten: IX-XVII.

Simonis, G. (2001): Die TA-Landschaft in Deutschland – Potentiale reflexiver Techniksteuerung. In: Simonis, G., Martinsen, R. und Saretzki, T. (Hrsg.) Politik und Technik. Analysen zum Verhältnis von technologischem, politischem und staatlichen Wandel am Anfang des 21. Jahrhunderts.

Deutsche Vereinigung für Politische Wissenschaft, Westdeutscher Verlag, 1. Auflage, 547 Seiten: 425.

Sinapse (2001): Scientific Information for Policy Support in Europe. Für eine bessere Nutzung wissenschaftlicher Erkenntnisse in der Europäischen Regierungsführung. In: Aktionsplan Wissenschaft und Gesellschaft, KOM(2001)714 endg., 04.12.01.

Slovic, P. (1992): Perception of Risk: Reflections on the Psychometric Paradigm. In: Krimsky, S., Golding, D. (Hrsg.): Social theories of risk, page 117-152.

Smith, H.O., Clyde A. Hutchison, I., Pfannkoch, C., Venter, C. (2003): Generating a synthetic genome by whole genome assembly: X174 bacteriophage from synthetic oligonucleotides. PNAS, December 23, 2003, Vol. 100, no. 26:15440-15445.

Smolka, K.M. (2004): Krebsmittel bringt Genentech Gewinnsprung. In: Financial Times Deutschland, 8.10.2004:8.

Sohmen, E. (1992): Allokationstheorie und Wirtschaftspolitik. 2. Auflage, Tübingen, 1992:16-22.

Soldt, R. (2004): Leise Revolutionen, Frankfurter Allgemeine Zeitung, Donnerstag, 21. Oktober 2004, Nr.246:4.

SPD (2004). SPD Fraktion intern Nr.4 vom 17.05.2004, 16 S.

Spehr, M. (2004): Jetzt endlich Sicherheit. In: Frankfurter Allgemeine Sonntagszeitung, Nr.41/2004:68.

Sperling K./Schmidtke J. (2004): Genetische Tests auf dem Prüfstand In: Mietzsch, A. (Hrsg.): Kursbuch Biopolitik, Biocom AG Verlag, Berlin 2004:79-90.

Spiegel (2007a): Gen-Check schädigt Embryonen. In: Der Spiegel Nr 28/2007:136.

Spiegel (2007b): Gentest für Pullover. In: Der Spiegel Nr 28/2007:137.

Spiegel (2007c): Fünf Millionen Speichelproben. In: Der Spiegel Nr 44/2007:168.

Spielberg, P. (2004): Osterweiterung der Europäischen Union: Herausforderung auch für die „Alten“. In: Deutsches Ärzteblatt 101, Ausgabe 18 vom 30.04.2004:A1216 – A1217.

Spielberg, P. (2005): Biosimilars Hohe Hürden für die Zulassung: In: Deutsches Ärzteblatt 102, H.51-52:A3602.

Spiewak, M. (1999): Teure Patienten unerwünscht. In: Die Zeit Nr. 46/1999 vom 11.11.1999:15-17.

Spiewak, M. (2004): Lizenz zum Klonen. Die Zeit 36/2004:28.

SRD (1997): Biotechnology 1994-1998. Progress Report 1997:1-39 Document EUR17649EN.

Stabenow, M. (2004): Keine ganz gewöhnliche Volksvertretung. Frankfurter Allgemeine Zeitung Nr. 131 vom 08.06.2004:23.

Stada (2004): Konzern-Profil. Die Biogenerika-Perspektive. http://www.stada.de/unternehmen/zum_unternehmen/Konzern-Profil/biogenerika:1-2. Letztes Aufrufdatum: 29.02.2004.

Stadler, P.W. (2003): Biotechnology and capital markets in Germany. In: Biotechnology Investors' Forum Europa, p.39.

Stapff, M. (2001): Die Arzneimittelforschung in Deutschland. In: Deutsche Zeitschrift für klinische Forschung 1/2-2001:24-32.

Stefansson H., et al. (2002): Neuregulin 1 and Susceptibility to Schizophrenia. American Journal of Human Genetics 2002 Oct;71(4):877-92.

Stefansson H. et al. (2003a): Neuregulin 1 in schizophrenia: out of Iceland. Mol Psychiatry. 2003 Jul;8(7):639-40.

Stefansson H, et al. (2003b): Association of Neuregulin 1 with Schizophrenia Confirmed in a Scottish Population. American Journal of Human Genetics 2003 Jan;72(1):83-7.

Steffens, K.J. (2002): Impfstoffe: Heil- und Nutzpflanzen mit Haut-Tücken. http://www.pharmazeutische-zeitung.de/pza/2002-04/titel.htm:1.

Steimann, R.U., Bode J. Ch. (2000): Stößt die Kombinationstherapie der chronischen Virushepatitis C mit Interferon alpha und Ribavirin an die Grenze der Finanzierbarkeit? In: Versicherungsmedizin 52 (2000) Heft 1 Online in: http://hepatitis-c.de/kosten.htm:1.

Statistisches Bundesamt (1998): Gesundheitsbericht für Deutschland. Herausgegeben vom Statistischen Bundesamt. Metzler-Poeschel-Verlag, Stuttgart. Kap.3.3 Sterblichkeit nach ausgewählten Todesursachen:43-47.

Stein, H., Hiddemann, W. (1999): Die neue WHO-Klassifikation der malignen Lymphome. In: Dt. Ärzteblatt 96, H.49:A3168-3176.

Steiner, M. (1999): Vor einem neuen Zeitalter. In: Pharmazie international. Verlagsbeilage der Frankfurter Allgemeinen Zeitung Nr. 97 vom 27.04.1999:B1.

Steinlein, O. (1999): Die Genetik der idiopathischen Epilepsien. Dt. Ärzteblatt 96, H. 20 vom 21.05.1999:A1346-A1350.

Stiegler, G; Kreße, G.-B., Buckel, P. (1997): Biotechnologische Herstellung von Arzneimitteln. Spektrum der Wissenschaft, Spezial 6: Pharmaforschung:48-58.

Stihl, H.-P. (1998): Die deutschen Hochschulen vor Veränderungen. In: Das Hochschulwesen 1998/1, 44. Jg.:24-30.

Stix, G. (2008): Leuchtende Lügen. In: Spektrum der Wissenschaft 8/2008:21-22.

Stockinger, G. (1999): Stiefkinder des Fortschritts. In: Der Spiegel 23 /1999:208-212.

Stollorz, V. (2004a): Ohne Verpackung wirkt gar nichts. In: Frankfurter Allgemeine Sonntagszeitung Nr.34 vom 22.08.2004:58-59.

Stollorz, V. (2004b): Wir Wunderkinder. In Frankfurter Allgemeine Sonntagszeitung, 19.09.2004, Nr.38:73.

Stollorz, V. (2004c): Nagende Zweifel. In: Frankfurter Allgemeine Sonntagszeitung, 19.09.2004, Nr.37:65.

Stollorz, V. (2004d): Risiken, Nebenwirkungen. In: Frankfurter Allgemeine Sonntagszeitung, Nr.41/2004:69.

Stollorz, V. (2004e): Von einem, der auszog, zu stören. In: Frankfurter Allgemeine Sonntagszeitung:69.

Stollorz, V. (2004f): Wissenschaft: Was neue Pillen kosten. Frankfurter Allgemeine Sonntagszeitung Nr. 13 vom 28.03.2004.

Stollorz, V. (2005): Das gelenkte Ich. In: Frankfurter Allgemeine Sonntagszeitung Nr. 35 vom 04. September 2005:70-71.

Stollorz, V. (2006a): Die gemauste Stammzelle. In: Frankfurter Allgemeine Sonntagszeitung Nr. 35 vom 26. März 2006:12.

Stollorz, V. (2006b): Sie wollen doch nur kuscheln. In: Frankfurter Allgemeine Sonntagszeitung Nr. 34 vom 27. August 2006:57.

Stolze, C. (2006): Vorschnelle Versuche am Menschen. In: Financial Times Deutschland vom 27.April 2006:30.

Straus, J. (2000): Die Kontroverse geht weiter. In: Spektrum der Wissenschaft 2000:32 (Textkasten).

Straus, J., Schneider, M. (2004): Probleme des europäischen und internationalen Patentrechts. In: Tätigkeitsbericht des Max-Planck-Institutes für Geistiges Eigentum, Wettbewerb und Steuerrecht:233-235.

Strobawa, F.F. (2001): Die ärztlichen Organisationen in Deutschland. Entstehung und Struktur. 3.Auflage 2001.

Stratowa, C. (2003): Correlation of gene expression profiles with clinical data. In: Current Drug Discovery, 9/2002:29-35.

Streier, E.M. (1997): Statement der Vorsitzenden der Arbeitsgruppe Biomedizin des Zentralkomitees der deutschen Katholiken (ZdK), Dr. Eva Maria Streier, bei der Pressekonferenz zur Stellungnahme zum Menschenrechtsübereinkommen zur Biomedizin des Europarats am Donnerstag, dem 11. September 1997, 1 S.

Striebel, B., Müsel, M., Praefke, B. (1998): Erfahrungen in europäischen Zulassungsverfahren. Pharm. Ind. 60, Nr. 6:492-495.

Stock, G. (2004): Biomedizin als Wachstums-Generator. In: Mietzsch, A. (Hrsg.): Kursbuch Biopolitik, Biocom AG Verlag, Berlin 2004:180-184

Strote, G. (2002): Hightech-Pillen. In: Fb-Werbeservice (Hrsg.). Biotechnologie in Bayern: Profile-Portraits-Perspektiven:56-59.

STUMGV: (2004): Chancen und Risiken der Gentechnik - Fragen und Antworten. Bayrisches Staatsministerium für Umwelt, Gesundheit und Verbraucherschutz. Http://www.stumgv.bayern.de/de/gentech/chancen/ant13.htm;1.

Strüngmann, T. (1999): Die Rolle der Generika im zukünftigen Arzneimittelmarkt. Pharm. Ind. 61, Nr. 5:406-410.

StZG (2002): Gesetz zur Sicherstellung des Embryonenschutzes im Zusammenhang mit Einfuhr und Verwendung menschlicher embryonaler Stammzellen (Stammzellgesetz) vom 28. Juni 2002, Bundesgesetzblatt Jahrgang 2002 Teil I Nr. 42: 2277 vom 29. Juni 2002, zuletzt geändert am 25. November

2003, durch Bundesgesetzblatt Jahrgang 2003 Teil I Nr. 56: 2304 vom 27. November 2003.

SÜG (1994): Gesetz über die Voraussetzungen und das Verfahren bei Sicherheitsüberprüfungen des Bundes. Datum: 20. April 1994, 17 S.

Synexus (2004): Synexus is Europe's largest Site Management Organisation (SMO), managing clinical trials for the pharmaceuticals industry. http://www.synexus.co.uk/intro.htm. Stand vom 13.11.2004.

SZ (2000): Biotechnologie als Zukunft der Medizin. Süddeutsche Zeitung Nr.207:27.

SZ (2002): WTO erzielt keine Einigung bei Medikamenten. Süddeutsche Zeitung Nr. 295:22 vom 21./22.12.2002.

SZ (2004): Die Sicherheit wird versichert. In Süddeutsche Zeitung 10.09.2004:11.

SZ (2006): Gentest für Lungenkrebs. In Süddeutsche Zeitung Nr.184/2006:16.

TAB (1994): Zusammenfassung des TAB-Arbeitsberichtes Nr. 24 „Technikakzeptanz und Kontroversen über Technik - Ist die (deutsche) Öffentlichkeit technikfeindlich?".

TAB (1997a): Zusammenfassung des TAB-Arbeitsberichtes Nr. 34 "Auswirkungen moderner Biotechnologien auf Entwicklungsländer und Folgen für die zukünftige Zusammenarbeit zwischen Industrie- und Entwicklungsländern".

TAB (1997b): Zusammenfassung des TAB-Arbeitsberichtes Nr. 54 "Technikakzeptanz und Kontroversen über Technik - Ambivalenz und Widersprüche: Die Einstellung der deutschen Bevölkerung zur Technik".

TAB (1997c): Zusammenfassung des TAB-Arbeitsberichtes Nr. 55 "Gentechnik, Züchtung und Biodiversität"

TAB (2000a): Zusammenfassung des TAB-Arbeitsberichtes Nr. 66 "Stand und Perspektiven der genetischen Diagnostik"

TAB (2000b): Zusammenfassung des TAB-Arbeitsberichtes Nr. 68 "Risikoabschätzung und Nachzulassungs-Monitoring transgener Pflanzen" (November 2000)

TAB (2003): Zusammenfassung des TAB-Arbeitsberichtes Nr. 94 "Präimplantationsdiagnostik". Praxis und rechtliche Regulierung in sieben ausgewählten Ländern.

Tabet, N., Feldman, H. (2004): Indomethacin for Alzheimer's disease (Cochrane Review). The Cochrane Librabry, Issue 4, 2004:1-2.

Taupitz, J. (2004): Wem gehört das menschliche Genom? In: Mietzsch, A. (Hrsg.): Kursbuch Biopolitik, Biocom AG Verlag, Berlin 2004:110-117

Tayler, M.A., Reilly, D., Llewellyn-Jones, H., McSharry, C., Aitchiso, T.C. (2000): Randomised controlled trial of homeopathy versus placebo in perennial allergic rhinitis with overview of four trial series. - Electronic responses. In: BMJ 2000;321:471-476 (19 August) In: http://www.bmj.com/cgi/letters/321/7259/471, page 1-32

Taylor-Wessing (2005): InFocus - Special edition A new framework for approval of medicinal products in Europe:1-19.

Thaa, W. (1999): Die Selbstaufgabe der Politik in Rot-(Grün). Ein Jahr nach dem Wechsel. www.oeko-net.de/kommune/kommune10-99/Zzthaa.thm, 5 S.

Thasler, W.E., Weiß, T.S, Jauch, K.W. (2002): Heilung in der Kulturschale?. In: Fb-Werbeservice (Hrsg.). Biotechnologie in Bayern: Profile-Portraits-Perspektiven:52-55.

Thiele, C. (2007): Das Gaucho-Gen. In: Die ZEIT Nr.17/2007 vom 19. April 2008:32.

Throm, S. (2001): Aus der Sicht des VFA: Die Zukunft der klinischen Forschung in Deutschland. In: Deutsche Zeitschrift für klinische Forschung 9/10-2201:32-35.

Thurau, M. (2004): Die Wissenslücke im System. Süddeutsche Zeitung Nr. 253:20

Tiedemann, G. (2002): Arzneimittelentwicklung: Biopharmazeutische Medikamente - Status und Zukunft. Präsentation auf dem Symposium GBF - BioProfil – BioRegioN. 4. Dezember 2002 Bundesverband der Pharmazeutischen Industrie (BPI) e.V. Robert-Koch-Platz 4, 10115 Berlin, 49 S. Online: http://www.forum-genomanalyse.de/downloads/symposium_pdf/2_tiedemann.pdf.

Tögel, F., Lange, C., Zander, A.R., Westenfelder, C. (2007): Regenerative Medizin mit adulten Stammzellen aus dem Knochenmark. In: Dt. Ärzteblatt, Jg.104, Heft 23, 08.Juni 2007:B1468-1470.

Tömmel, I. (2003): Das politische System der EU. Oldenbourg Verlag, München, 2003, 321 S.

Tosisc, N. (2003): Patent Protection of Pharmaceuticals in the Context on Enlargement. Retrospective Analysis of the Community Approach towards Central and Eastern European Countries:1-60.

Tourse, A. (1996): The UK Pharmaceutical Market. In: Cost Containment, Healthcare Reform and Pharmaceutical Innovation Taking Stock in 1995. PharmacoEconomics 1996, Vol. 10, Supplement 2 (pp.1-141), p.14-25.

Transgen (2001): USA: Erste Studie veröffentlicht StarLink-Mais: Allergie-Verdacht nicht bestätigt. (25.06./ 30.7.2001) http://www.transgen.de/

Transgen (2005): Das neue Gentechnikgesetz. Viel Streit, wenig Spielraum. http://www.transgen.de/recht/gesetze/532.doku.html:1-3.

Transgen (2006a): Zwei Gesetze für die Grüne Gentechnik: http://www.transgen.de/zulassung/640.doku.html:1-3.

Transgen (2006b): Nichts Neues im Ministerrat: Keine Entscheidung über den gv-Mais Mon863xMon810. 5.Dezember 2005 http://www.transgen.de/

Transgen (2006c): Lebens- und Futtermittel aus GVOs. Der lange Weg vom Antrag bis zur Entscheidung http://www.transgen.de/zulassung/641.doku.html:1-3.

Transgen (2006d): Freisetzungen EU weiterhin auf niedrigem Niveau. http://www.transgen.de/pflanzenforschung/162.doku.html:1-3.

Trautmann, K. (2004): Ein bitterer Beigeschmack. In: Frankfurter Allgemeine Zeitung Nr.35/2004:N1.

Traufetter, G. (2004a): David aus dem Osten. In: Der Spiegel 21/2004:162.

Traufetter, G. (2004b): Seuchen. Supergrippe im Labor. In: Der Spiegel, 39/2004:184.

Traufetter, G. (2005a): Schatzinsel für Eliteforscher. In: Der Spiegel, 13/2005:148-150.

Traufetter, G. (2005b): Der Mensch im Tier. In: Der Spiegel 18/2005:148-150.

Tröhler, U. (2000a): Asilomar-Konferenz zur Sicherheit in der Molekularbiologie von 1975 - Rückschau und Ausblick. In: Schweizerische Ärztezeitung 2000;81, Nr. 28; S.1585-1587.

Tröhler, U. (2000b): Gentechnik: Lösungen nicht in Sicht. Dt. Ärzteblatt 97, H.36:A2300-A2301.

Truscheit, K. (2007): Kriminalfälle auf Halde. In: Frankfurter Allgemeine Zeitung Nr. 70 vom 23. März 2007:9.

Tutt, C. (2004a): Versicherungen torpedieren Gen-Gesetz. in: Financial Times Deutschland vom 19. November 2004:12.

Tutt, C. (2004b): Künast enttäuscht Biotech-Freunde. in: Financial Times Deutschland vom 26. November 2004:14.

Ulfkotte, U. (2001): Wie der Ames-Stamm in den Irak gelangte. In: Frankfurter Allgemeine Zeitung vom 27.Oktober 2001, Nr.250:3.

Ulmann, A., Teutisch, G., Philibert, D. (1995): RU 486: die Abtreibungspille. Pharmaforschung, Heidelberg 1995:66-74.

UNESCO (1997): The Universal Declaration on the Human Genome and Human Rights. The Universal Declaration on the Human Genome and Human Rights was adopted unanimously and by acclamation at the 29th session of UNESCO's General Conference on 11 November 1997.

USDA (2003): US and Cooperating Countries File Against EU Moratorium and Biotech Foods and Crops. Nesw Release des US Department of Agriculture No. 0156.03, 4 pages

USEU (2004): Dossier by the Public Affairs Office, United States Mission to the European Union Risk Management and the Precautionary Principle. http://www.useu.be/RiskManagement/index.htm. Letztes Aufrufdatum: 01.11.2004.

Van der Broek, L. (2002): Dem Fortschritt eine Chance. In: Biotechnologie. Verlagsbeilage zur Frankfurter Allgemeinen Zeitung vom 18. Oktober 2005:B2.

VBBM (2003): Dachverband für die Lebenswissenschaften gegründet. Erklärung vom 7.August 2003.

Vcell (2004): Werden Klone schneller alt? Online-Artikel http://www.vcell.de/genomstation/klonschaf_dolly_.html, Letztes Aufrufdatum: 03.01.2004.

VCI (2003): Gemeinsame Erklärung zum Patentschutz von Gensequenzen vom 31.03.2003, 2 S.

VDI (2001): Zur Einführung der Neuheitsschonfrist im Patentrecht. VDI-Technologiezentrum im Auftrag für das BMBF (Hrsg.), 124 S.

Védrine, H. (2000): Nein zum Bundesstaat. In: Der Spiegel 29/2000:138-141.

Venter, C. (2008): Ein radikaler Wandel für die Wirtschaft. In: Handelsblatt Nr. 22 vom 31. Januar 2008:9.

Vertex (2004): Firmenwebsite http://www.vertex.com:1. Aufrufdatum 31.10.2004.

VFA (1998a): Der Schutz geistigen Eigentums. Patente - Voraussetzung für Innovation. Verband Forschender Arzneimittelhersteller VFA 1998, Zur Sache, Band 3:1-35.

VFA (1998b): Wirkstoffsuche-entscheidend für den therapeutischen Fortschritt. Verband Forschender Arzneimittelhersteller VFA 1998, F&E KONKRET, Band 6, S.1-24.

VFA (1998c): Orphan Drug Status. Anreiz für Fortschritt bei seltenen Krankheiten. Verband Forschender Arzneimittelhersteller VFA 1998, Zur Sache, Band 4:1-19.

VFA (1998d): Innovationen - Der Schlüssel zum Erfolg. Innovationskraft der Forschenden Arzneimittelhersteller am Standort Deutschland. Verband Forschender Arzneimittelhersteller VFA 1998, Zur Sache, Band 5:1-43.

VFA (1999): Gene und Genom - Auf dem Weg zu maßgeschneiderten Arzneimitteln. Verband Forschender Arzneimittelhersteller VFA 1998, F&E KONKRET, Band 7:1-32.

VFA (2003): Die Arzneimittelindustrie in Deutschland -Zahlen und Fakten. VFA Statistics Kompakt 2003, 21 S.

VFA (2003): Emnid Forschungsmanager kritisieren Standort, In: www.vfa.de/de/forschung/text/emnid_fme_ manager.html.:1-3.

VFA (2004a): VFA Partnering Website. VFA.de/de/forschung/partnering.html.:1-12.

VFA (2004b): Immunsuppressiva als Schlüssel zur Transplantationsmedizin. Informationsschrift Therapie Innovation 3 des Verbandes forschender Arzneimittelhersteller:1-24.

VFA (2004c): VFA Statistik. Graphik vfastat_21_de_fa_mt In: http://www.vfa.de/de/presse/statcharts/:1.

VFA (2004d): VFA Statistik. Graphik vfastat_22_de_fa_mt In: http://www.vfa.de/de/presse/statcharts/:1.

VFA (2004e): VFA Statistik. Graphik vfastat_26_de_fa_mt In: http://www.vfa.de/de/presse/statcharts/:1.

VFA (2004f): VFA Statistik. Graphik vfastat_27_de_fa_mt In: http://www.vfa.de/de/presse /statcharts/:1.

VFA (2004g): VFA Statistik. Graphik vfastat_23_de_fa_mt In: http://www.vfa.de/de/presse/statcharts/:1.

VFA (2004h): VFA-Positionspapier "Den Biotech-Standort Deutschland stärken":1-3.

VFA (2004i): VFA-Positionspapier Biologische/biotechnologische Generika sind nicht möglich. http://www.vfa.de/de/politik/positionen/biotech_generika.html.

VFA-BIO (2006a): Biologische/biotechnologische Generika sind nicht möglich. Positionspapier http://www.vfa.de/vfa-bio_de/vb-presse/vp_postionen_/ biotech_generika.html, 6 Seiten, aktuelle Fassung. Letztes Aufrufdatum 11.05.2006.

VFA-BIO (2006b): Präsentation "Lage der Biotechnologie im Bereich Medizin in Deutschland" am 27. April 2006, 12 Seiten

Victor, A., Klug, S.J., Blettner, M. (2005): cDNA-Microarrays –Strategien zur Bewältigung der Datenflut. Dt. Ärzteblatt 102, H. 6 vom 11. Februar 2005:A355-360.

Vieth, A. (2003): Argumentative Grundlagen einer Bindung der Anwendung prädiktiver Gentests an Gesundheitszwecke. In: Hornschuh, T., Meyer, K., Rüve, G., Voß, M. (2003): Schöne-gesunde, neue Welt? Das humangenetische Wissen und seine Anwendung aus philosophischer, soziologischer und historischer Perspektive. IWT-Paper 28 des Graduiertenkollegs „Genese, Strukturen und Folgen von Wissenschaft und

Technik". Institut für Wissenschafts- und Technikforschung (IWT), 196 Seiten:165-175.

Vogt, D.V., Paarish, M (2001a): Food Biotechnology in the United States: Science, Regulation, and Issues. Congressional Research Service (CRS) Report for Congress. Updated 19 January 2001, Order Code RL30198 27 Seiten.

von dem Bussche, P. (2008): Optionen für die Zukunft. In: Die ZEIT Nr. 19 vom 30. April 2008:19.

Vorholz, U. (2006): Eldorado im Armenhaus. In: Die ZEIT Nr.01/2007 vom 28. Dezember 2006:25.

Vossius, V., Grund, M. (1996): Patentierung des Relaxin-Gens - Richtungsweisende Entscheidung. In: Dt. Ärzteblatt, Bd. 93, H.38:A2384-A2388.

Von Bredow, R., Rosenkranz, G. (2003): Biotechnologie in Deutschland. In: Der Spiegel 45/2003:210.

Vrettos, N., Steiner, M. (1999): Eine Systemsicht für unternehmerisches Handeln in der pharmazeutischen Forschung und Entwicklung. Pharm. Ind. 61, Nr. 1:1-7.

Wächter, B. (1996): Probleme der europäischen Bildungspolitik. Vielfalt und offener europäischer Bildungsraum. In: Das Hochschulwesen 1996/1, 44. Jg.:6-10.

Wagner, H. (2000): Europäische Wirtschaftspolitik - Perspektiven einer europäischen Wirtschafts- und Währungsunion (EWWU). Springer Verlag, Berlin-Heidelberg, 278 S.

Wätzig, H., Hille, J., Ohnesorge, J., Graf, M. (2002): Pharmazeutische Analytik. Dem Proteom auf der Spur. In: Pharmazeutische Zeitung, Online-Ausgabe Februar 2002. http://www.pharmazeutische-zeitung.de/titel.htm:1-11.

Walsh-Daneshmandi; Lachlan, M. (2000): Environmental Risk to the Self. Factor Analysis and Development of Subscales for the Environmental Appraisal Inventory (EAI) with an Irish Sample. In: Journal of Environmental Psychology (2000), 20: 141-149.

Wallace, H. (1996): Die Dynamik des EU-Institutionengefüges. In: Jachtenfuchs, M; Kohler-Koch, B. (1996): Europäische Integration. Leske + Budrich Verlag, Opladen, 1996:141-164.

Waltenberger, J., Jehle, P.M., Engele, J., Kühl, M., Wedlich, D., Reinshagen, M. (2001): Wachstumsfaktormodulation als therapeutisches Prinzip. In: Dt. Ärzteblatt 98, H. 51-52 vom 24.12.2001:A-3452 - 3456.

Walter, Stephan (2001): Das Human Genom-Projekt - Sequenzierung. Vortrag, www.physik.uni-stuttgart.de/SMG/ pdf/biophysueb_humangenom.pdf, 18 S.

Weber, F., Schackert, G., Burger, K.J., Floeth, F. (2000): Somatische Gentherapie bei Glioblastomen. Dt. Ärzteblatt 97, H. 18 vom 05.05.2000:A1228-A1232.

Weber, S. (2003): Kritische Masse durch Merger, Präsentation des CFO der Biofrontera Pharmaceuticals Holding beim IPMC Healthcare/Biotech 13. Mai 2003, 11 S.

Webster, R. (2000): What drives interest group collaboration at the EU level? Evidence from the European environment interest groups. In: European Integration Online Papers (EIoP), No.17, http://eiop.or.at/eiop/texte/2000-017a.htm:1-22.

Weidner, H., Jänicke, M. (2000): Grundlagen der Umweltpolitik - Umweltpolitik in Deutschland, Kurseinheit des Interdisziplinären Fernstudiums Umweltwissenschaften, 1. Auflage, Hagen 2004, 60 S.

Weihrauch, B. (1999): Grenzenloses Europa im sozialen Bereich, Rheinisches Ärzteblatt 9/99:10-11.

Weizsäcker, U. (2004): In Bezug auf Kreativitätsermutigung passiert in Deutschland eher zu wenig. In: BMBF (Hrsg.): Heute schon das Morgen denken. Beiträge zur Innovationsdebatte, Berlin 2004, 51 S.

Welpe, I. (2001): Strategie Technologiemanagement, Foliensatz des Lehrstuhls für Innovations- und Technologiemanagement der Universität Regensburg, 64.S.

Werle, R. (2003): Institutionalistische Technikanalyse: Stand und Perspektiven Max-Planck-Institut für Gesellschaftsforschung, MPIfG Discussion Paper 03/8, Dezember 2003.

Welteke, E. (2004) Humankapital ist die einzige Ressource, die wir in Deutschland haben. In: BMBF (Hrsg.): Heute schon das Morgen denken. Beiträge zur Innovationsdebatte, Berlin 2004, 51 S.

Wenning, N. (1995): Nationalstaat und Erziehung. FernUniversität Hagen. Hagen 1995, 152 S.

Werner, A., Fuß, M., Krause, R. (2003): Operative gelenkerhaltende Verfahren bei Gelenkknorpelschäden: Knorpelinduzierende Techniken und Knorpeltransplantation. In: Dt. Ärzteblatt 100, H. 9 vom 28.02.2003:A-546-554.

Wessels, H. (1996): Verwaltung im EGH-Mehrebenensystem: Auf dem Weg zur Megabürokratie? In: Jachtenfuchs, M; Kohler-Koch, B. (1996): Europäische Integration. Leske + Budrich Verlag, Opladen, 1996:165-192.

Westwater C., Schofield D.A., Schmidt M.G., Norris J.S. and Dolan J.W. (2002): Development of a P1 phagemid system for the delivery of DNA into Gram- negative bacteria. Microbiology 148: 943-50.

Westwater C., Kasman L.M., Schofield D.A., Werner P.A., Dolan J.W., Schmidt M.G., Norris J.S. (2003): Use of genetically engineered phage to deliver antimicrobial agents to bacteria: an alternative therapy for treatment of bacterial infections. Antimicrob Agents Chemother 47:1301-7.

WHO (2003): Ethics, access and safety in tissue and organ transplantation: Issues of global concern Madrid, Spain, 6-9 October 2003. WHO/HTP/EHT/T-2003.1, Report, 58 S.

Wiedemann, P.M., Rohrmann, B., Jungermann H. (1990): Das Forschungsgebiet Risiko-Kommunikation. In: Wiedemann, P.M., Rohrmann, B., Jungermann H. (1990) Risikokontroversen:1-11.

Wingert, P. (2003): Züchtungsutopien - wildes Denken über die Verbesserung des Menschen. In: Hornschuh, T., Meyer, K., Rüve, G., Voß, M. (2003): Schöne-gesunde, neue Welt? Das humangenetische Wissen und seine Anwendung aus philosophischer, soziologischer und historischer Perspektive. IWT-Paper 28 des Graduiertenkollegs „Genese, Strukturen und Folgen von Wissenschaft und Technik". Institut für Wissenschafts- und Technikforschung (IWT), 196 Seiten:11-26.

Williams, John R. (2002): The WMA Declaration of Helsinki: an evolving global perspective on ethical review.

Williamson, O.E. (1989), Transaction Cost Economics, in: Handbook of Industrial Organization, Volume I, Edited by R. Schmalensee and R.D. Willig:136-178.

Winnacker, E.L (2004): Individuelle Verantwortung führt zur Innovation. In: BMBF (Hrsg.): Heute schon das Morgen denken. Beiträge zur Innovationsdebatte, Berlin 2004, 51 S.

Wiedemann (2004): Fachinformation Proteozym. Wiedemann Pharma:1

Wiesing, U. (2008): Stammzellen, Politik und Pluralität: Wer hat in diesem Land die Moral gepachtet Spektrum der Wissenschaft Juni 2008:84-88.

WIPO (1999): Vision and Strategic Direction of WIPO. As endorsed by the Assemblies of the Member States of WIPO (document A/34/3) in their Thirty-Fourth Series of meetings, Geneva, September 20 to 29, 1999.

Wipperfürth, H. (2004): Eine Dosis Übermut. In: Die ZEIT Nr.34/2004:24

Winter, S. (2000): Europäische Rahmenbedingungen der Biomedizin. Statement von Priv.-Doz. Dr. Stefan Winter, Dezernat Wissenschaft und Forschung, Bundesärztekammer. Stand: 24.02.2000.

WIR (2001): Women in Industrial Research (WIR): A wake up call for European Industry. A report to the European Commission from the High Level Expert Group on Women in Industrial Research for strategic analysis of specific science and technology policy issues (STRATA)

Wissenschaftsrat (2003): Strategische Forschungsförderung. Empfehlungen zu Kommunikation, Kooperation und Wettbewerb im Wissenschaftssystem, Drs. 5654/03, Essen, 23.05.2003. http://www.wissenschaftsrat.de/texte/5654-03.pdf.

WR (2004): Stellungnahme zum Bundesinstitut für Arzneimittel und Medizinprodukte (BfArM), Bonn 2004, 74 S.

WSA (2001): Europäischer Wirtschafts- und Sozialausschuss - Präsentation des WSA:1-5.

WTO (2001): Fact sheet: Trips and pharmaceutical patents. Obligations and exceptions. April 2001. Http//www.wto.org/english/tratop_e/trips_e/factsheet_pharm02_e.htm:1-5.

Wodarg, W. (2000): EU-Patentrichtlinie: Schwammige Definitionen, moralische Lyrik. Dt. Ärzteblatt 97, H. 28-29 vom 17.07.2000:A-1954-A-1955.

Wormer, H. (2004): Menschliche Embryos geklont: Experimente wie in Korea rufen Gegner wie Befürworter auf den Plan. "Unser Ziel ist es nicht, Babys zu klonen". In: Süddeutsche Zeitung Nr.37 vom 14./15.02.2004:5.

Wüst, C. (2007): Erntedank im Autotank. In: Der Spiegel 8/2007:104-111.

Wunder, M. (2004): Die Differenz als Chance braucht das Recht auf den Zufall. www.biopolitics-berlin2003.org/doc_rt.asp?p=1&id=72, 8 S.

Yzer, C. (2006a): Pressekonferenz "Lage der Biotechnologie im Bereich Medizin in Deutschland" am 27. April 2006, 4 Seiten.

Yzer, C. (2006b): VFA Bio, die neue politische Kraft pro Biotech. Präsentation am 27. April 2006, 3 Seiten.

ZBKS (1990): Tätigkeitsbericht der Zentralen Kommission für die biologische Sicherheit (ZKBS). Erster Bericht nach Inkrafttreten des Gentechnik-Gesetzes (GenTG) für den Zeitraum vom 1.7. bis 31.12.1990.

ZBKS (1991): Tätigkeitsbericht der Zentralen Kommission für die biologische Sicherheit (ZKBS). Zweiter Bericht nach Inkrafttreten des Gentechnikgesetzes (GenTG) für den Zeitraum vom 1.1. bis 31.12.1991.

ZBKS (1992): Tätigkeitsbericht der Zentralen Kommission für die biologische Sicherheit (ZKBS). Dritter Bericht nach Inkrafttreten des Gentechnikgesetzes (GenTG) für den Zeitraum 1.1. 1992 bis 31.12.1992.

ZBKS (1993): Tätigkeitsbericht der Zentralen Kommission für die biologische Sicherheit (ZKBS). Vierter Bericht nach Inkrafttreten des Gentechnikgesetzes (GenTG) für den Zeitraum 1.1. bis 31.12.1993.

ZBKS (1994): Tätigkeitsbericht der Zentralen Kommission für die biologische Sicherheit (ZKBS). Fünfter Bericht nach Inkrafttreten des Gentechnikgesetzes (GenTG) für den Zeitraum 1.1. bis 31.12.1994.

ZBKS (1995): Tätigkeitsbericht der Zentralen Kommission für die biologische Sicherheit (ZKBS). Sechster Bericht nach Inkrafttreten des Gentechnikgesetzes (GenTG) Für den Zeitraum 1.1. bis 31.12.1995.

ZBKS (1996): Tätigkeitsbericht der Zentralen Kommission für die biologische Sicherheit (ZKBS). Siebter Bericht nach Inkrafttreten des Gentechnikgesetzes (GenTG) Für den Zeitraum 1.1. bis 31.12.1996.

ZBKS (1997): Tätigkeitsbericht der Zentralen Kommission für die biologische Sicherheit (ZKBS). Achter Bericht nach Inkrafttreten des

Gentechnikgesetzes (GenTG) für den Zeitraum vom 1. 1. 1997 bis 31. 12. 1997.

ZBKS (1998): Tätigkeitsbericht der Zentralen Kommission für die biologische Sicherheit (ZKBS). Neunter Bericht nach Inkrafttreten des Gentechnikgesetzes (GenTG) für den Zeitraum vom 1.1.1998 bis 31.12.1998.

ZBKS (1999): Tätigkeitsbericht der Zentralen Kommission für die biologische Sicherheit (ZKBS). Zehnter Bericht nach Inkrafttreten des Gentechnikgesetzes (GenTG) für den Zeitraum vom 1.1.1999 bis 31.12.1999.

ZBKS (2000): Tätigkeitsbericht der Zentralen Kommission für die biologische Sicherheit (ZKBS). Elfter Bericht nach Inkrafttreten des Gentechnikgesetzes (GenTG) für den Zeitraum vom 1.1.2000 bis 31.12.2000.

ZBKS (2001a): Tätigkeitsbericht der Zentralen Kommission für die biologische Sicherheit (ZKBS). Zwölfter Bericht nach Inkrafttreten des Gentechnikgesetzes (GenTG) für den Zeitraum vom 1.1.2001 bis 31.12.2001.

ZBKS (2001b): Allgemeine Stellungnahme der ZKBS AZ.: 6782-08-30 19.09.2001 Stellungnahme der ZKBS zur Bewertung des „Blue Genes" Experimentierkastens des Fonds der Chemischen Industrie.

ZBKS (2002): Tätigkeitsbericht der Zentralen Kommission für die biologische Sicherheit (ZKBS). Dreizehnter Bericht nach Inkrafttreten des Gentechnikgesetzes (GenTG) für den Zeitraum vom 1.1.2002 bis 31.12.2002.

ZBKS (2004): Die Zentrale Kommission für die Biologische Sicherheit. In: http://www.rki.de/GENTEC/ZKBS/ZKBS.HTM. Letztes Aufrufdatum: 07.11.2004

ZDF (2004): Labor auf dem Chip. In: http://www.zdf.de/ZDFde/inhalt/5/0,1872,2192232,00.html:1-4 vom 12. 11.2004

ZEKO (2006): Stellungsnahme der Zentralen Kommission zur Wahrung ethischer Grundsätze in der Medizin und ihren Grenzgebieten (Zentrale

Ethikkommission) bei der Bundesärztekammer zum Forschungsklonen mit dem Ziel therapeutischer Anwendungen. Stand 01.02.2006:1-16.

Zimmermann, V. (2003): Innovationsaktivitäten von KMU im verarbeitenden Gewerbe: Was zeichnet Imitatoren und originäre Innovatoren aus? Kreditanstalt für Wiederaufbau/Discussion Paper 03-37 des Zentrums für Europäische Wirtschaftsforschung.

Ziegler, A. (2002): Genetische Epidemiologie – Gegenwart und Zukunft. In: Dt. Ärzteblatt, Jg.99, H.36:A2342-2346.

Zinkant, K. (2005): Verhaften Sie den genetisch Verdächtigen. In: Frankfurter Allgemeine Sonntagszeitung Nr.3 vom 23.01.2005:63.

Zoll, B. (2003): Einschätzung der Diagnose- und Therapiemöglichkeiten aus medizinischer Sicht. In: Hornschuh, T., Meyer, K., Rüve, G., Voß, M. (2003): Schöne-gesunde, neue Welt? Das humangenetische Wissen und seine Anwendung aus philosophischer, soziologischer und historischer Perspektive. IWT-Paper 28 des Graduiertenkollegs „Genese, Strukturen und Folgen von Wissenschaft und Technik". Institut für Wissenschafts- und Technikforschung (IWT), 196 Seiten:27-31.

Zweck, A., Malanowski, N., Reuscher, G., Seiler, P.: Die Anschlussfähigkeit von Innovations- und Technikanalyse (ITA) - Illusion oder Realität? in: Technikfolgenabschätzung - Theorie und Praxis Nr. 2, 12. Jg., Juni 2003:3-9.

Zylka-Melhorn, V. (2003): Forschung in Europa. Die Aufholjagd hat begonnen. In: Dt. Ärzteblatt, 100 Jg., H.49:3218-3220.

Zylka-Melhorn, V. (2006a): Biologische Arzneimittel. Nicht immer vorhersehbar. In: Dt. Ärzteblatt, 103 Jg., H.12:C609.

Zylka-Melhorn, V. (2006b): Gentherapie-Studie. Ernüchterung nach deutschem Todesfall. In: Dt. Ärzteblatt, 103 Jg., H.18:C969.

Zypries, B. (2004): Kein Patent auf Leben: Rechtssicherheit für biotechnologische Erfindungen. In: Mietzsch, A. (Hrsg.): Kursbuch Biopolitik, Biocom AG Verlag, Berlin 2004:162-167.